ソードアート・オンライン
Sword Art Onlin
Progressive
005
AF545425
ZEICHNUNGEN:
KISEKI HIMURA
ORIGINAL:
REKI KAWAHARA
CHARAKTERDESIGN:
abec

ソードアート・オンライン
Sword Art Online
Progressive

005

Inhalt

COVER- UND TEXTDESIGN: bee-pee
KOLORIERUNG: KICHIROKU
REDAKTION: KENTARO OGINO
REDAKTIONSASSISTENT: YUSUKE KATO

#022 - Begegnung

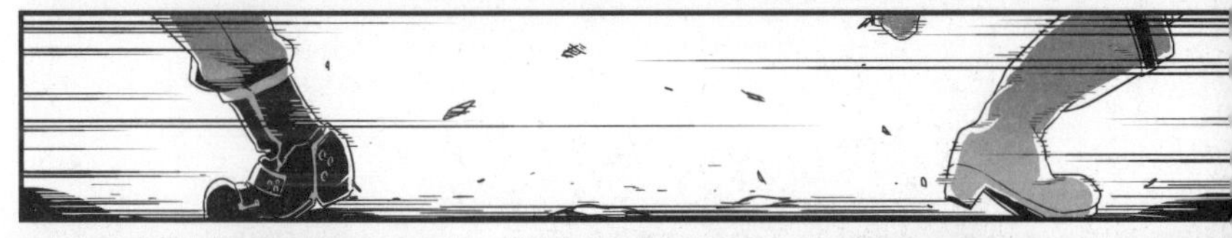

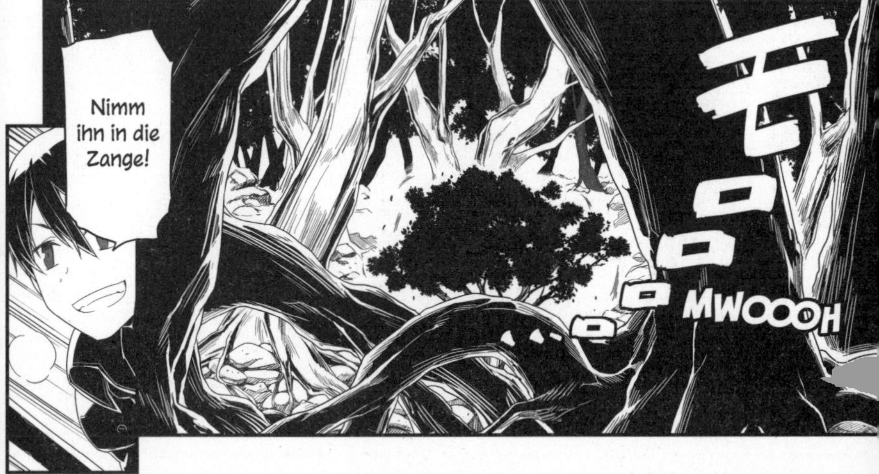

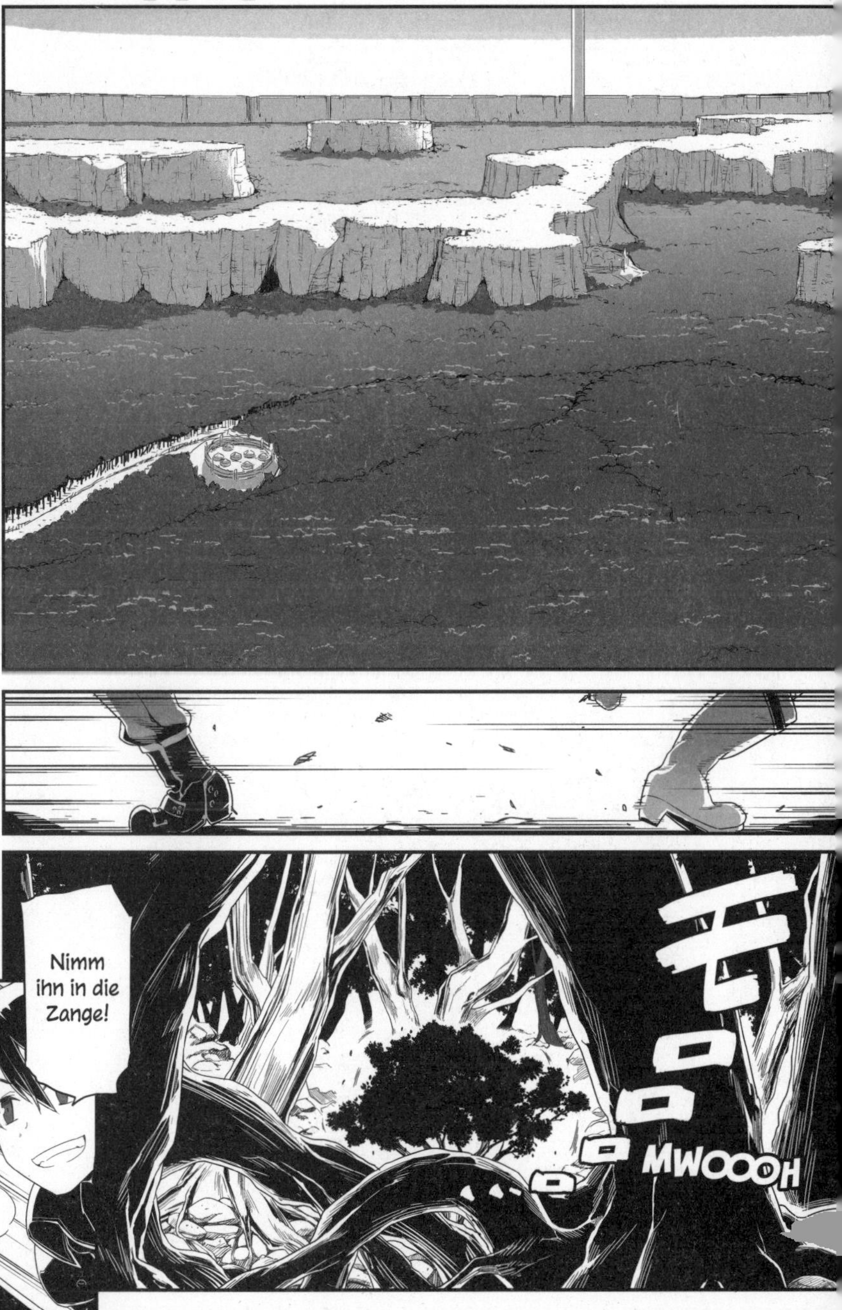

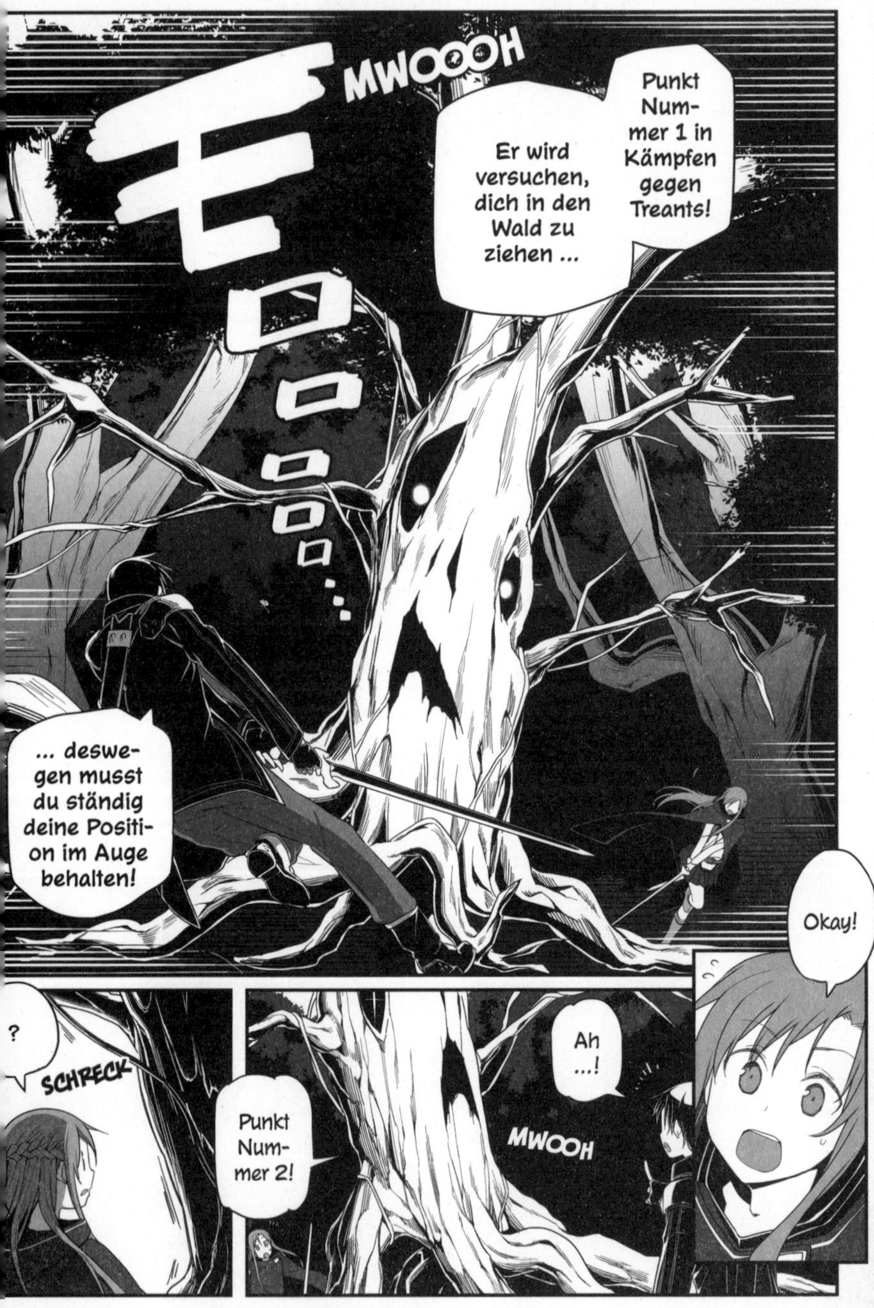
MWOOOH
Punkt Nummer 1 in Kämpfen gegen Treants!
Er wird versuchen, dich in den Wald zu ziehen ...
... deswegen musst du ständig deine Position im Auge behalten!
Okay!
Ah ...!
MWOOH
Punkt Nummer 2!
?
SCHRECK

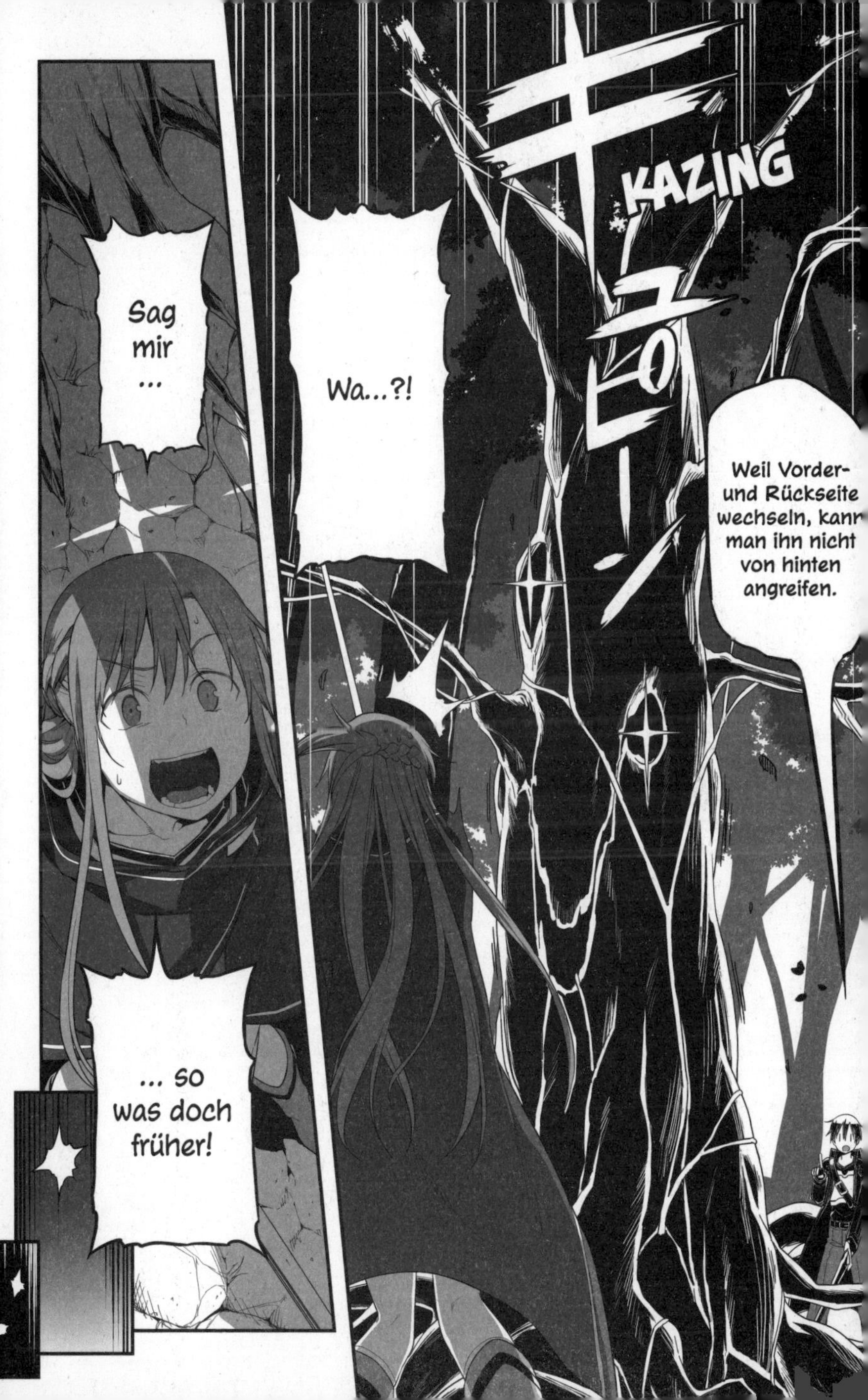
KAZING
Weil Vorder- und Rückseite wechseln, kann man ihn nicht von hinten angreifen.
Wa...?!
Sag mir ...
... so was doch früher!

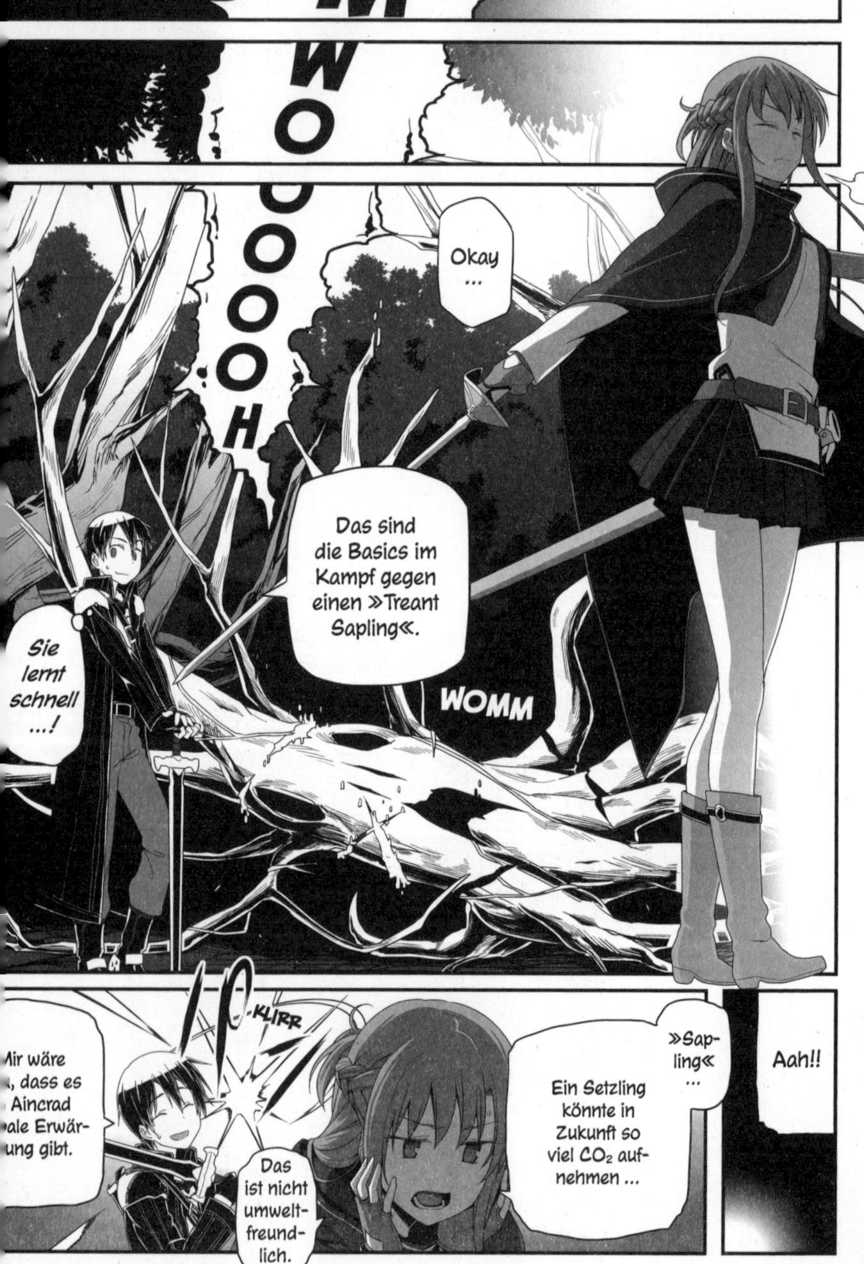
MWOOOOOOH
Okay ...
Das sind die Basics im Kampf gegen einen »Treant Sapling«.
WOMM
Sie lernt schnell ...!
»Sapling« ...
Aah!!
Ein Setzling könnte in Zukunft so viel CO_2 aufnehmen ...
KLIRR
Das ist nicht umweltfreundlich.
Mir wäre ..., dass es ... Aincrad ...ale Erwärmung gibt.

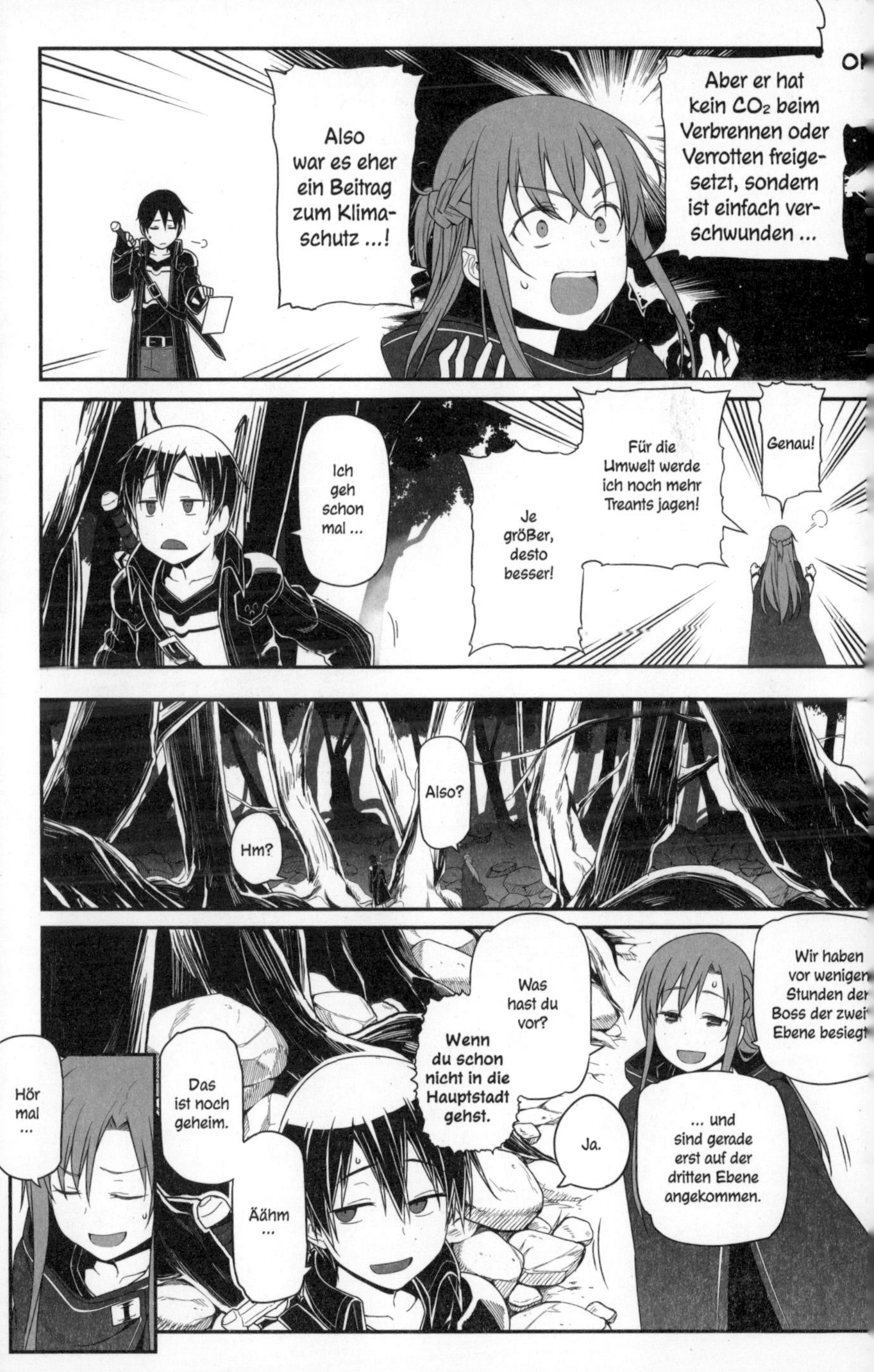

Aber er hat kein CO_2 beim Verbrennen oder Verrotten freigesetzt, sondern ist einfach verschwunden ...
Also war es eher ein Beitrag zum Klimaschutz ...!
Genau!
Für die Umwelt werde ich noch mehr Treants jagen!
Je größer, desto besser!
Ich geh schon mal ...
Also?
Hm?
Wir haben vor wenigen Stunden der Boss der zwei Ebene besiegt
... und sind gerade erst auf der dritten Ebene angekommen.
Was hast du vor?
Ja.
Wenn du schon nicht in die Hauptstadt gehst.
Das ist noch geheim.
Äähm ...
Hör mal ...

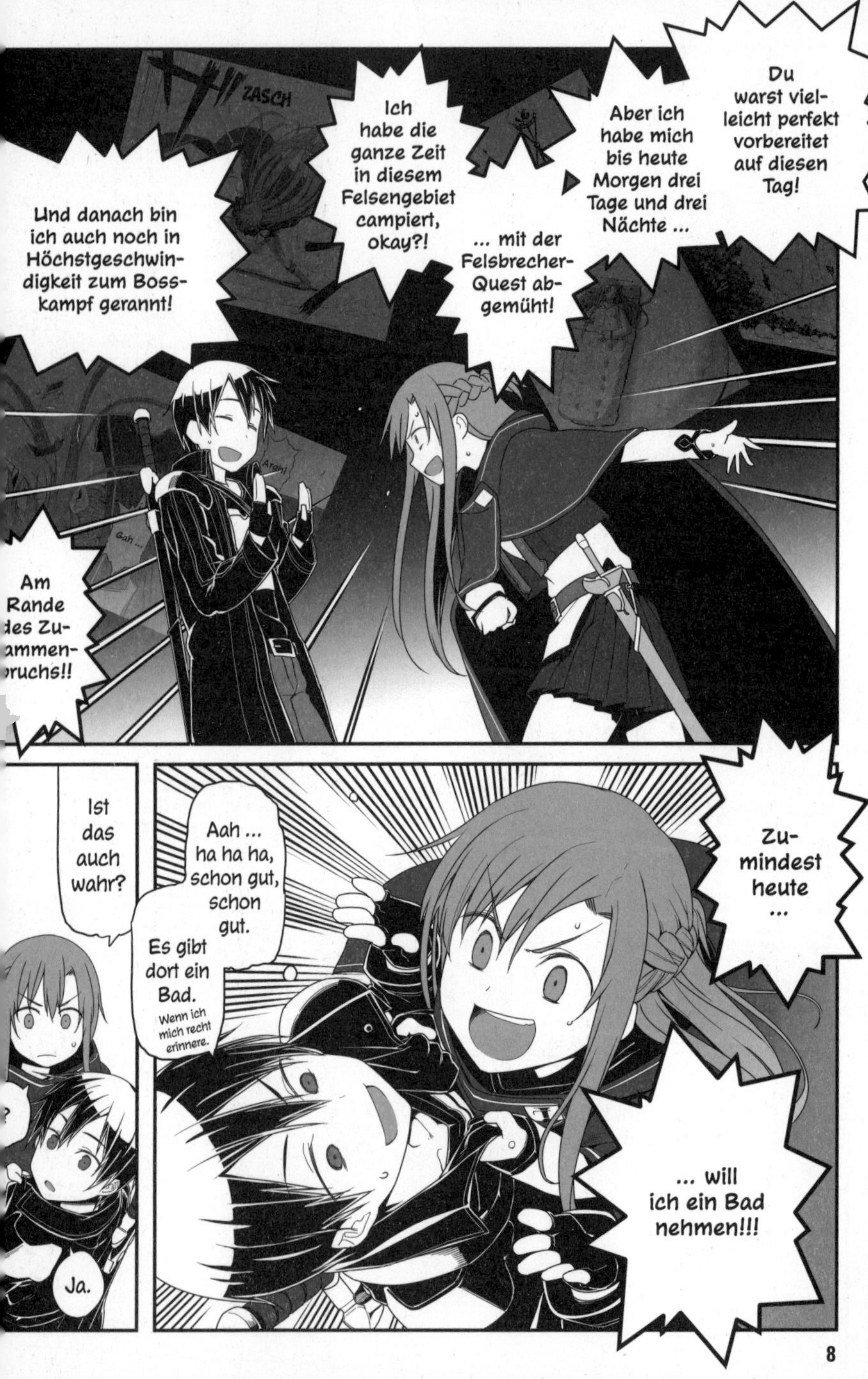

Du warst vielleicht perfekt vorbereitet auf diesen Tag!
Aber ich habe mich bis heute Morgen drei Tage und drei Nächte ...
... mit der Felsbrecher-Quest abgemüht!
Ich habe die ganze Zeit in diesem Felsengebiet campiert, okay?!
ZASCH
Und danach bin ich auch noch in Höchstgeschwindigkeit zum Bosskampf gerannt!
Arghl
Gah ...
Am Rande des Zusammenbruchs!!
Zumindest heute ...
... will ich ein Bad nehmen!!!
Aah ... ha ha ha, schon gut, schon gut.
Es gibt dort ein Bad.
Wenn ich mich recht erinnere.
Ist das auch wahr?
Ja.

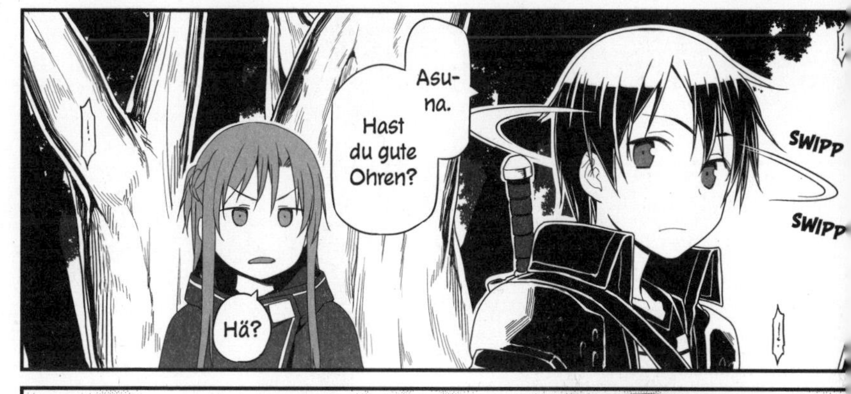
SWIPP
SWIPP
Asu-na. Hast du gute Ohren?
Hä?

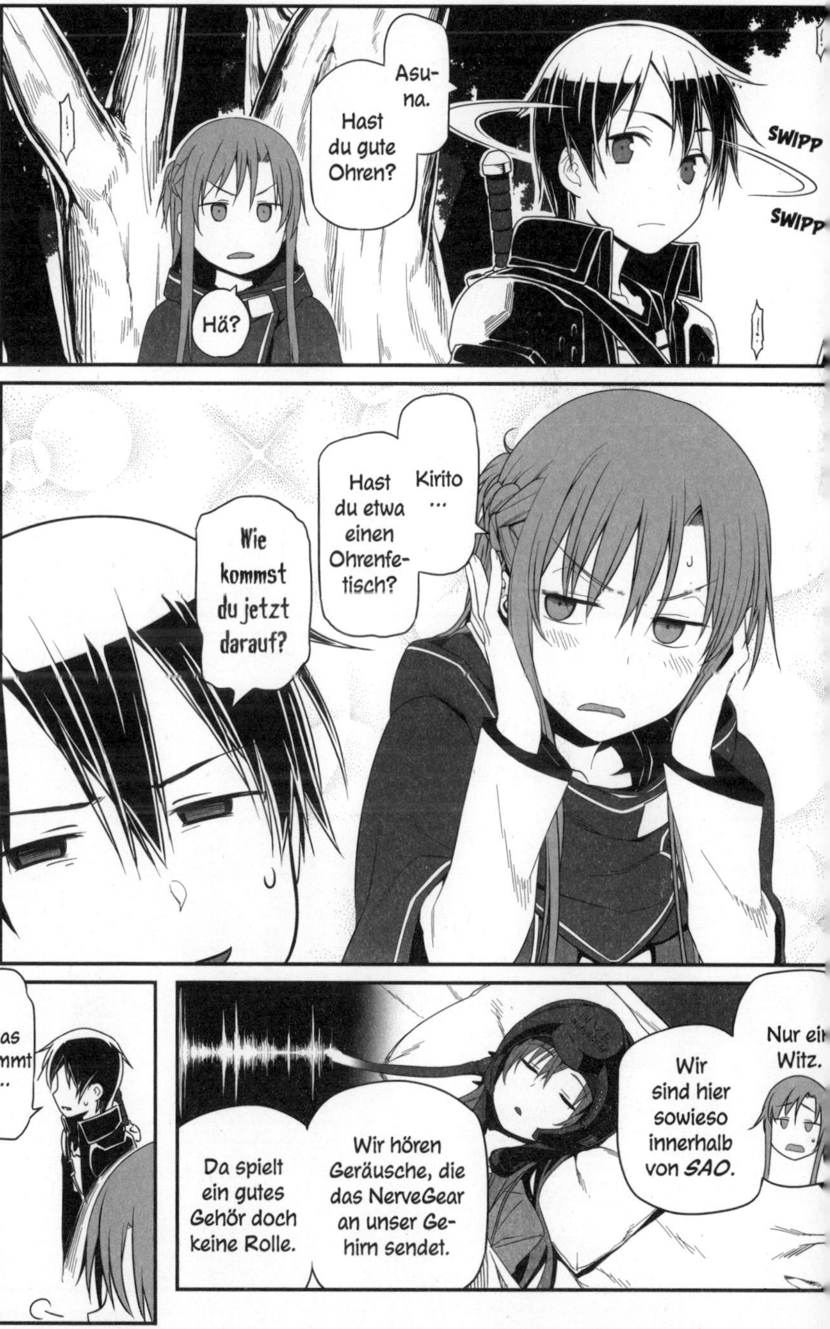

Kirito …
Hast du etwa einen Ohrenfe-tisch?
Wie kommst du jetzt darauf?

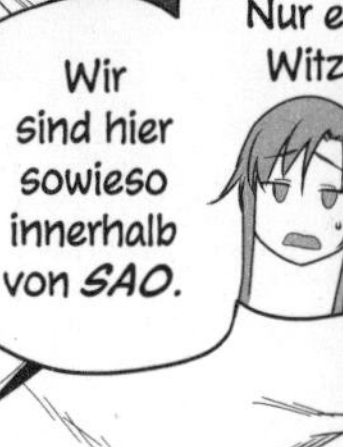
Nur ei
Witz.
Wir sind hier sowieso innerhalb von *SAO*.

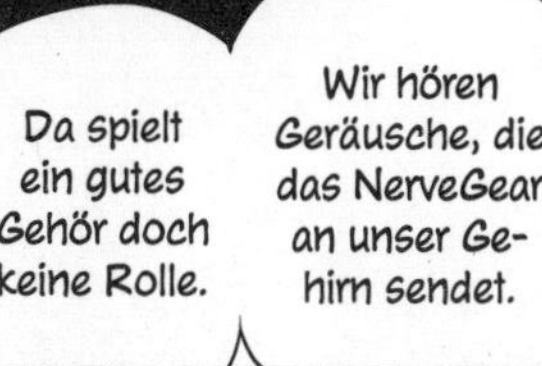
Wir hören Geräusche, die das NerveGear an unser Ge-hirn sendet.
Da spielt ein gutes Gehör doch keine Rolle.

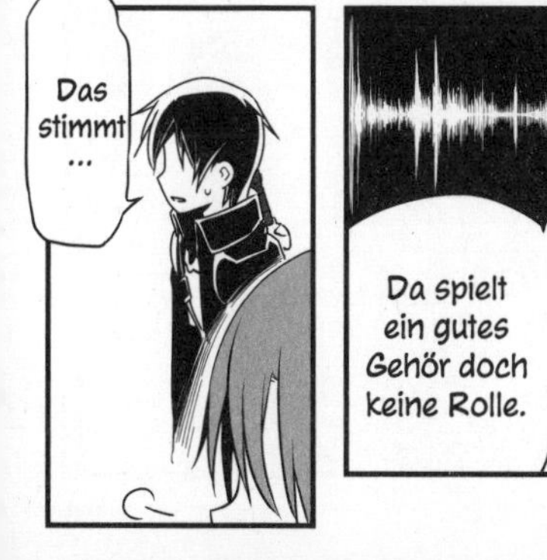
Das stimmt …

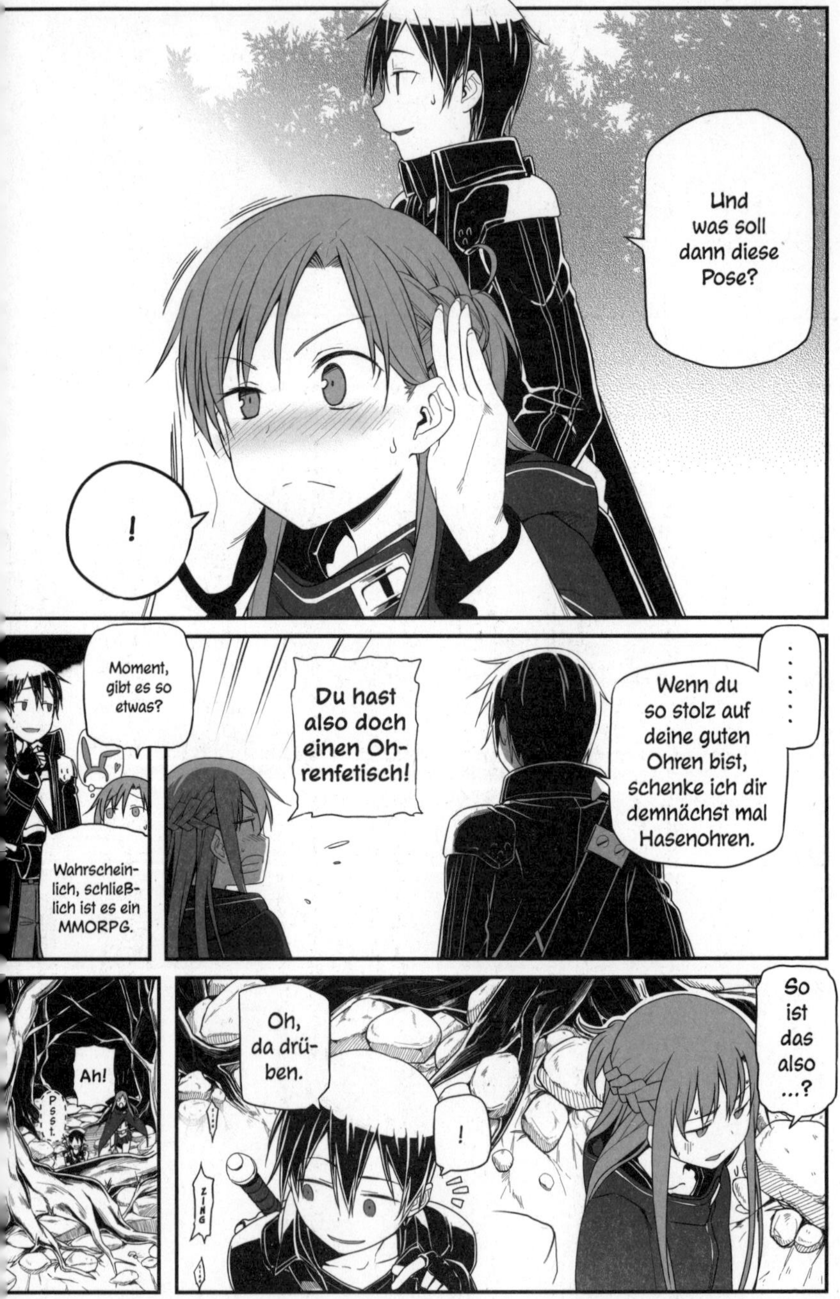

Und was soll dann diese Pose?

!

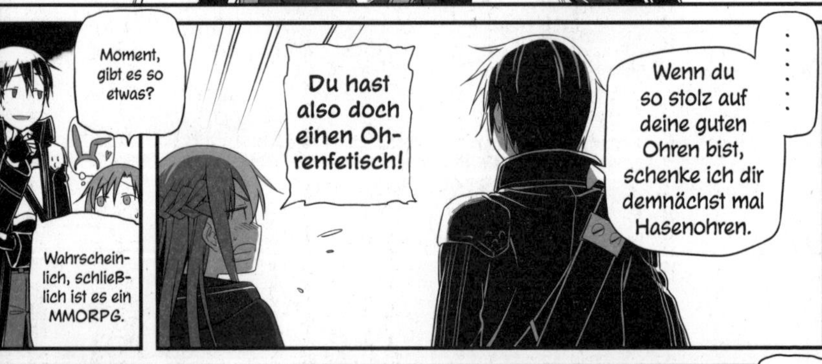

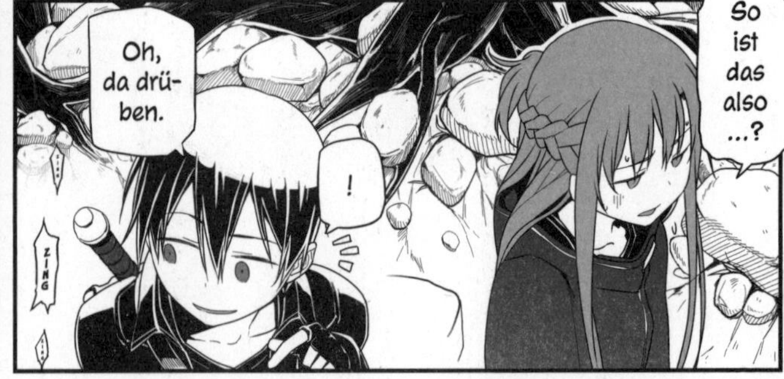

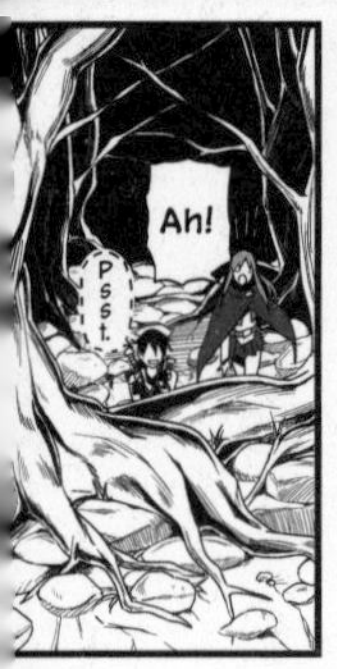

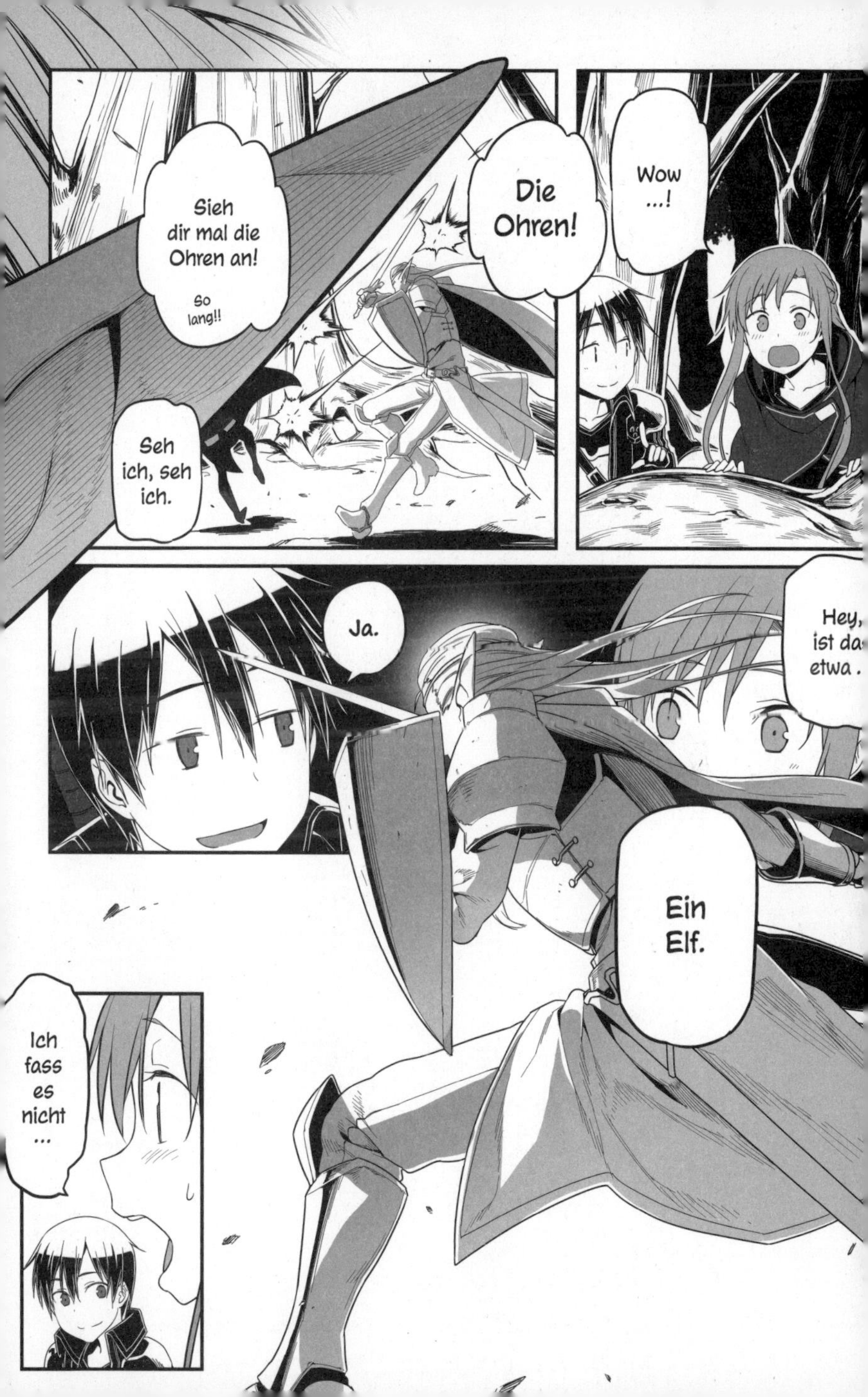

Wow ...!
Die Ohren!
Sieh dir mal die Ohren an!
So lang!!
Seh ich, seh ich.
Hey, ist da etwa ...
Ja.
Ein Elf.
Ich fass es nicht ...

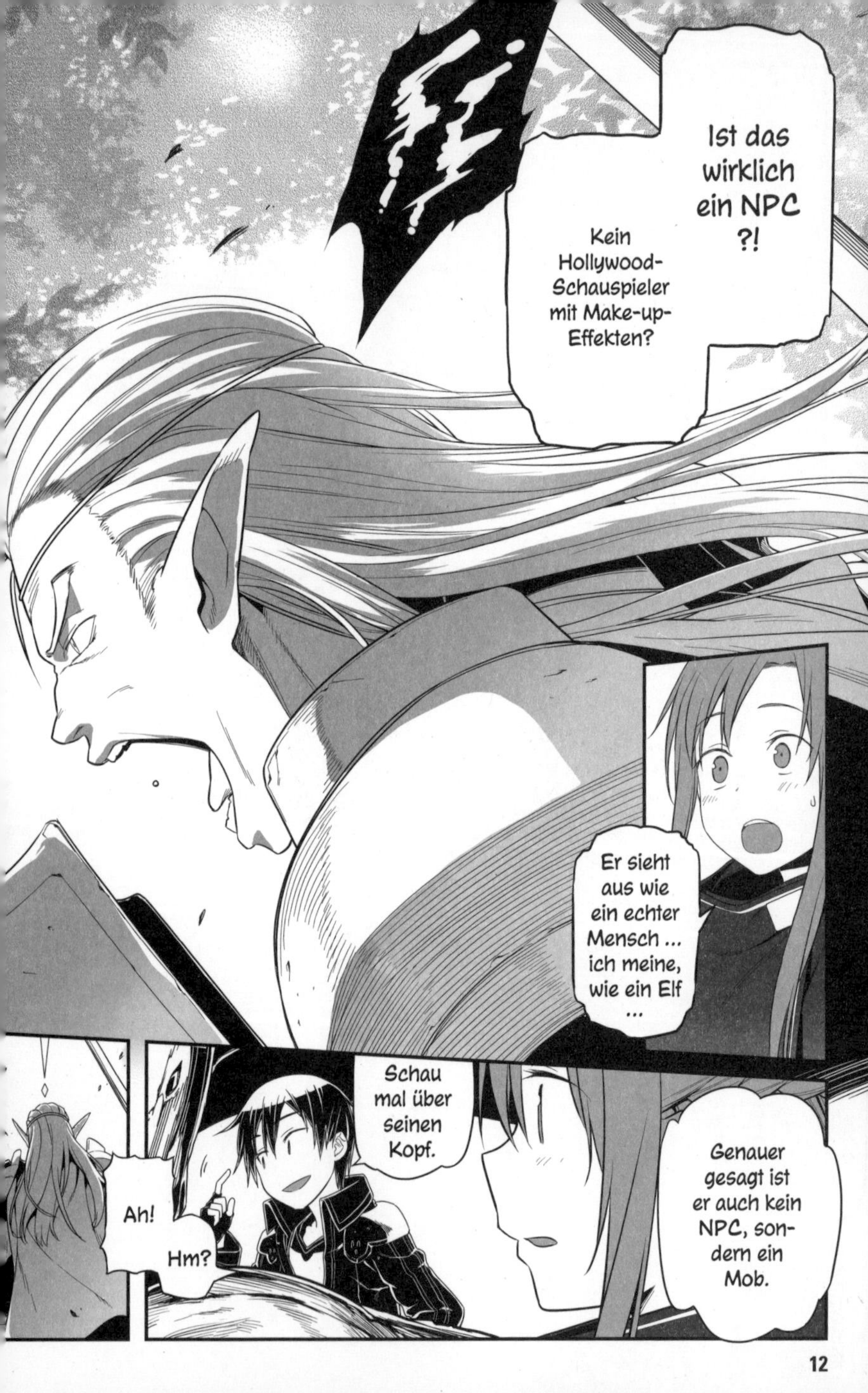
Ist das wirklich ein NPC ?!
Kein Hollywood-Schauspieler mit Make-up-Effekten?
Er sieht aus wie ein echter Mensch ... ich meine, wie ein Elf ...
Genauer gesagt ist er auch kein NPC, sondern ein Mob.
Schau mal über seinen Kopf.
Hm?
Ah!

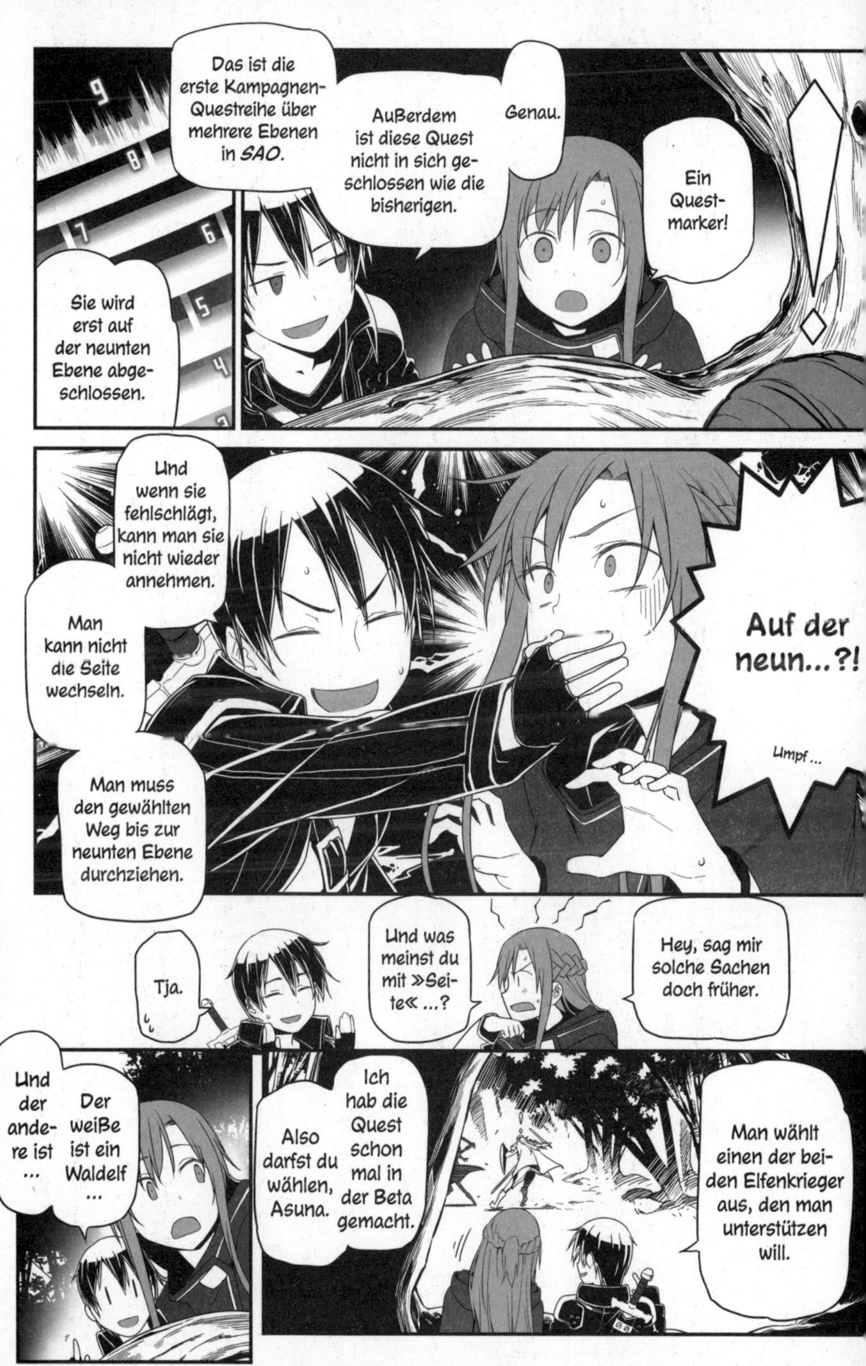

Ein Quest-marker!
Genau.
Außerdem ist diese Quest nicht in sich geschlossen wie die bisherigen.
Das ist die erste Kampagnen-Questreihe über mehrere Ebenen in *SAO*.
9
8
7
6
5
4
Sie wird erst auf der neunten Ebene abgeschlossen.
Auf der neun...?!
Umpf ...
Und wenn sie fehlschlägt, kann man sie nicht wieder annehmen.
Man kann nicht die Seite wechseln.
Man muss den gewählten Weg bis zur neunten Ebene durchziehen.
Hey, sag mir solche Sachen doch früher.
Und was meinst du mit »Seite« ...?
Tja.
Man wählt einen der beiden Elfenkrieger aus, den man unterstützen will.
Ich hab die Quest schon mal in der Beta gemacht.
Also darfst du wählen, Asuna.
Der weiße ist ein Waldelf ...
Und der andere ist ...

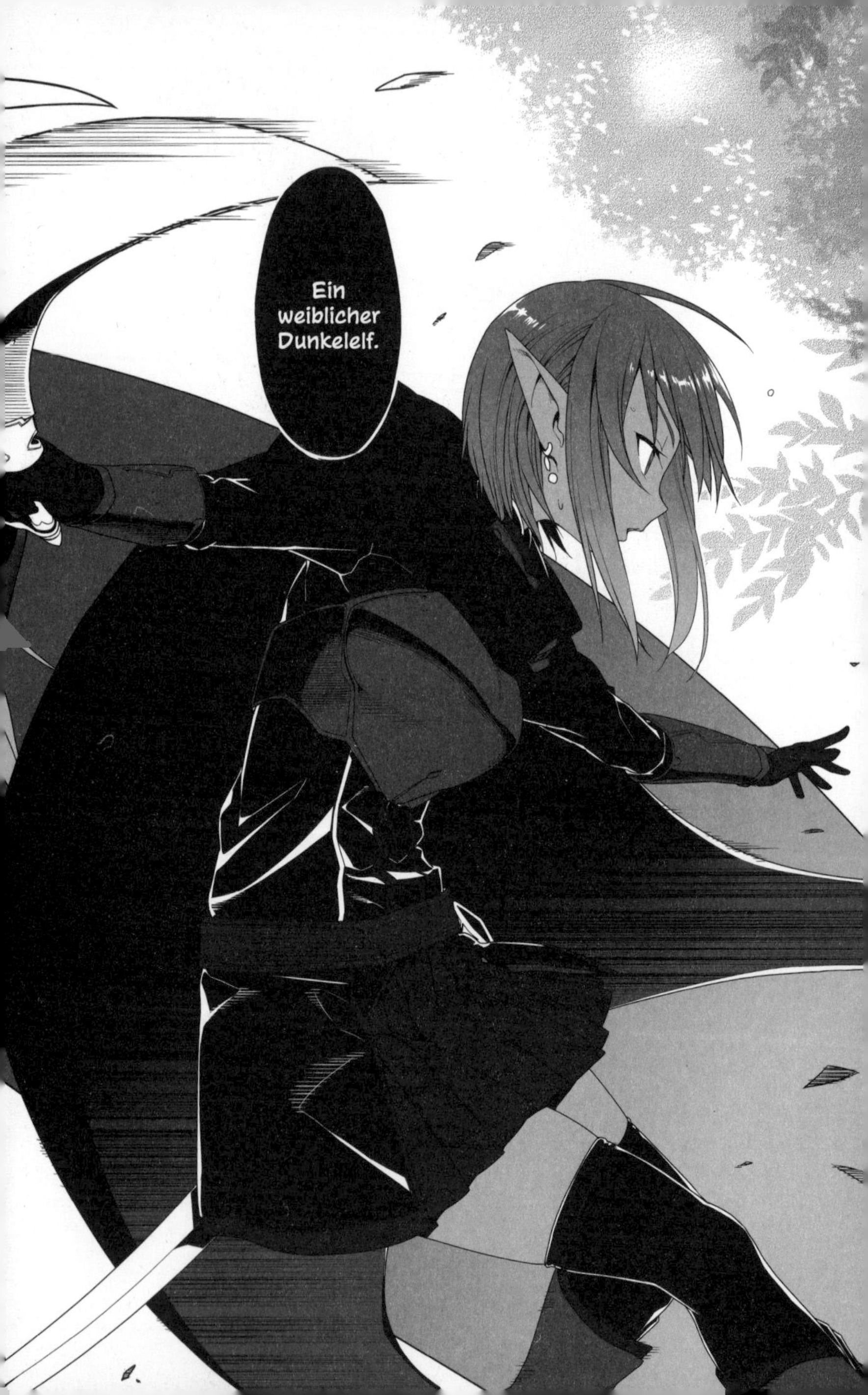
Ein
weiblicher
Dunkelelf.

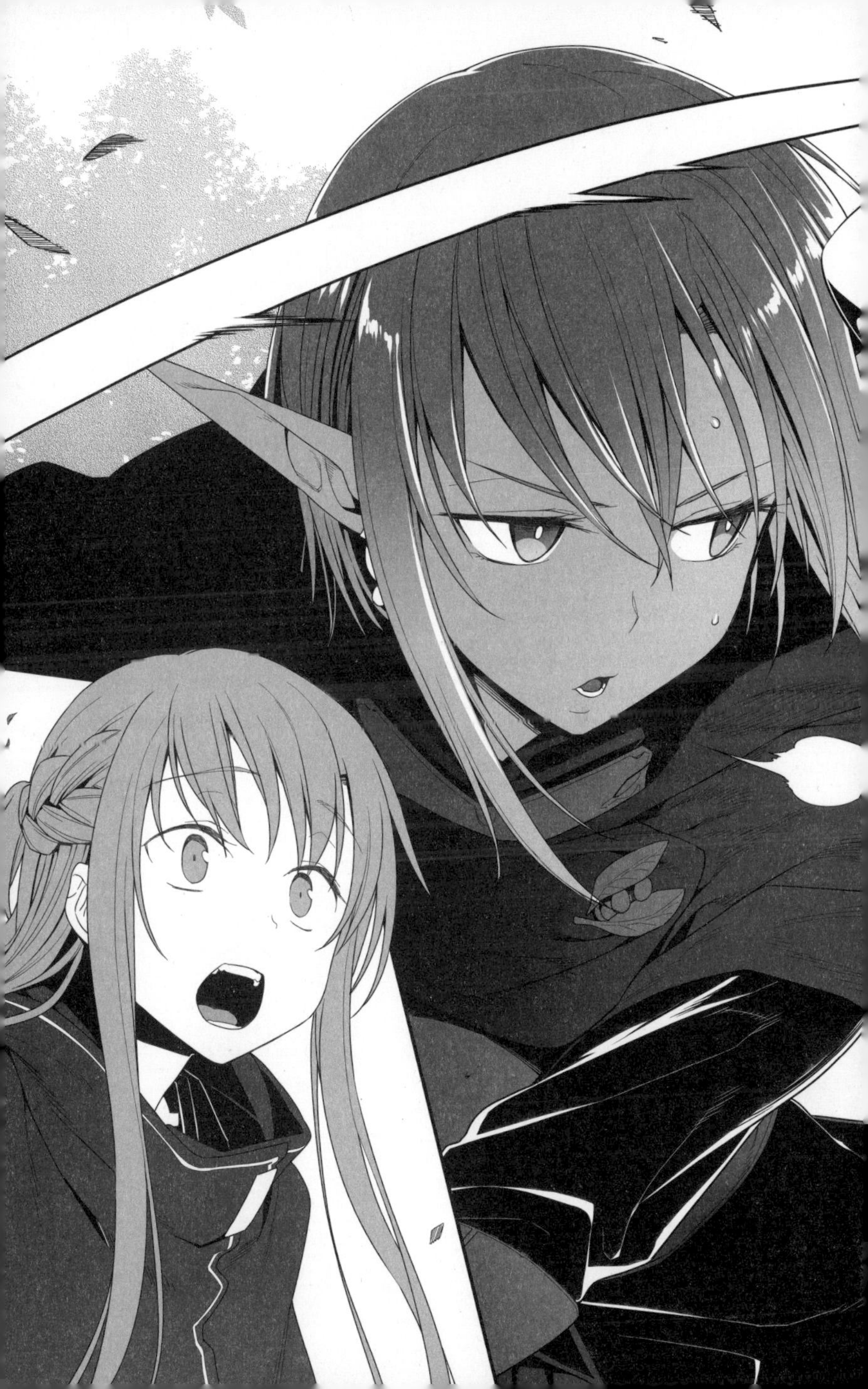

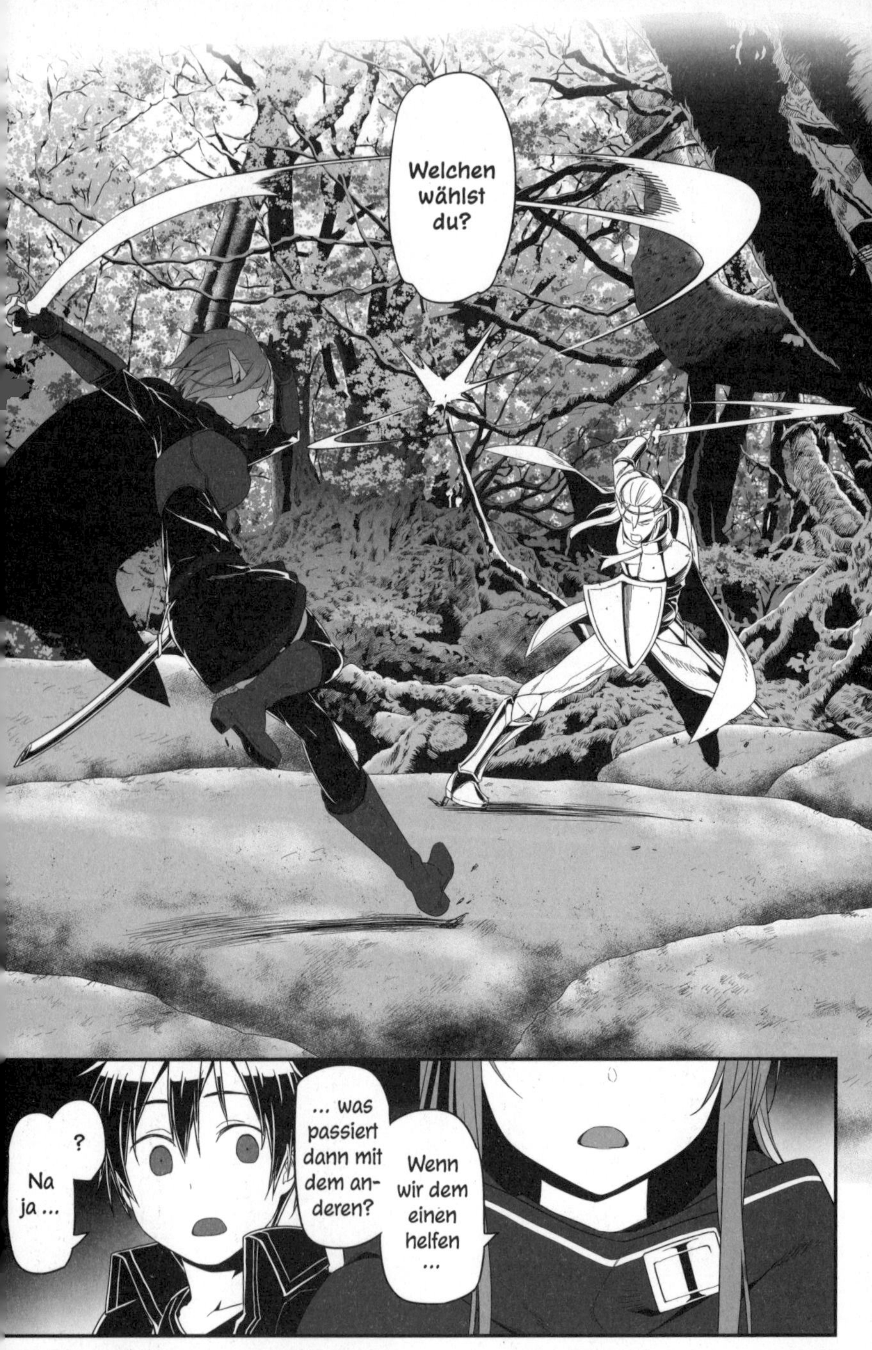
Welchen wählst du?
Wenn wir dem einen helfen ...
... was passiert dann mit dem anderen?
?
Na ja ...

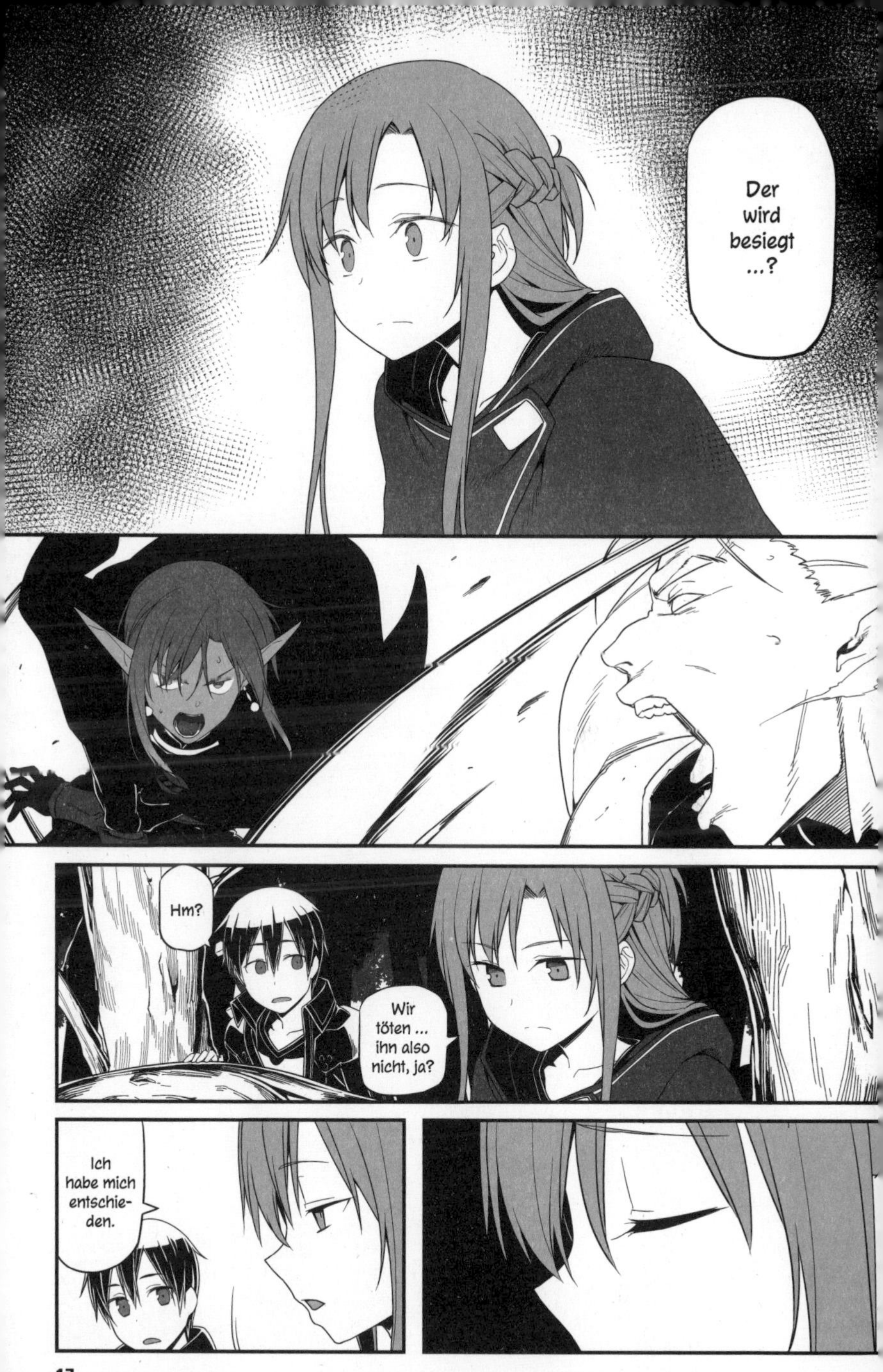

Der wird besiegt ...?

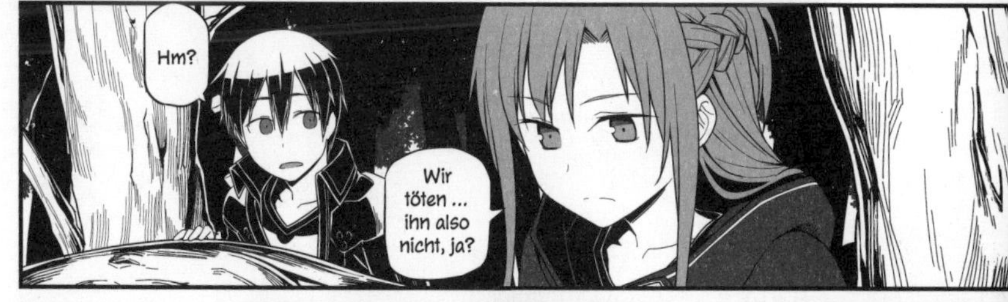

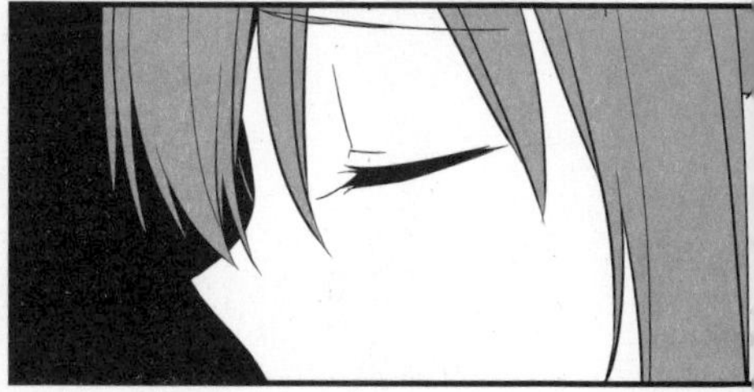

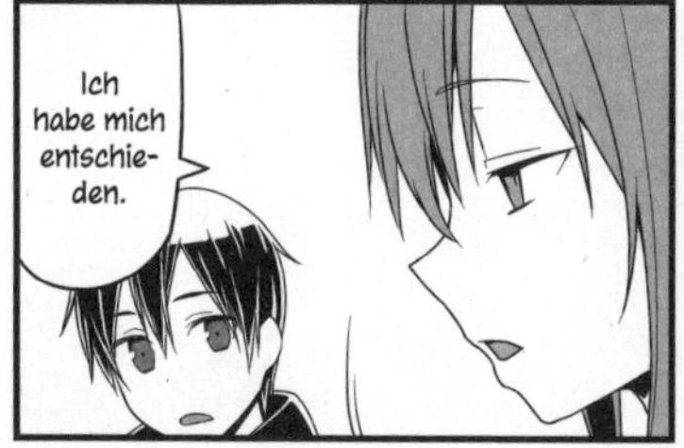

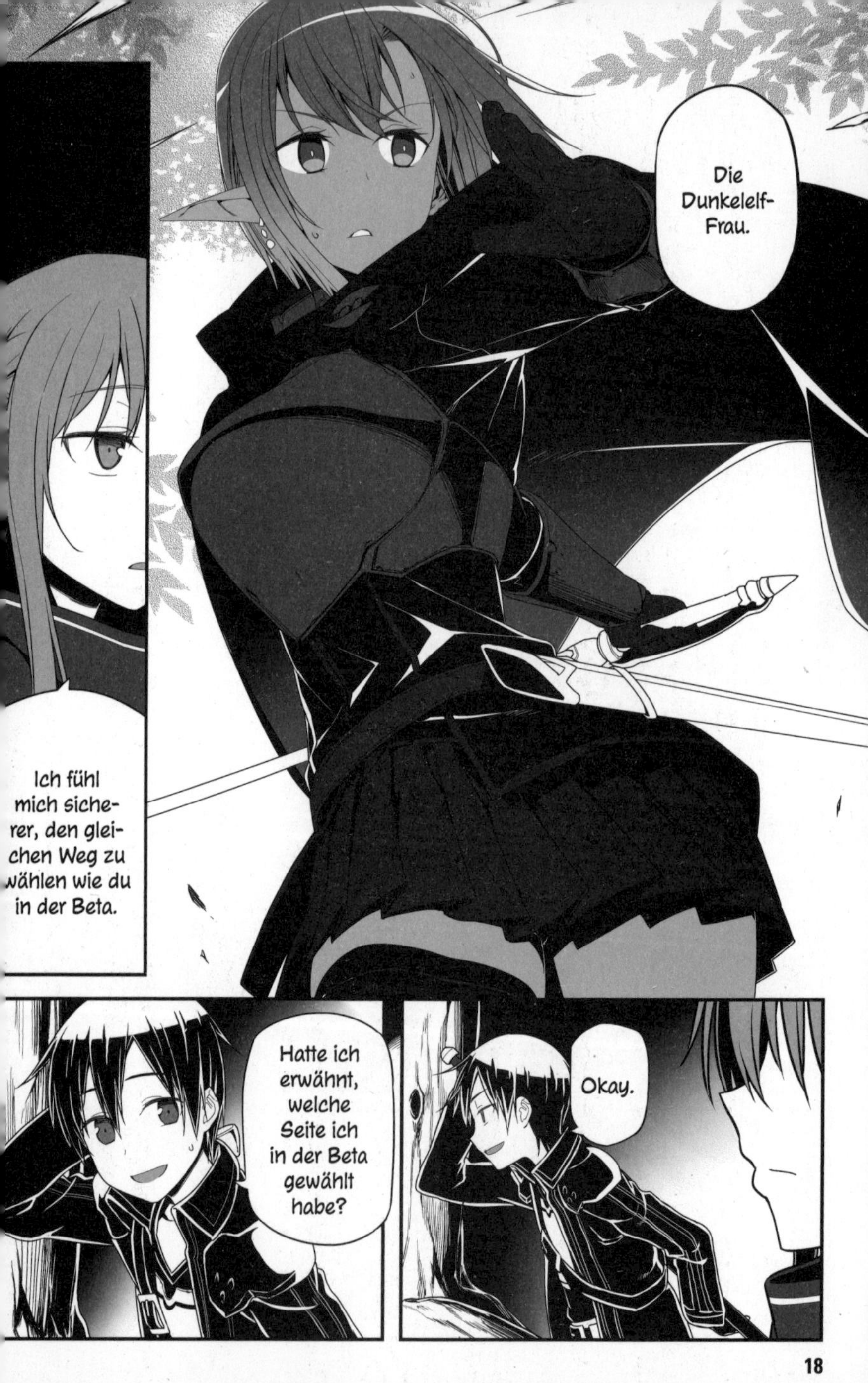
Die Dunkelelf-Frau.
Ich fühl mich sicherer, den gleichen Weg zu wählen wie du in der Beta.
Hatte ich erwähnt, welche Seite ich in der Beta gewählt habe?
Okay.

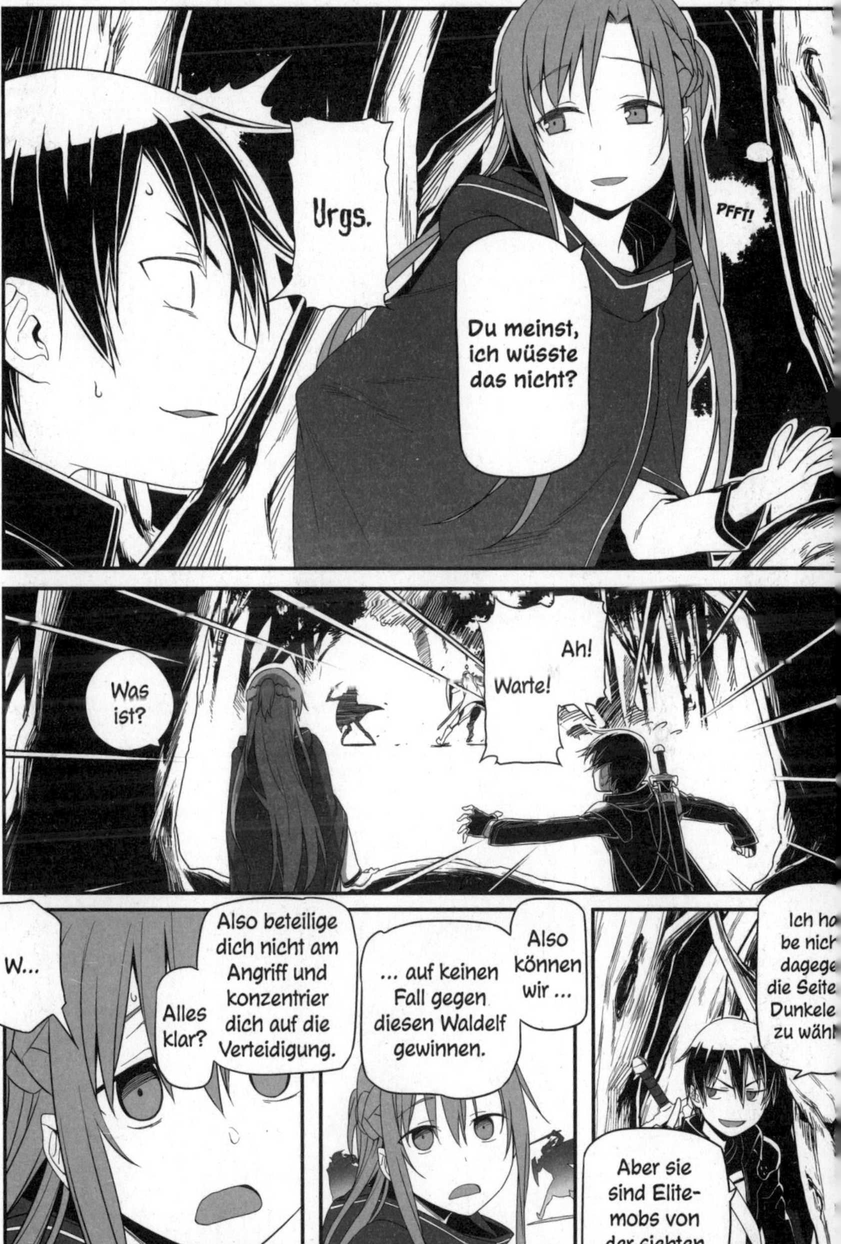

PFFT!
Du meinst, ich wüsste das nicht?
Urgs.

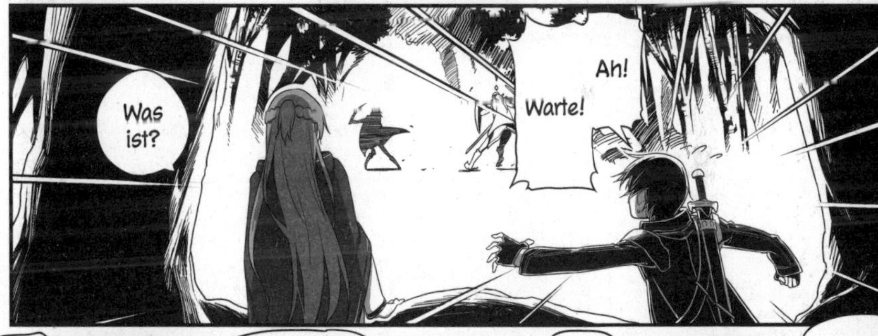

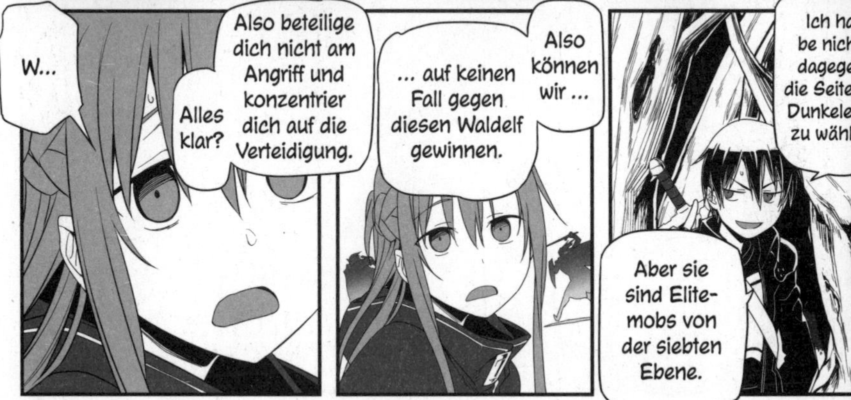

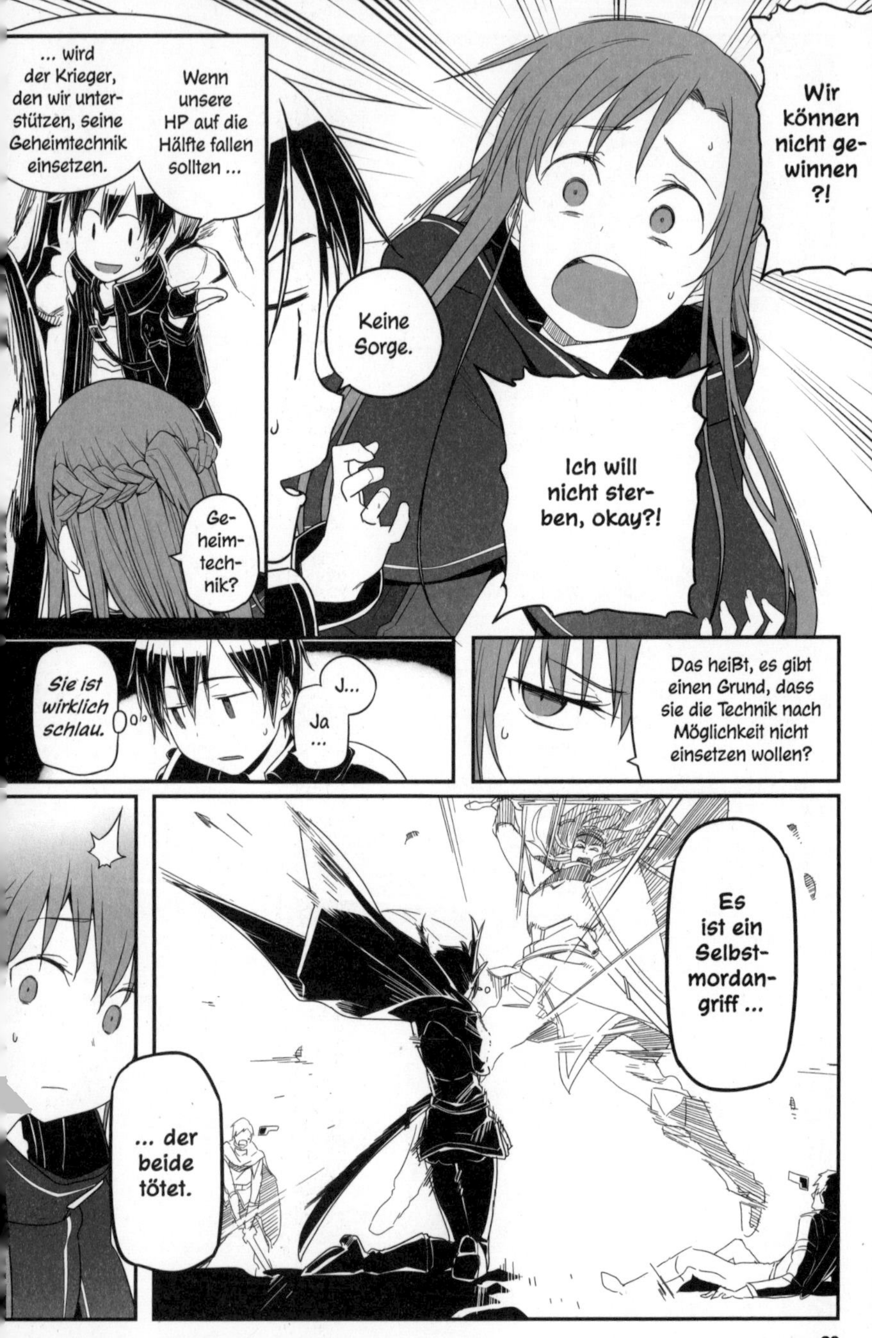
Wir können nicht gewinnen?!
Wenn unsere HP auf die Hälfte fallen sollten ...
... wird der Krieger, den wir unterstützen, seine Geheimtechnik einsetzen.
Keine Sorge.
Ich will nicht sterben, okay?!
Geheimtechnik?
Das heißt, es gibt einen Grund, dass sie die Technik nach Möglichkeit nicht einsetzen wollen?
J... Ja ...
Sie ist wirklich schlau.
Es ist ein Selbstmordangriff ...
... der beide tötet.

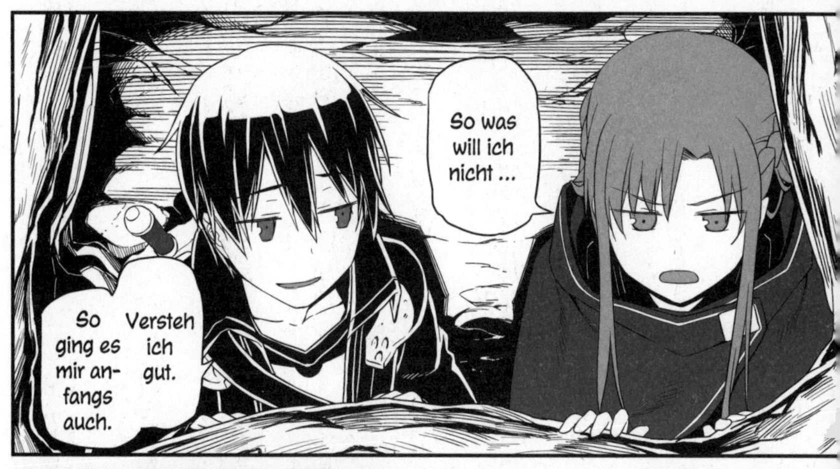

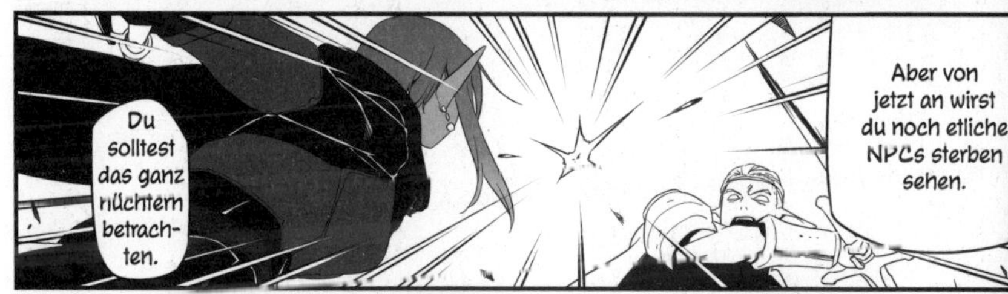

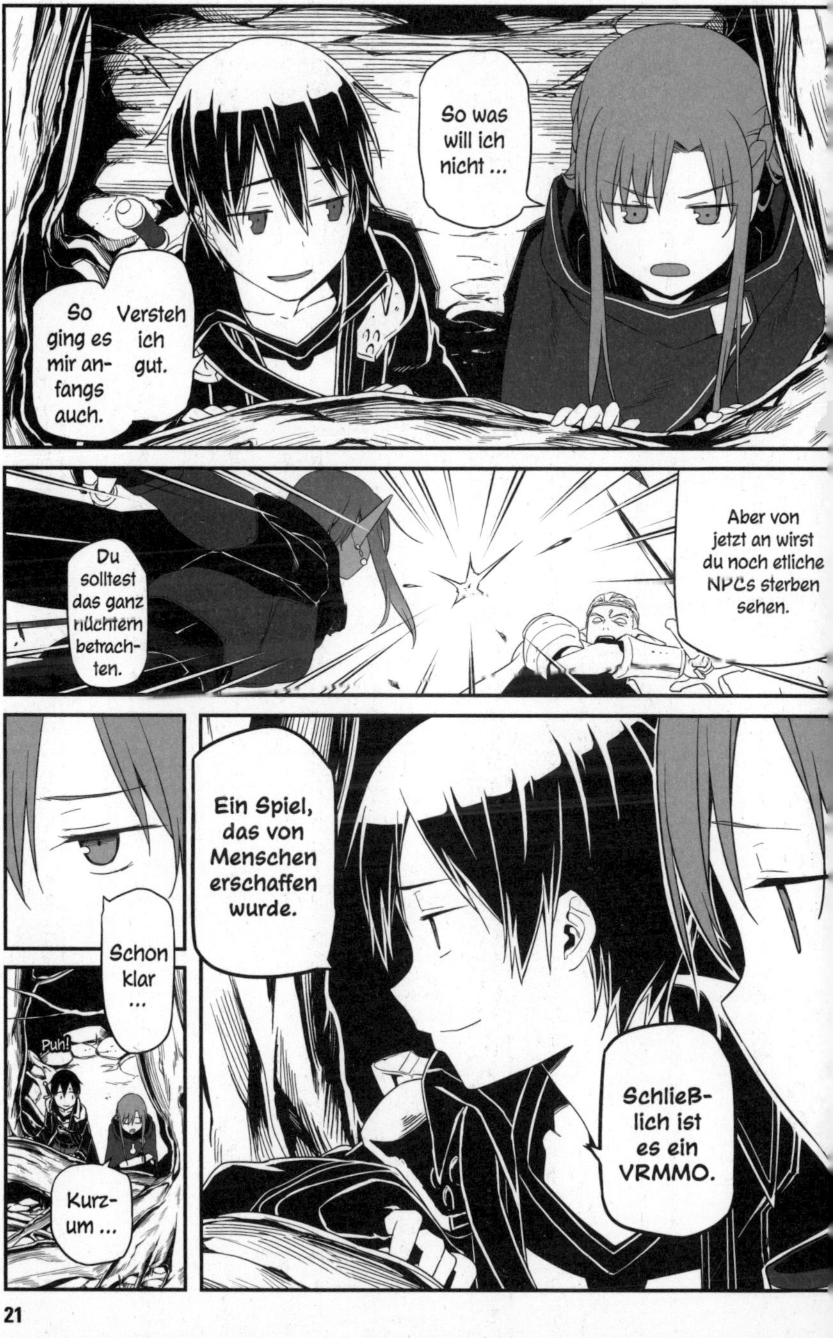

Ein Spiel, das von Menschen erschaffen wurde.

Schon klar ...

Schließlich ist es ein VRMMO.

Puh!

Kurzum ...

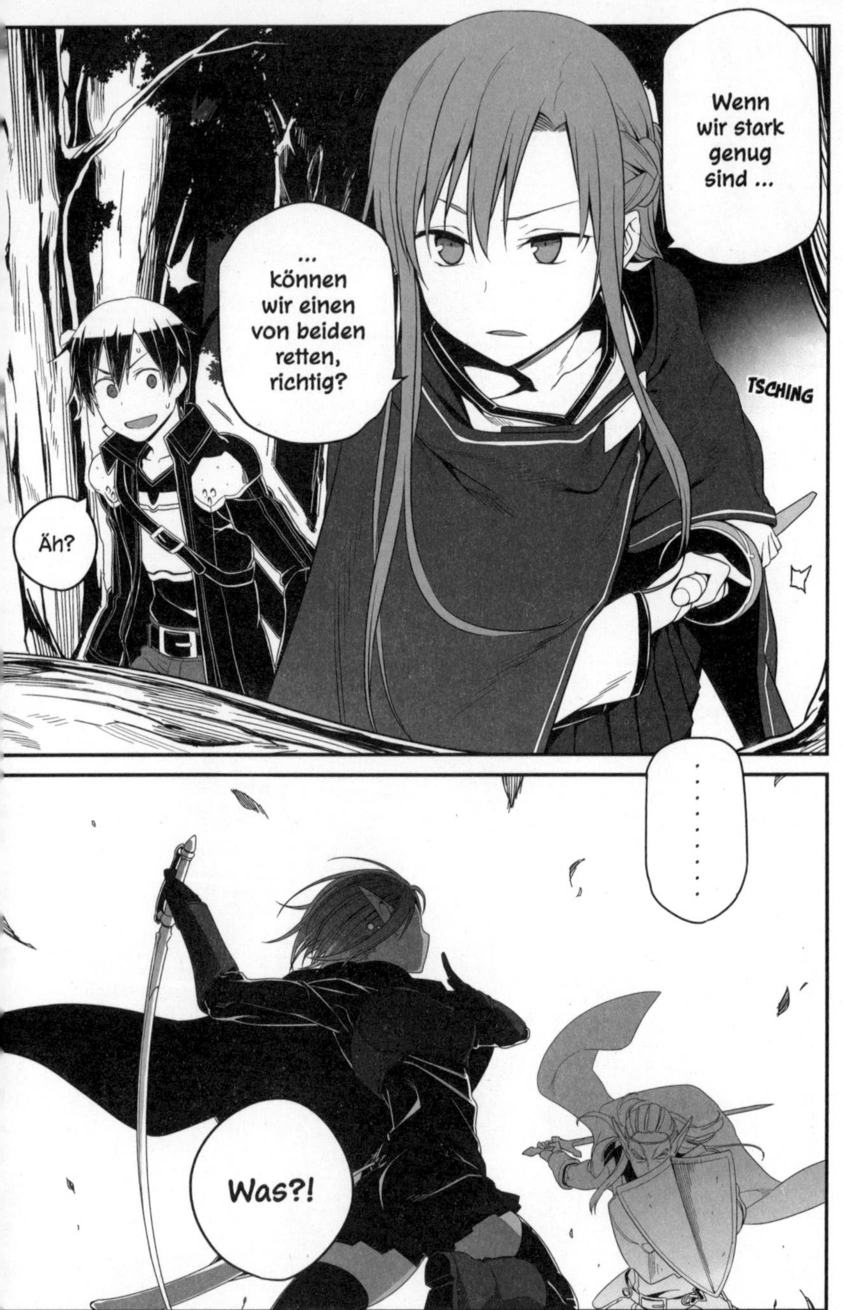

Wenn wir stark genug sind ...
... können wir einen von beiden retten, richtig?
Äh?
TSCHING
....
Was?!

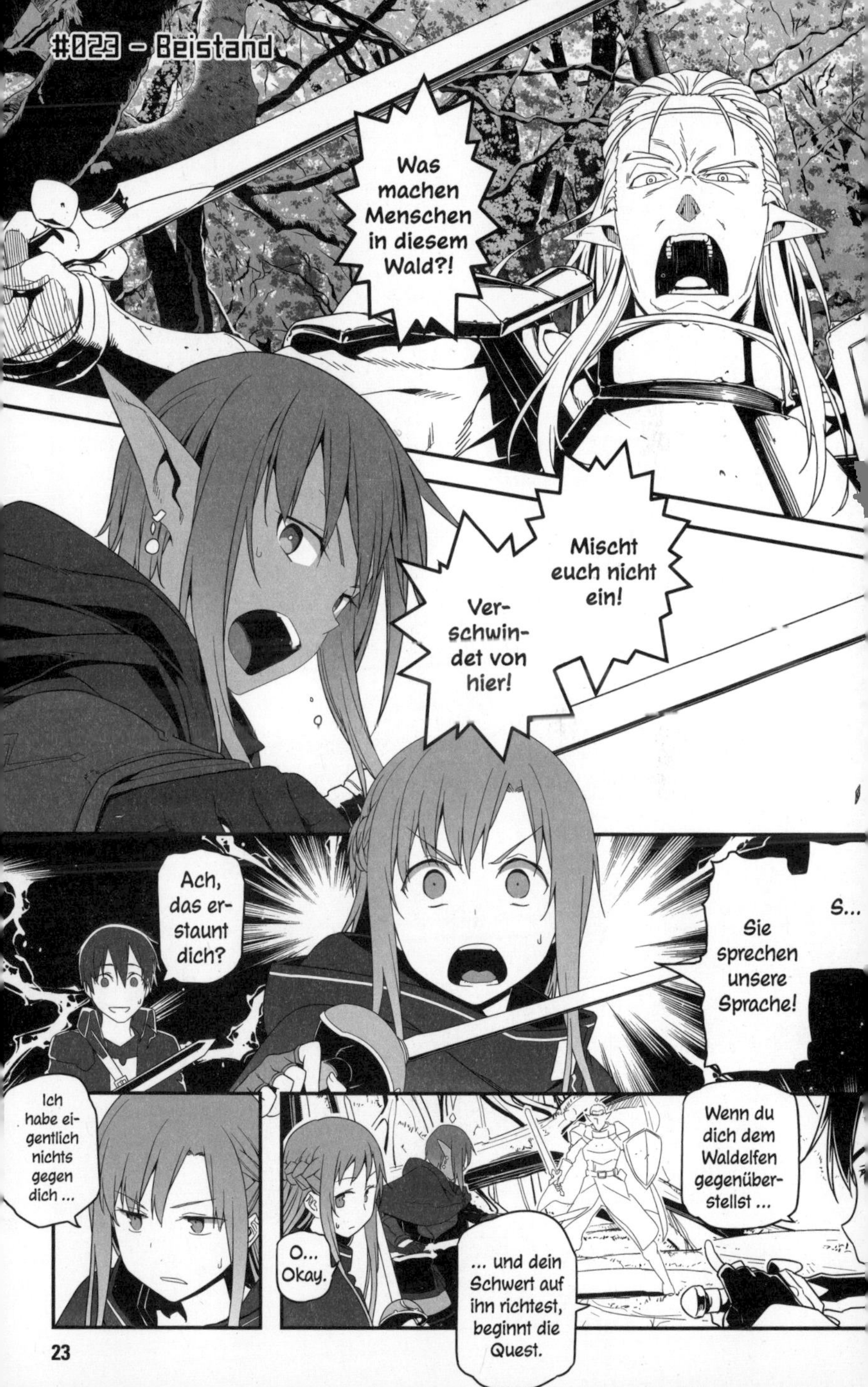
#023 - Beistand
Was machen Menschen in diesem Wald?!
Mischt euch nicht ein!
Ver-schwin-det von hier!
S...
Sie sprechen unsere Sprache!
Ach, das er-staunt dich?
Wenn du dich dem Waldelfen gegenüber-stellst ...
... und dein Schwert auf ihn richtest, beginnt die Quest.
O... Okay.
Ich habe ei-gentlich nichts gegen dich ...

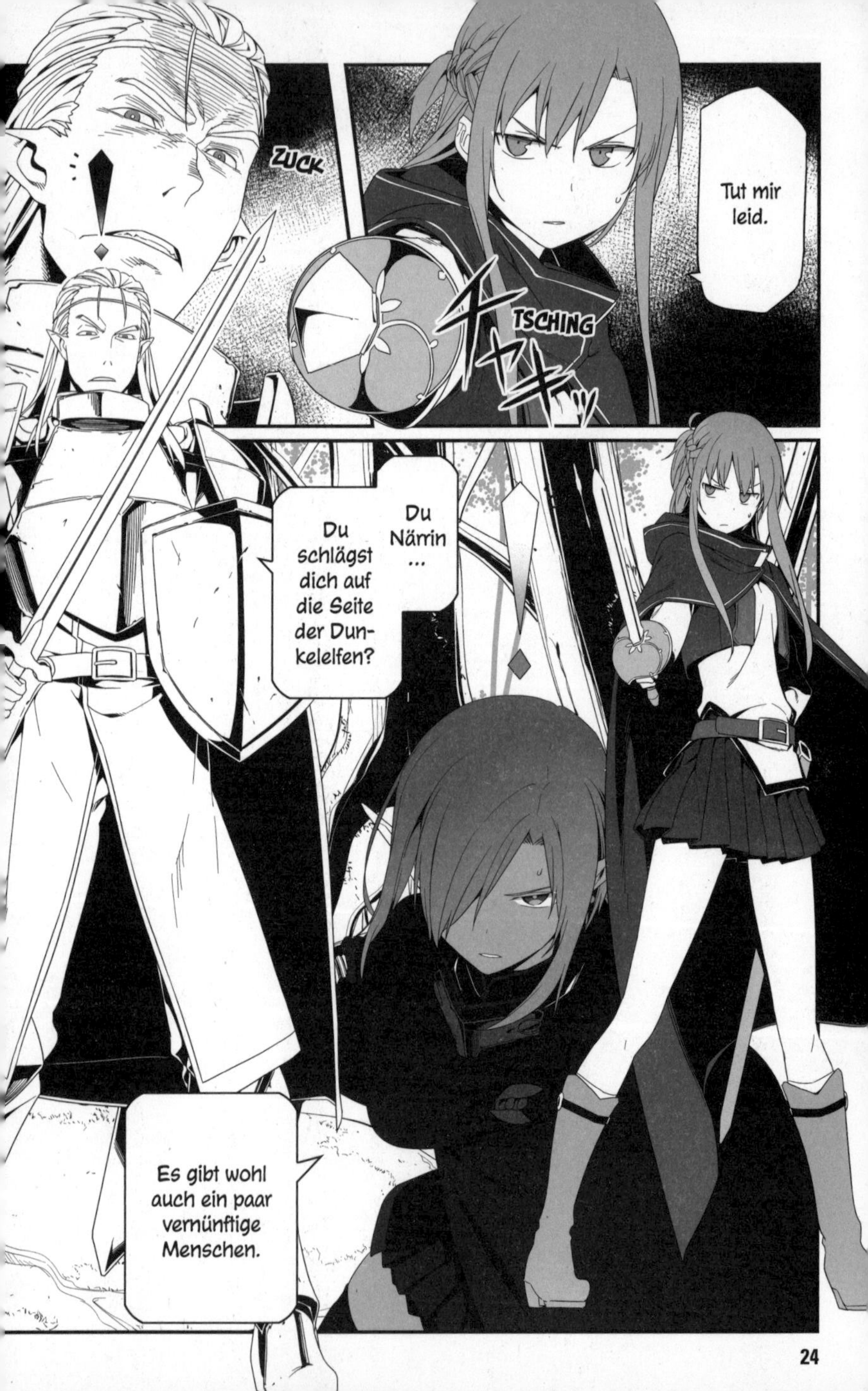
Tut mir leid.
TSCHING
ZUCK
Du Närrin ...
Du schlägst dich auf die Seite der Dunkelelfen?
Es gibt wohl auch ein paar vernünftige Menschen.

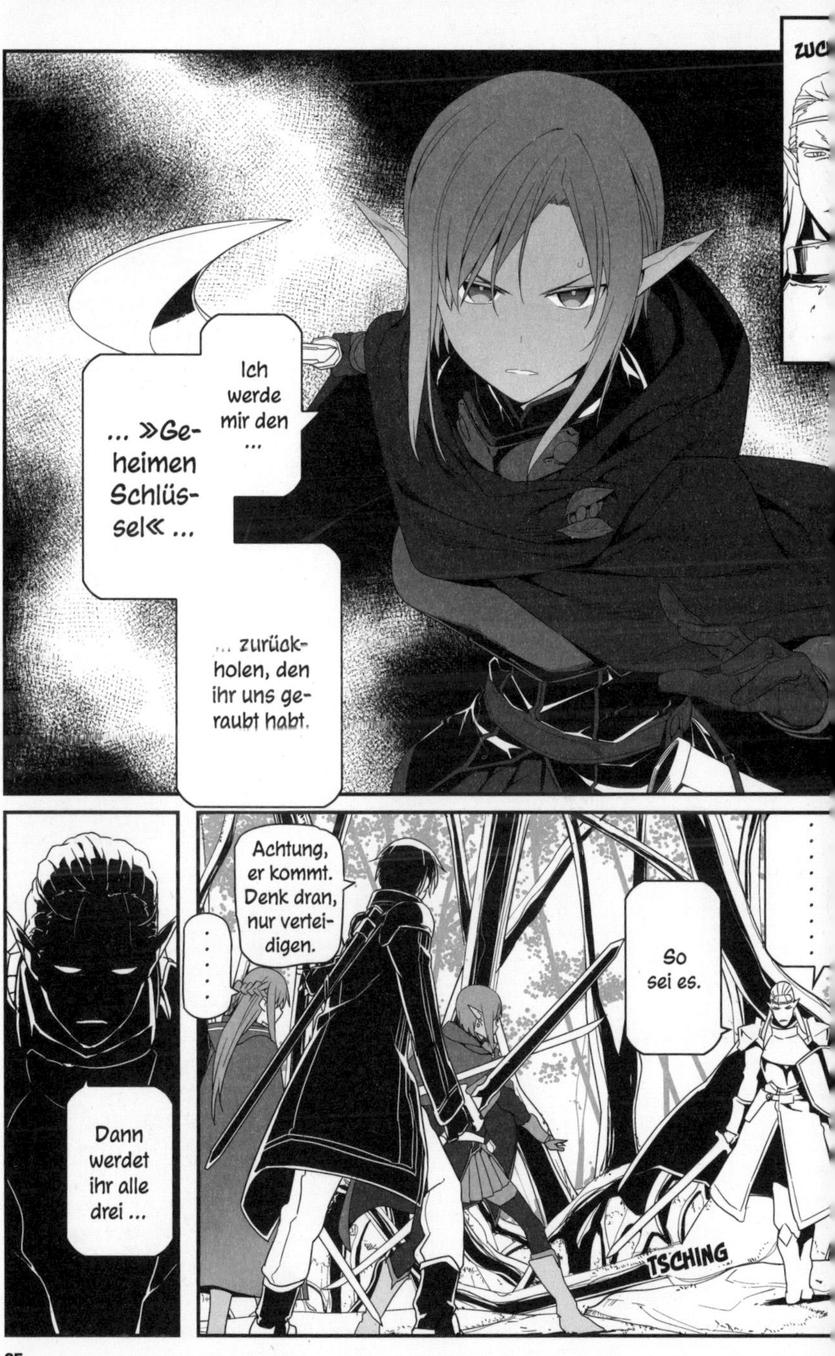

Ich werde mir den ...

... »Geheimen Schlüssel« ...

... zurückholen, den ihr uns geraubt habt.

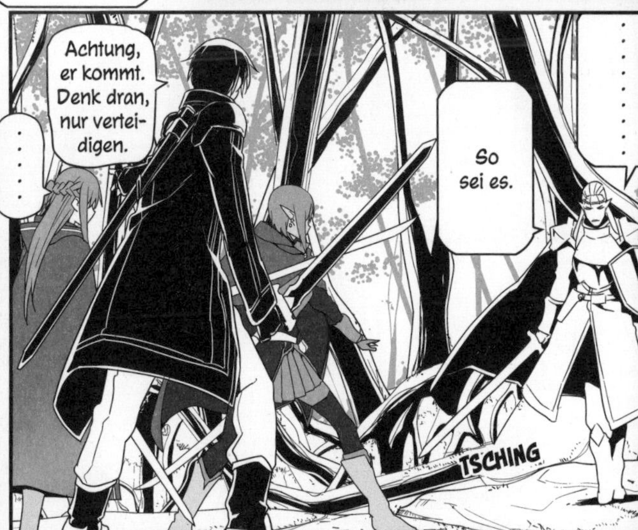

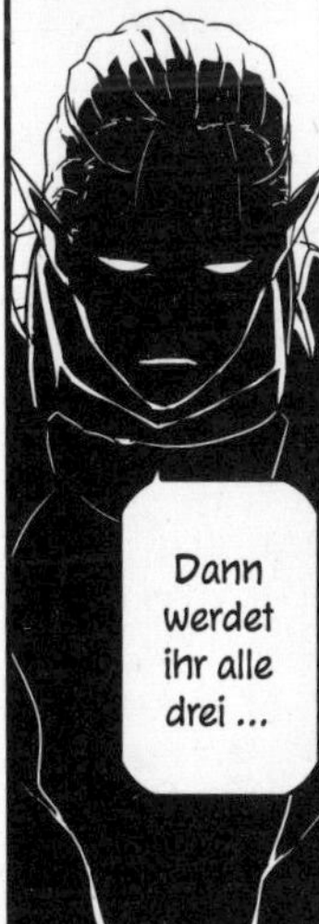

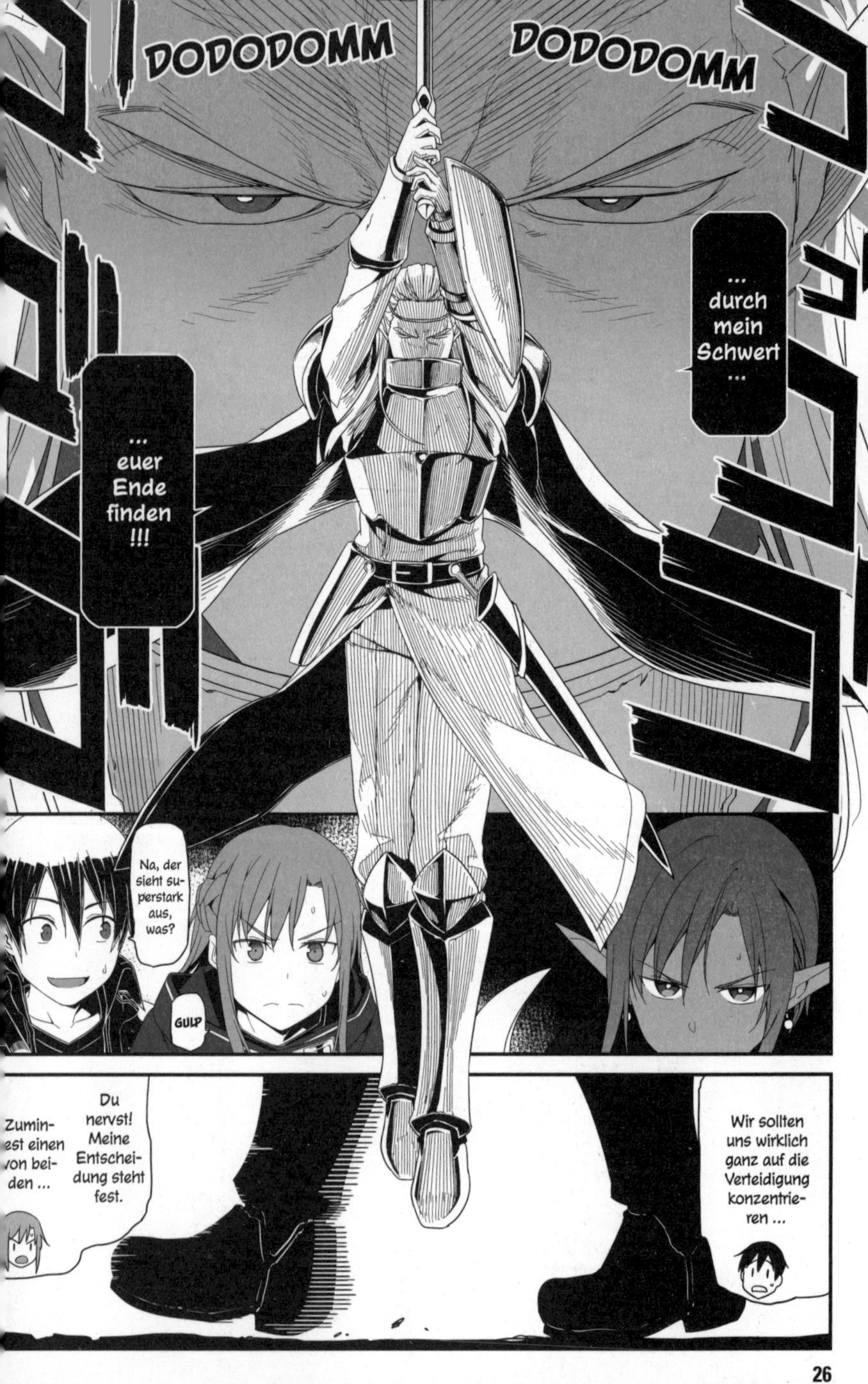

DODODOMM
DODODOMM
... durch mein Schwert ...
... euer Ende finden !!!
Na, der sieht superstark aus, was?
GULP
Wir sollten uns wirklich ganz auf die Verteidigung konzentrieren ...
Du nervst! Meine Entscheidung steht fest.
Zumindest einen von beiden ...

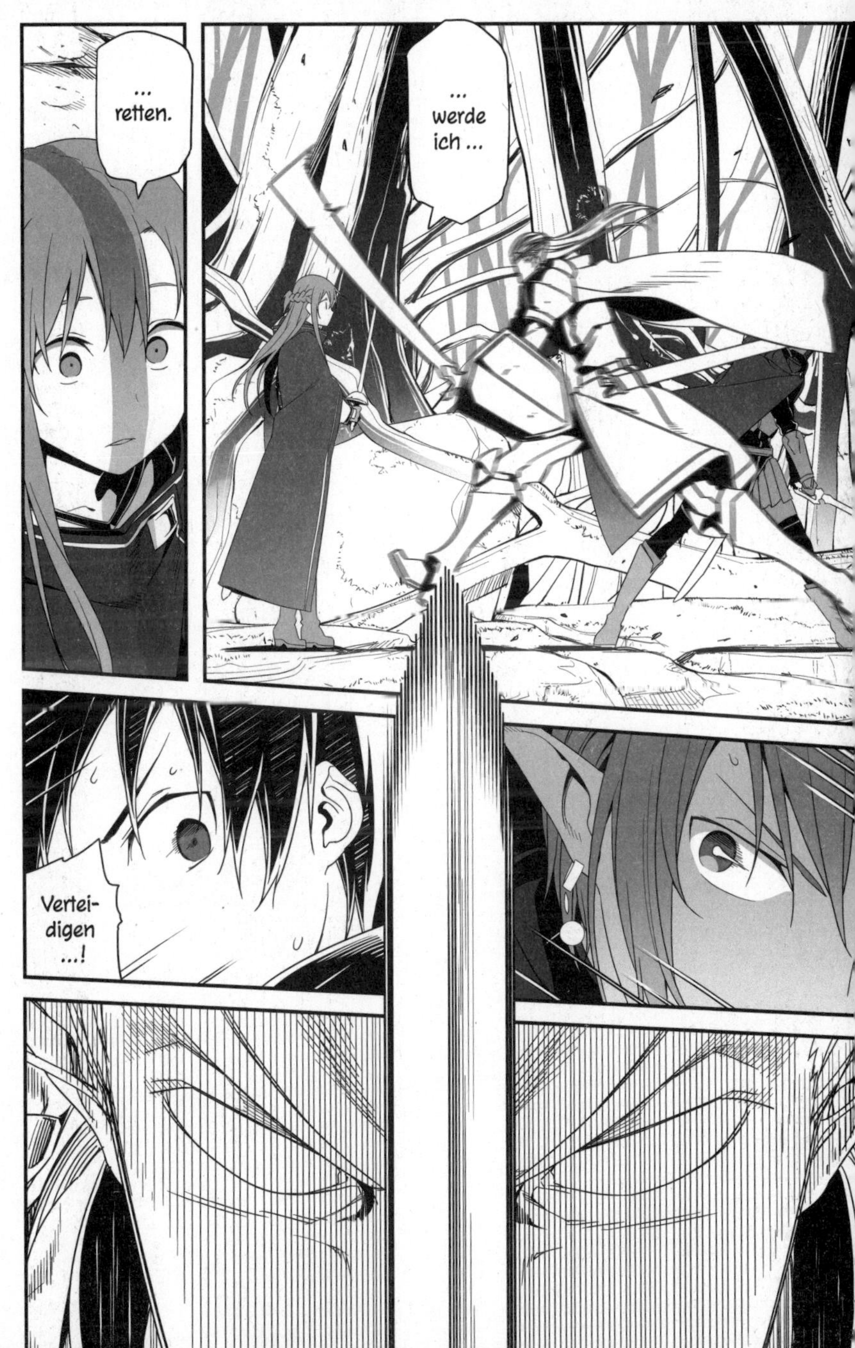

... werde ich ...
... retten.
Vertei-digen ...!

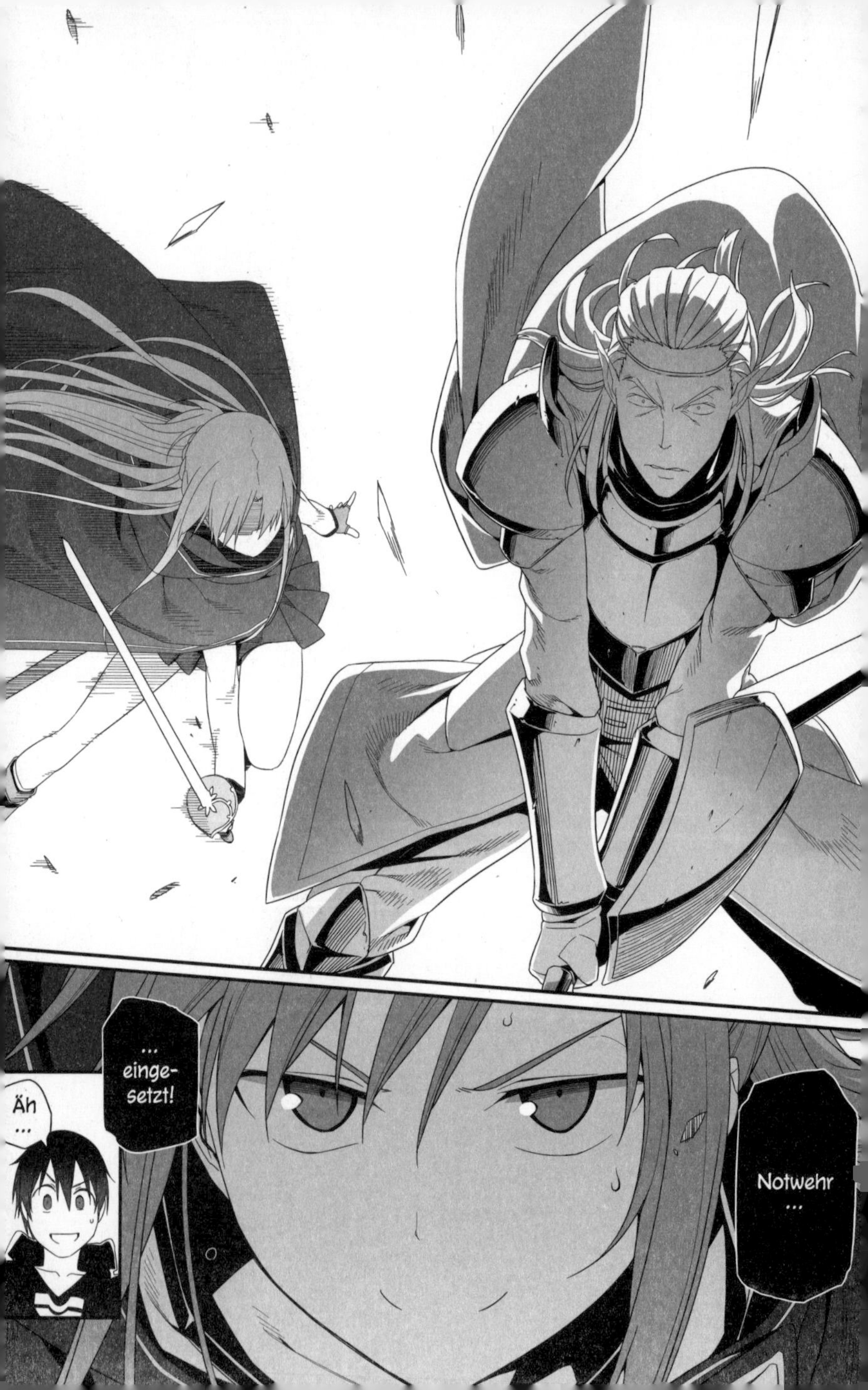
Notwehr
...
...
einge-
setzt!
Äh
...

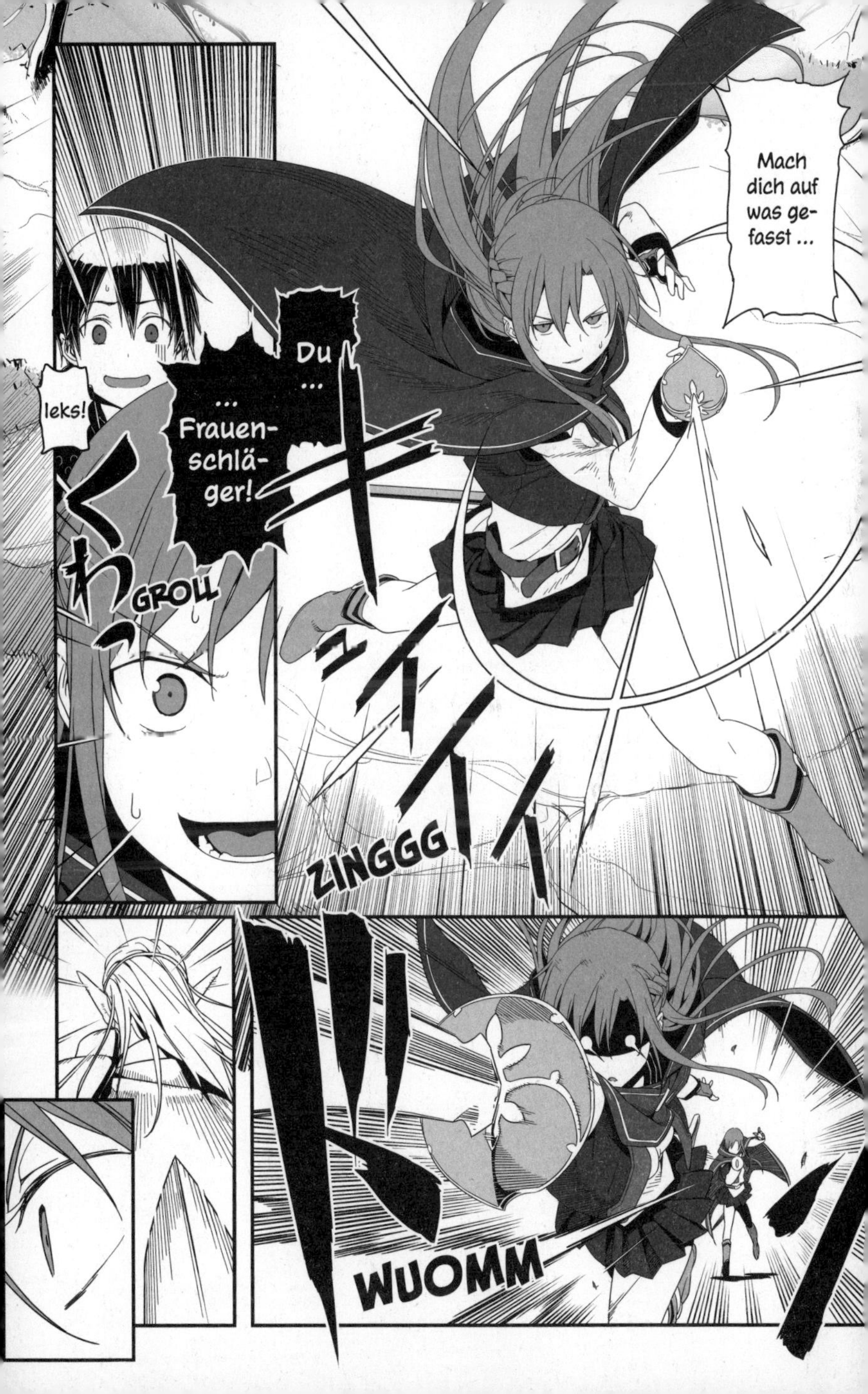
Mach dich auf was gefasst ...
Du ...
... Frauenschläger!
Ieks!
くわっ
GROLL
ZINGGG
WUOMM

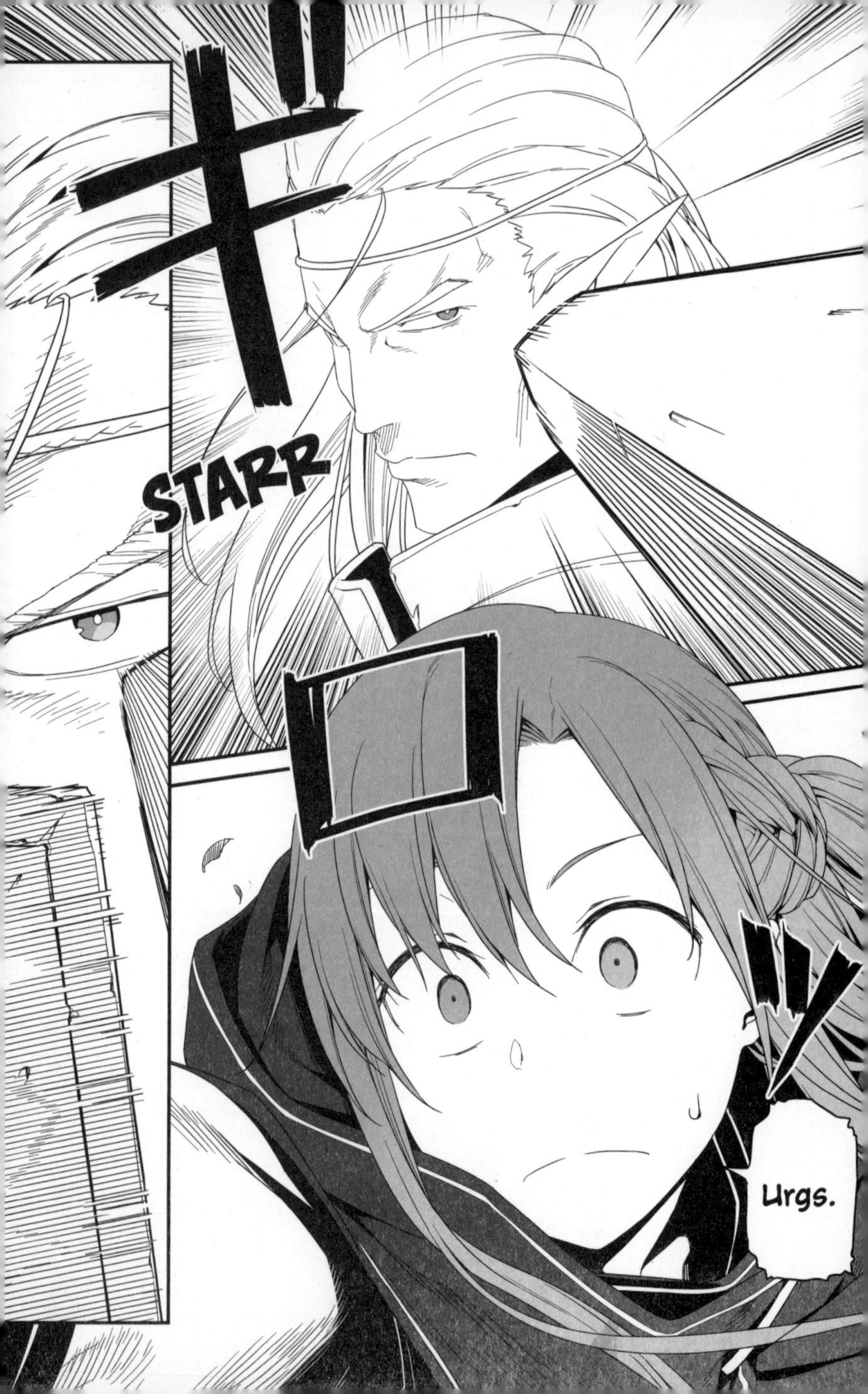
ギ
STARR
ロ
ッ
Urgs.

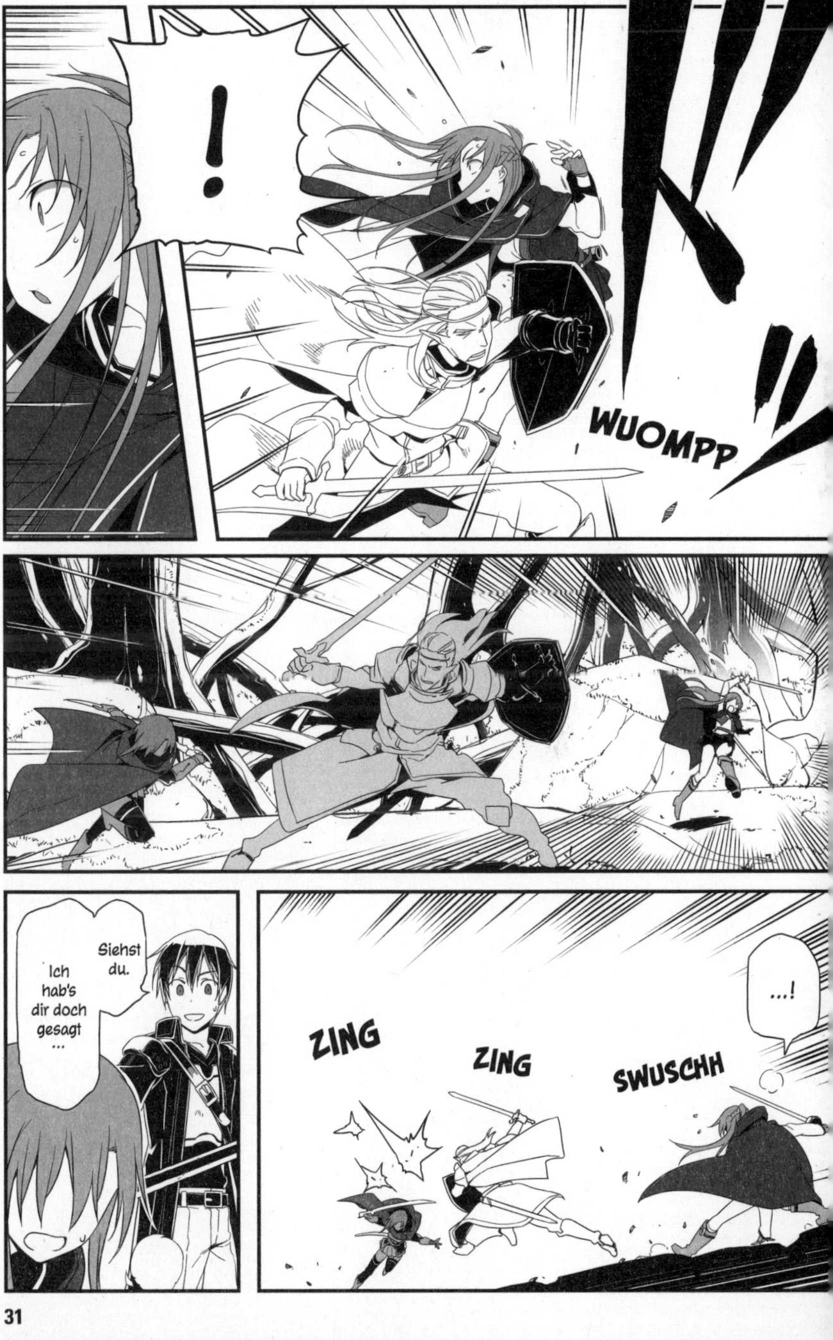

!

WUOMPP

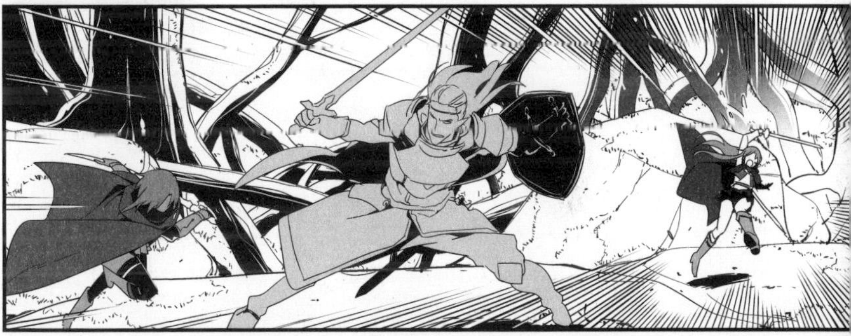

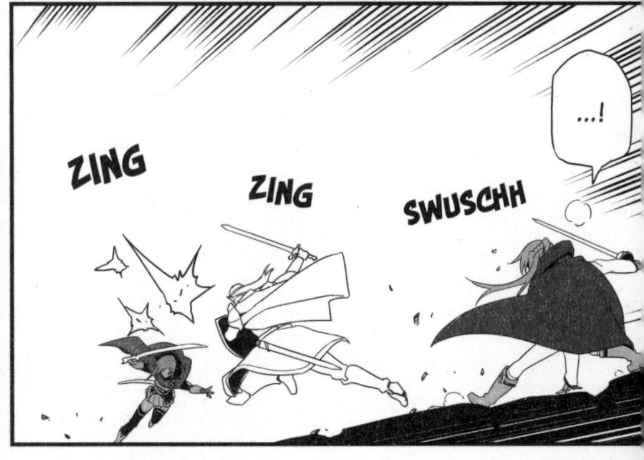

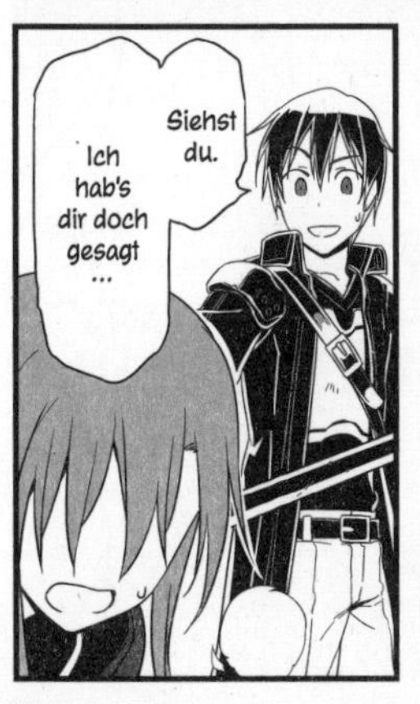

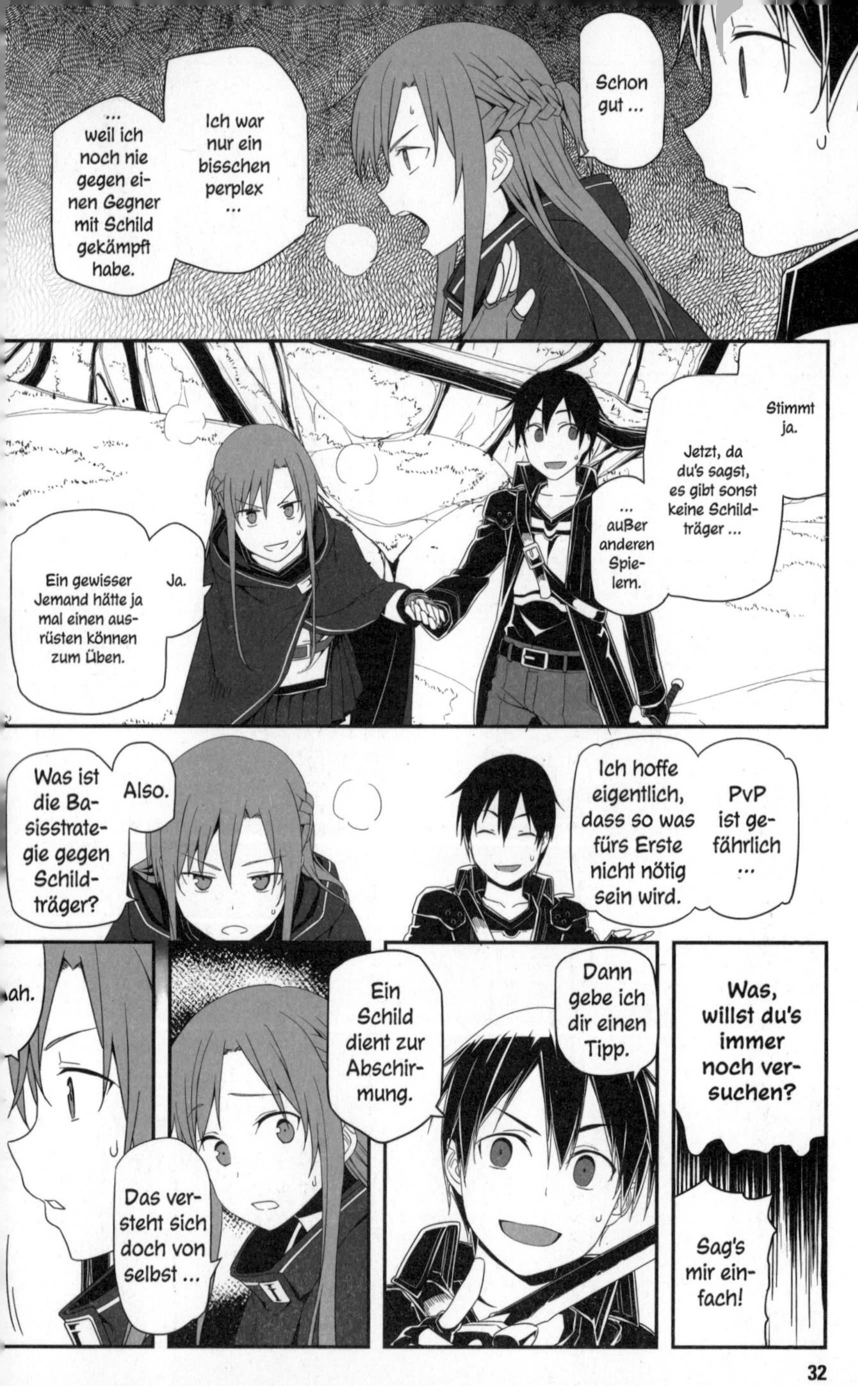
Schon gut …
Ich war nur ein bisschen perplex …
… weil ich noch nie gegen einen Gegner mit Schild gekämpft habe.
Stimmt ja.
Jetzt, da du's sagst, es gibt sonst keine Schildträger …
… außer anderen Spielern.
Ja.
Ein gewisser Jemand hätte ja mal einen ausrüsten können zum Üben.
PvP ist gefährlich …
Ich hoffe eigentlich, dass so was fürs Erste nicht nötig sein wird.
Also.
Was ist die Basisstrategie gegen Schildträger?
Was, willst du's immer noch versuchen?
Sag's mir einfach!
Dann gebe ich dir einen Tipp.
Ein Schild dient zur Abschirmung.
Das versteht sich doch von selbst …
ah.

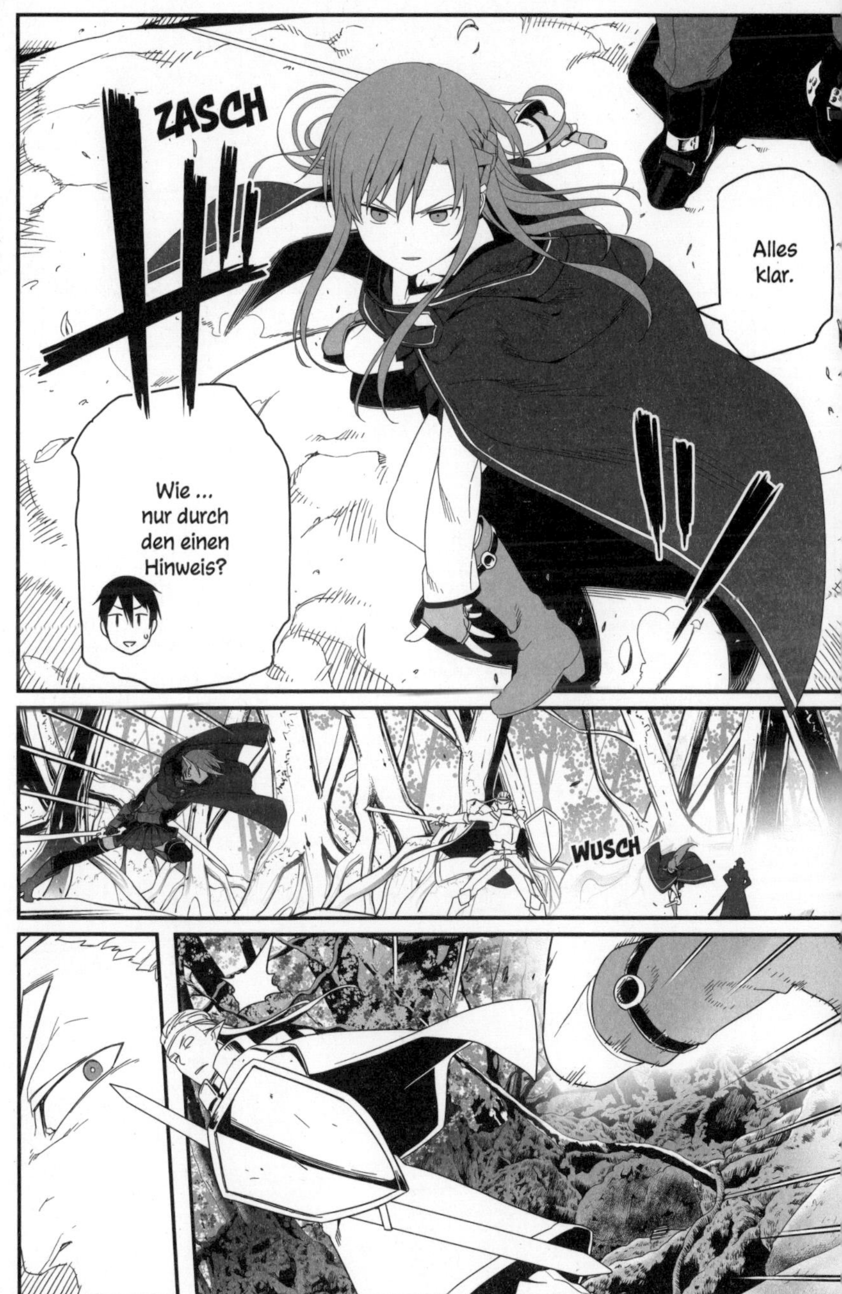
Alles klar.
ZASCH
Wie ... nur durch den einen Hinweis?
WUSCH

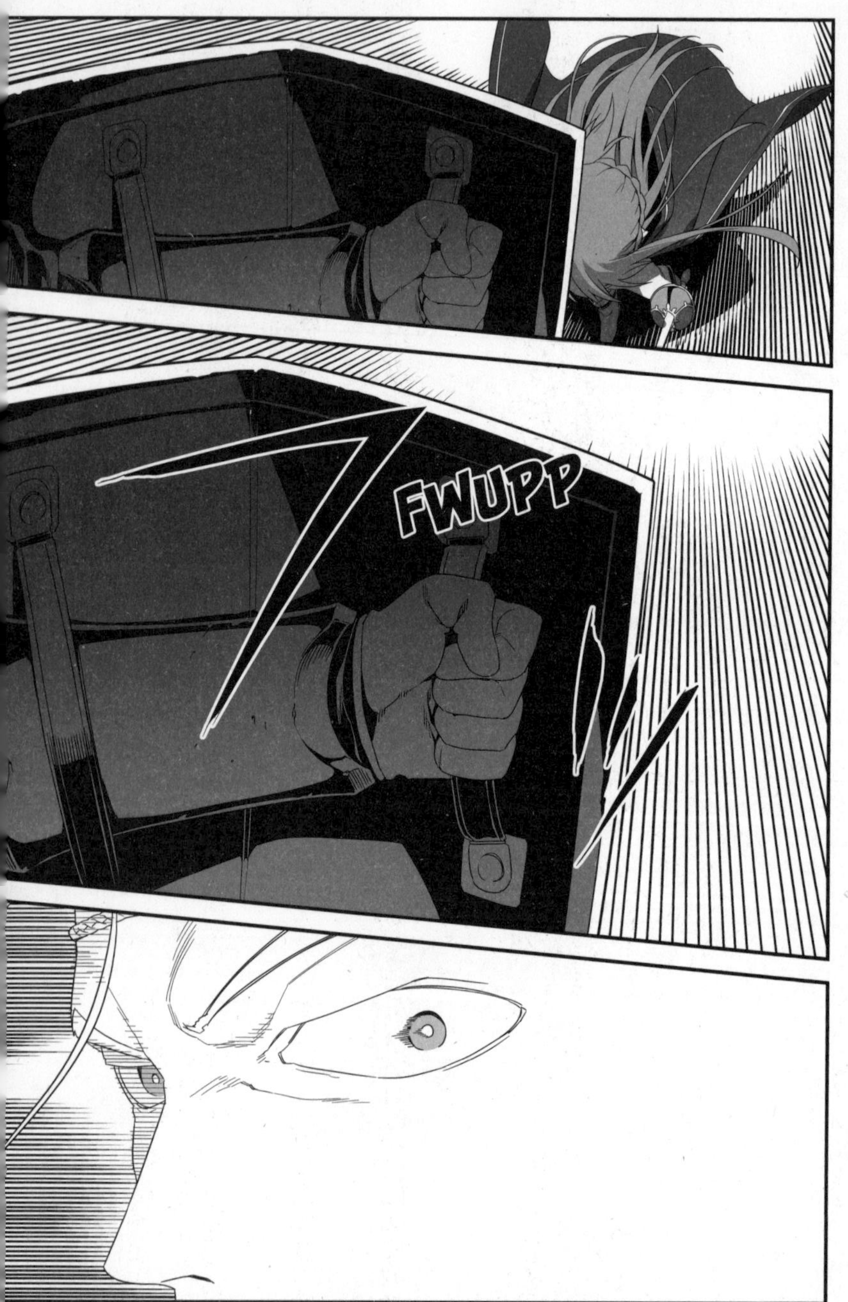
FWUPP

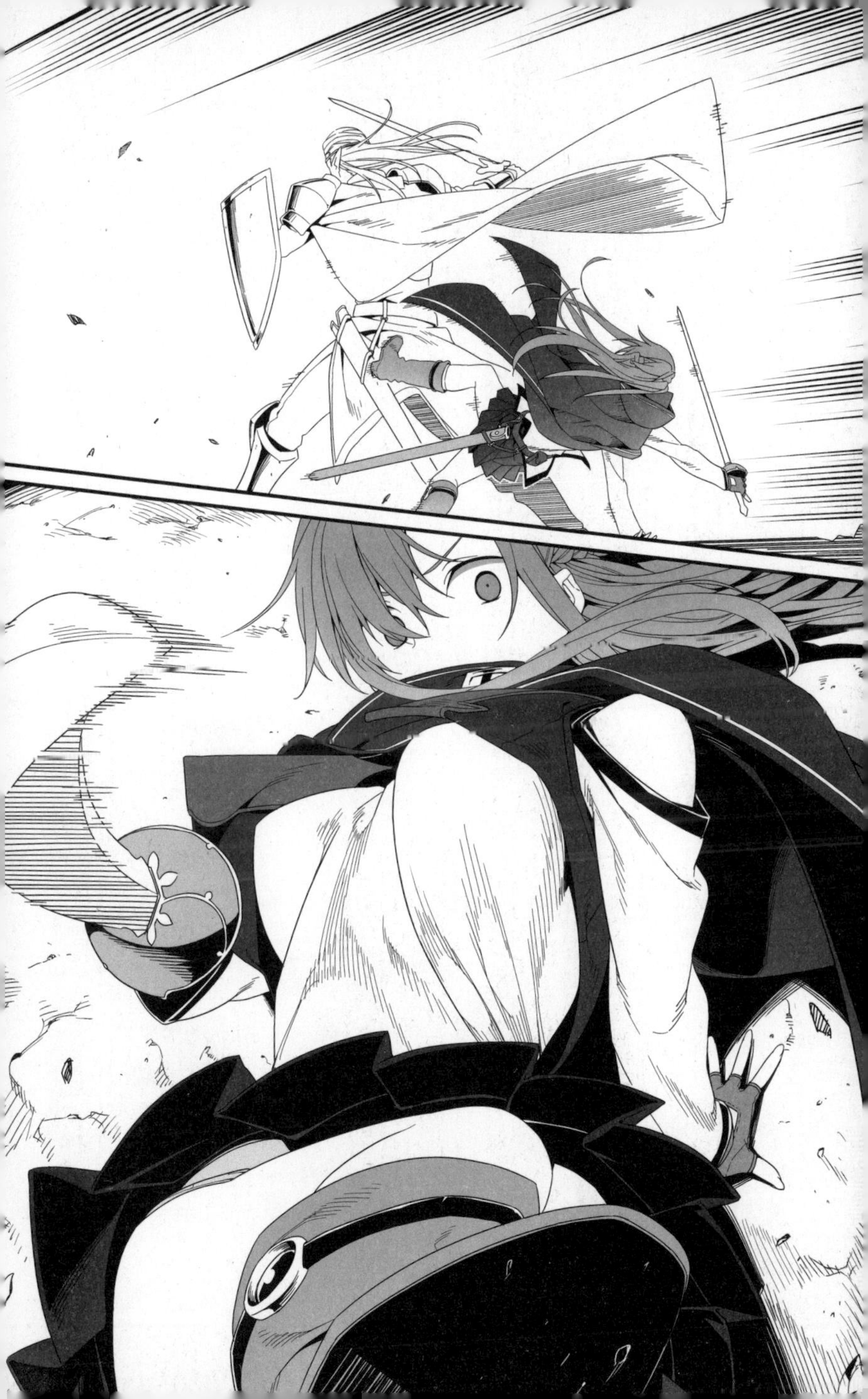

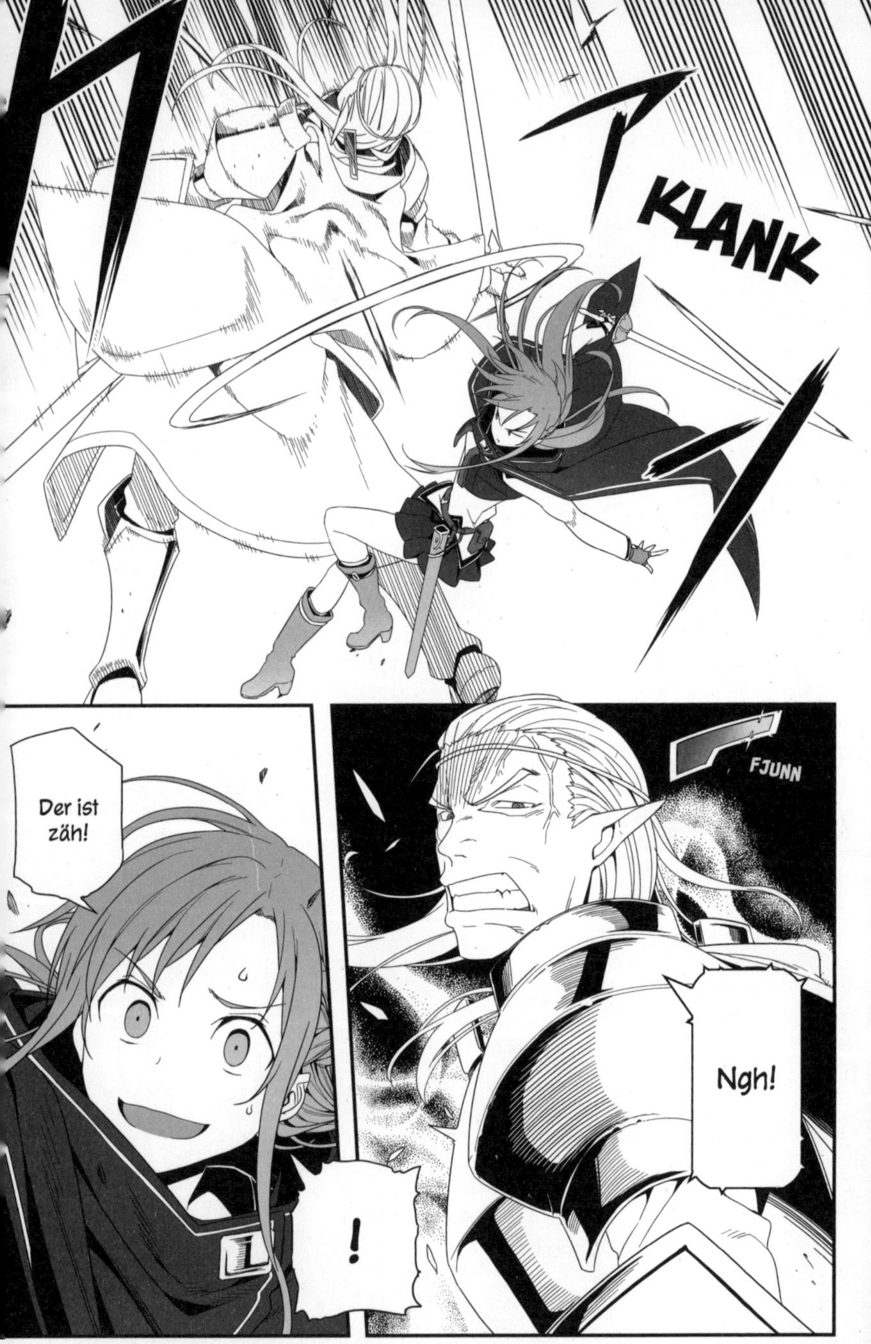
KLANK
Der ist zäh!
FJUNN
Ngh!
!

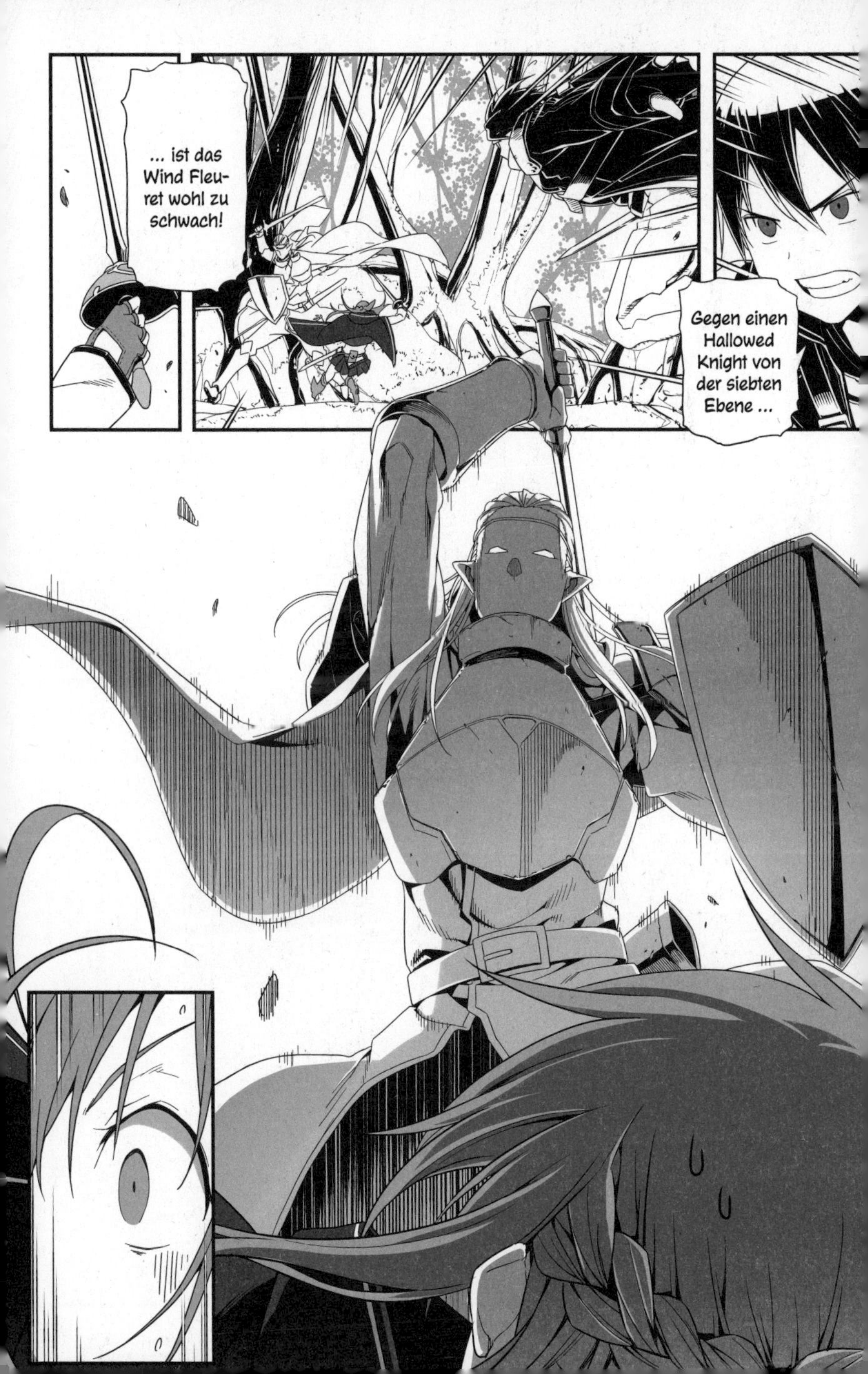
Gegen einen Hallowed Knight von der siebten Ebene ...
... ist das Wind Fleu-ret wohl zu schwach!

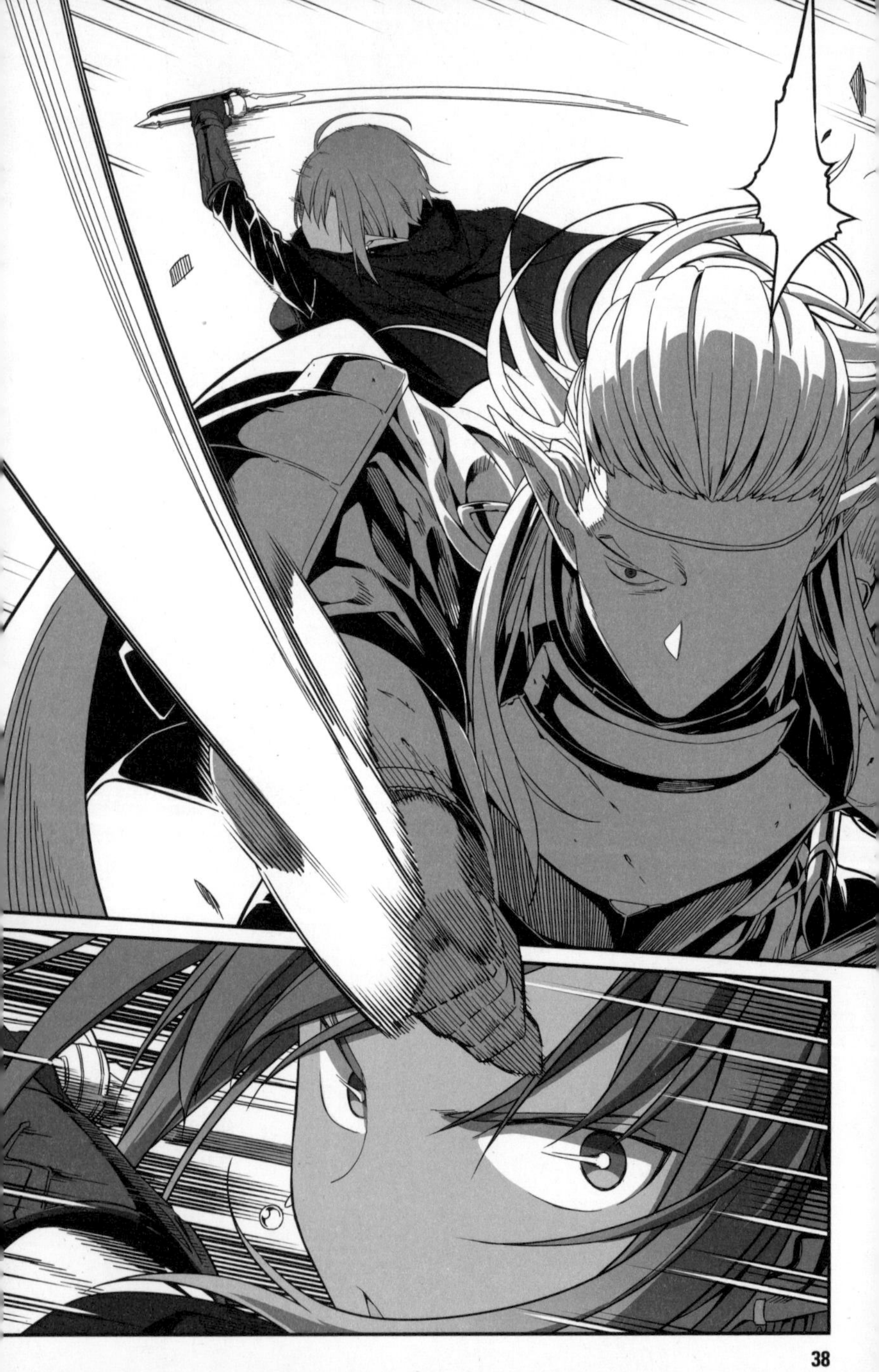

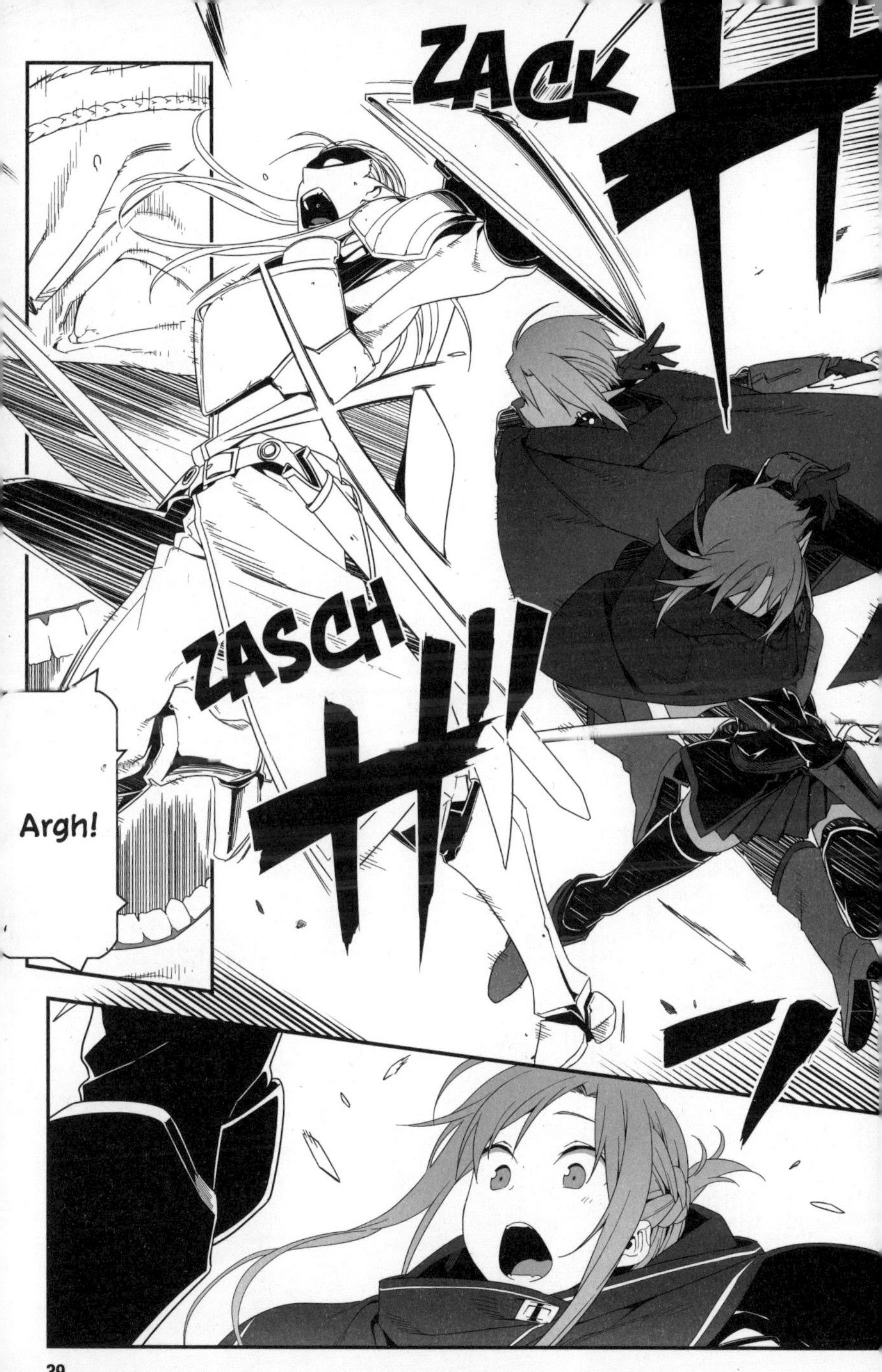
ZACK
ZASCH
Argh!

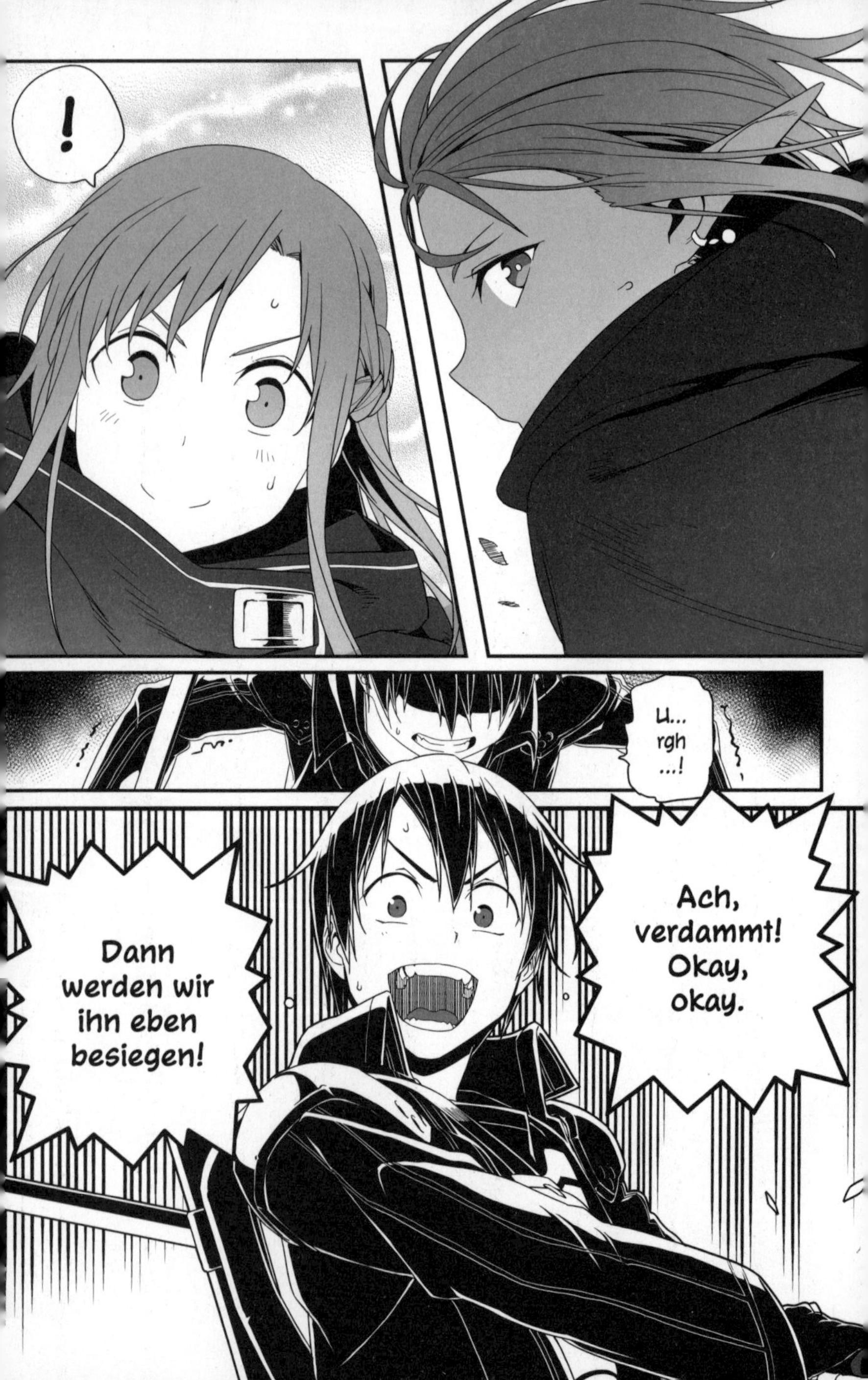
!
U... rgh ...!
Ach, verdammt! Okay, okay.
Dann werden wir ihn eben besiegen!

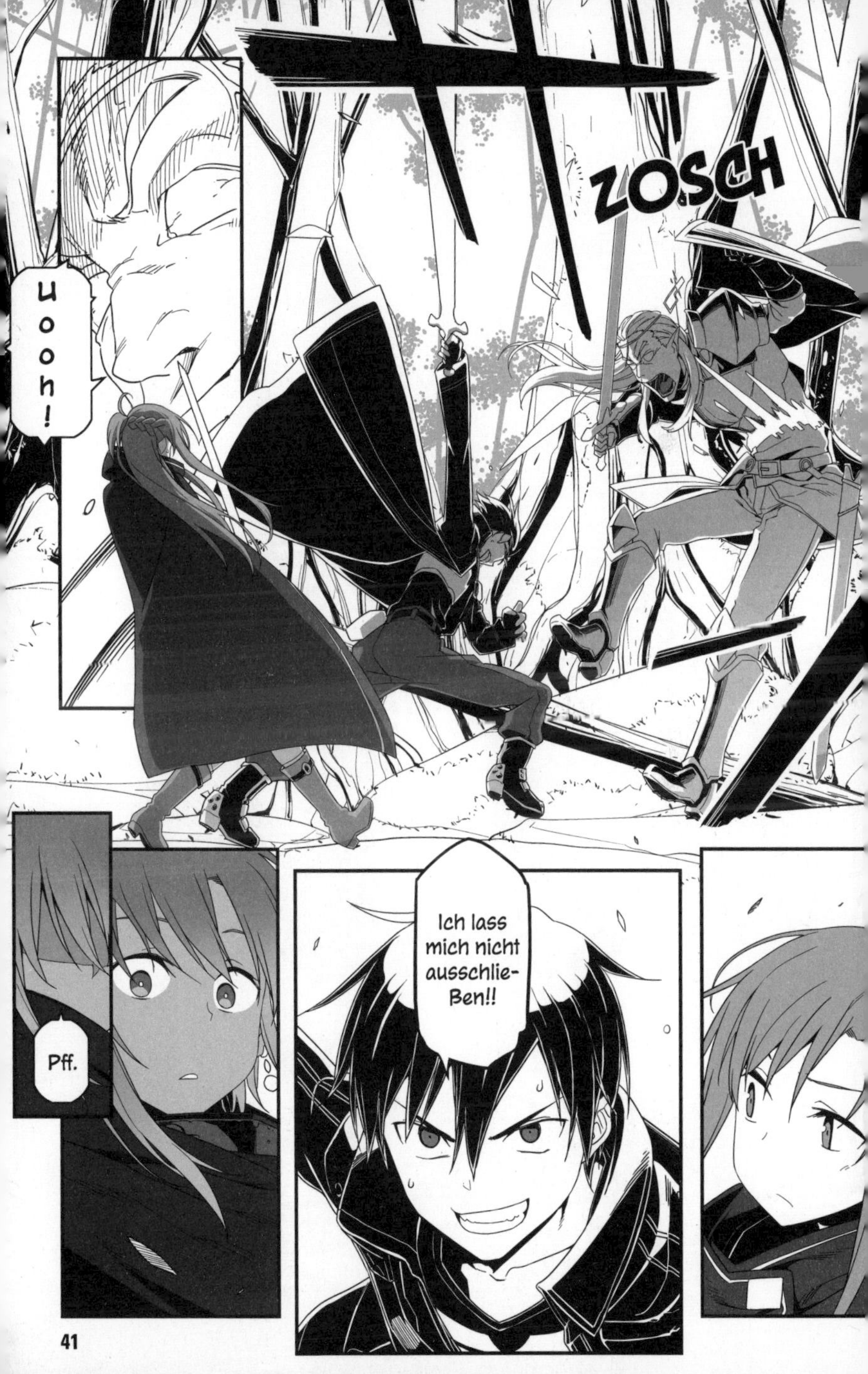
ZOSCH
Uooon!
Ich lass mich nicht ausschlie-ßen!!
Pff.

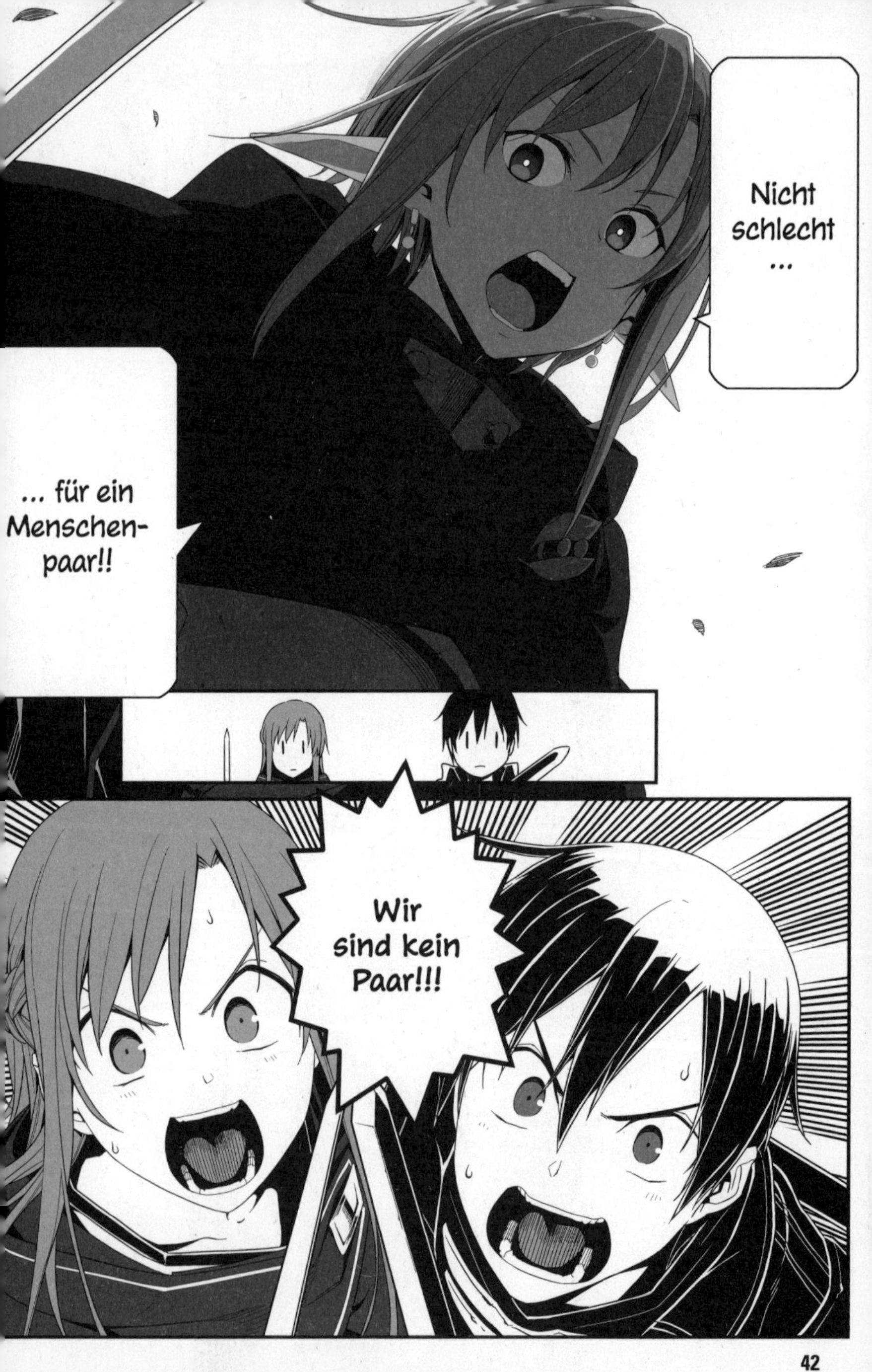
Nicht schlecht ...
... für ein Menschen-paar!!
Wir sind kein Paar!!!

#024 - Rache

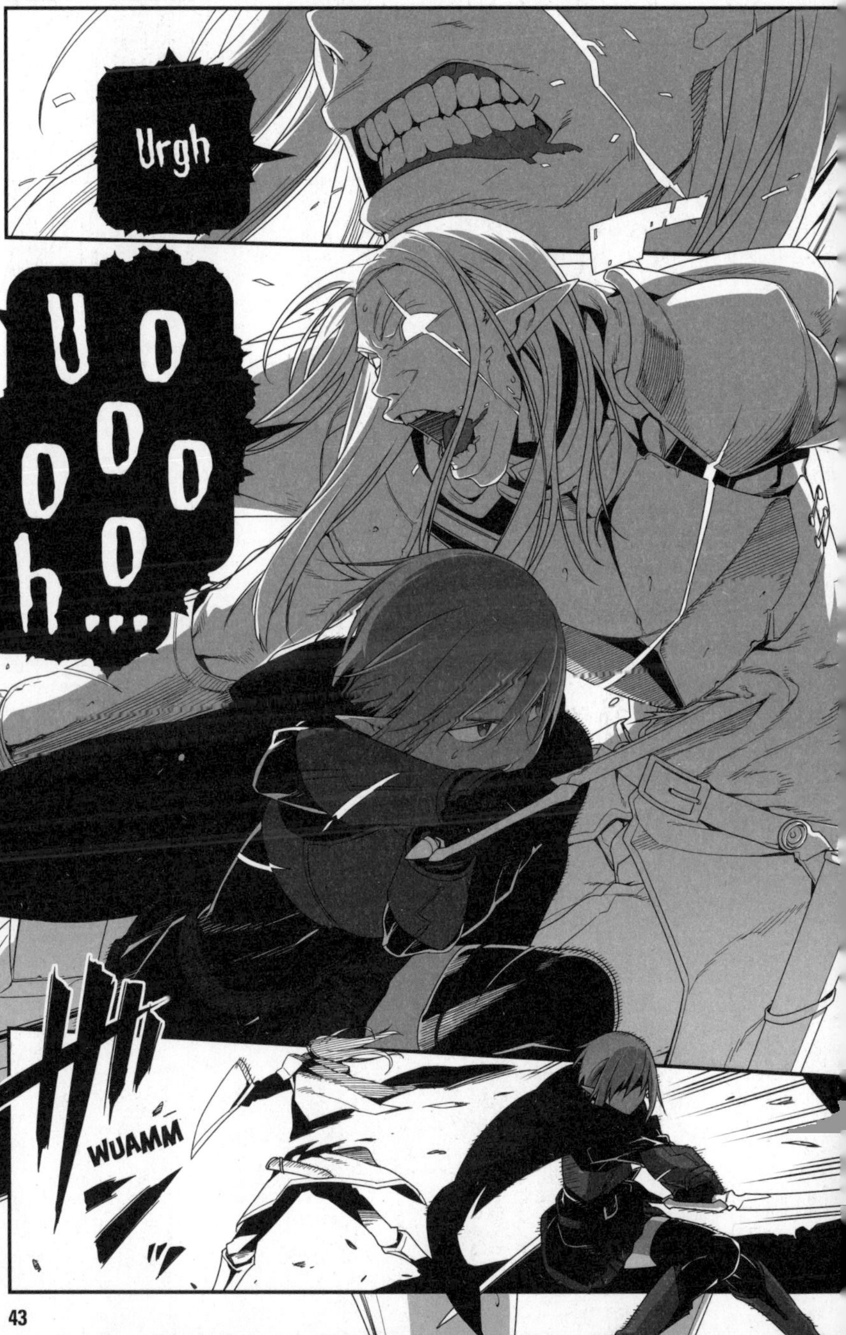

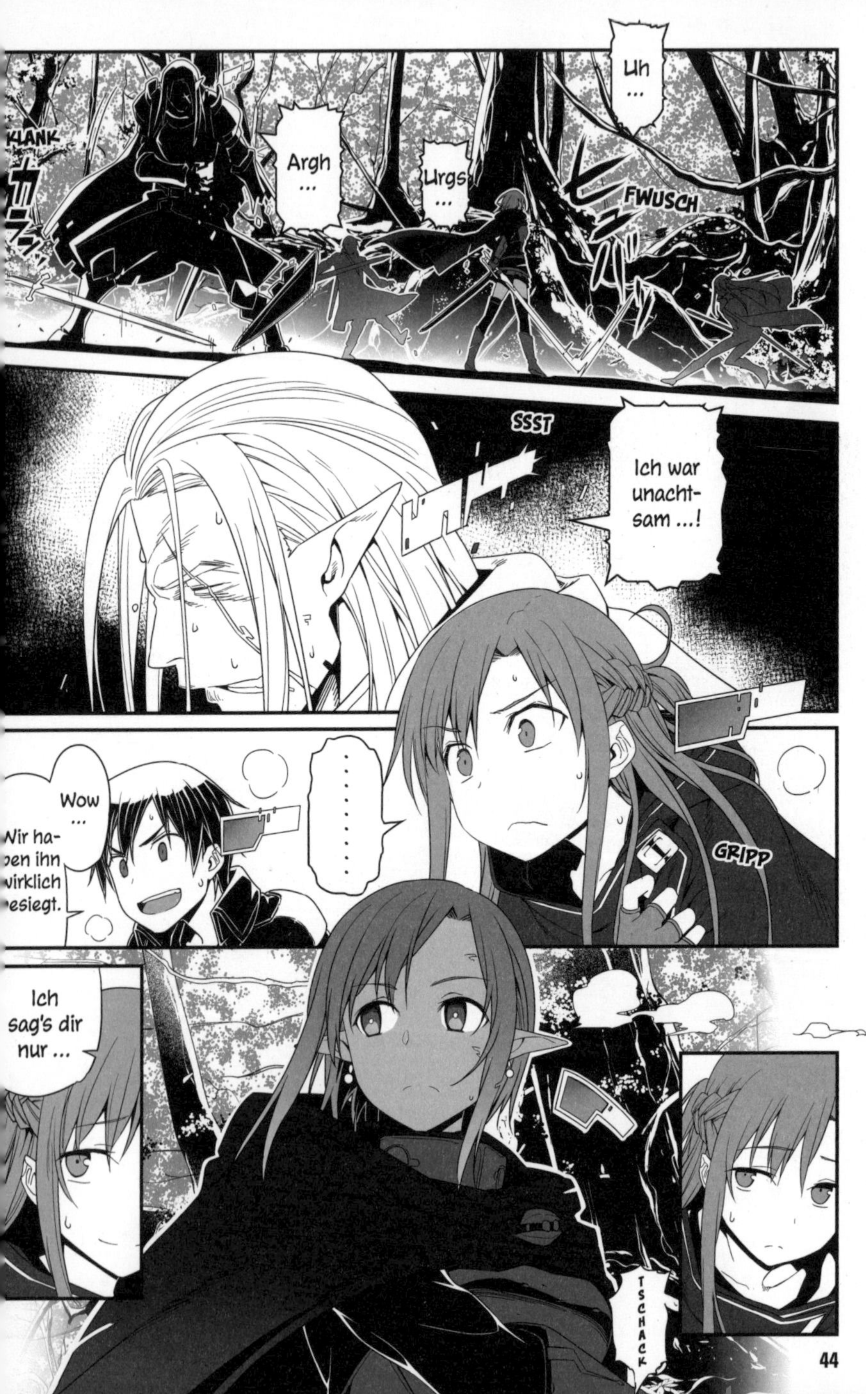
Uh ...
FWUSCH
Urgs ...
Argh ...
KLANK
SSST
Ich war unacht-sam ...!
GRIPP
....
Wow ...
Wir ha-
pen ihn
virklich
esiegt.
TSCHACK
Ich sag's dir nur ...

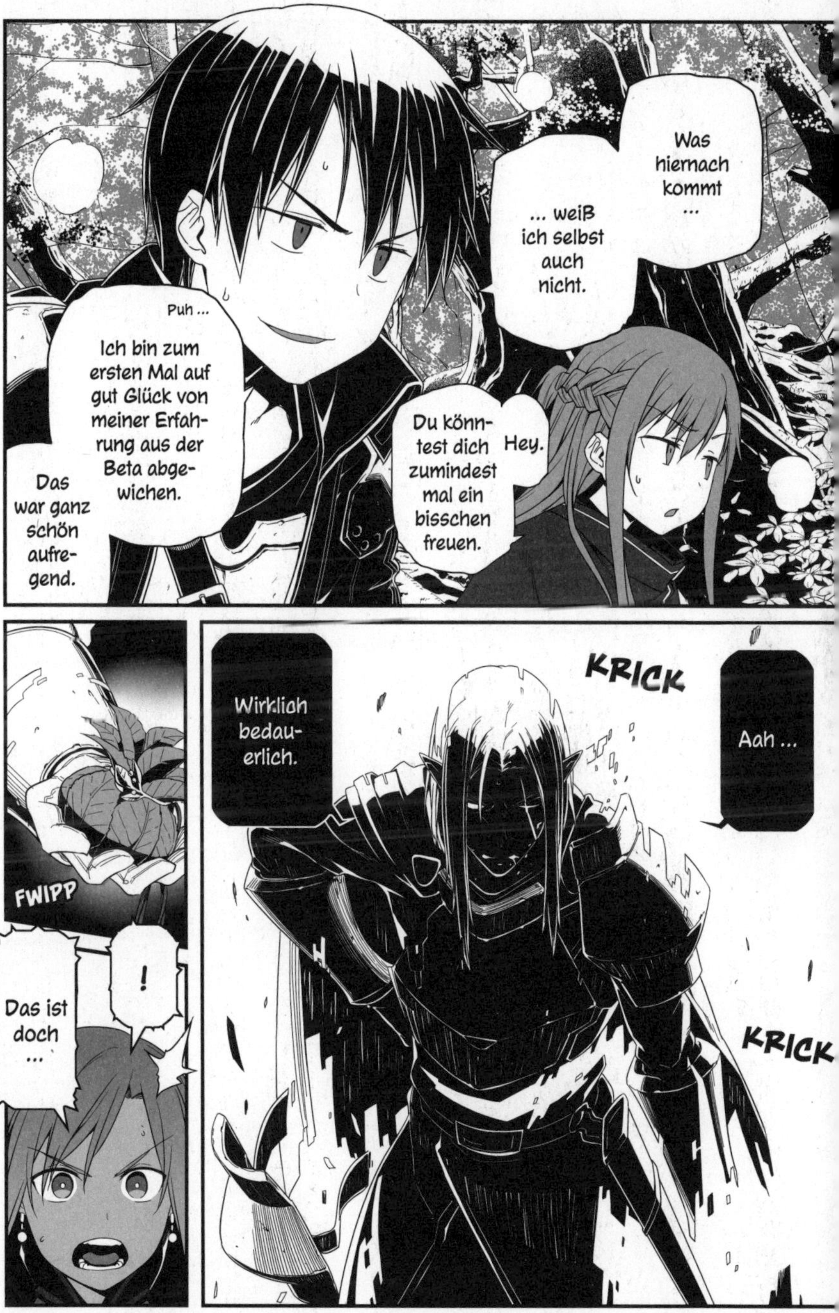

Was hiernach kommt ...
... weiß ich selbst auch nicht.
Hey.
Du könntest dich zumindest mal ein bisschen freuen.
Puh ...
Ich bin zum ersten Mal auf gut Glück von meiner Erfahrung aus der Beta abgewichen.
Das war ganz schön aufregend.

Aah ...
KRICK
Wirklich bedauerlich.
KRICK

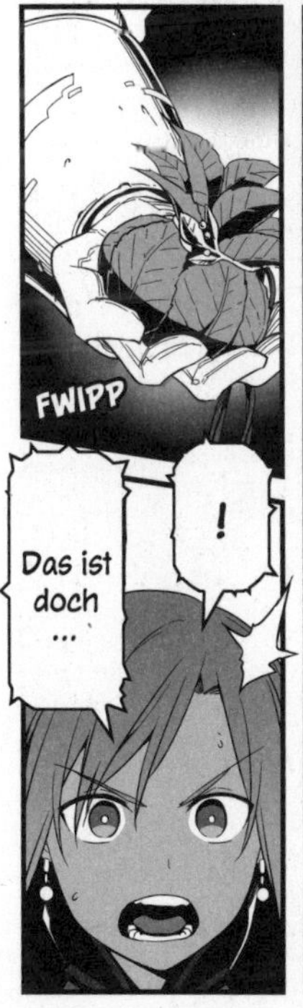

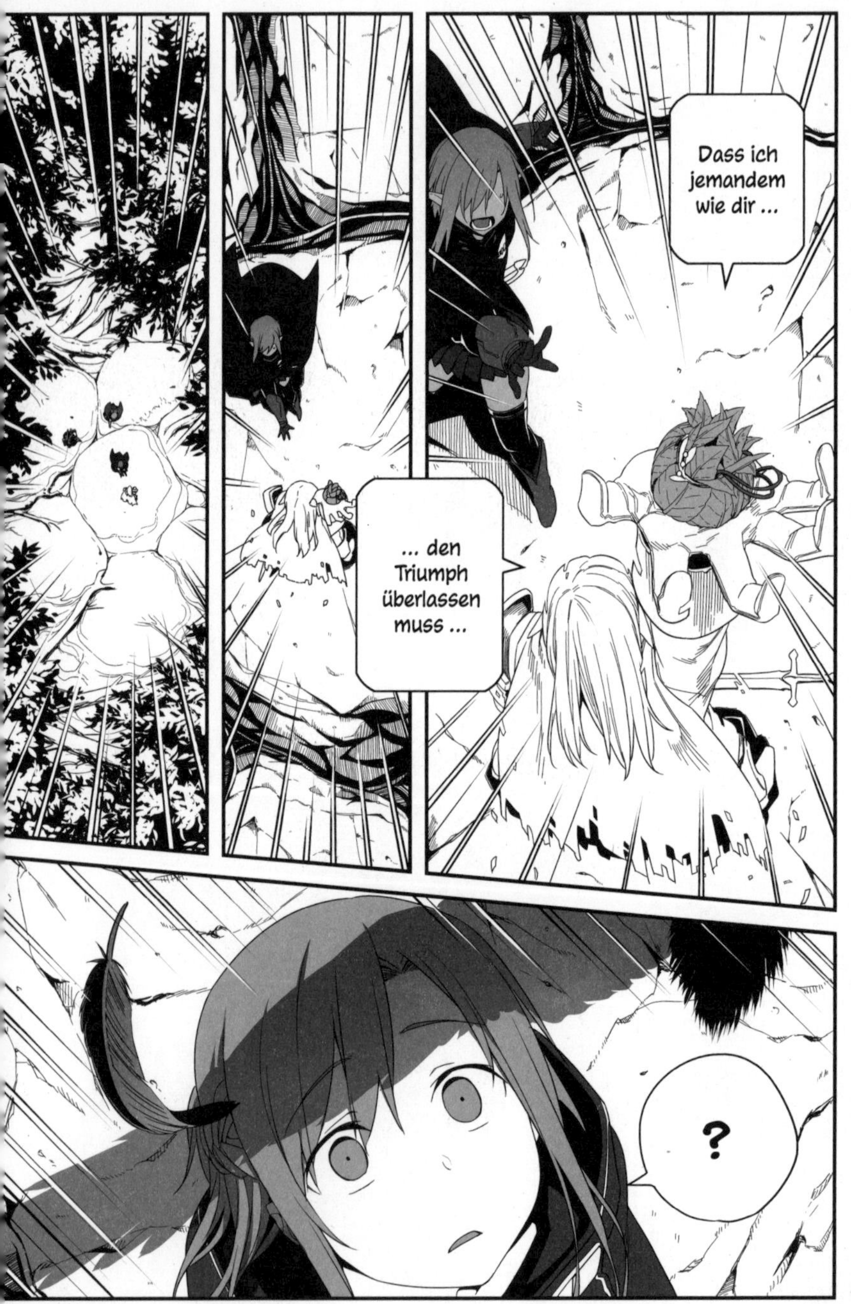
Dass ich jemandem wie dir ...
... den Triumph überlassen muss ...
?

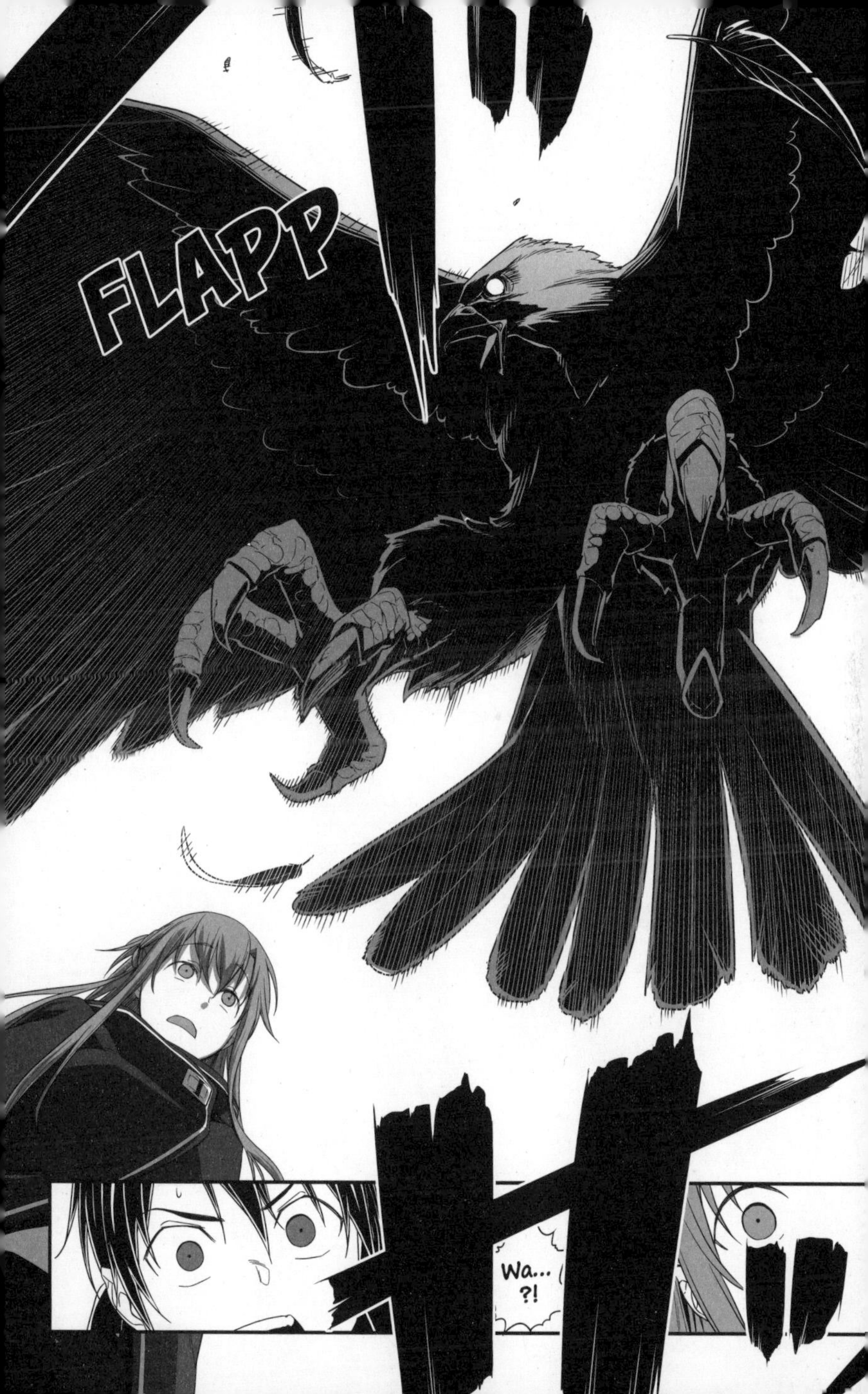

FLAPP
Wa... ?!

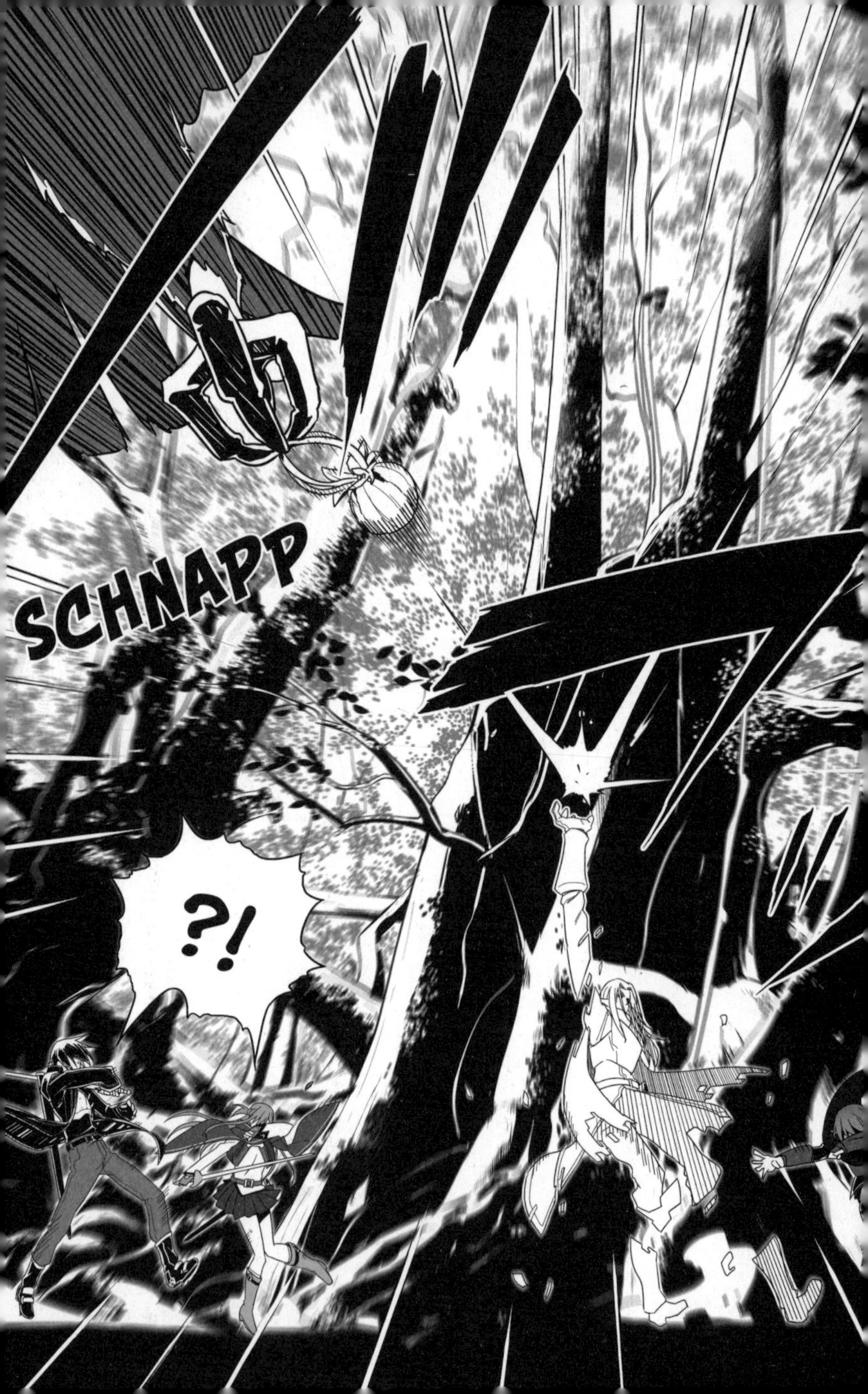
SCHNAPP
?!

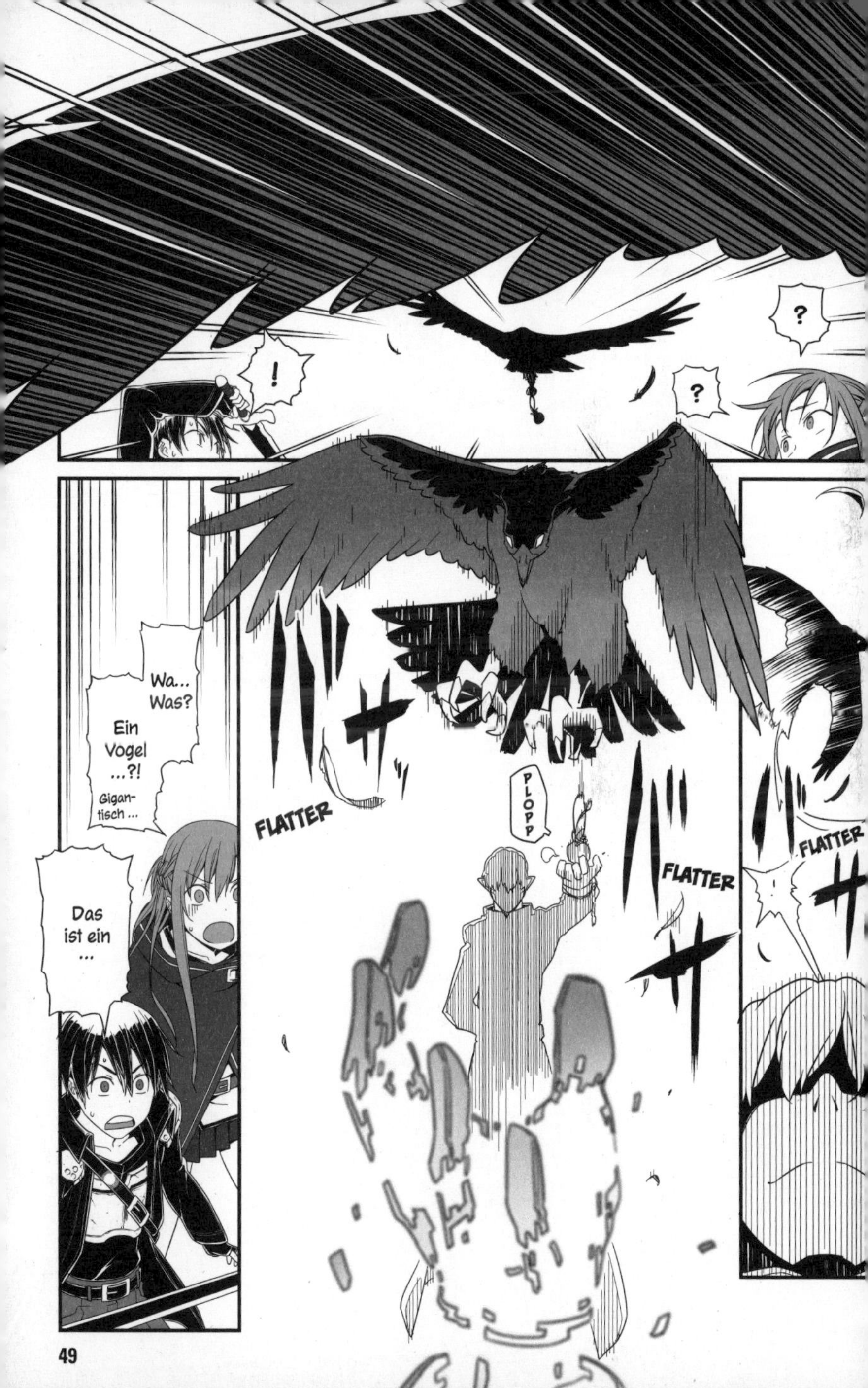
?
?
!
Wa... Was?
Ein Vogel ...?!
Gigan-tisch ...
Das ist ein ...
FLATTER
PLOPP
FLATTER
FLATTER

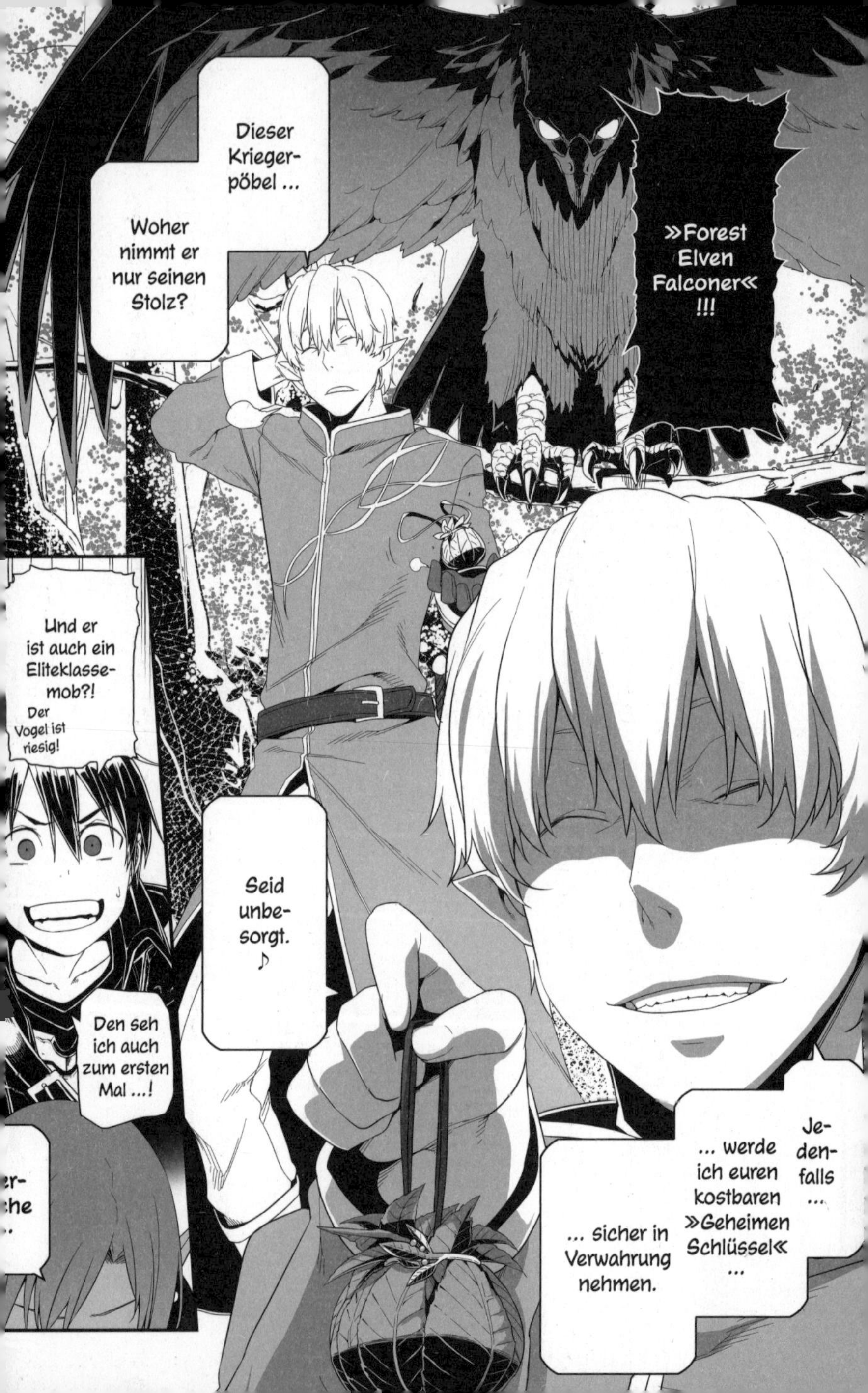
»Forest Elven Falconer« !!!
Dieser Krieger-pöbel ...
Woher nimmt er nur seinen Stolz?
Je-den-falls ...
... werde ich euren kostbaren »Geheimen Schlüssel« ...
... sicher in Verwahrung nehmen.
Seid unbe-sorgt. ♪
Und er ist auch ein Eliteklasse-mob?!
Der Vogel ist riesig!
Den seh ich auch zum ersten Mal ...!

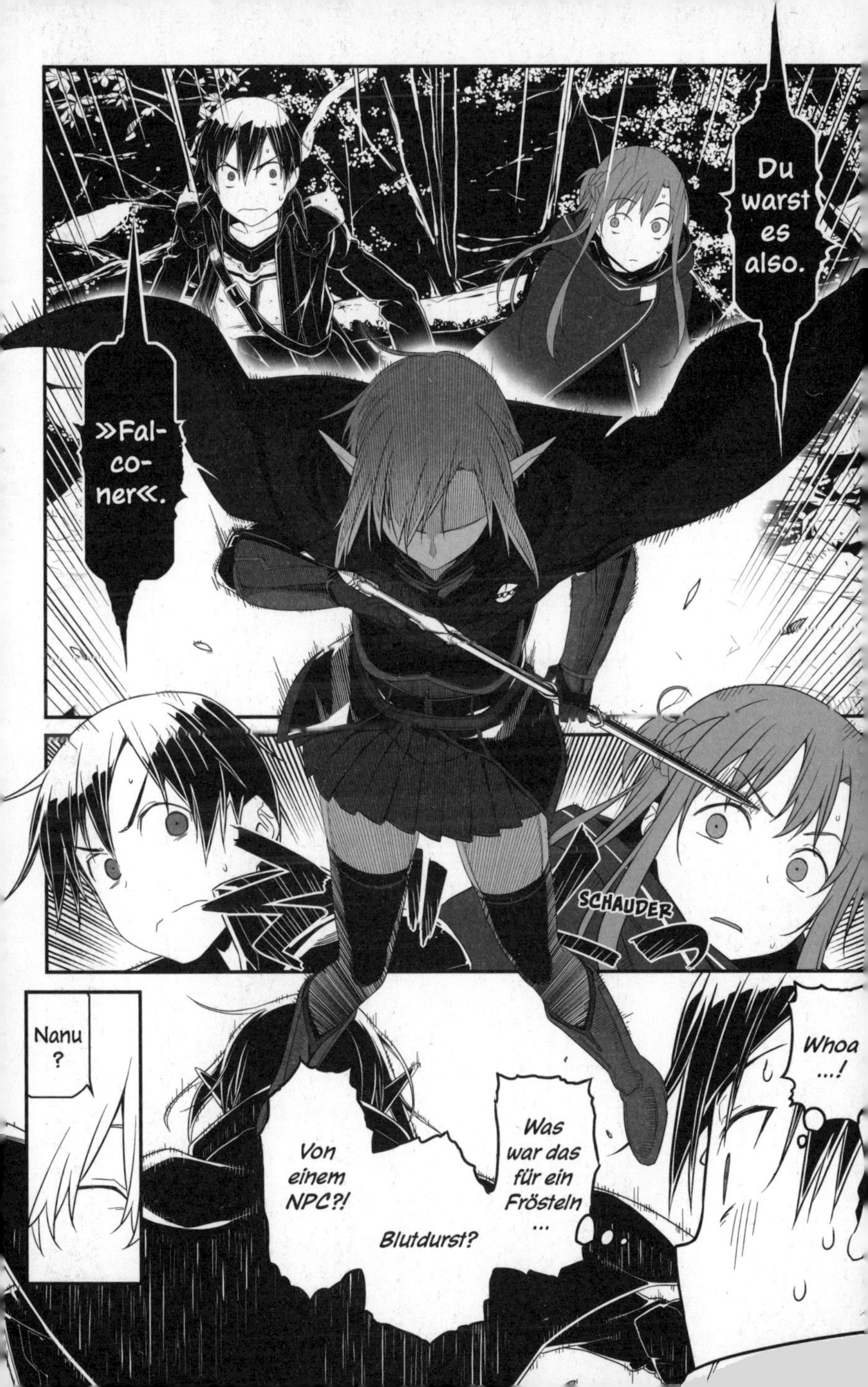
Du warst es also.
»Falconer«.
SCHAUDER
Whoa ...!
Was war das für ein Frösteln ...
Blutdurst?
Von einem NPC?!
Nanu ?

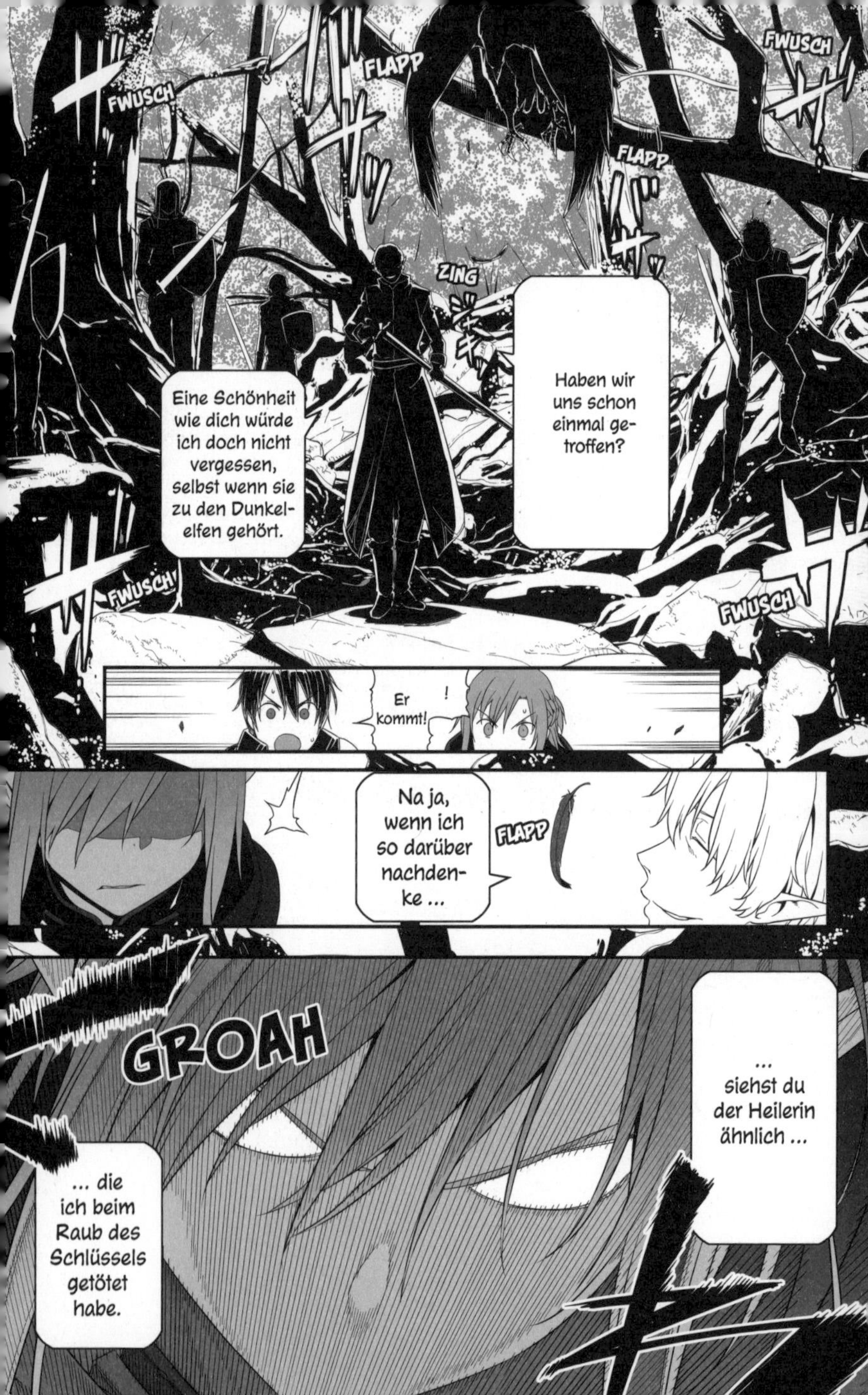
FWUSCH
FLAPP
FWUSCH
FLAPP
ZING
Haben wir uns schon einmal getroffen?
Eine Schönheit wie dich würde ich doch nicht vergessen, selbst wenn sie zu den Dunkelelfen gehört.
FWUSCH
FWUSCH
!
Er kommt!
FLAPP
Na ja, wenn ich so darüber nachdenke ...
GROAH
... siehst du der Heilerin ähnlich ...
... die ich beim Raub des Schlüssels getötet habe.

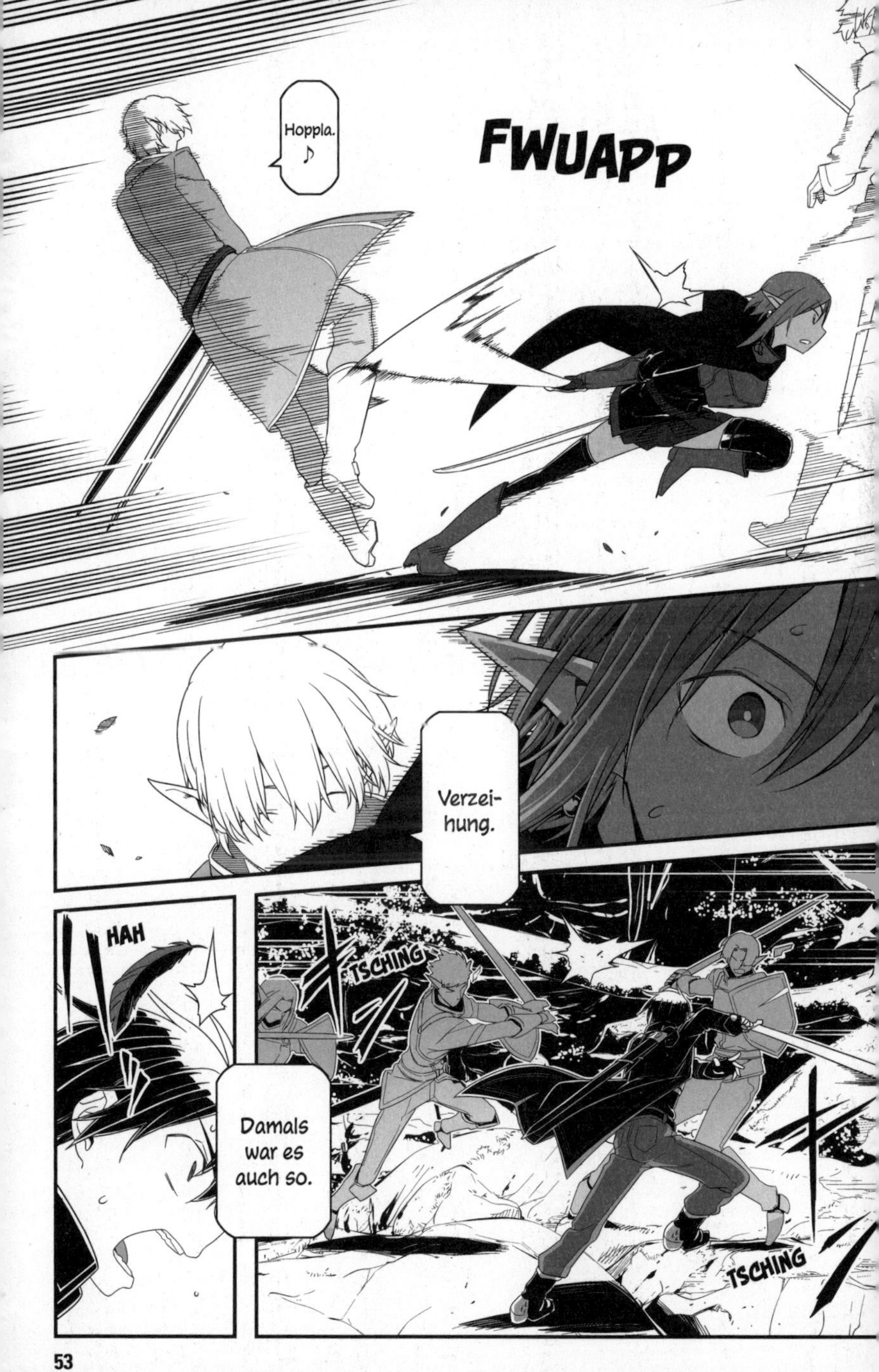
Hoppla. ♪
FWUAPP
Verzei-
hung.
TSCHING
HAH
Damals war es auch so.
TSCHING

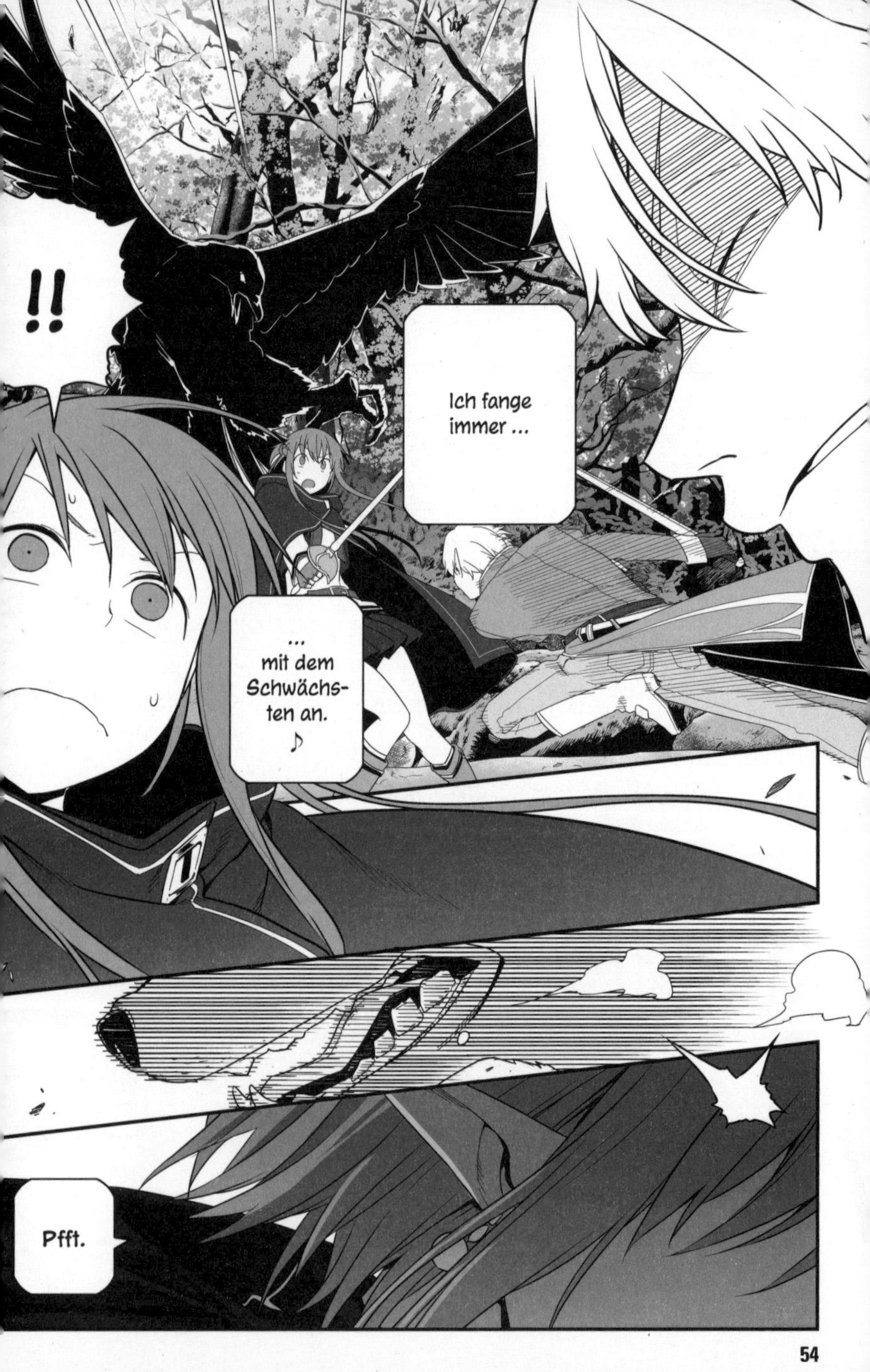
!!
Ich fange immer ...
... mit dem Schwächsten an. ♪
Pfft.

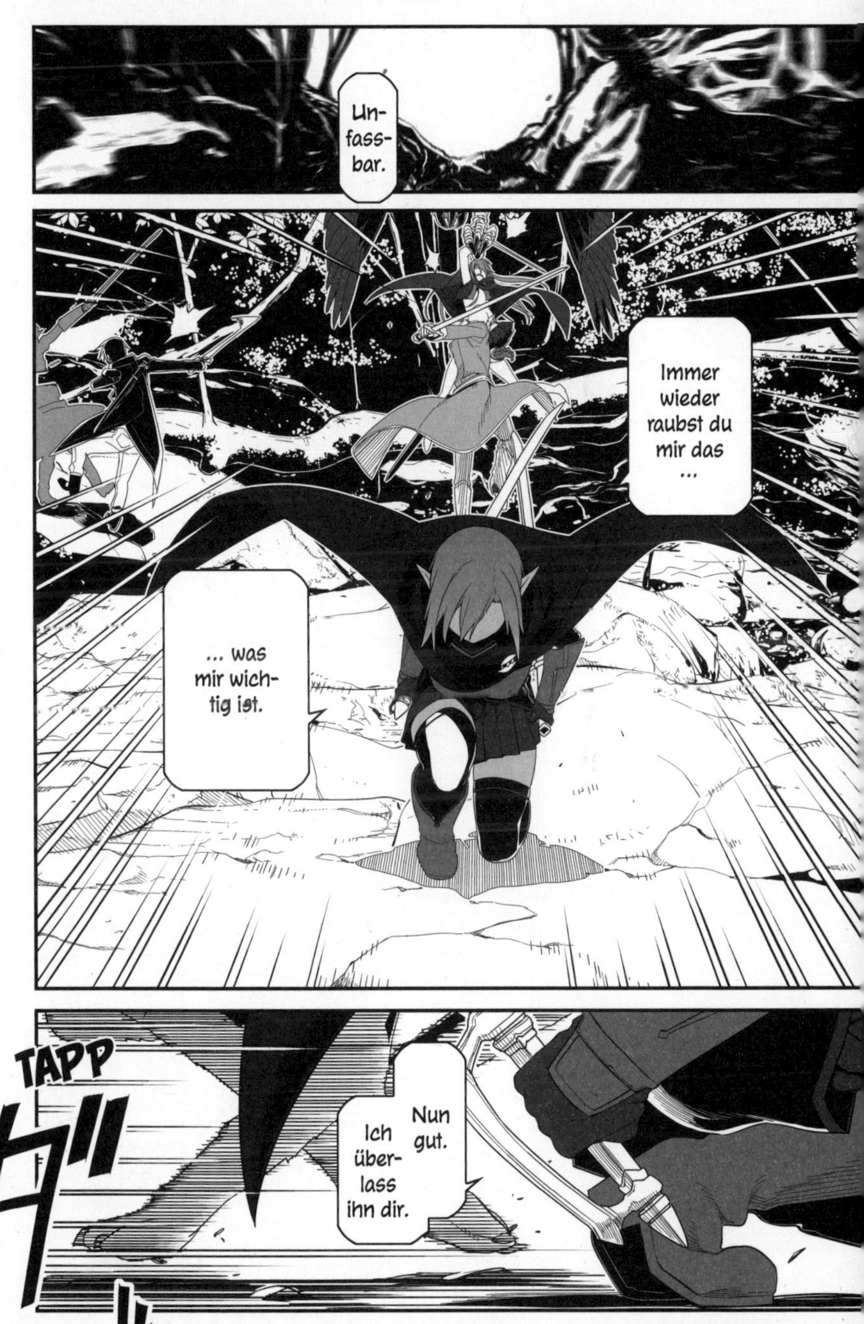
Un-
fass-
bar.
Immer
wieder
raubst du
mir das
...
... was
mir wich-
tig ist.
Nun
gut.
Ich
über-
lass
ihn dir.
TAPP

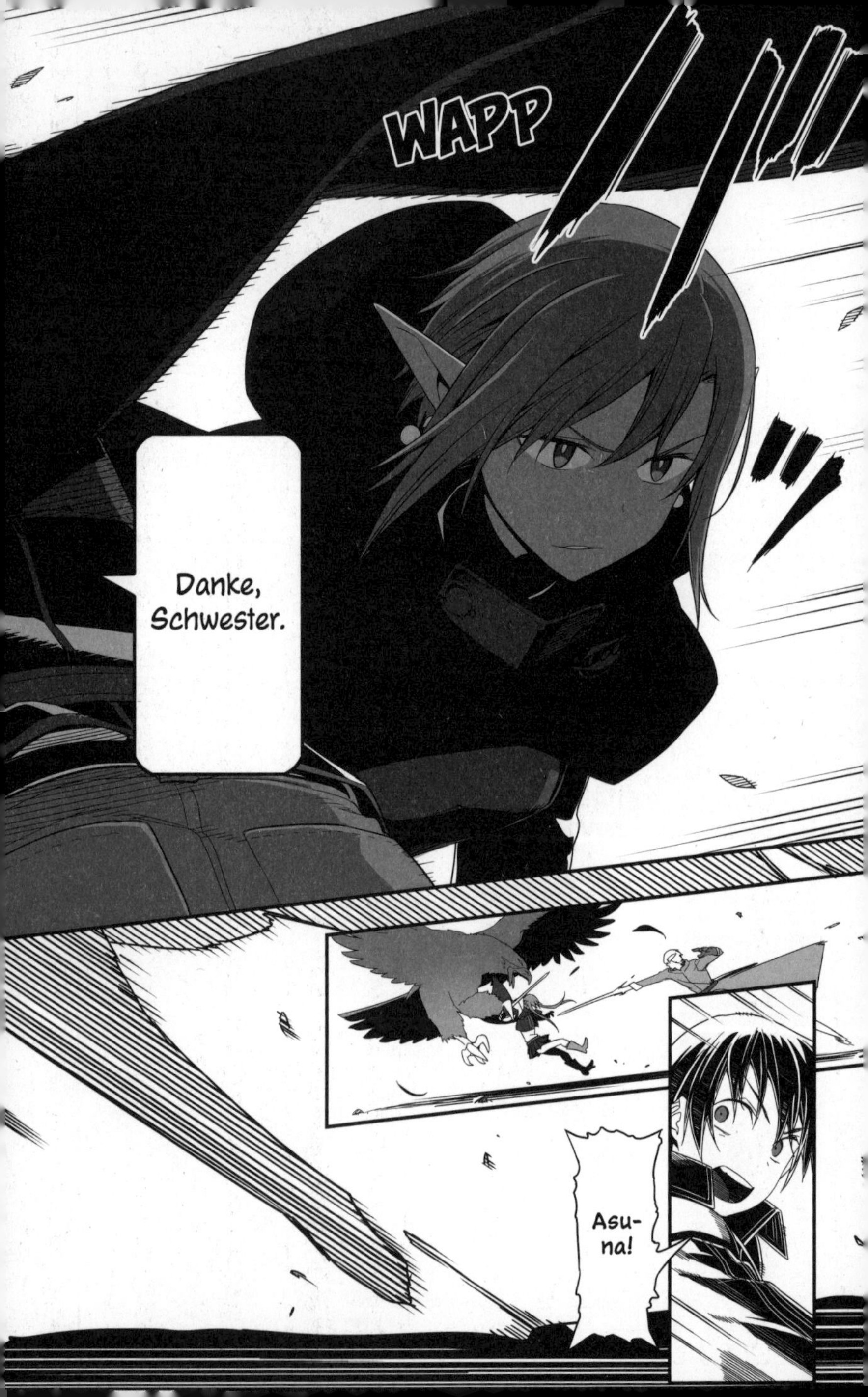
WAPP
Danke, Schwester.
Asu-na!

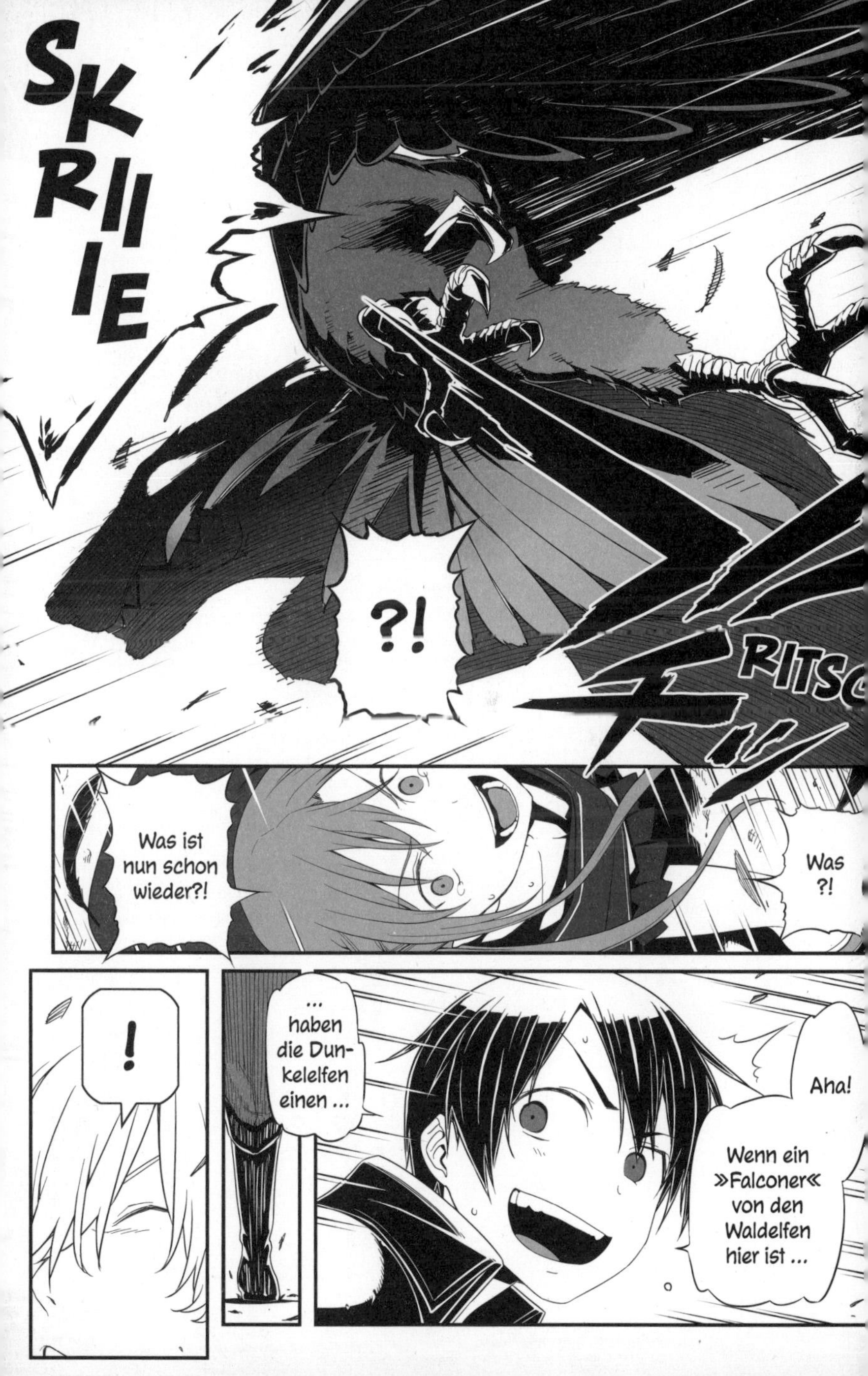
SKRIIIE
?!
RITSC
Was ?!
Was ist nun schon wieder?!
Aha!
Wenn ein »Falconer« von den Waldelfen hier ist ...
... haben die Dunkelelfen einen ...
!

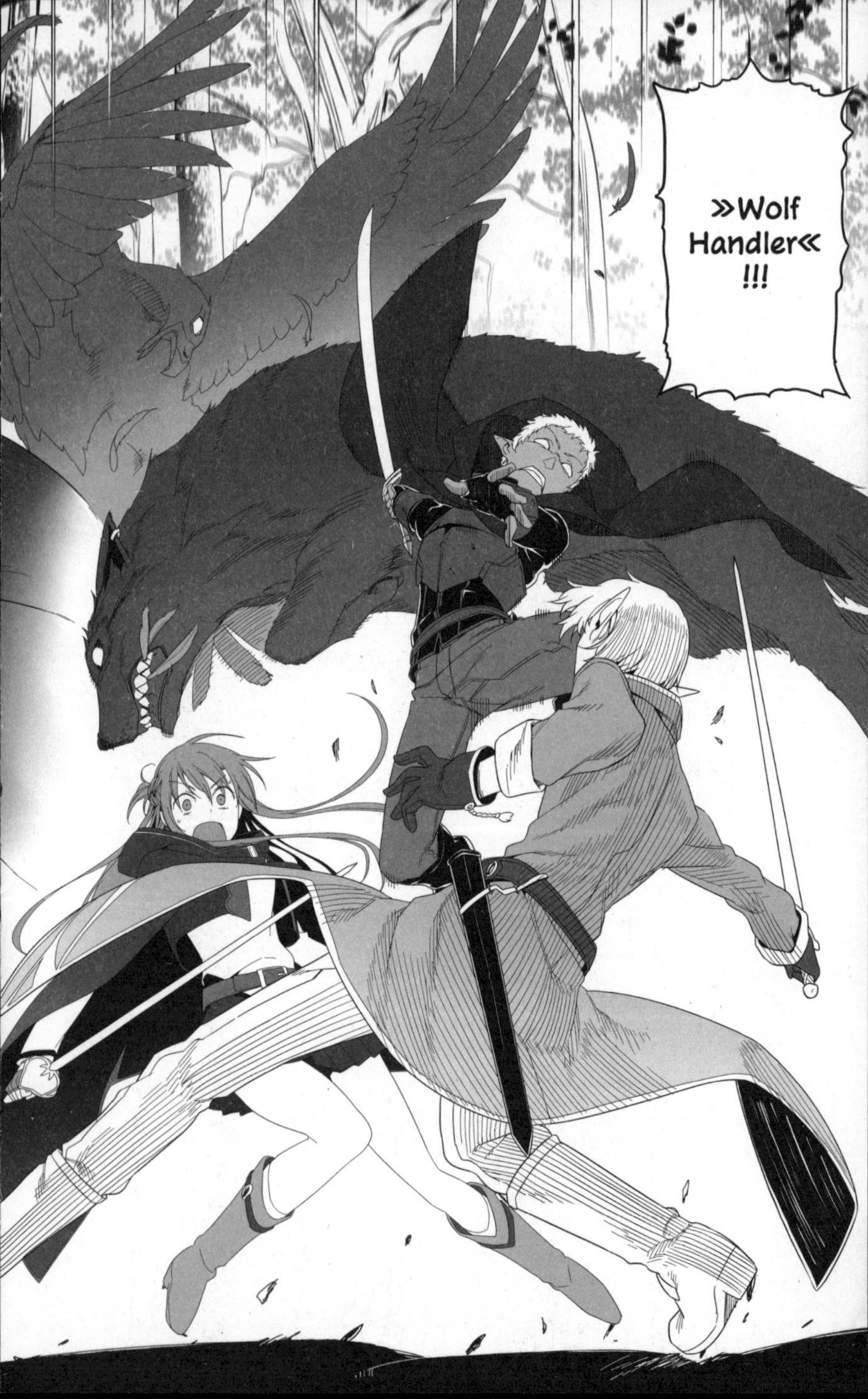
»Wolf Handler« !!!

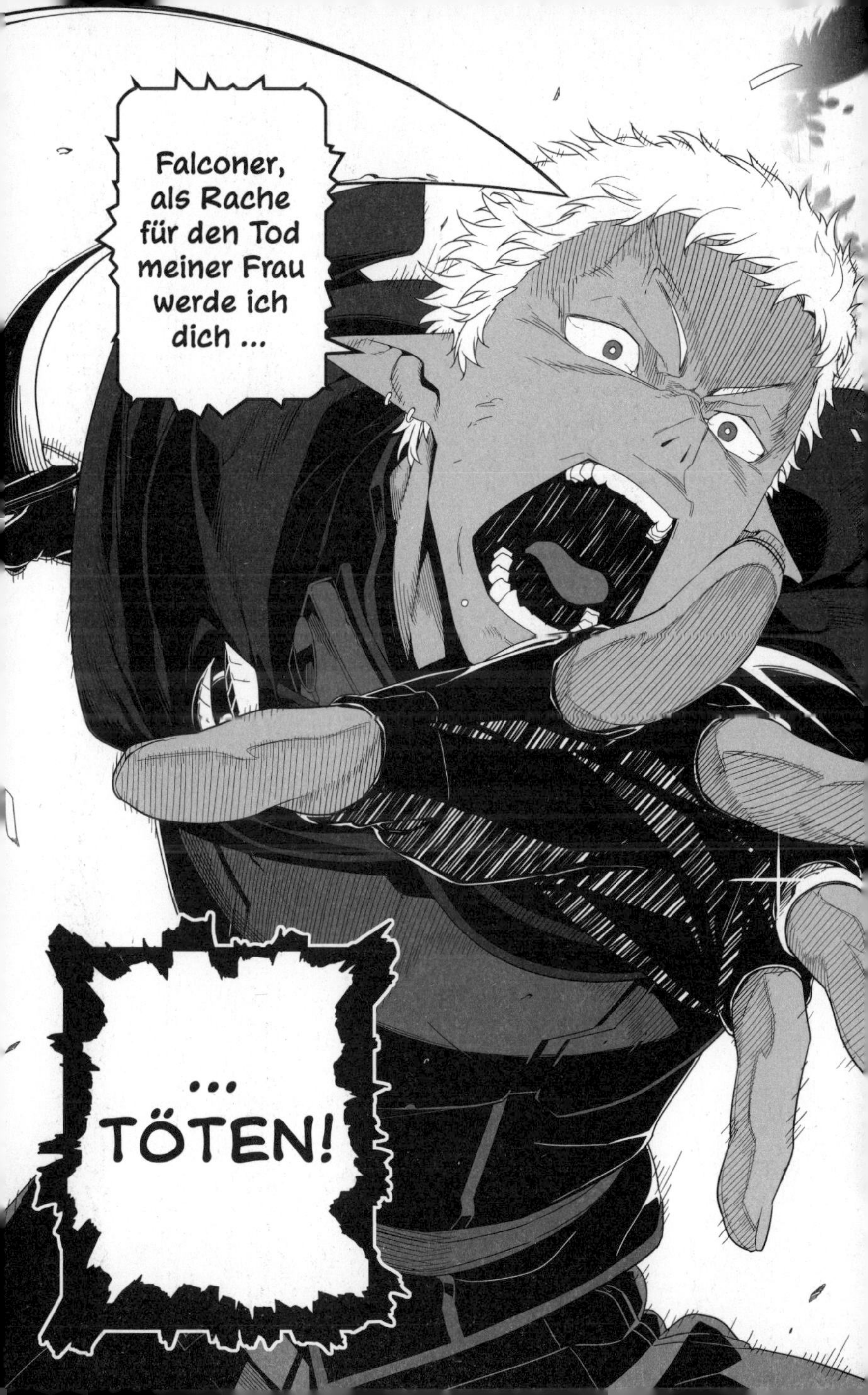
Falconer, als Rache für den Tod meiner Frau werde ich dich ...
... TÖTEN!

Sword Art Online

Progressive

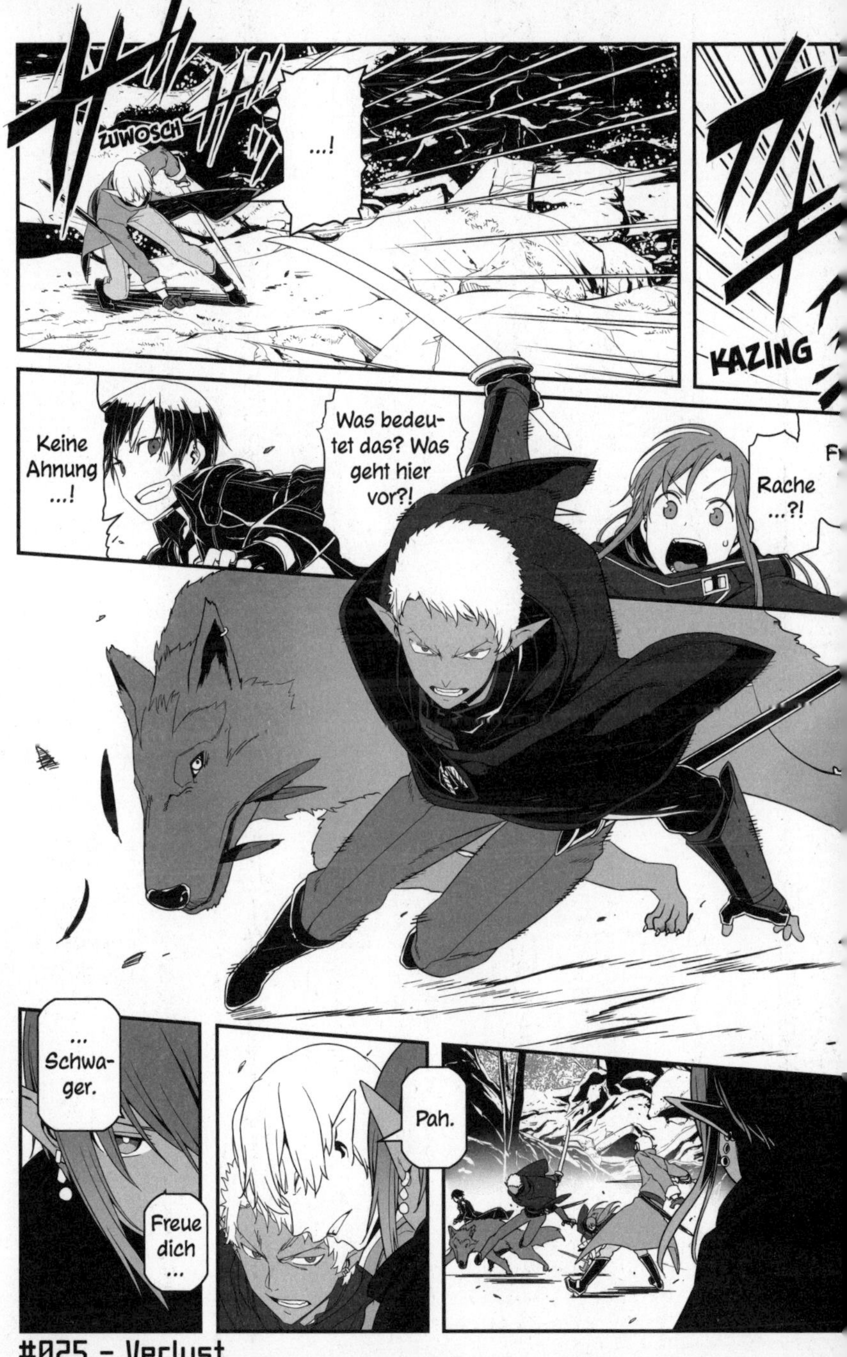
KAZING
ZUWOSCH
...!
Rache ...?!
Was bedeutet das? Was geht hier vor?!
Keine Ahnung ...!
Pah.
... Schwager.
Freue dich ...

#025 - Verlust

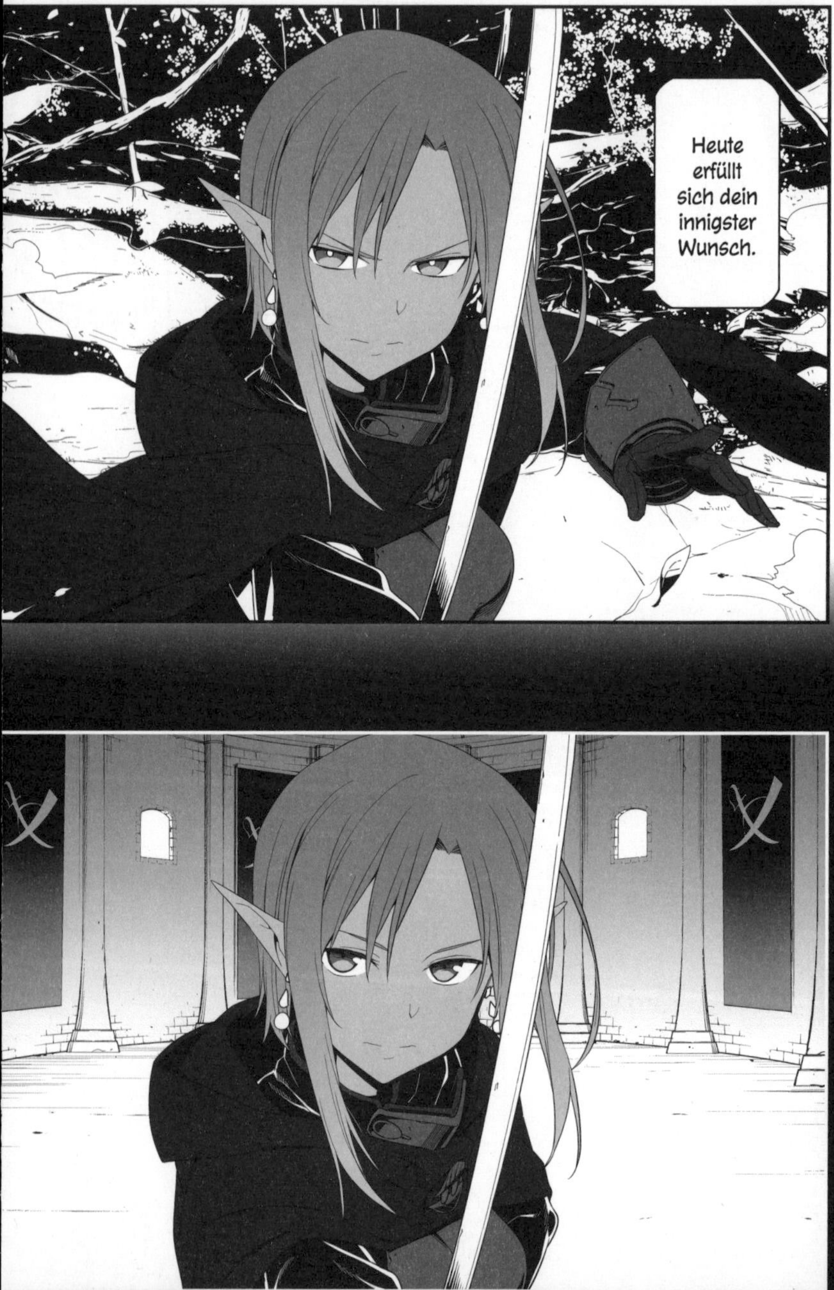

Heute erfüllt sich dein innigster Wunsch.

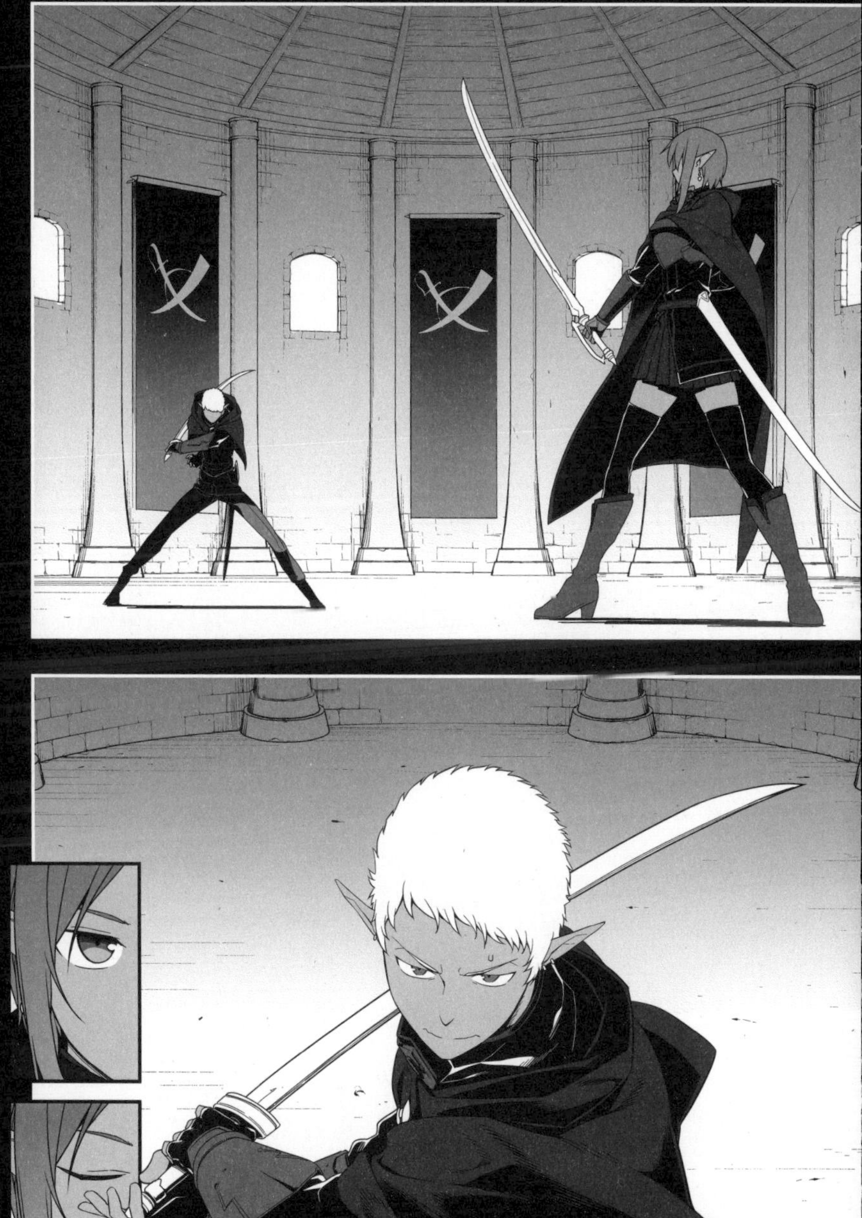

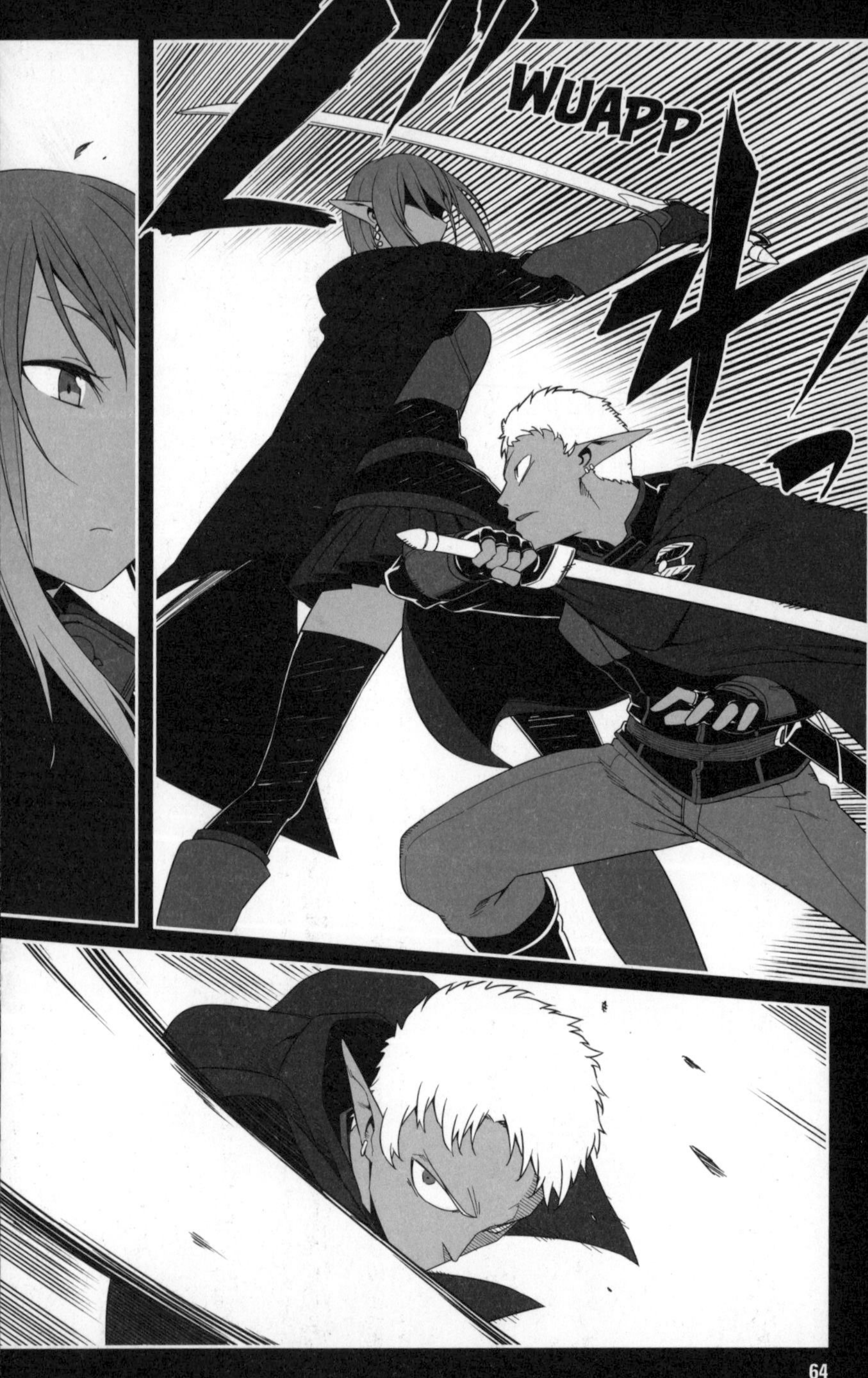
WUAPP

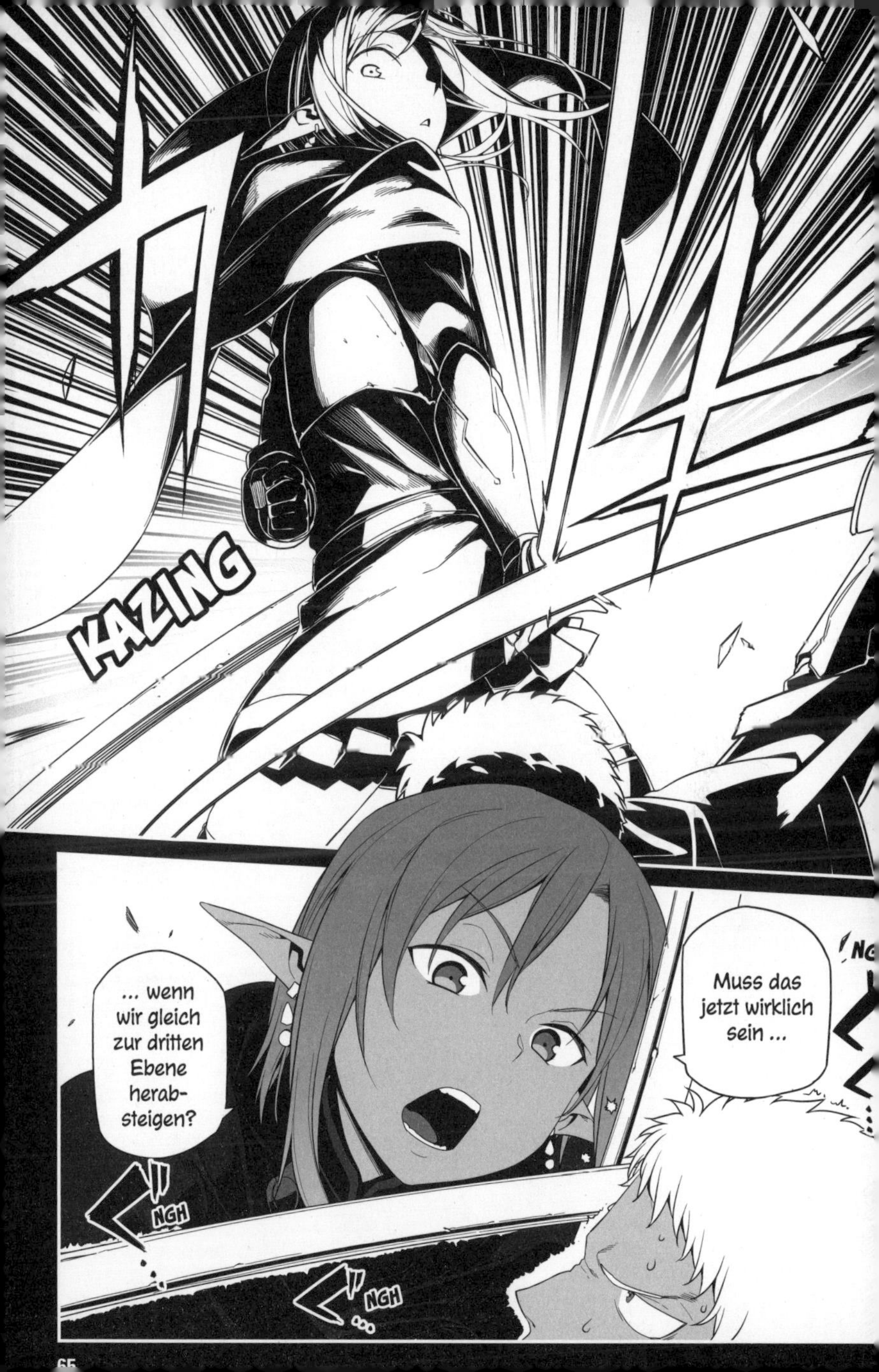
KAZING
NG
Muss das jetzt wirklich sein ...
... wenn wir gleich zur dritten Ebene herab-steigen?
NGH
NGH

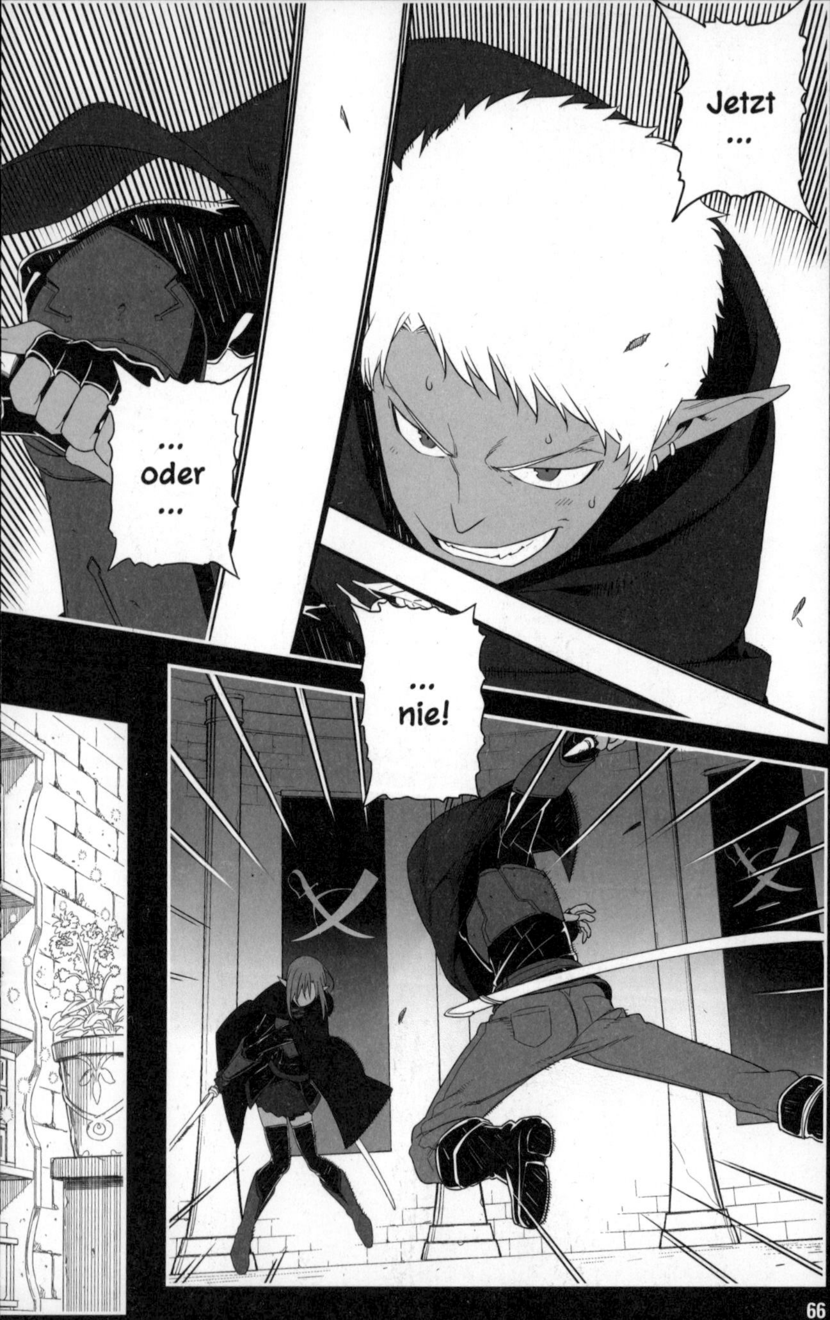
Jetzt ...
... oder ...
... nie!

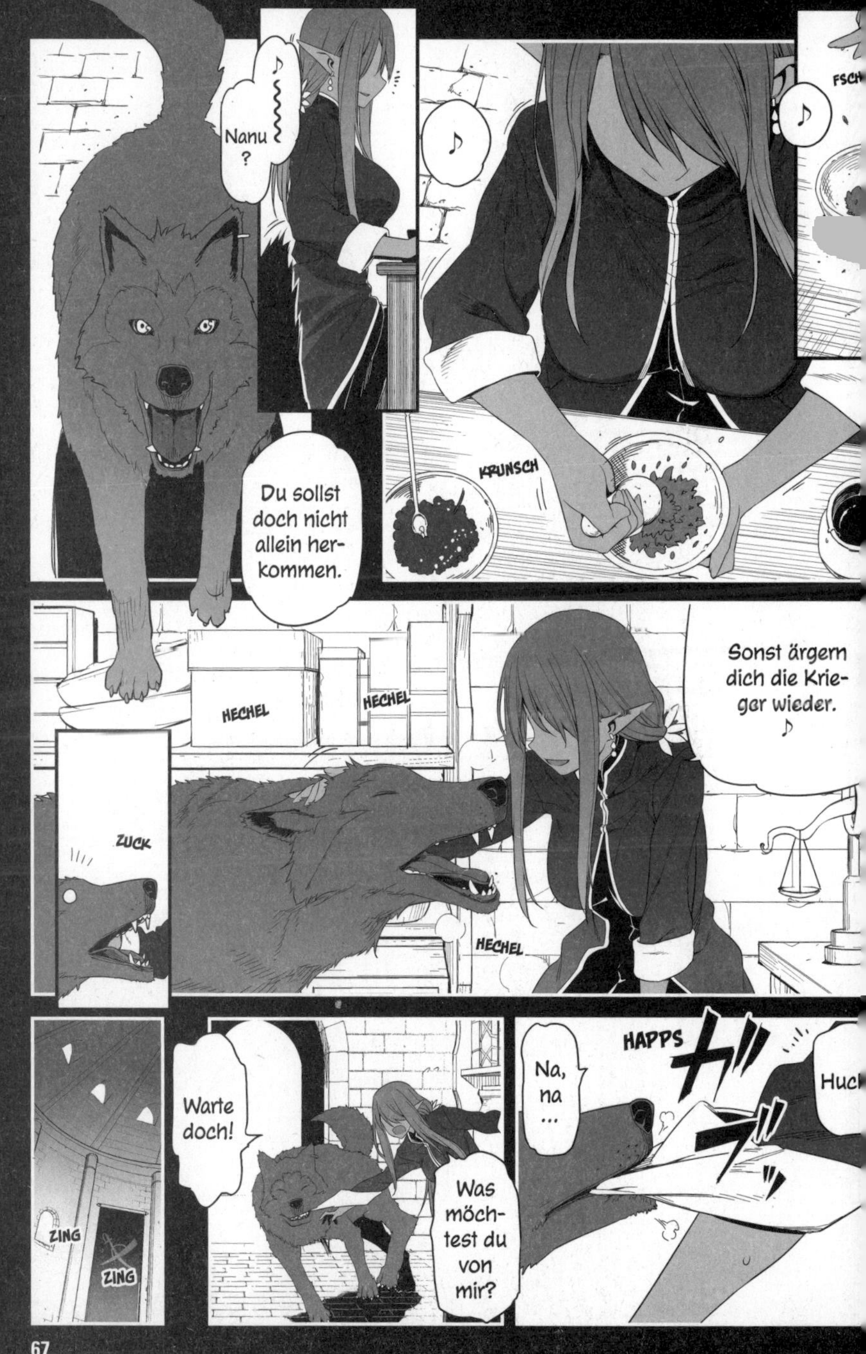

FSCH
♪
♪
KRUNSCH
♪
Nanu ?
Du sollst doch nicht allein herkommen.
Sonst ärgern dich die Krieger wieder. ♪
HECHEL
HECHEL
HECHEL
ZUCK
Huc
HAPPS
Na, na ...
Was möchtest du von mir?
Warte doch!
ZING
ZING

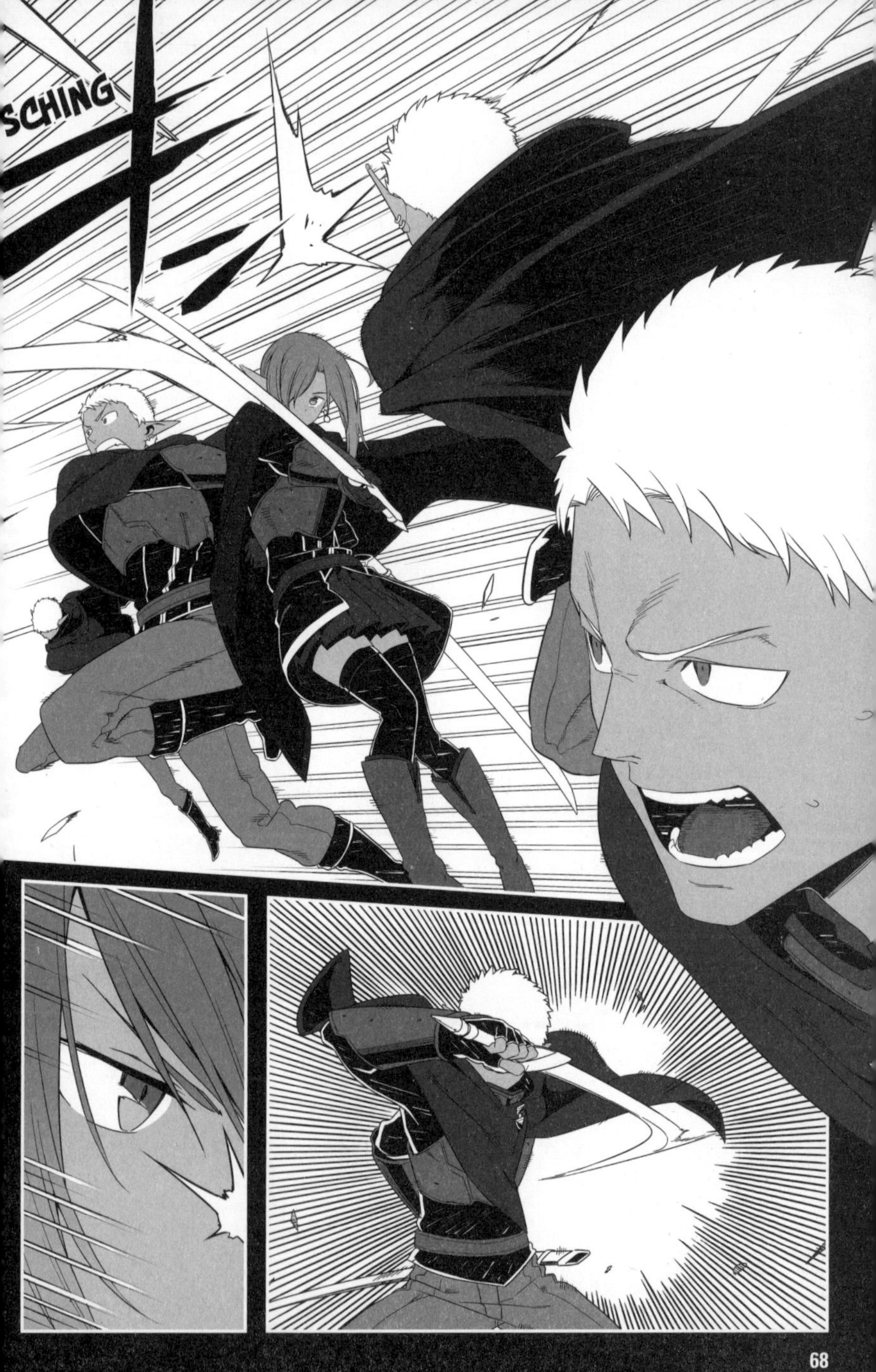
SCHING

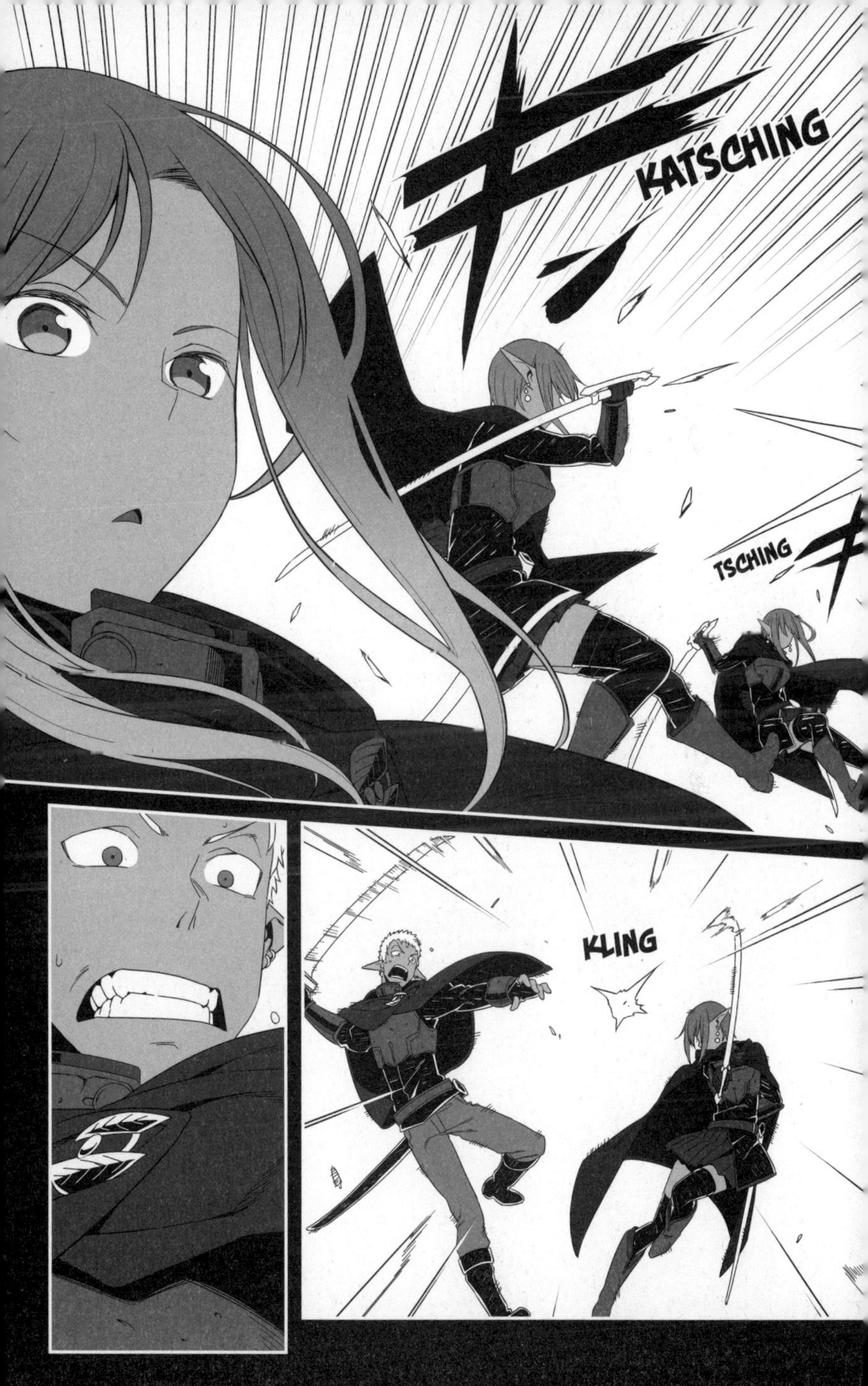
KATSCHING
TSCHING
KLING

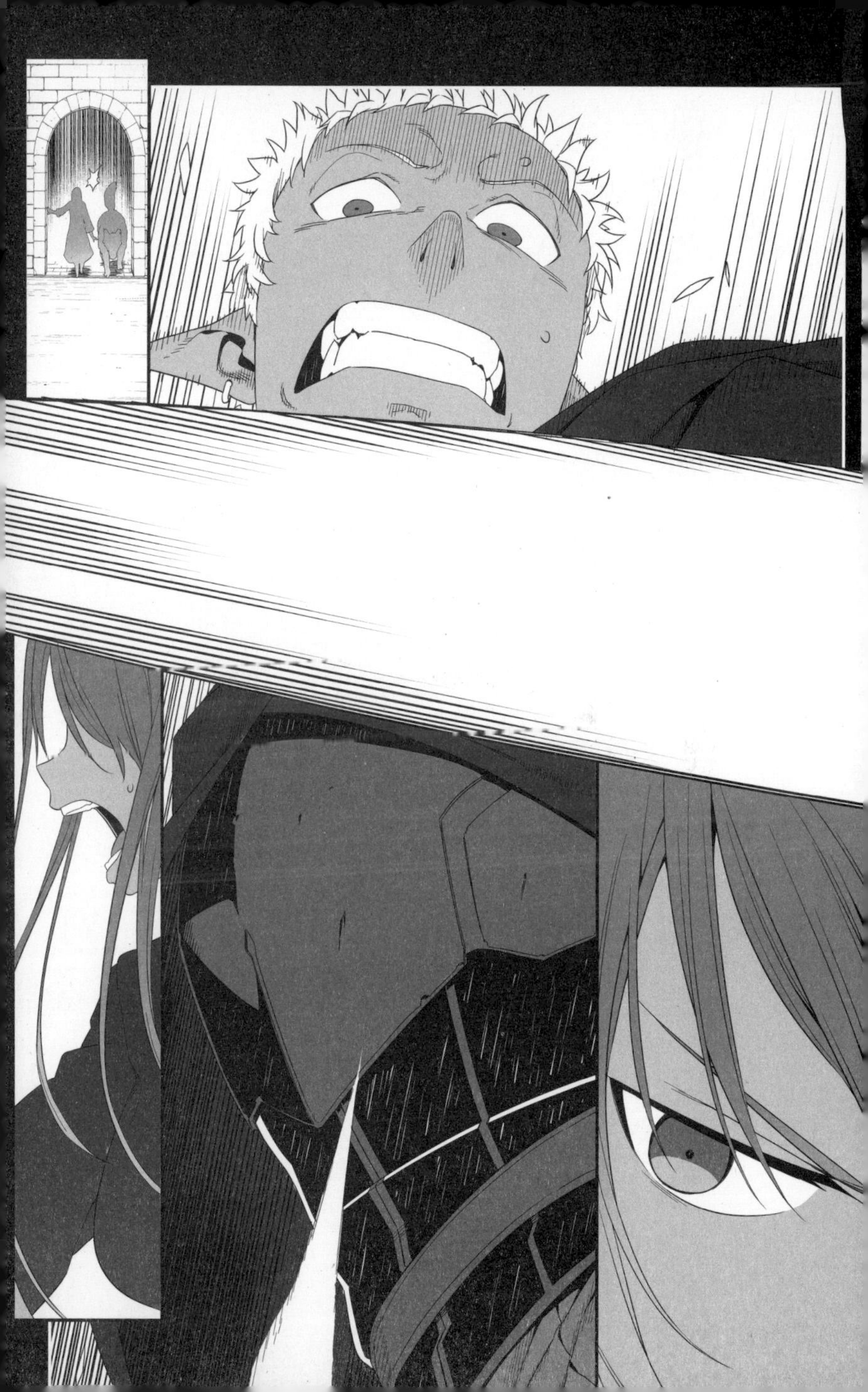

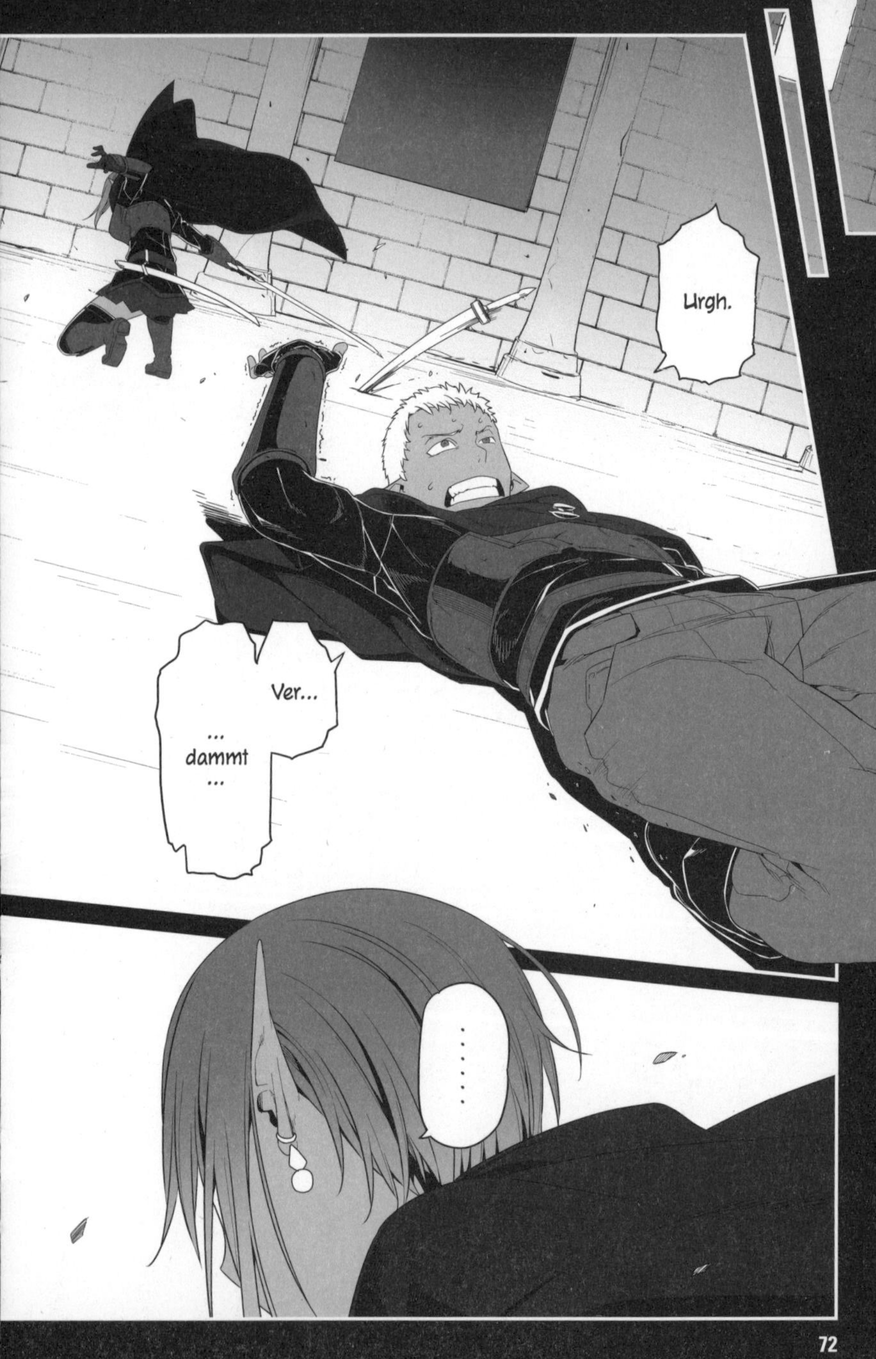
Urgh.
Ver...
... dammt ...
......

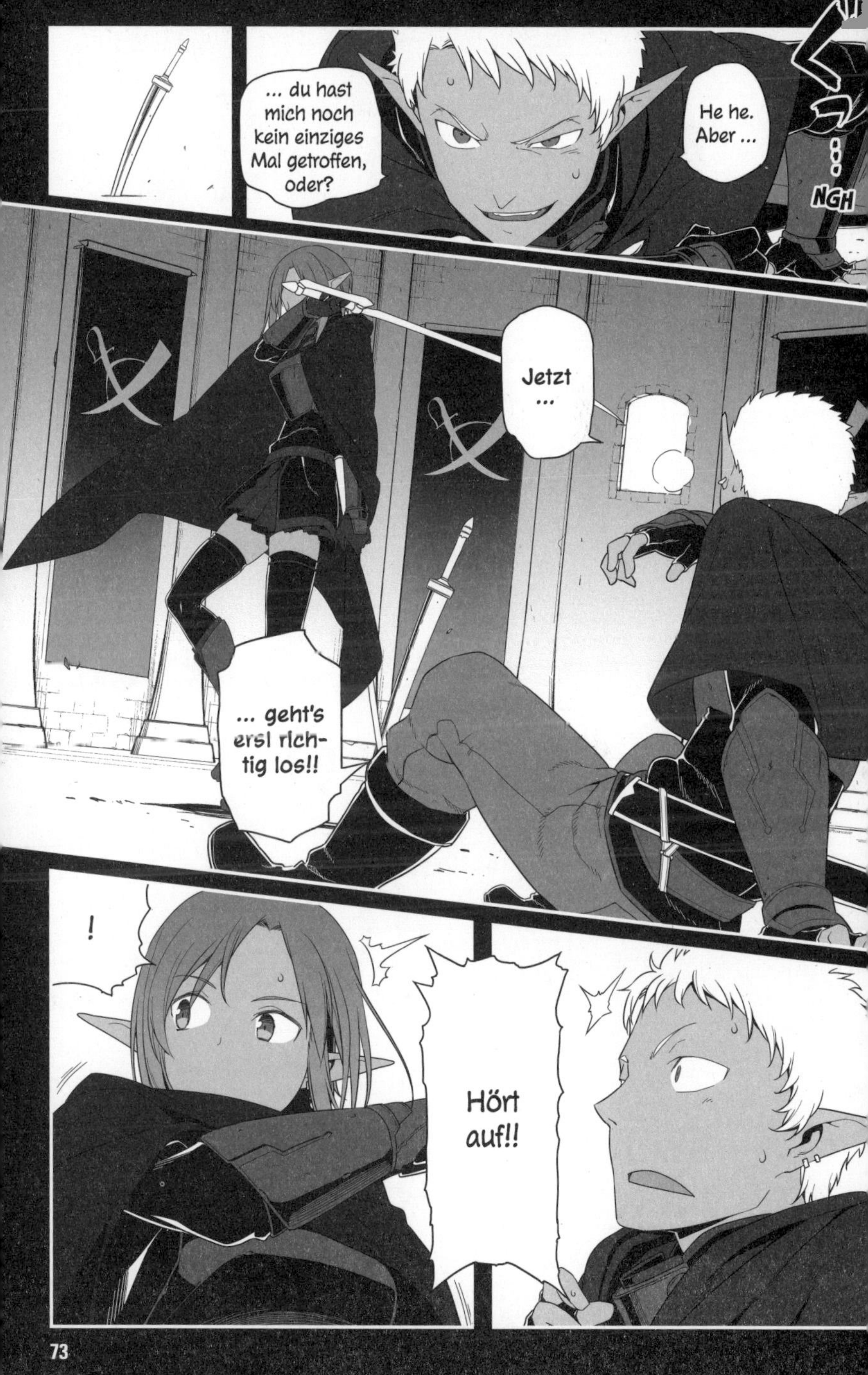

NGH
He he.
Aber ...
... du hast
mich noch
kein einziges
Mal getroffen,
oder?
Jetzt
...
... geht's
ersl rich-
tig los!!
!
Hört
auf!!

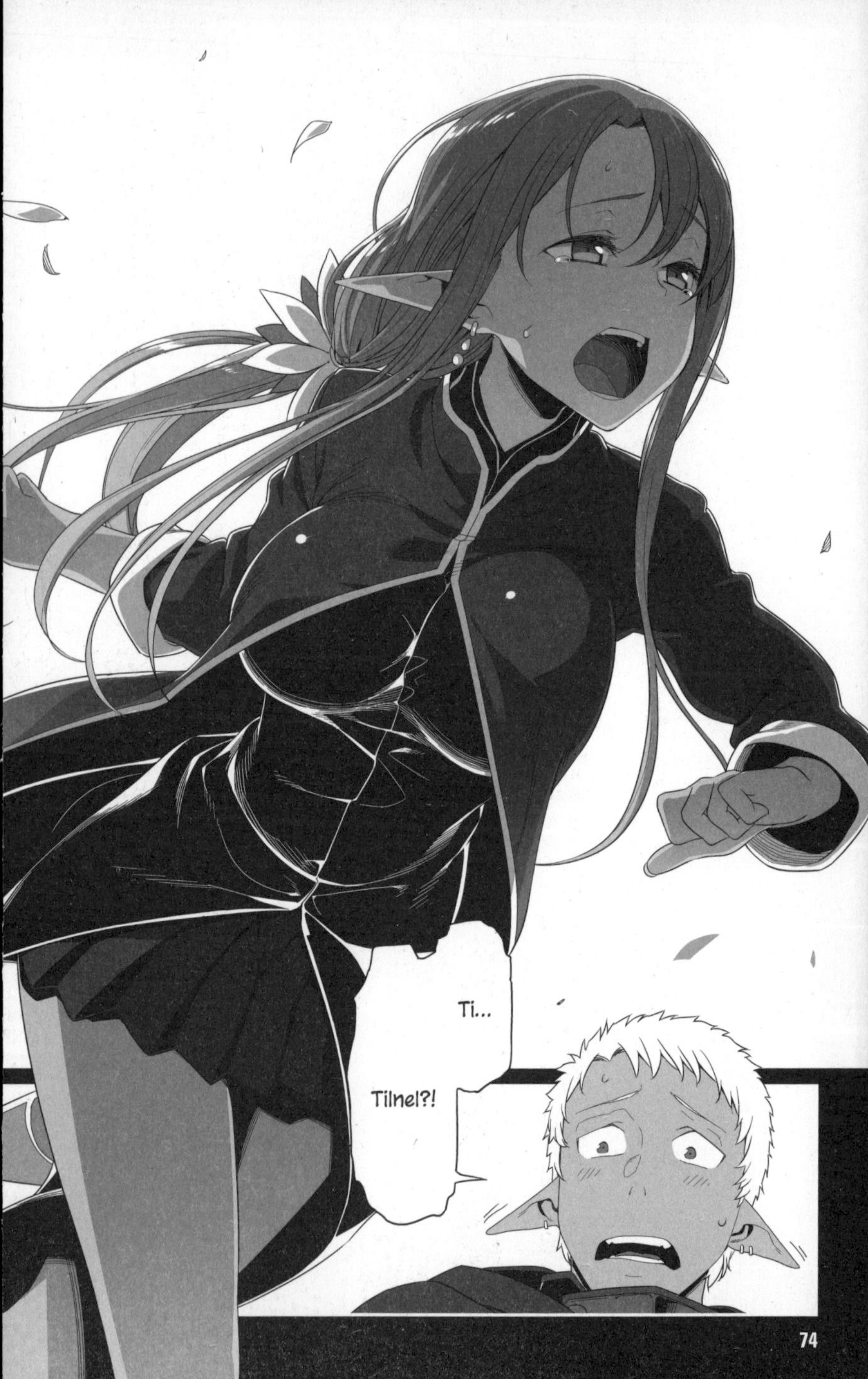
Ti...
Tilnel?!

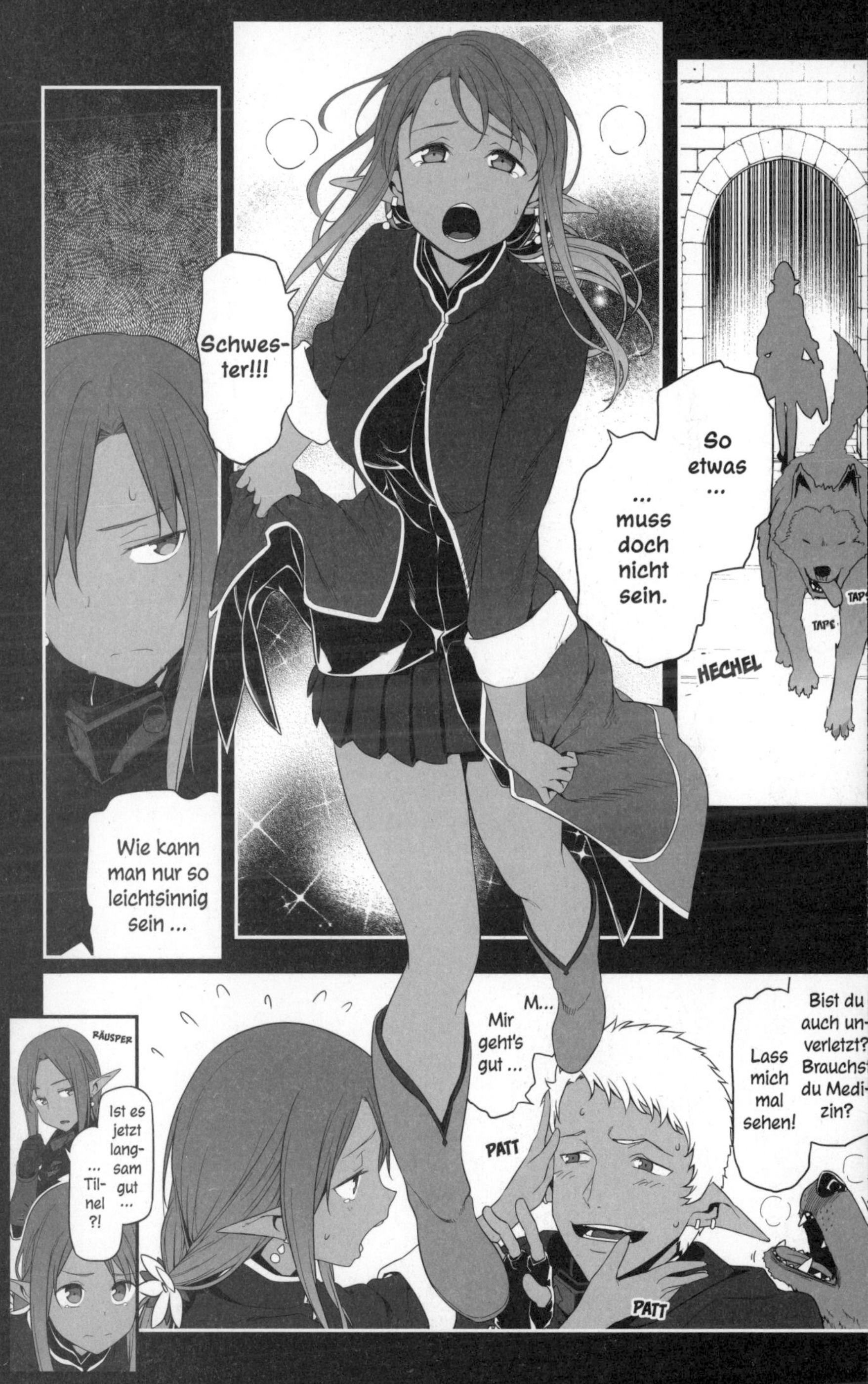

So etwas ...
... muss doch nicht sein.
HECHEL
TAPS
TAPS
Schwes-ter!!!
Wie kann man nur so leichtsinnig sein ...
Bist du auch un-verletzt? Brauchst du Medi-zin?
Lass mich mal sehen!
M...
Mir geht's gut ...
PATT
PATT
RÄUSPER
Ist es jetzt lang-sam gut ... Til-nel ?!

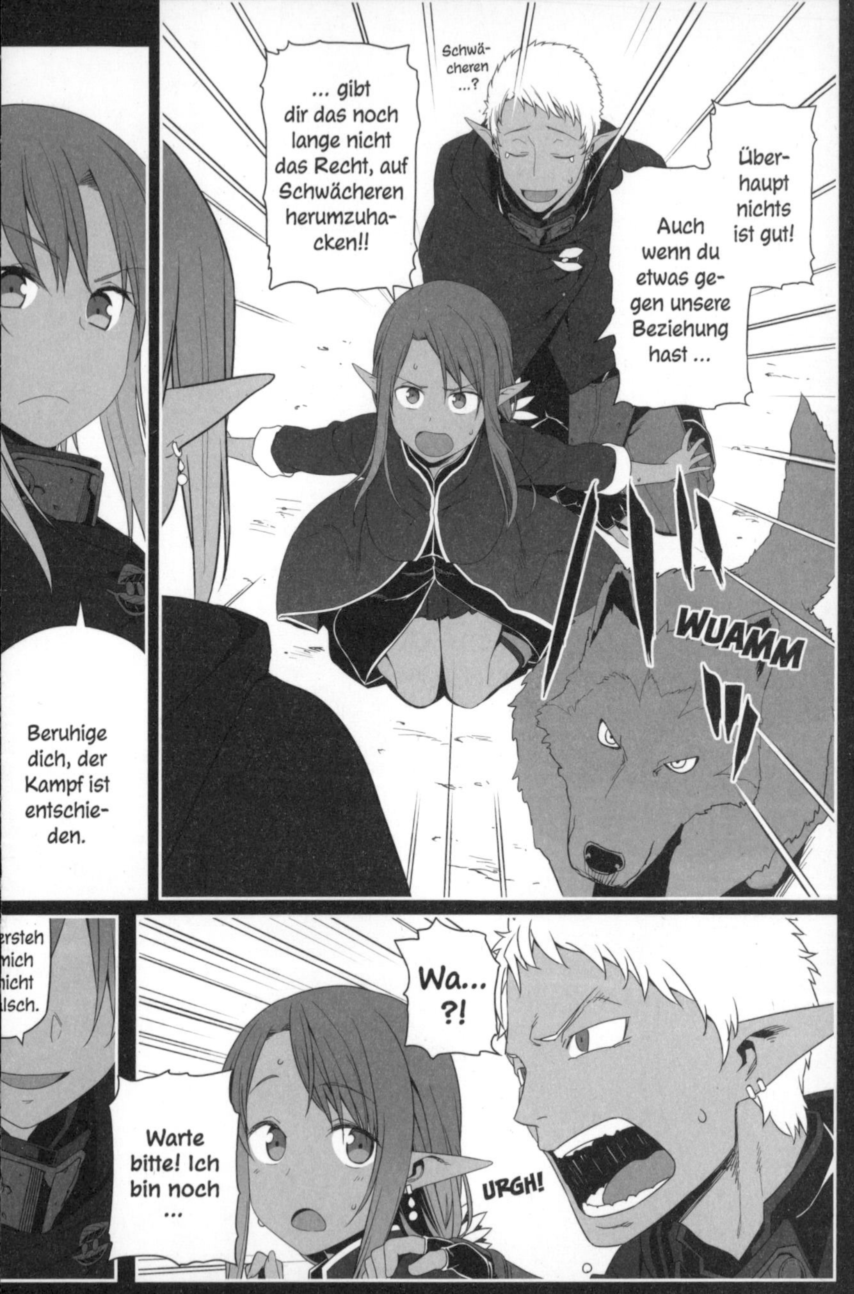

Überhaupt nichts ist gut!

Auch wenn du etwas gegen unsere Beziehung hast ...

... gibt dir das noch lange nicht das Recht, auf Schwächeren herumzuhacken!!

Schwächeren ...?

WUAMM

Beruhige dich, der Kampf ist entschieden.

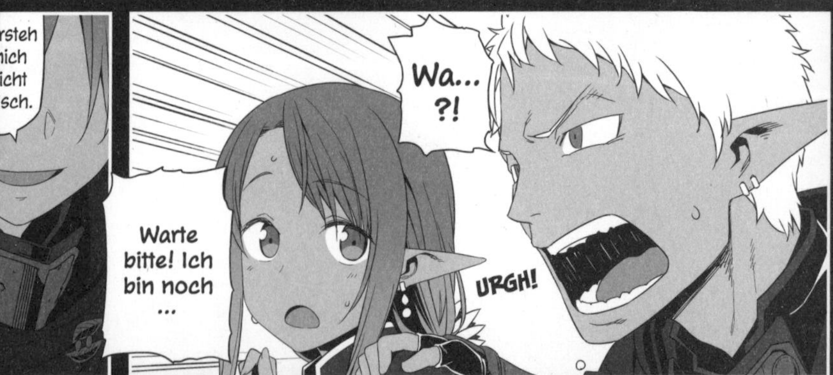

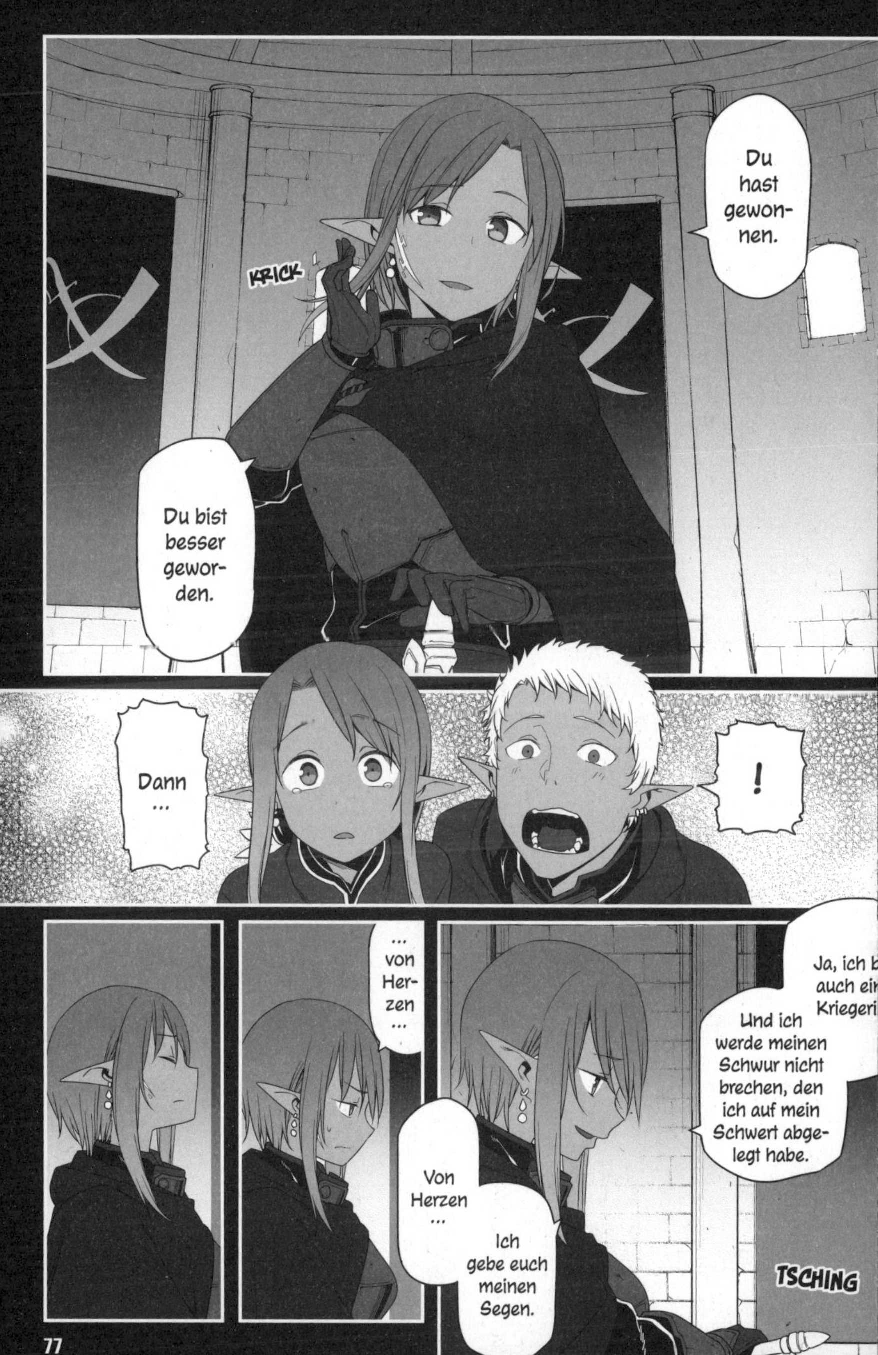
Du hast gewonnen.
KRICK
Du bist besser geworden.
!
Dann …
Ja, ich b
auch eir
Kriegeri
Und ich werde meinen Schwur nicht brechen, den ich auf mein Schwert abgelegt habe.
TSCHING
Ich gebe euch meinen Segen.
Von Herzen …
… von Herzen …

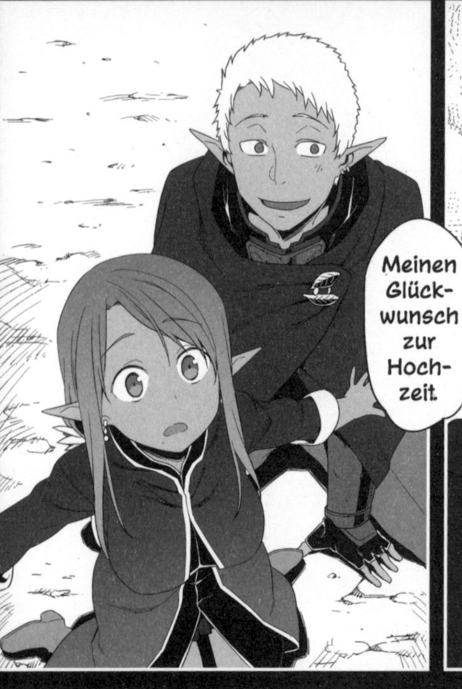
Meinen Glückwunsch zur Hochzeit.
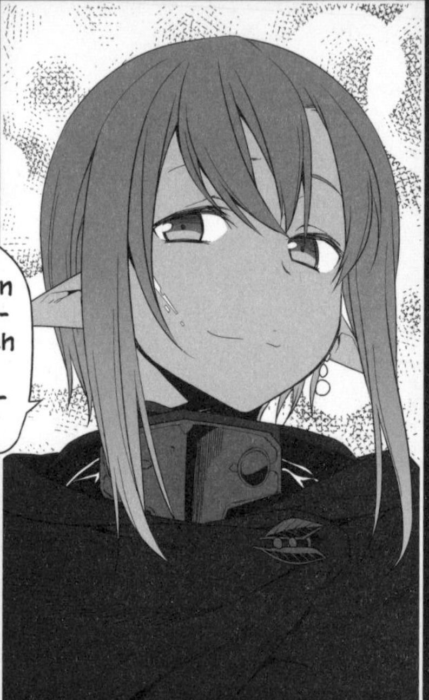
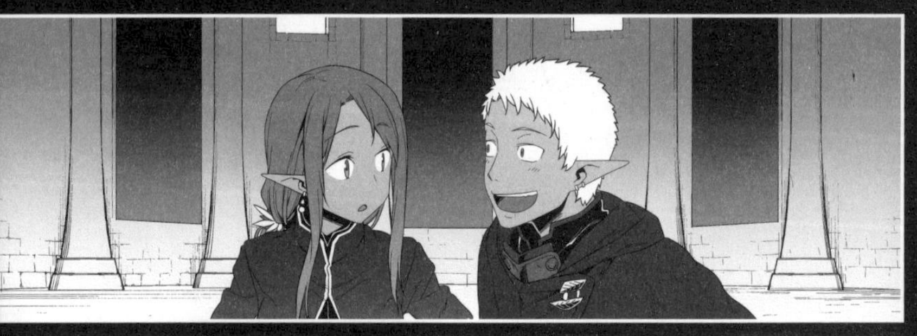
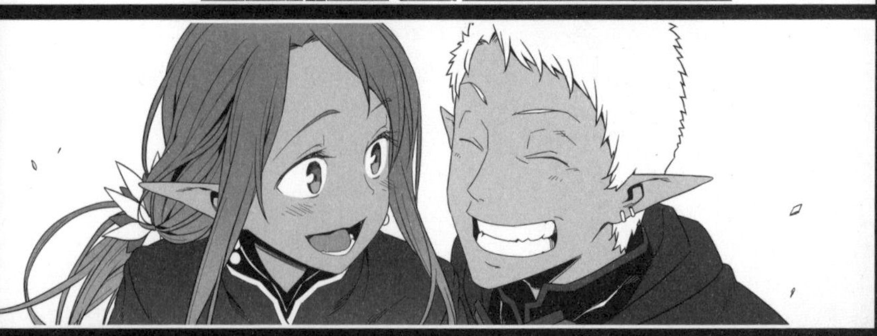

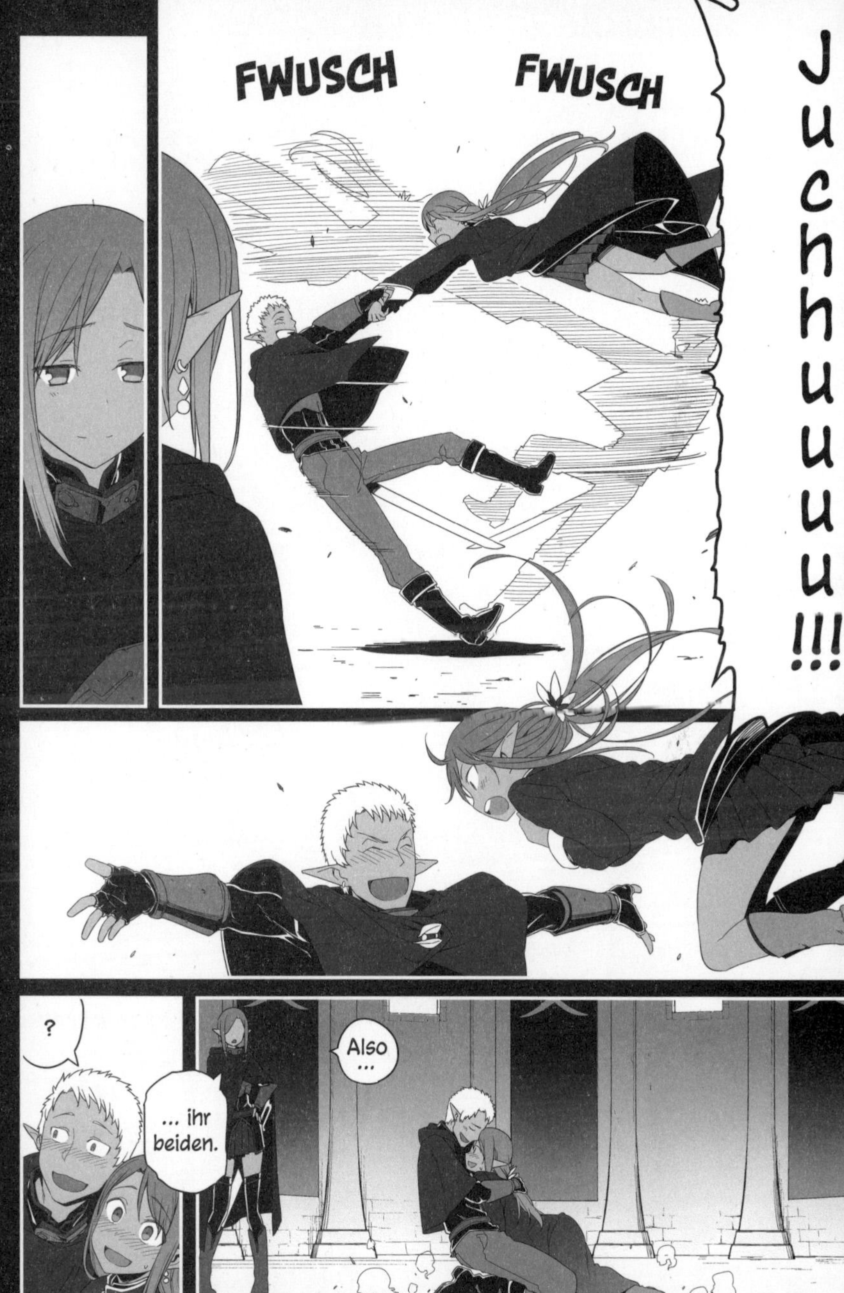
Juchhuuuu!!!
FWUSCH
FWUSCH
Also ...
... ihr beiden.
?

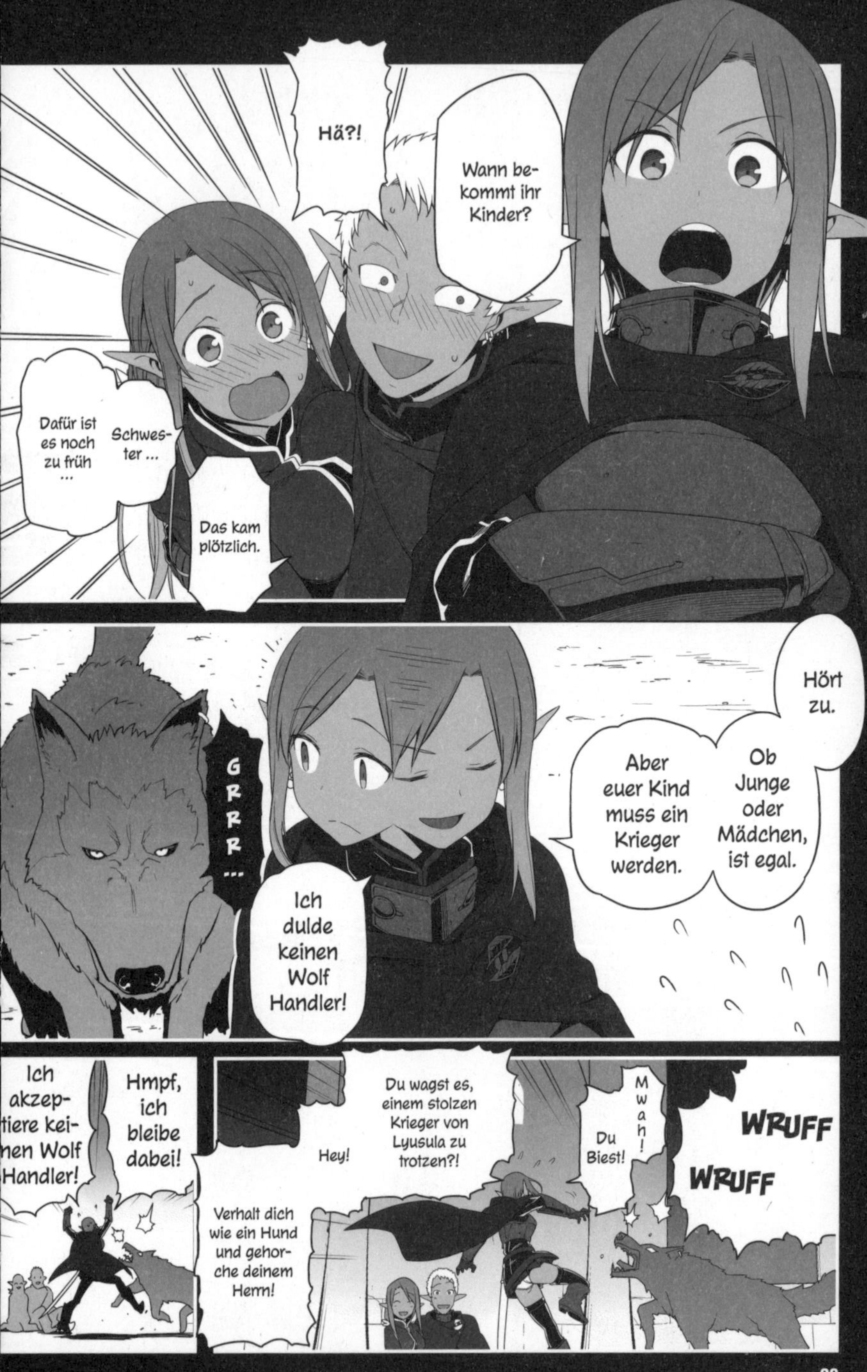
Wann bekommt ihr Kinder?
Hä?!
Schwester ...
Dafür ist es noch zu früh ...
Das kam plötzlich.
Hört zu.
Ob Junge oder Mädchen, ist egal.
Aber euer Kind muss ein Krieger werden.
GRRR ...
Ich dulde keinen Wolf Handler!
Hmpf, ich bleibe dabei!
Ich akzeptiere keinen Wolf Handler!
Du wagst es, einem stolzen Krieger von Lyusula zu trotzen?!
Hey!
Verhalt dich wie ein Hund und gehorche deinem Herrn!
Mwah!
Du Biest!
WRUFF
WRUFF

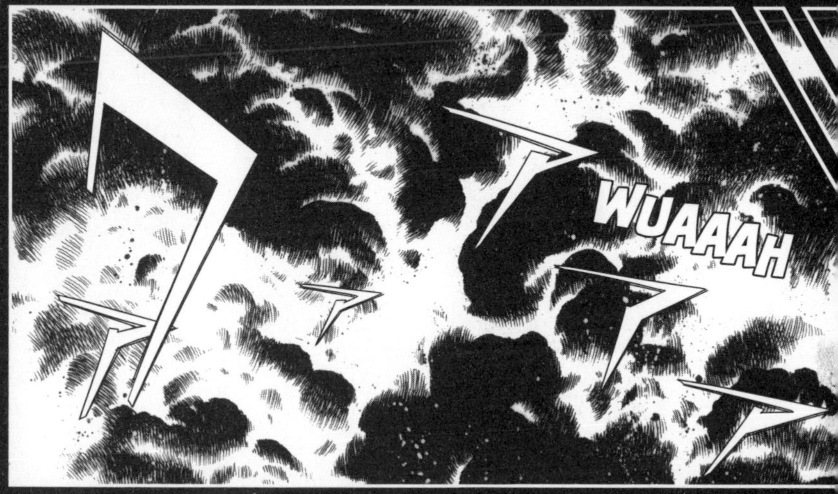
WUAAAAH

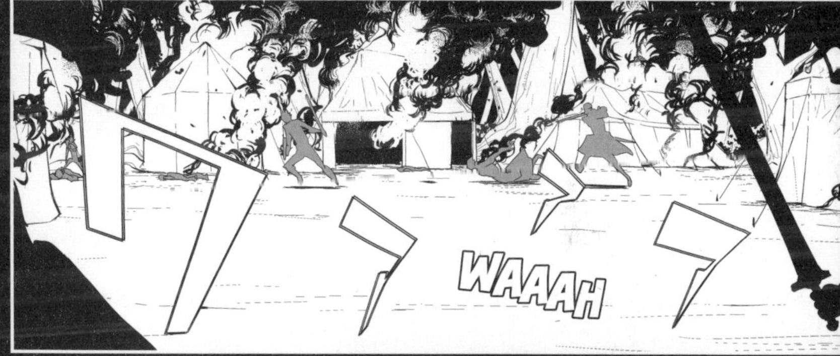
WAAAH

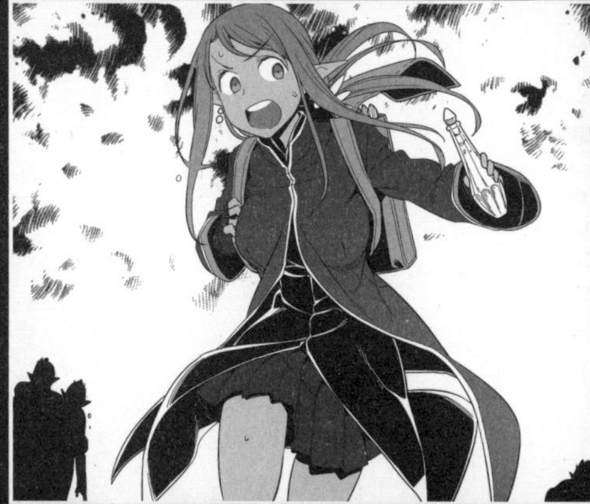

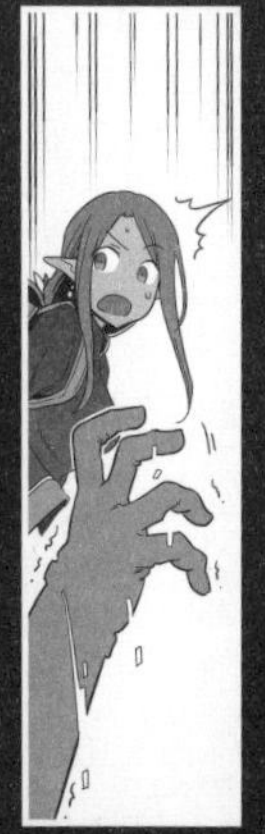

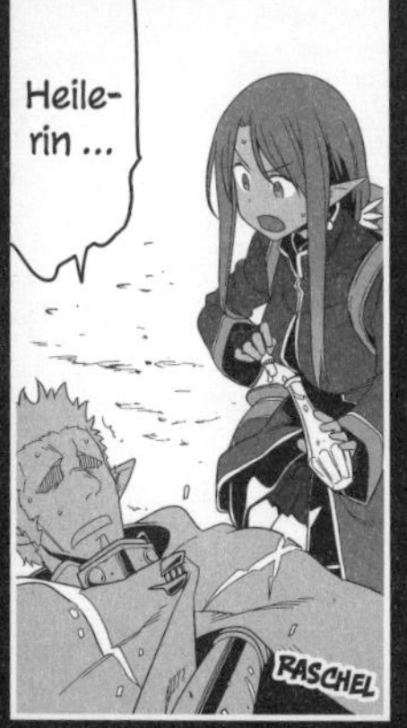
Heile-
rin ...
RASCHEL

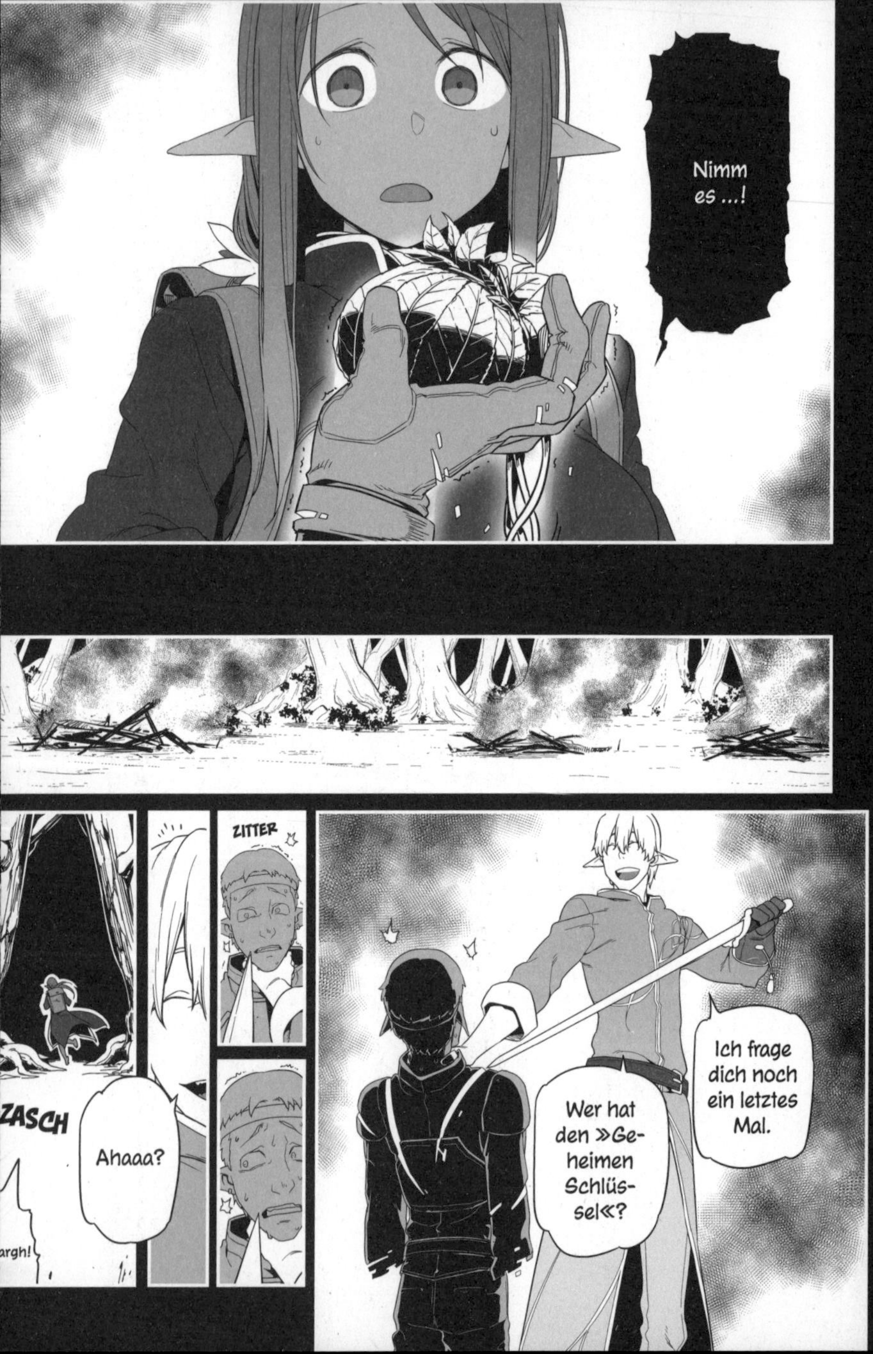

Nimm es ...!

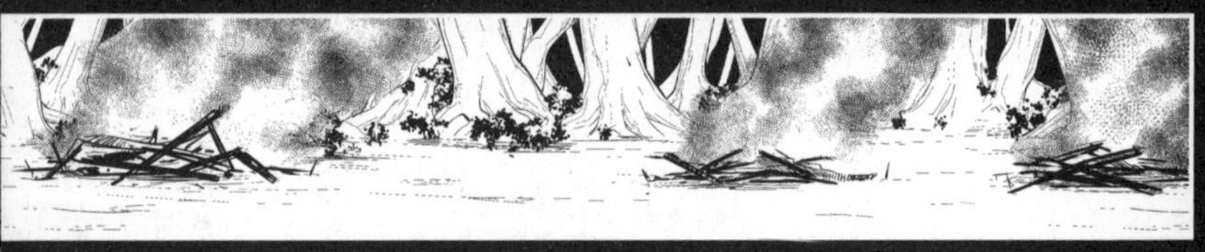

Ich frage dich noch ein letztes Mal.

Wer hat den »Geheimen Schlüssel«?

ZITTER

Ahaaa?

ZASCH

argh!

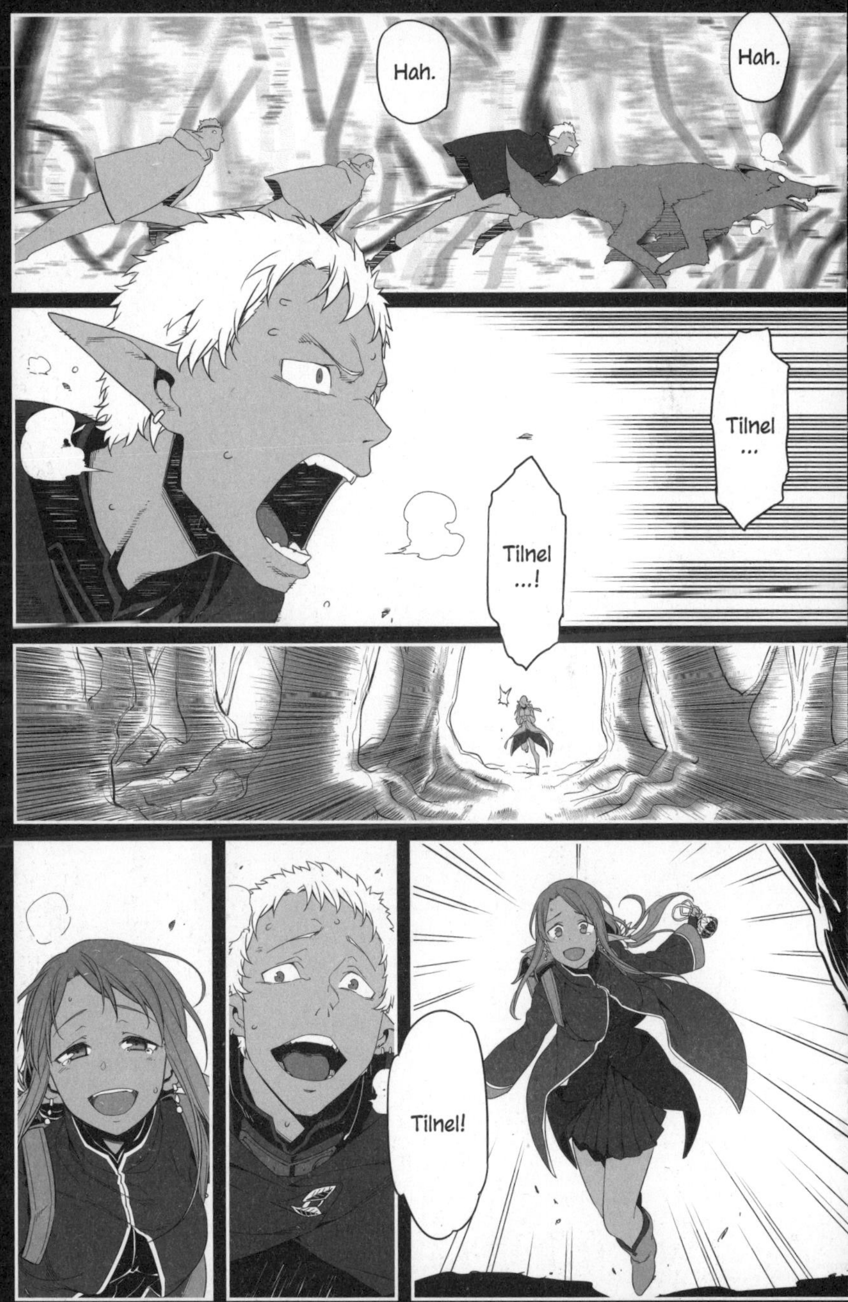
Hah.
Hah.
Tilnel
...
Tilnel
...!
Tilnel!

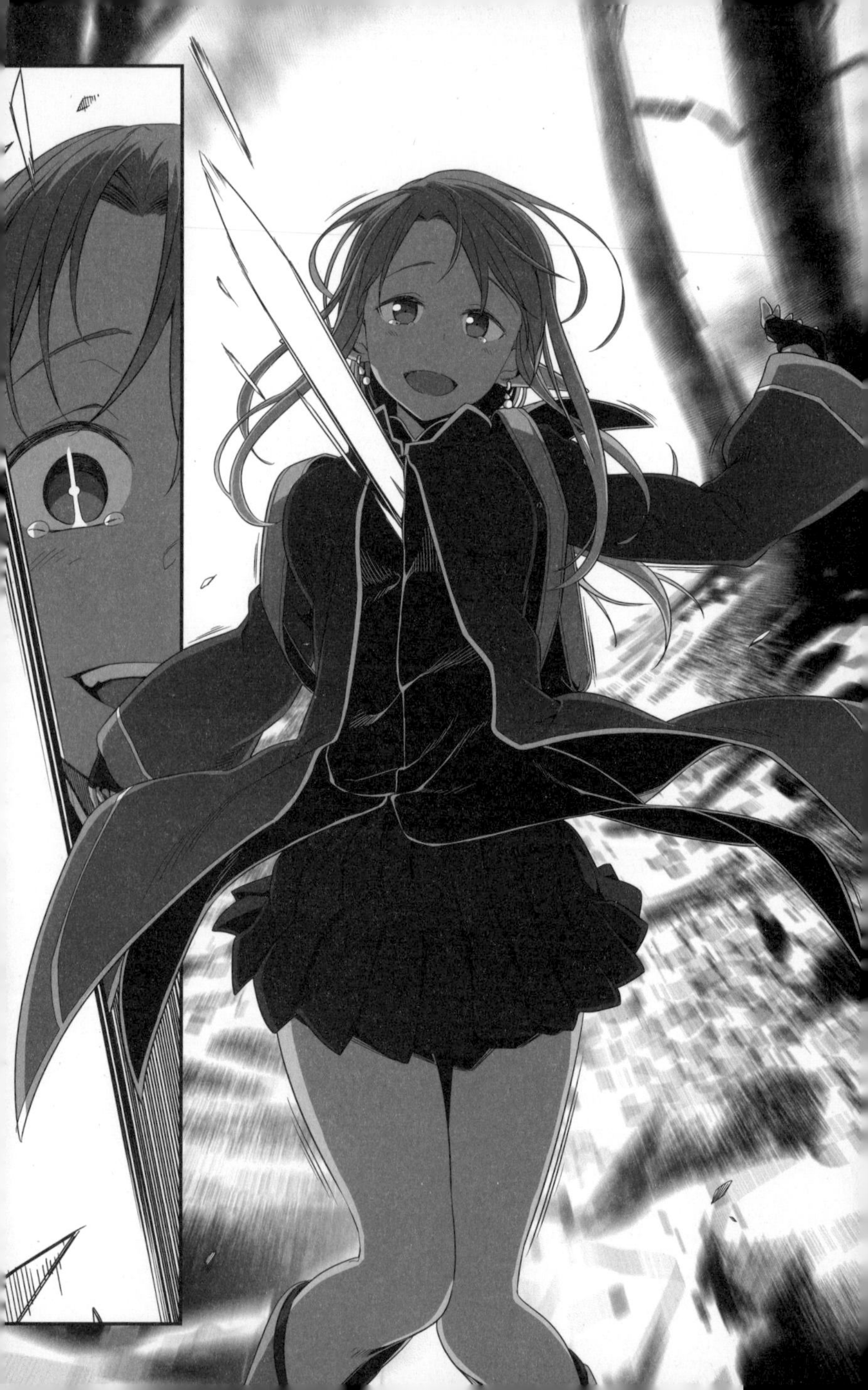

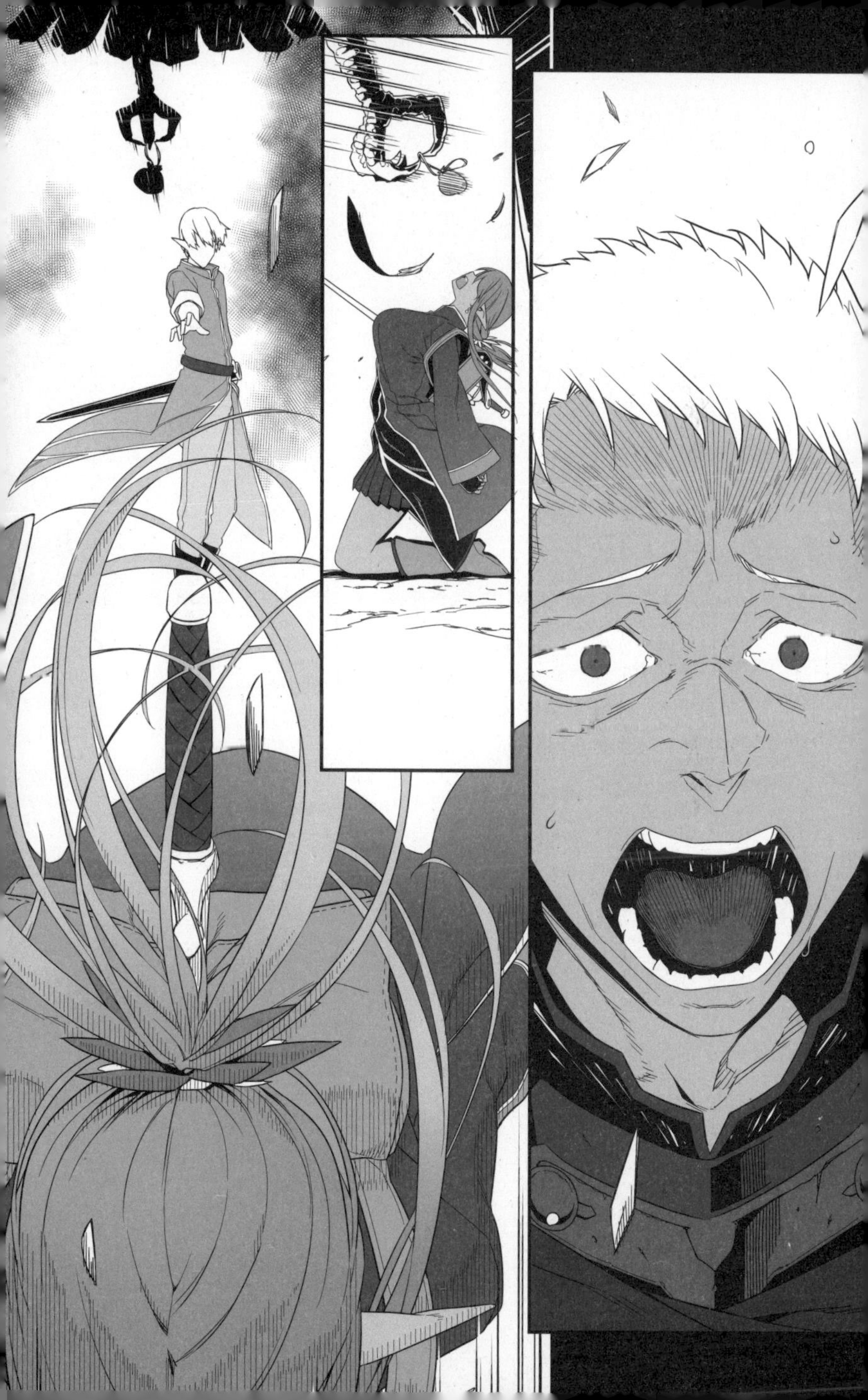

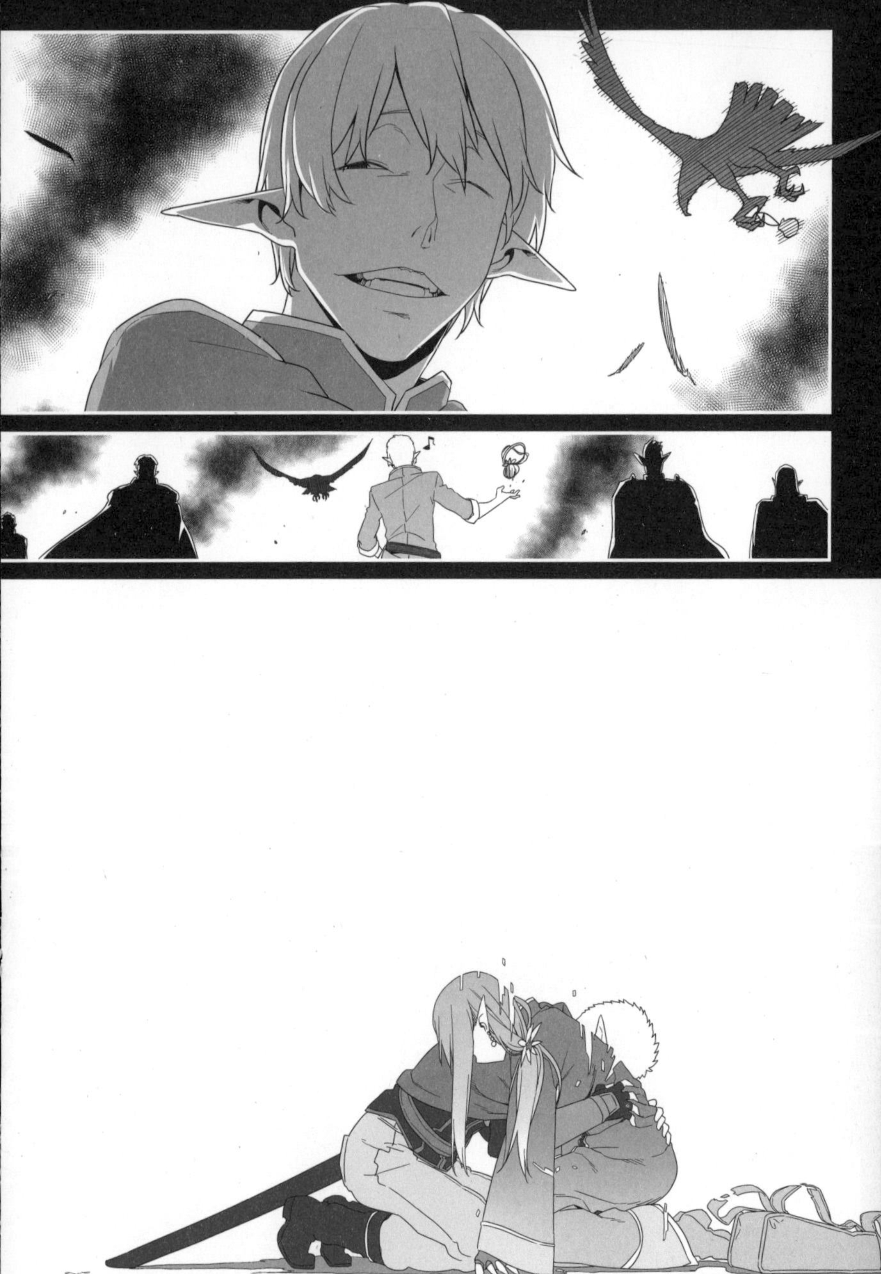

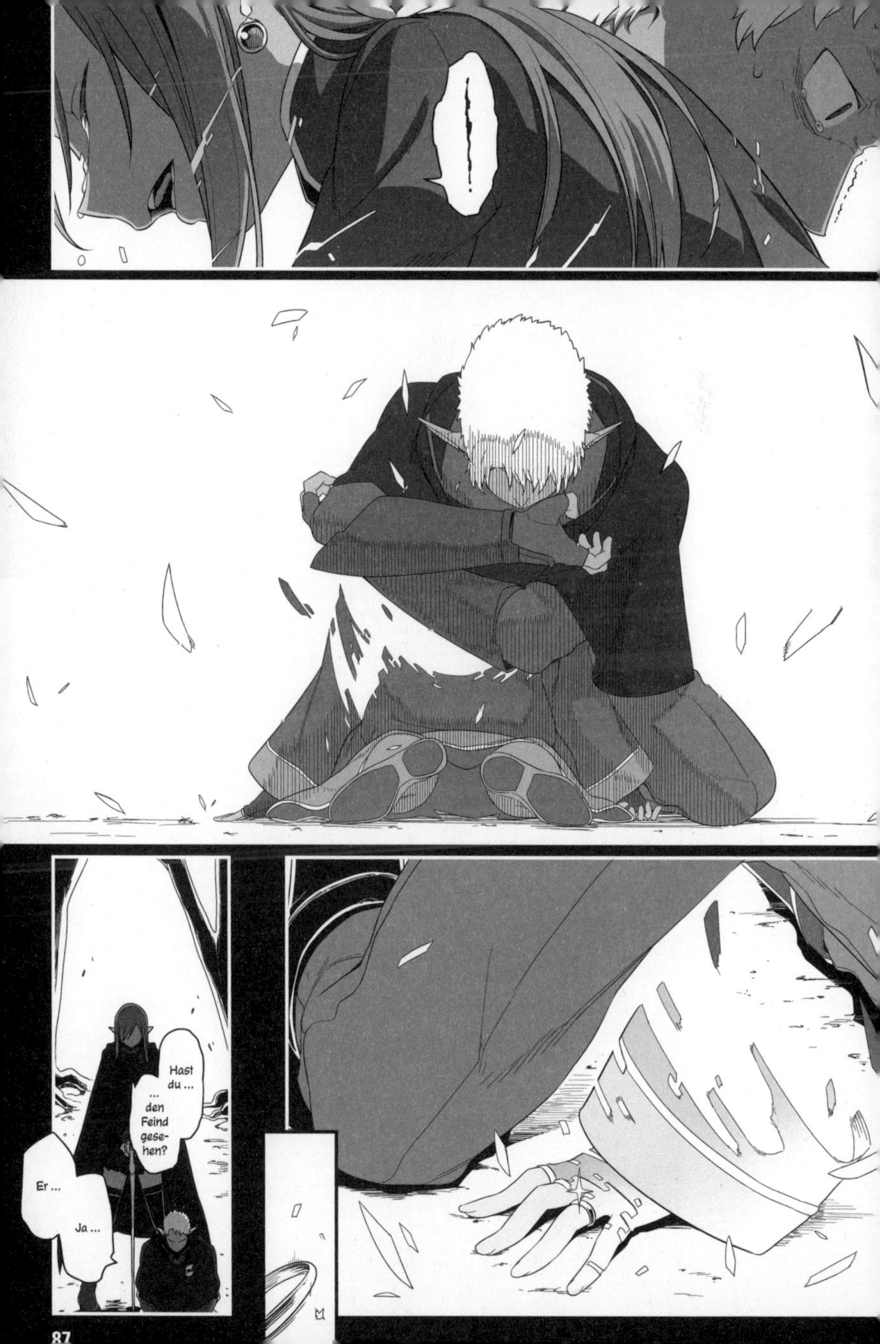

.....!
Hast du ...
... den Feind gesehen?
Er ...
Ja ...

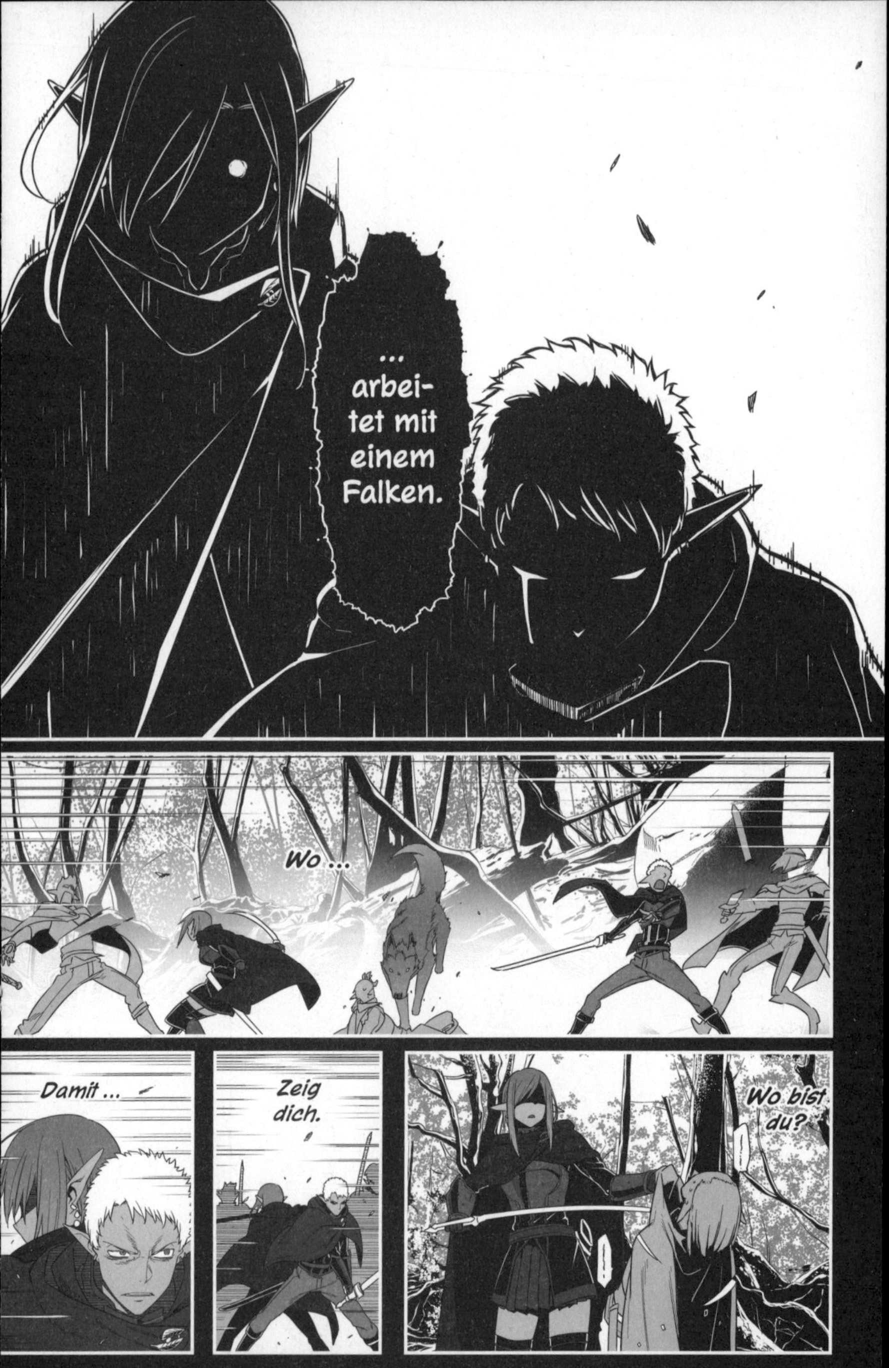

... arbei-
tet mit
einem
Falken.

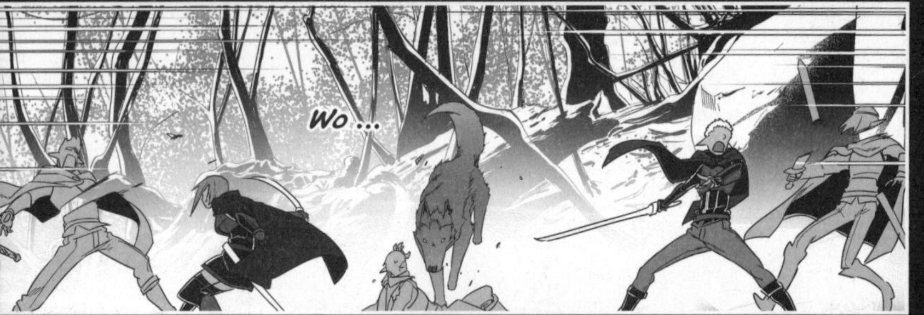

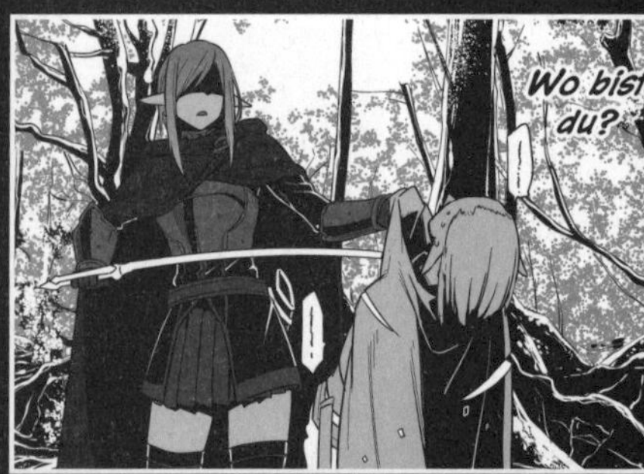

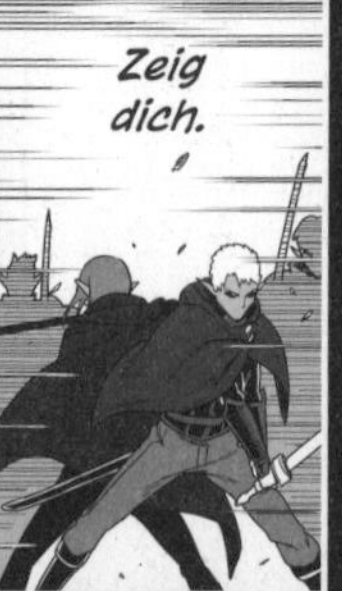

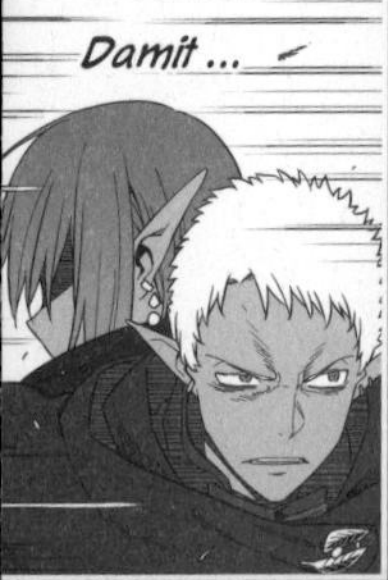

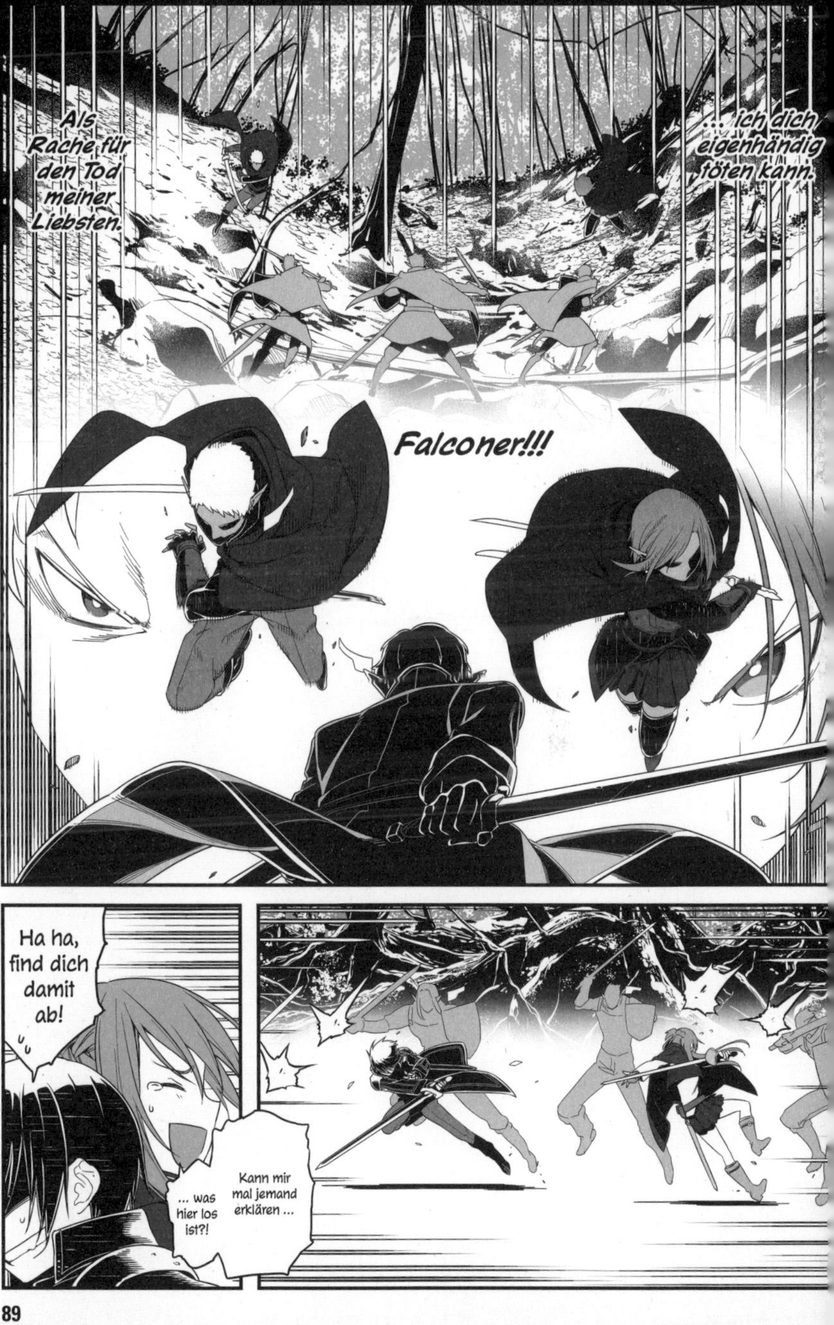

Als Rache für den Tod meiner Liebsten.

... ich dich eigenhändig töten kann.

Falconer!!!

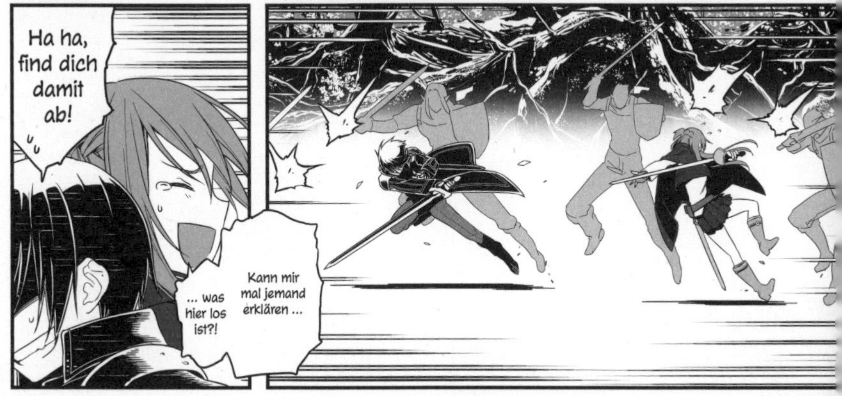

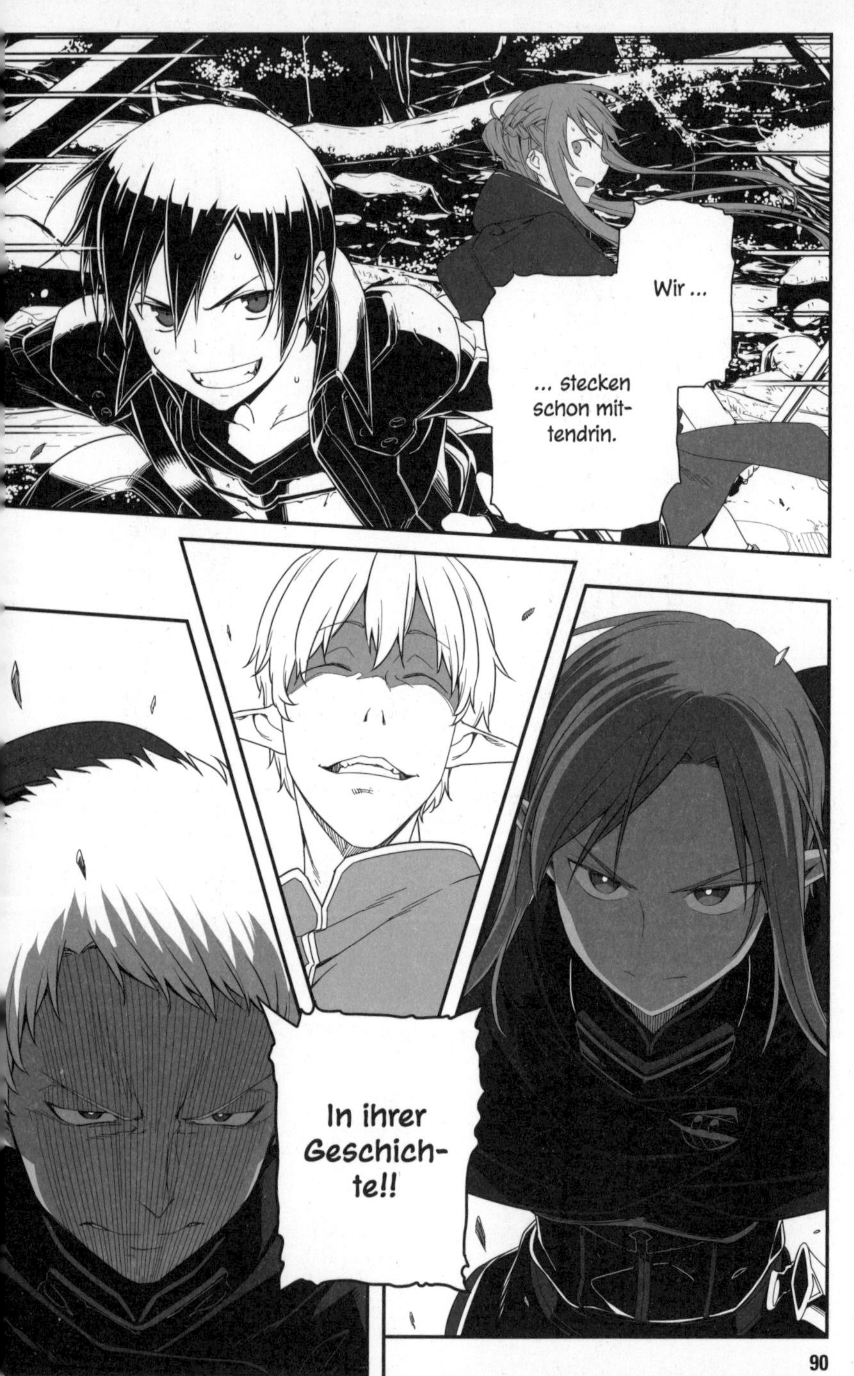

Wir ...
... stecken schon mit-tendrin.
In ihrer Geschich-te!!

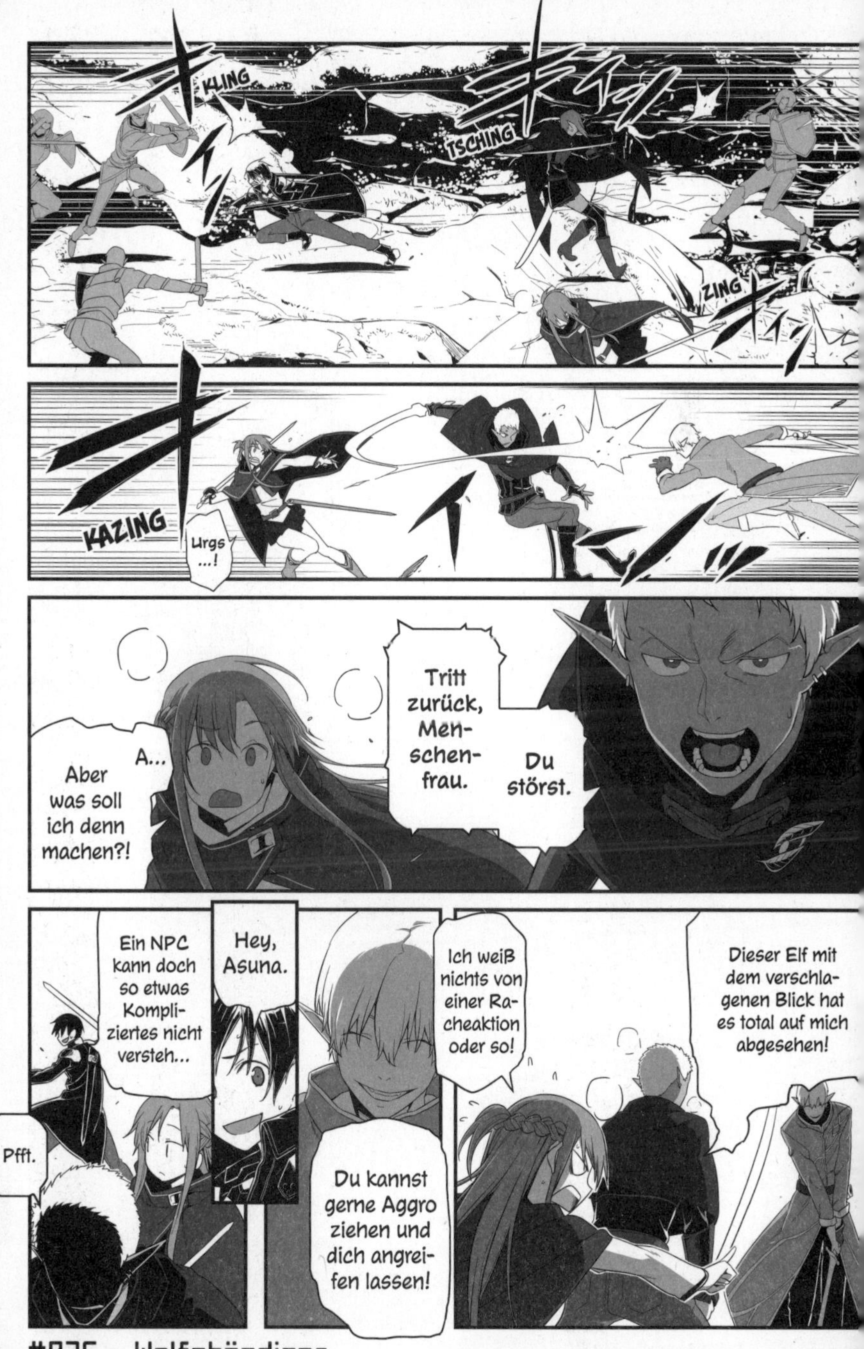

#026 – Wolfsbändiger

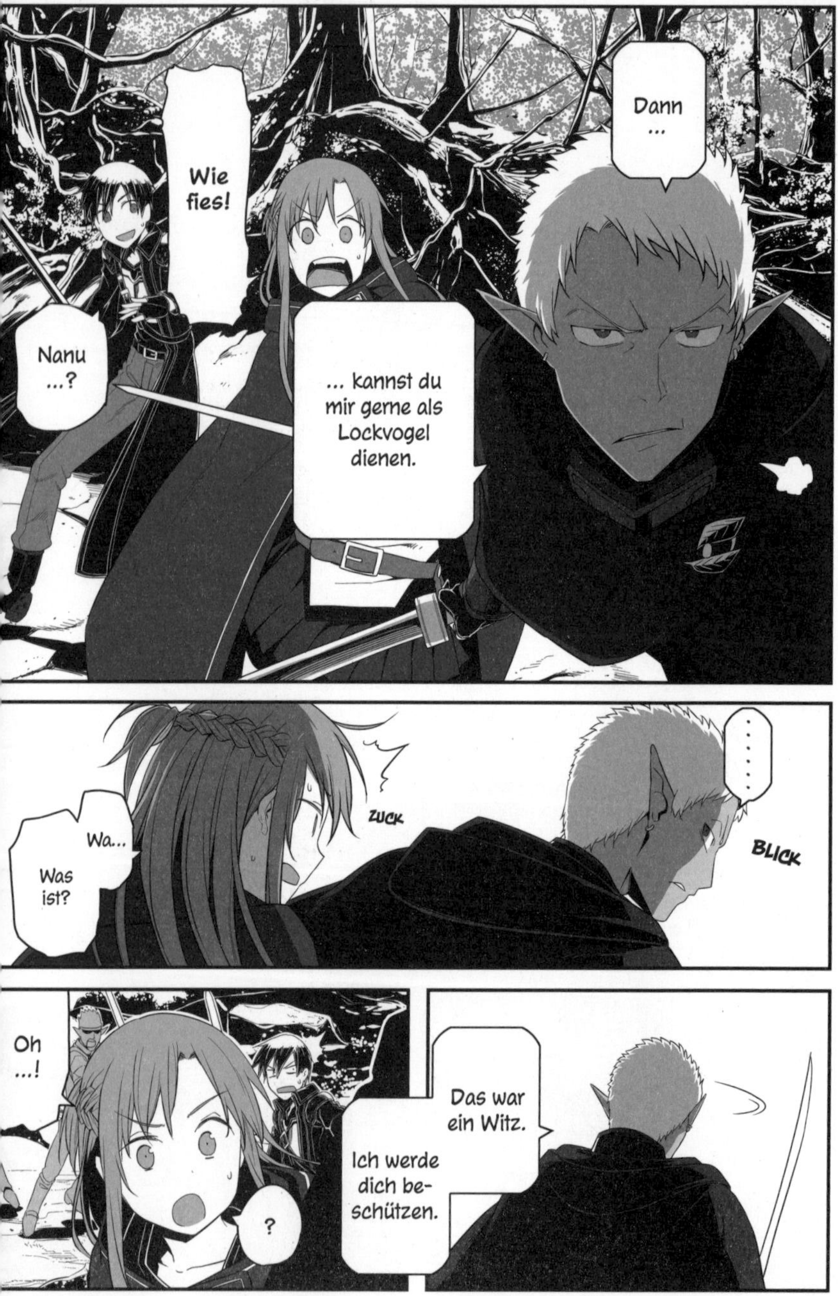

Dann ...
... kannst du mir gerne als Lockvogel dienen.
Wie fies!
Nanu ...?

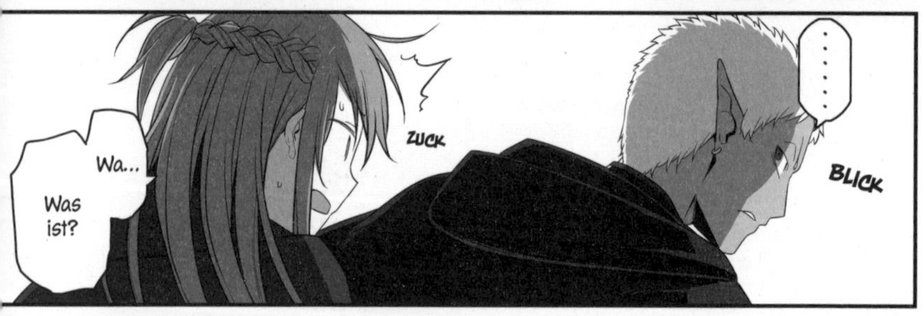

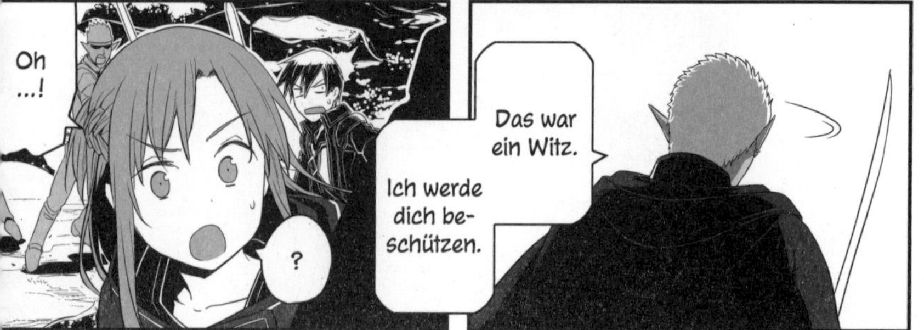

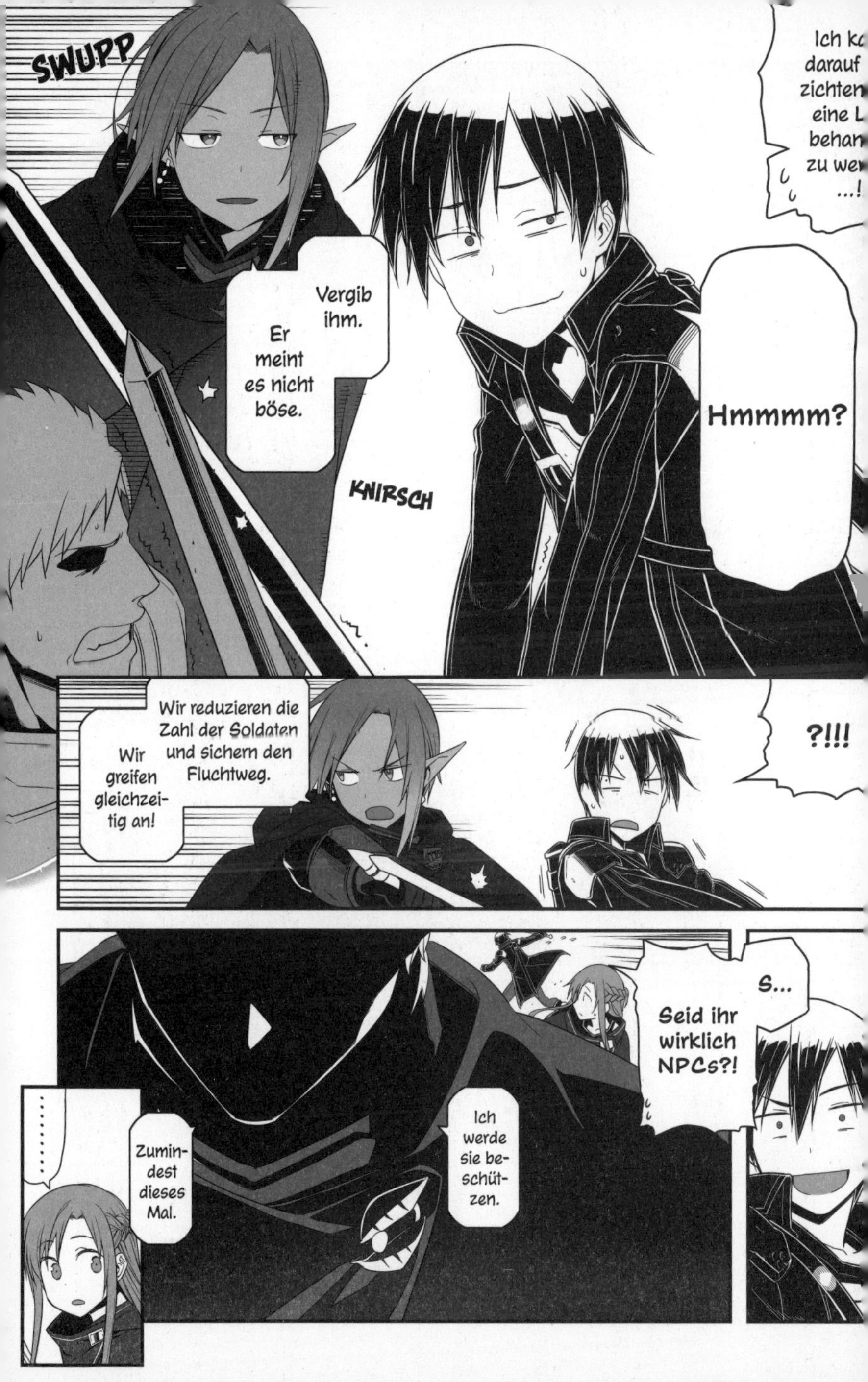

Ich k…
darauf
zichten
eine L
behan
zu wer
…!
SWUPP
Hmmmm?
Vergib ihm.
Er meint es nicht böse.
KNIRSCH
?!!!
Wir reduzieren die Zahl der Soldaten und sichern den Fluchtweg.
Wir greifen gleichzeitig an!
S…
Seid ihr wirklich NPCs?!
Ich werde sie beschützen.
Zumindest dieses Mal.
……

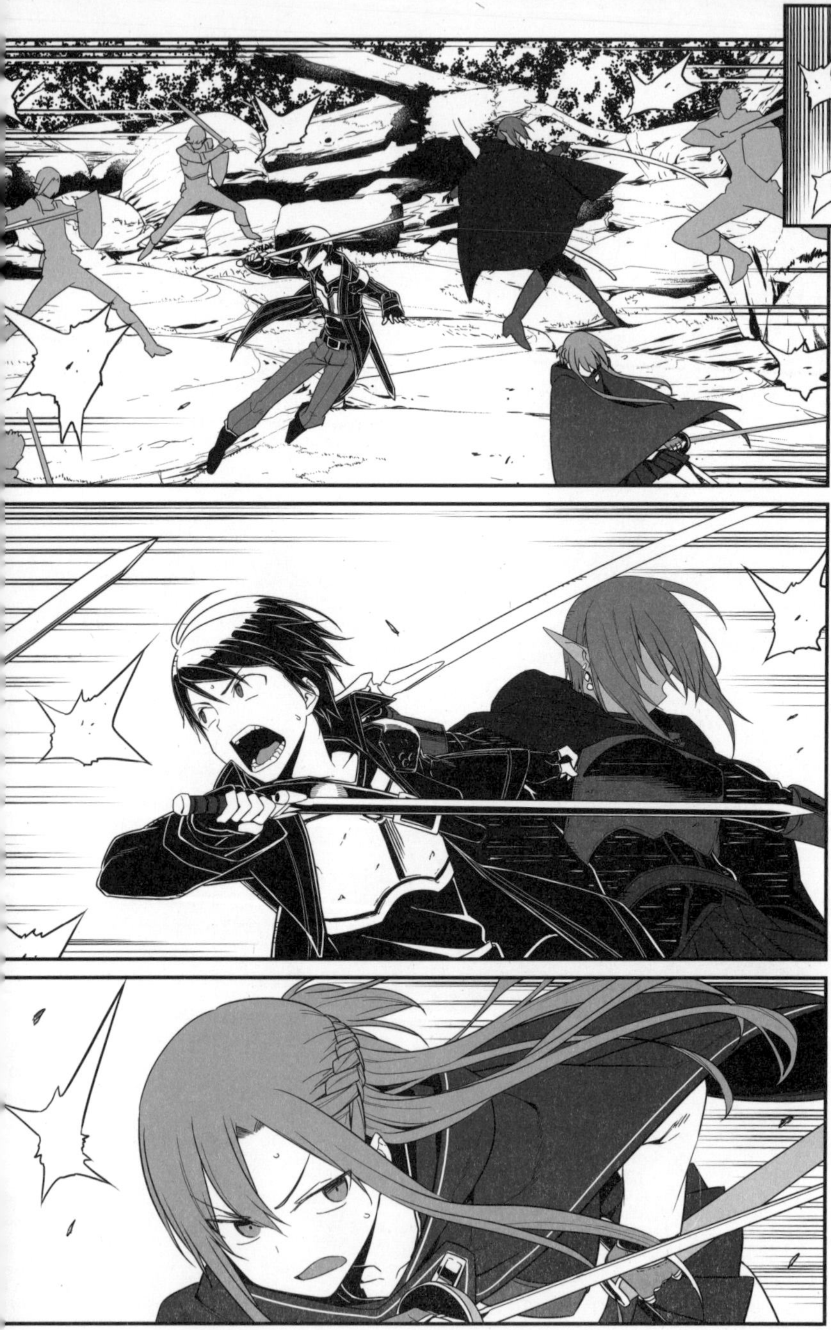

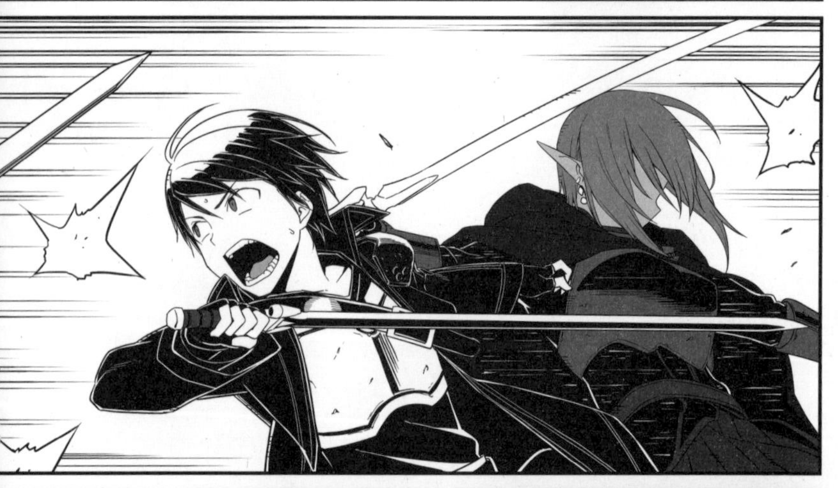

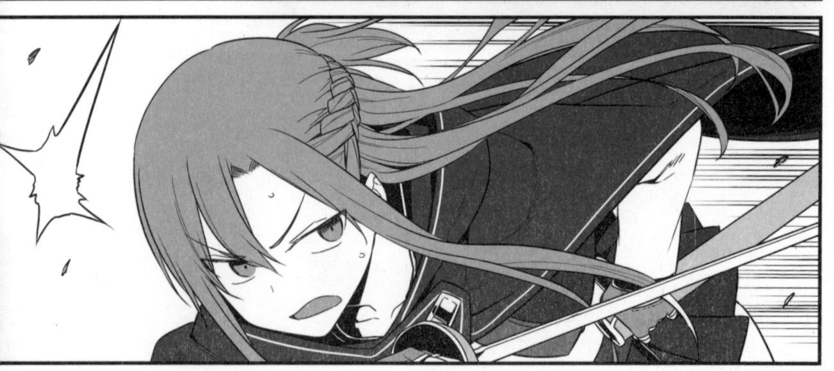

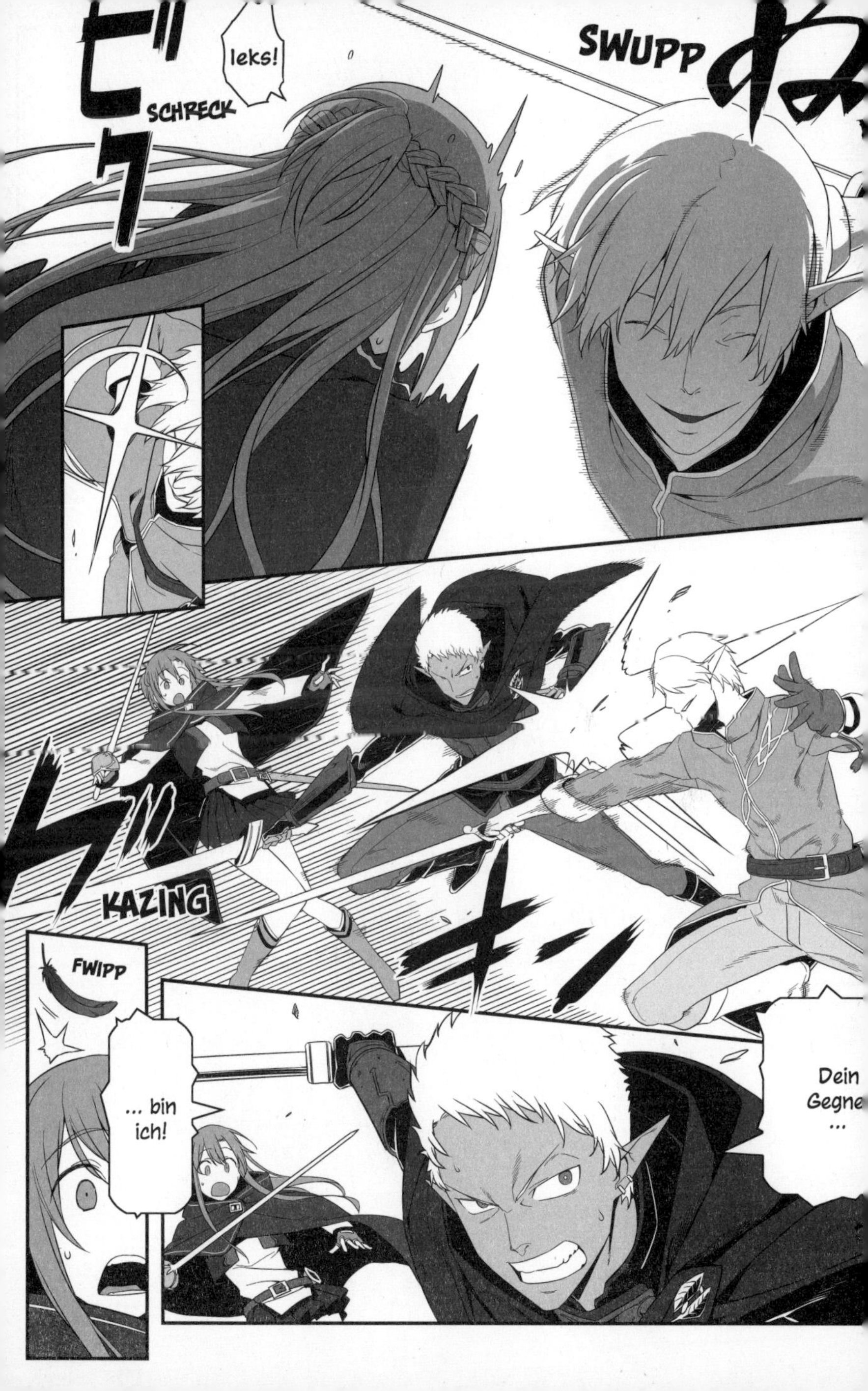
SWUPP
Ieks!
SCHRECK
KAZING
Dein Gegne ...
... bin ich!
FWIPP

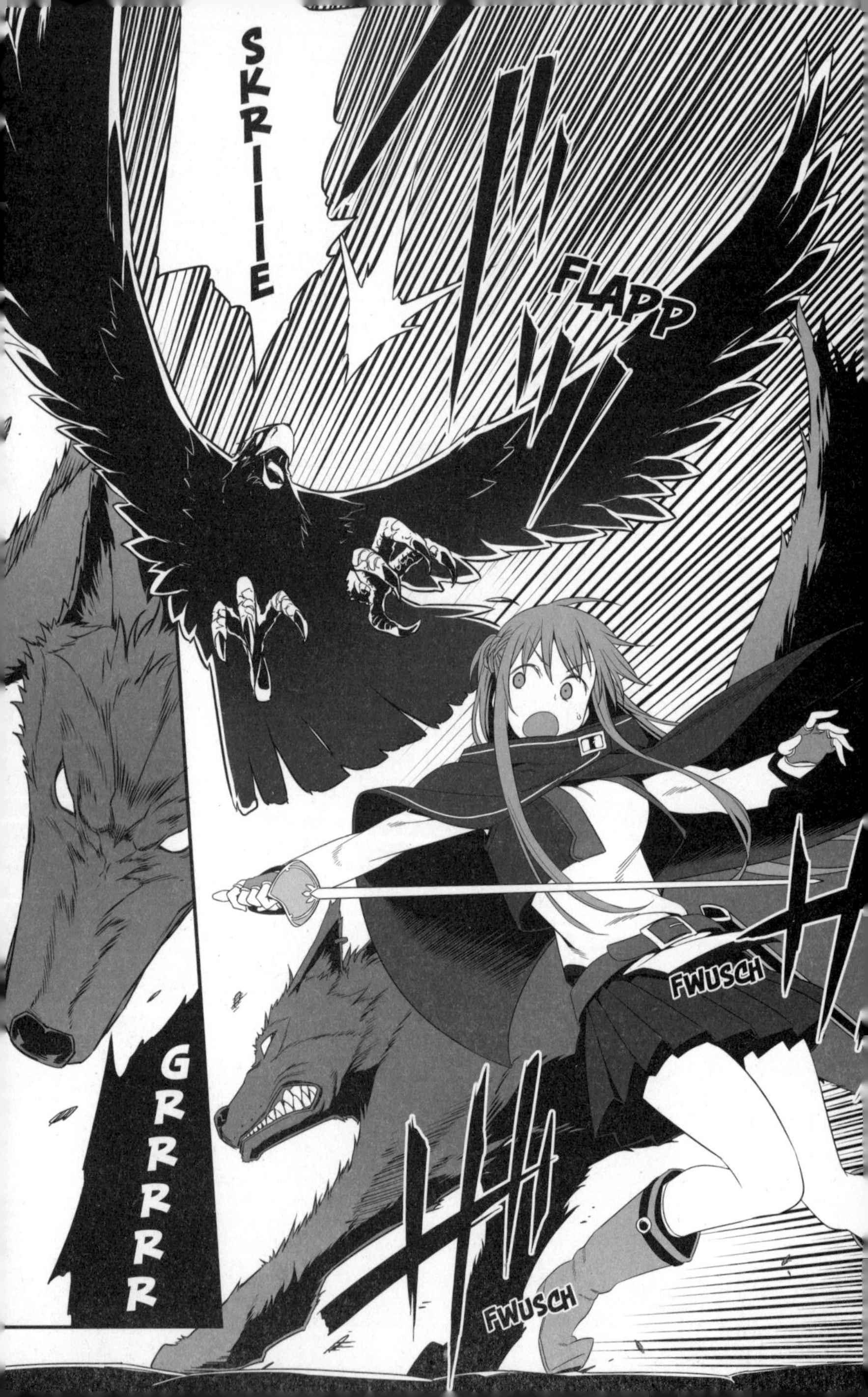
FLAPP
SKRIIIIE
FWUSCH
FWUSCH
GRRRRR

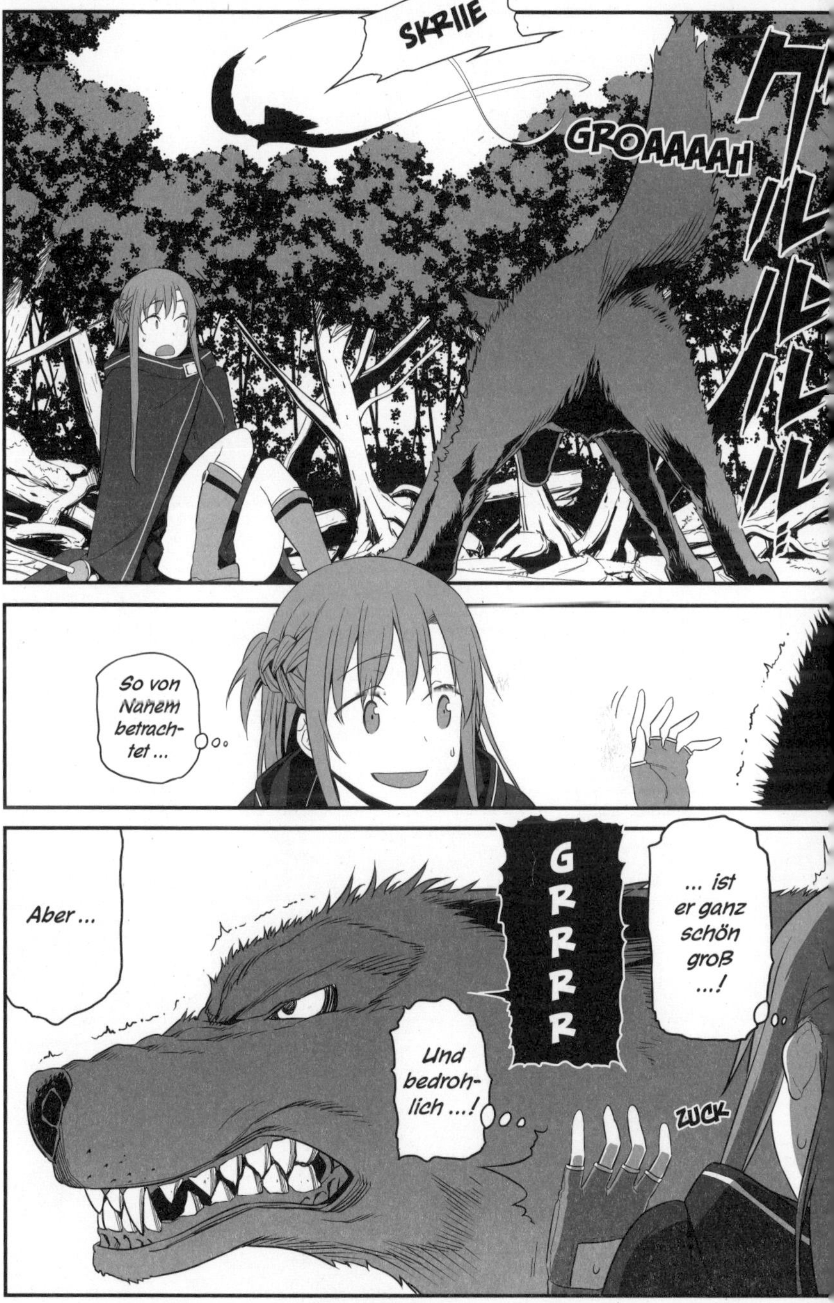

SKRIIE

GROAAAAH

So von Nahem betrachtet ...

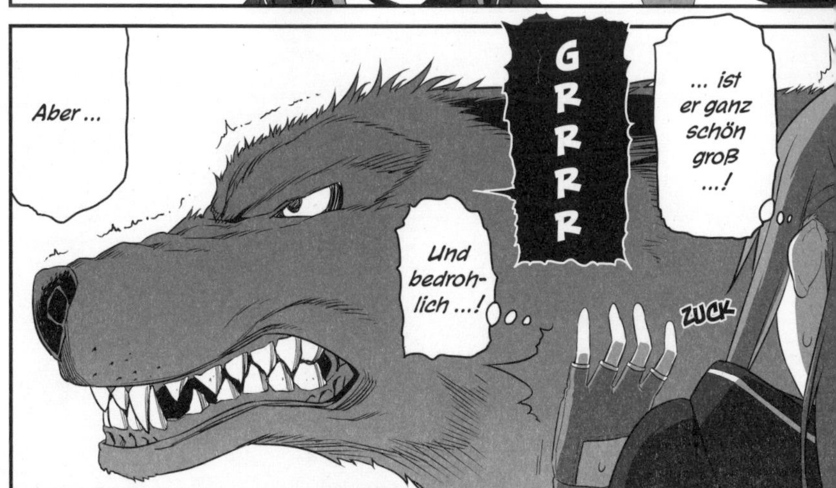

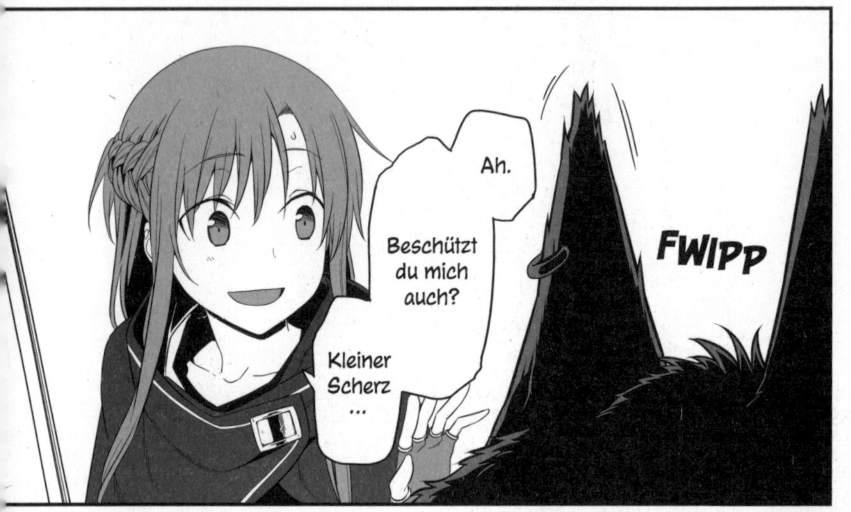
Ah.
Beschützt du mich auch?
Kleiner Scherz ...
FWIPP
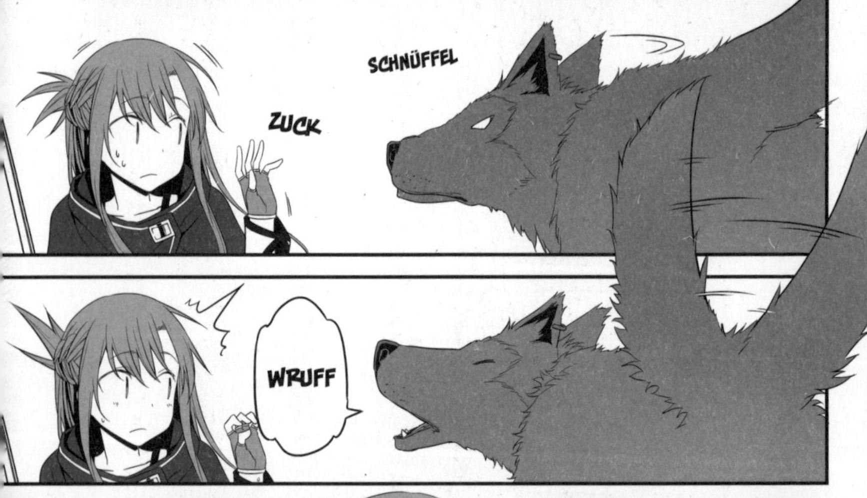
SCHNÜFFEL
ZUCK
WRUFF
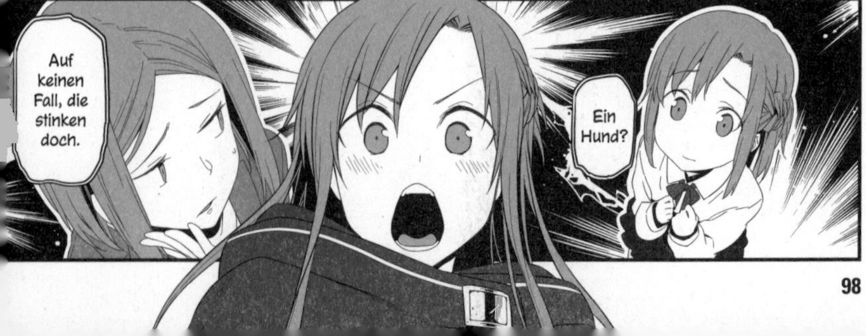
Ein Hund?
Auf keinen Fall, die stinken doch.

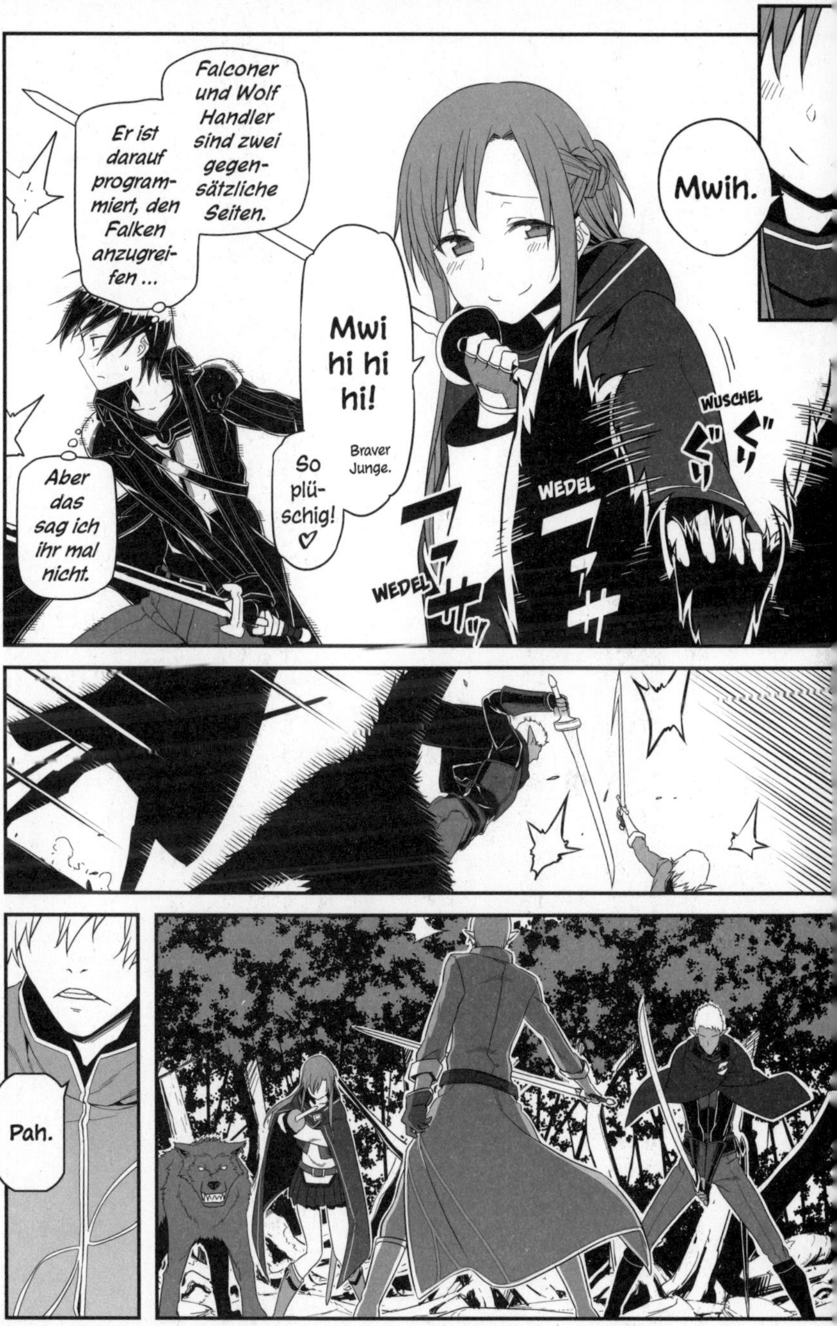

Mwih.

WUSCHEL

Mwi hi hi hi!

WEDEL

WEDEL

So plü-schig! ♥

Braver Junge.

Falconer und Wolf Handler sind zwei gegensätzliche Seiten.

Er ist darauf programmiert, den Falken anzugreifen ...

Aber das sag ich ihr mal nicht.

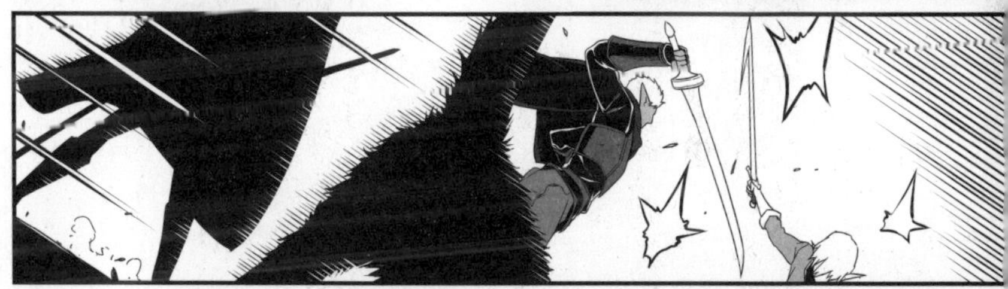

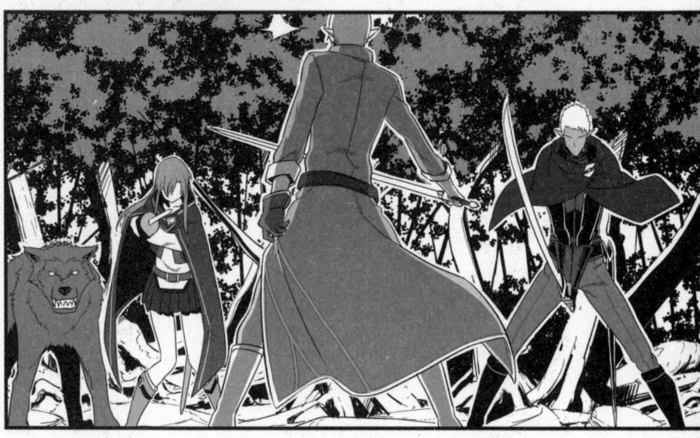

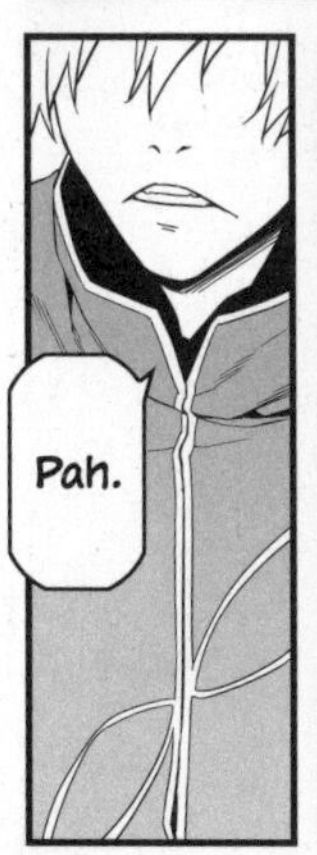

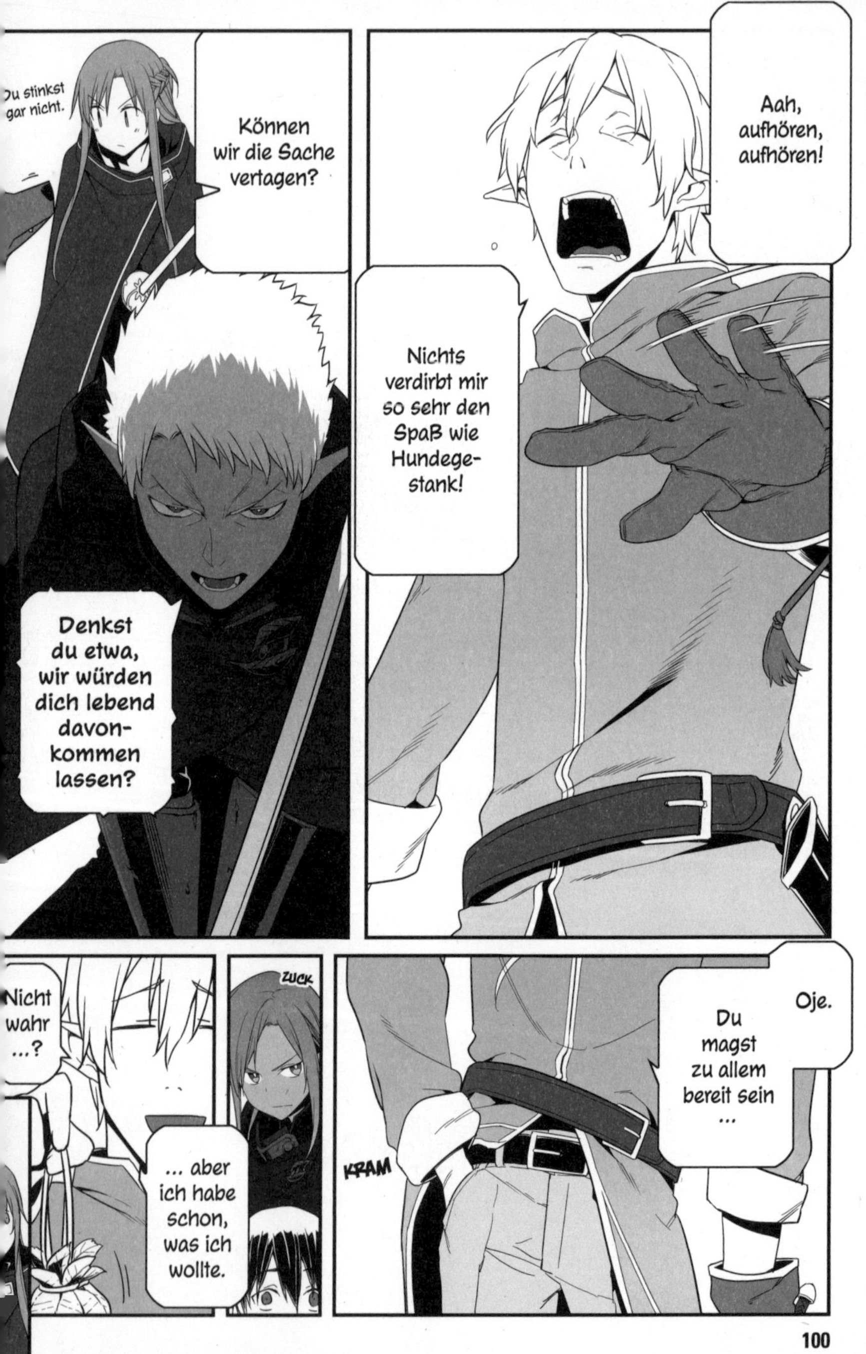
Aah, aufhören, aufhören!
Nichts verdirbt mir so sehr den Spaß wie Hundegestank!
Können wir die Sache vertagen?
Du stinkst gar nicht.
Denkst du etwa, wir würden dich lebend davonkommen lassen?
Oje.
Du magst zu allem bereit sein …
KRAM
ZUCK
Nicht wahr …?
… aber ich habe schon, was ich wollte.

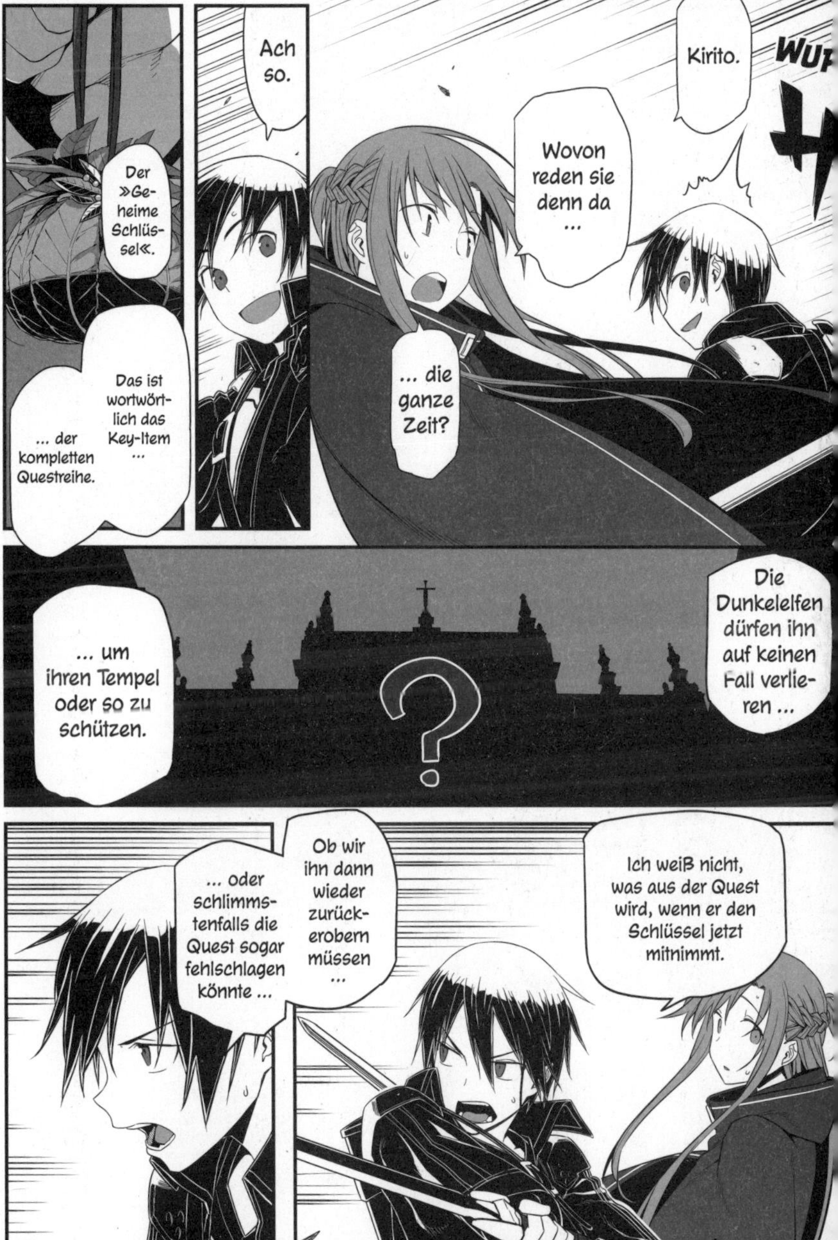

Kirito.

Wovon reden sie denn da ...

... die ganze Zeit?

Ach so.

Der »Geheime Schlüssel«.

Das ist wortwörtlich das Key-Item ...

... der kompletten Questreihe.

Die Dunkelelfen dürfen ihn auf keinen Fall verlieren ...

... um ihren Tempel oder so zu schützen.

?

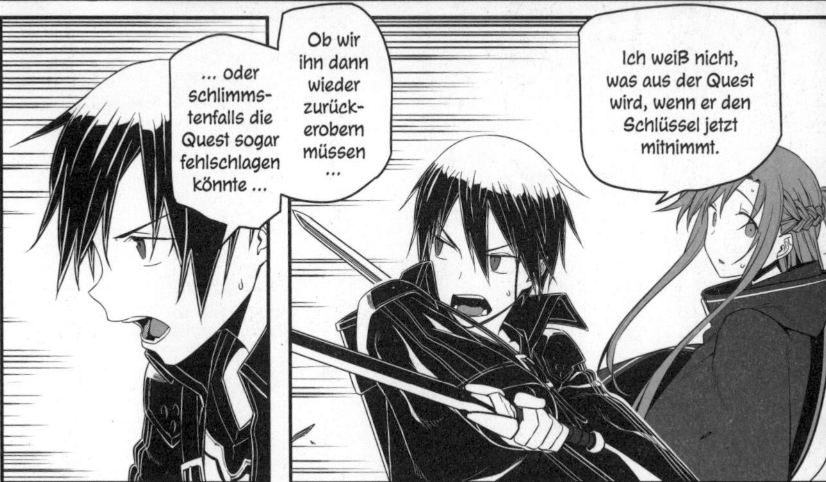

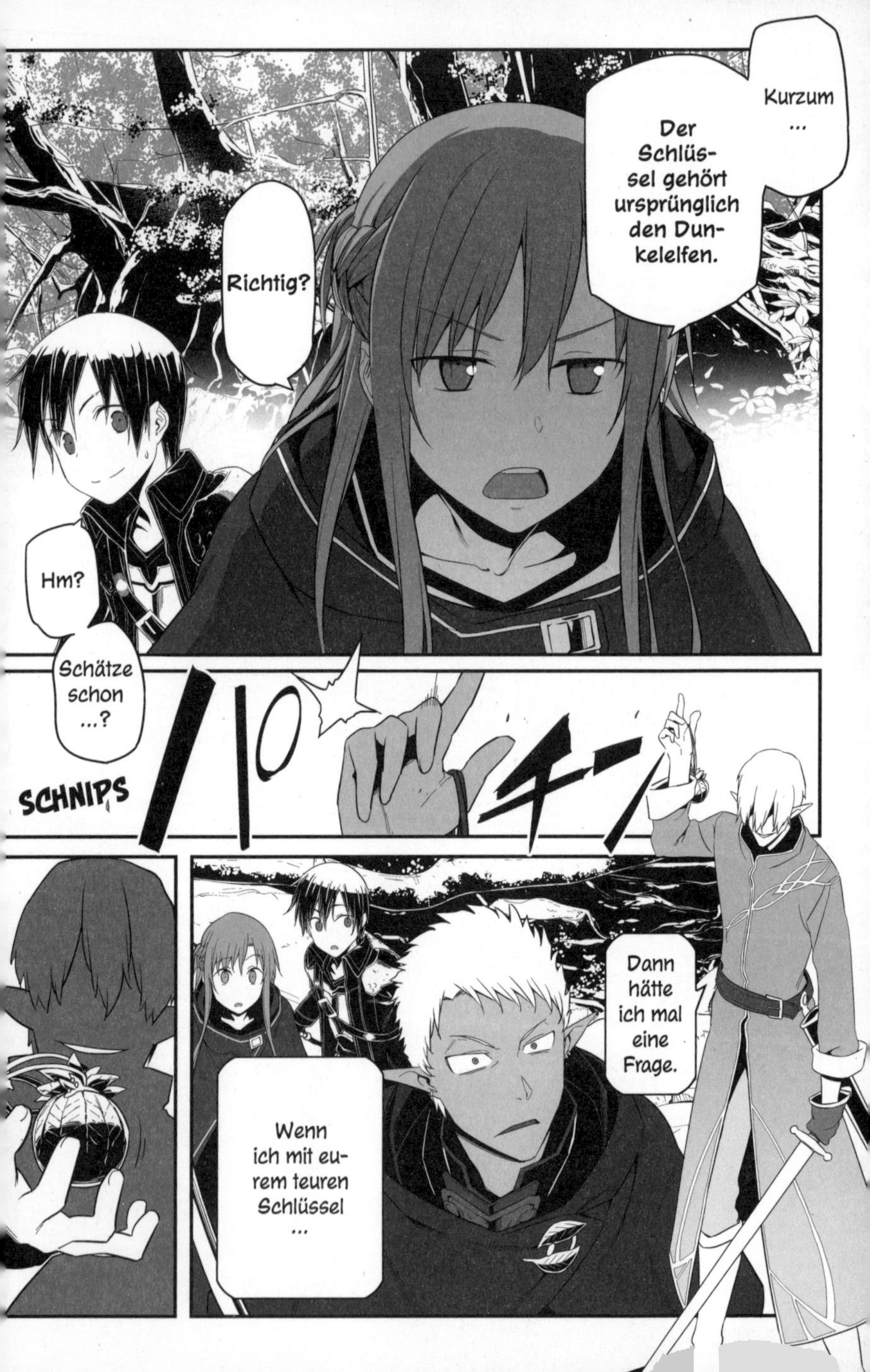
Kurzum ...
Der Schlüssel gehört ursprünglich den Dunkelelfen.
Richtig?
Hm?
Schätze schon ...?
SCHNIPS
Dann hätte ich mal eine Frage.
Wenn ich mit eurem teuren Schlüssel ...

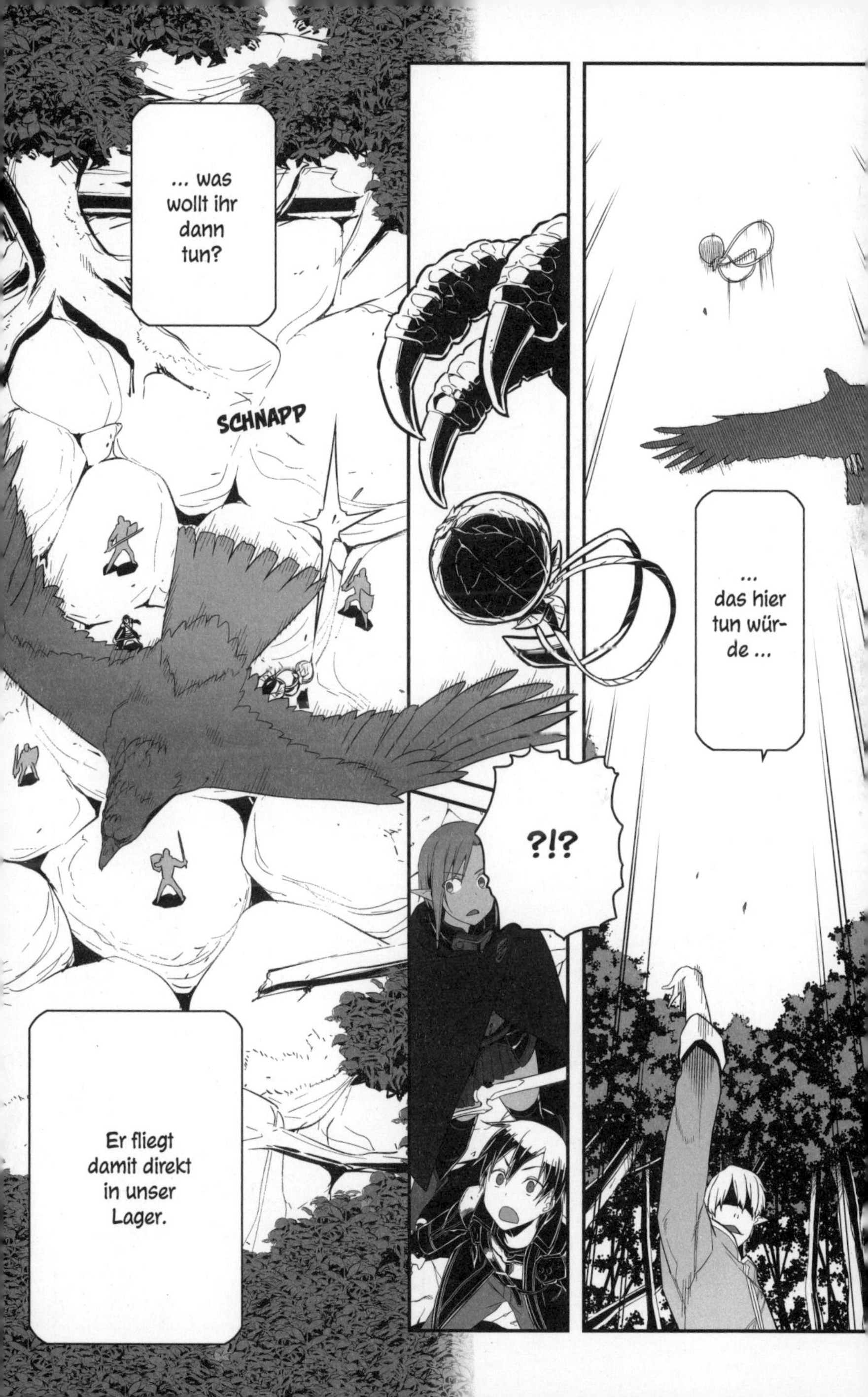

... das hier tun würde ...
?!?
... was wollt ihr dann tun?
SCHNAPP
Er fliegt damit direkt in unser Lager.

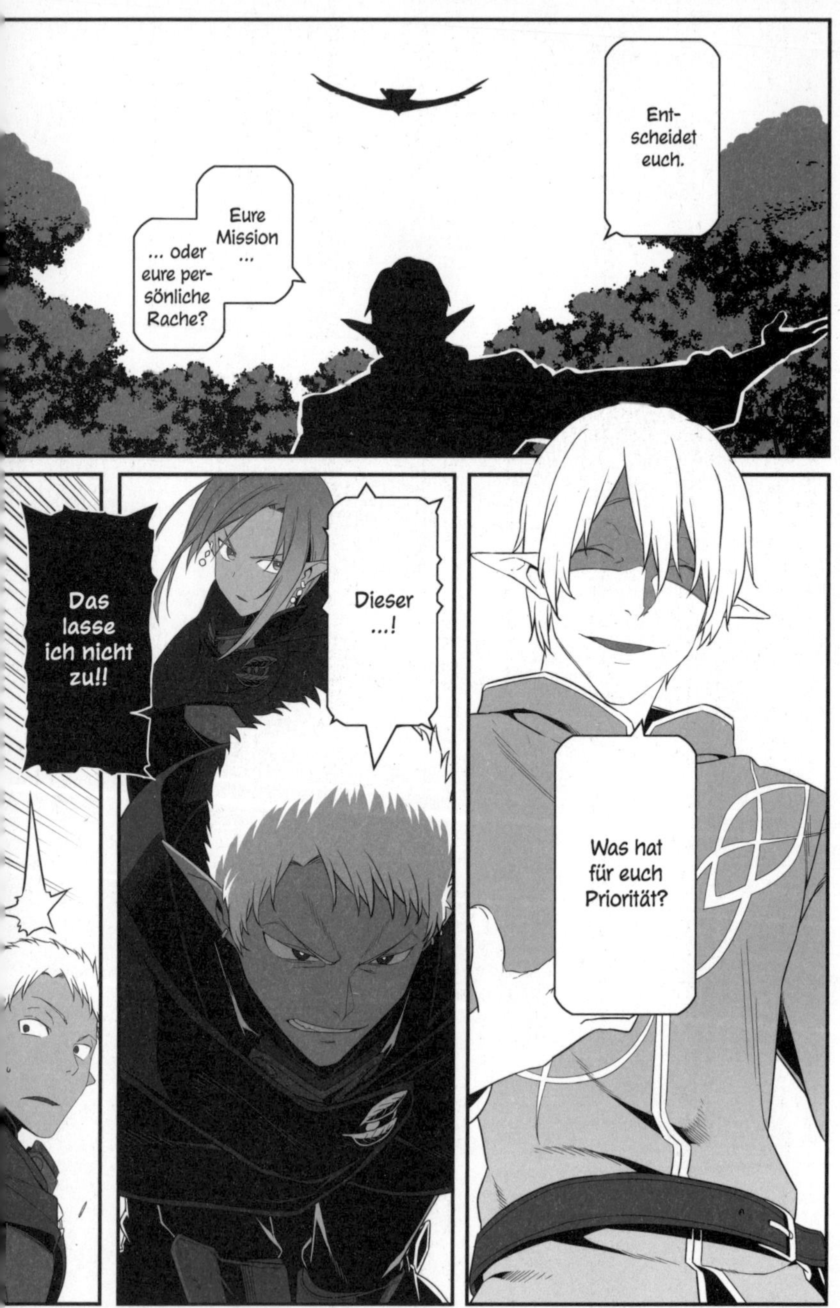
Ent-
scheidet
euch.
Eure
Mission
...
... oder
eure per-
sönliche
Rache?
Was hat
für euch
Priorität?
Dieser
...!
Das
lasse
ich nicht
zu!!

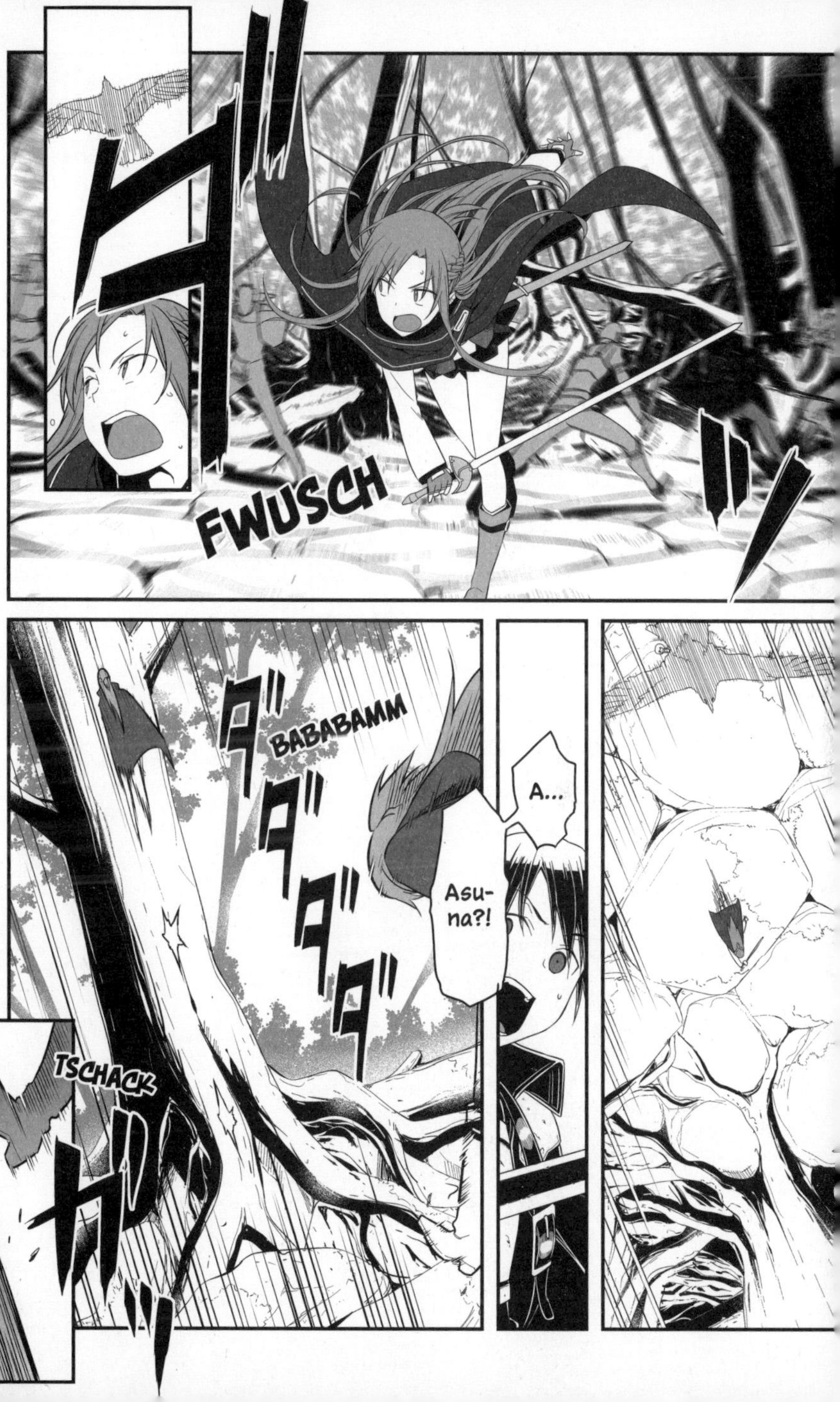

FWUSCH

A...

Asu-na?!

BABABAMM

TSCHACK

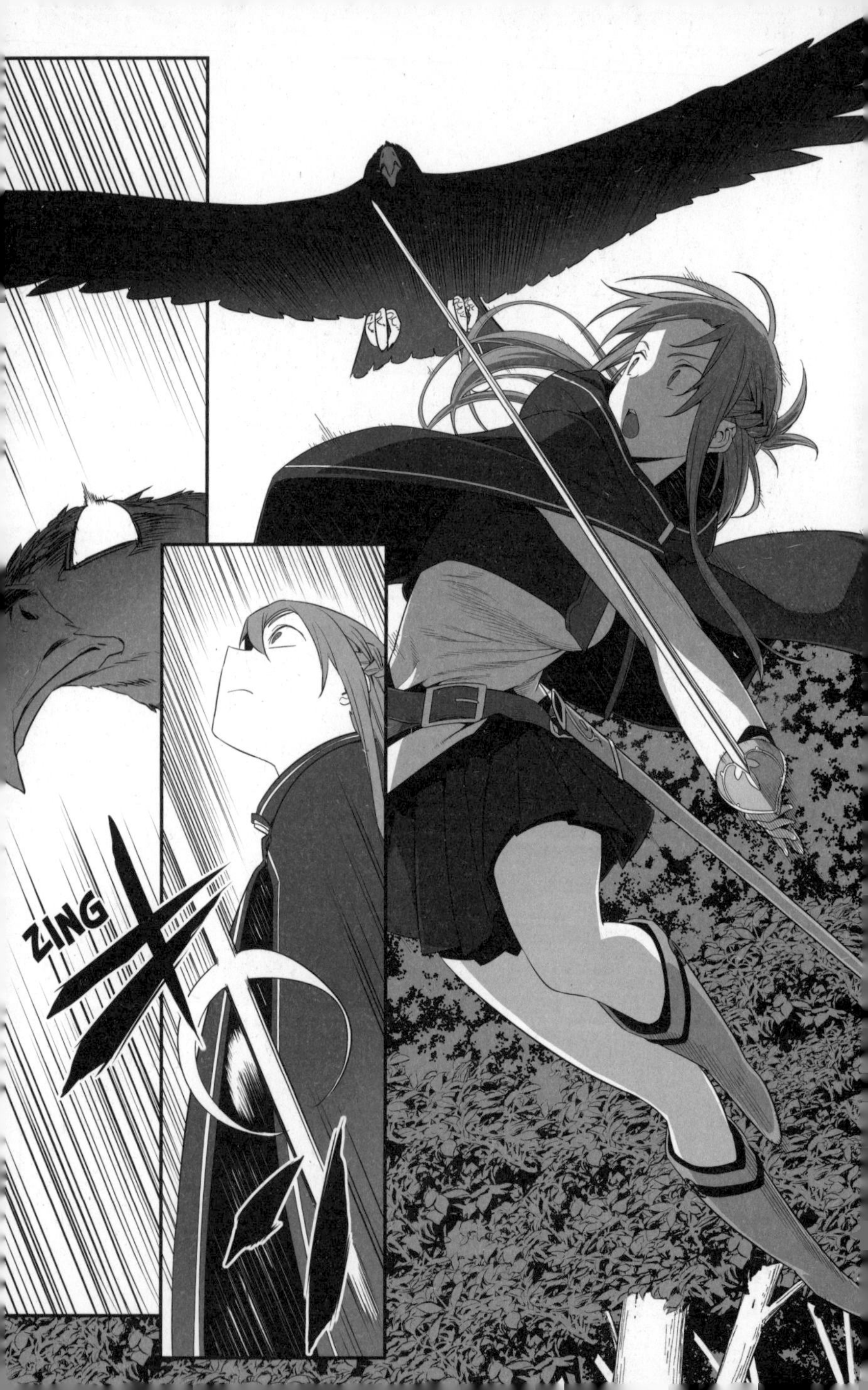
ZING

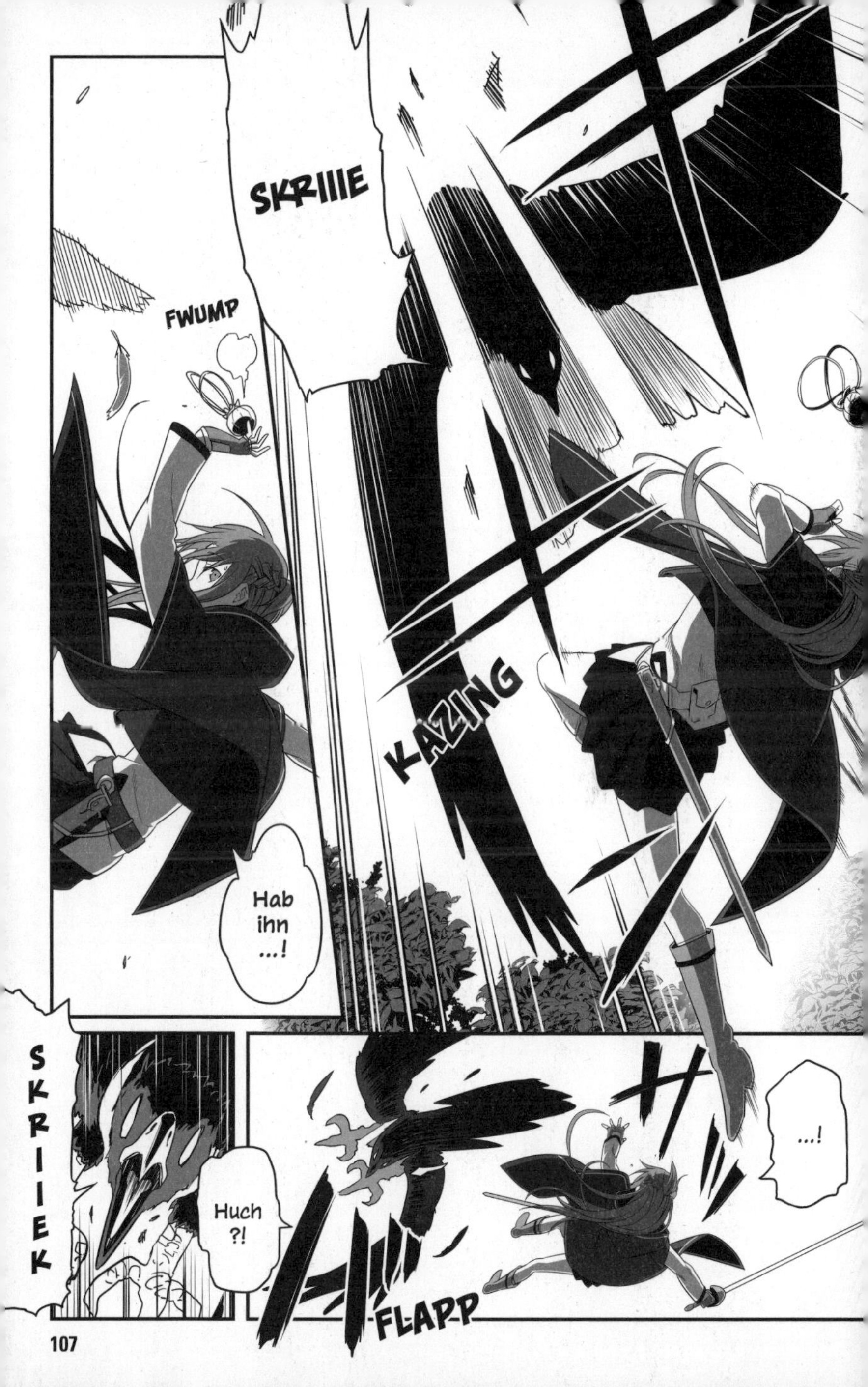
SKRIIIE
FWUMP
KAZING
Hab ihn ...!
...!
SKRIIEK
Huch ?!
FLAPP

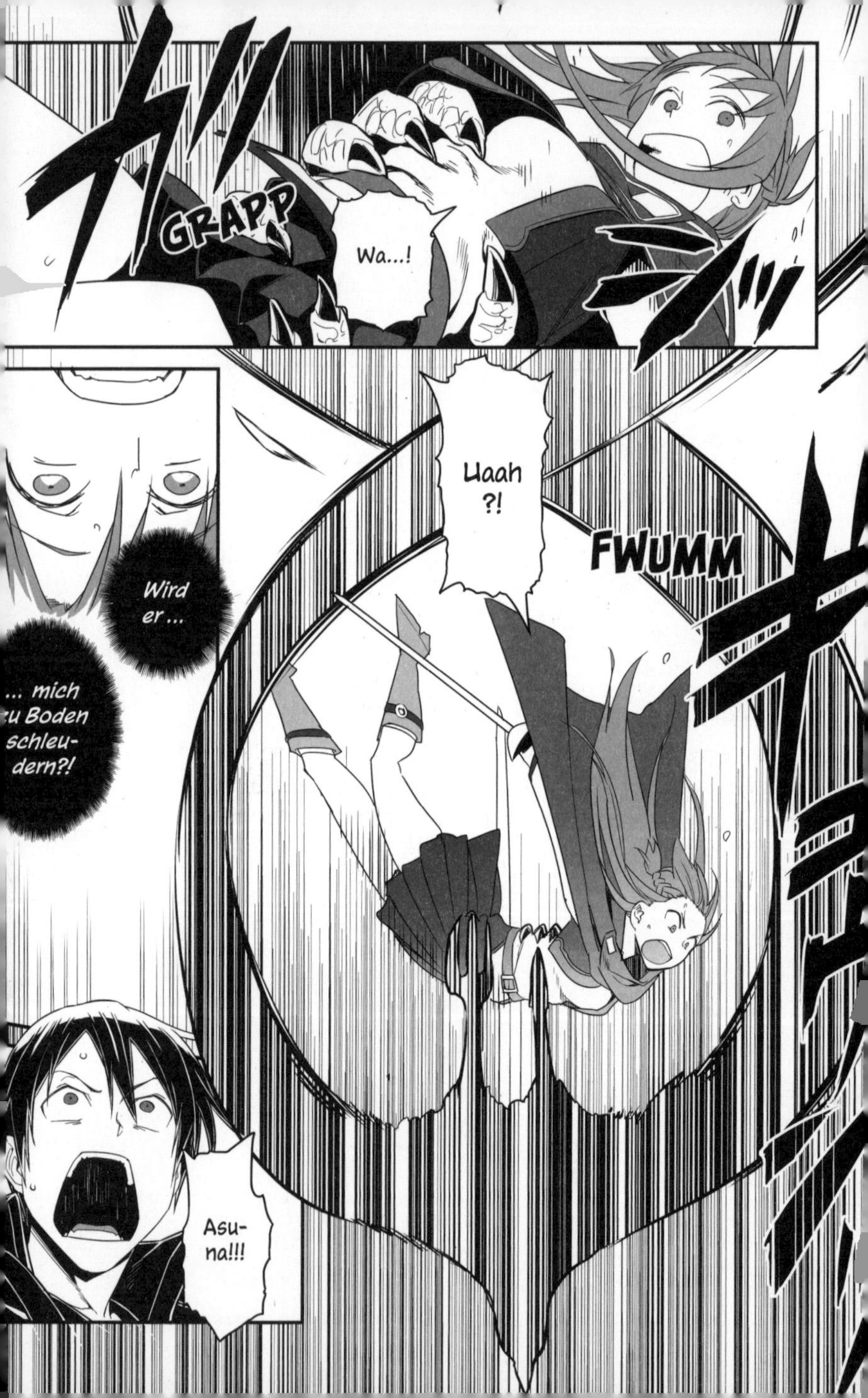

GRAPP
Wa...!
Uaah ?!
FWUMM
Wird er ...
... mich u Boden schleudern?!
Asuna!!!

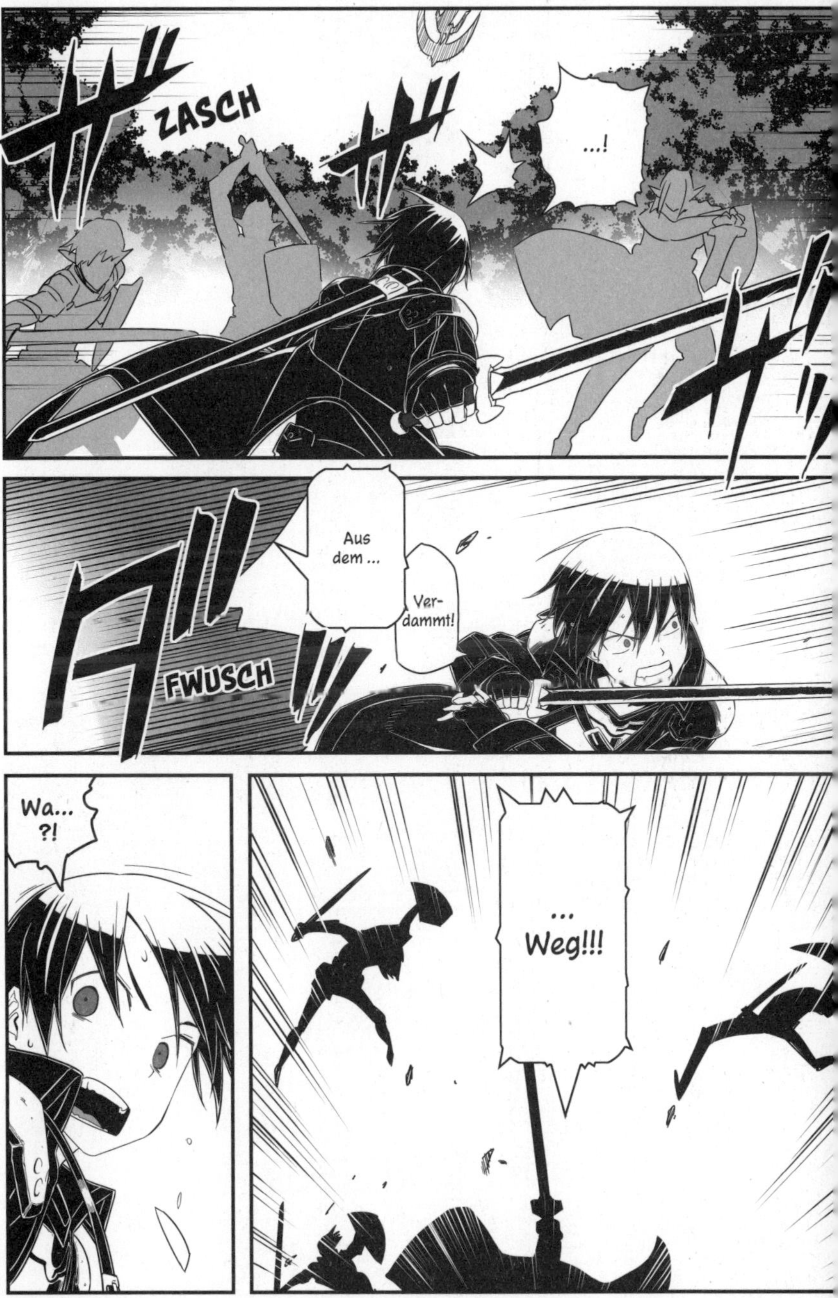

...!
ZASCH

Aus dem ...
Ver-dammt!
FWUSCH

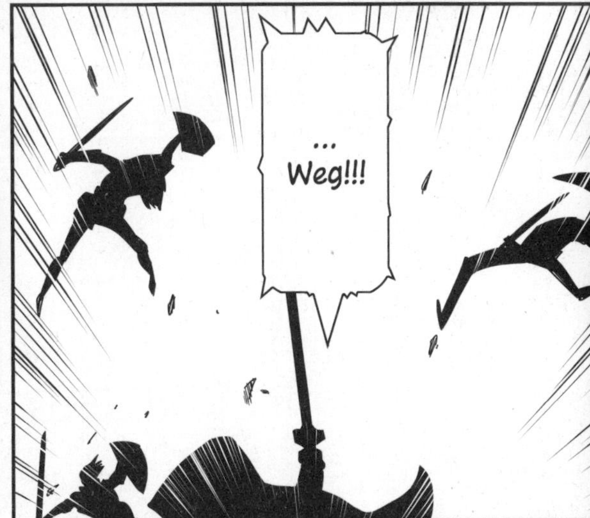

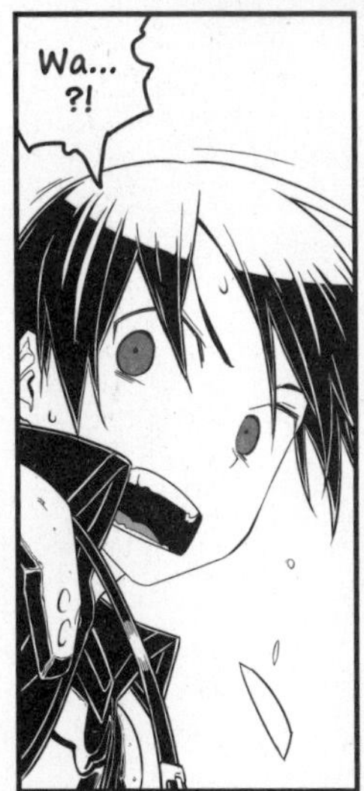

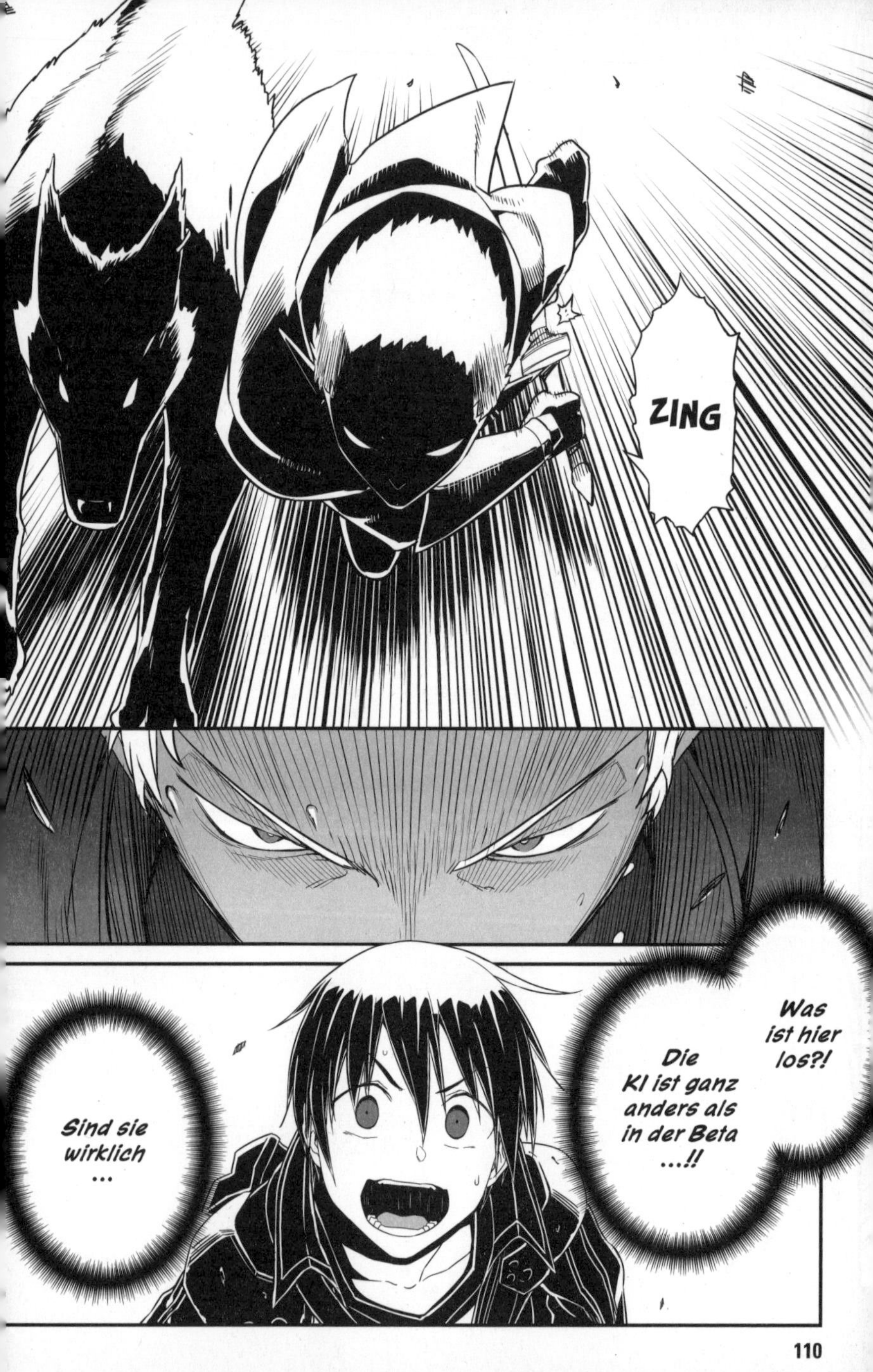
ZING
Was ist hier los?!
Die KI ist ganz anders als in der Beta ...!!
Sind sie wirklich ...

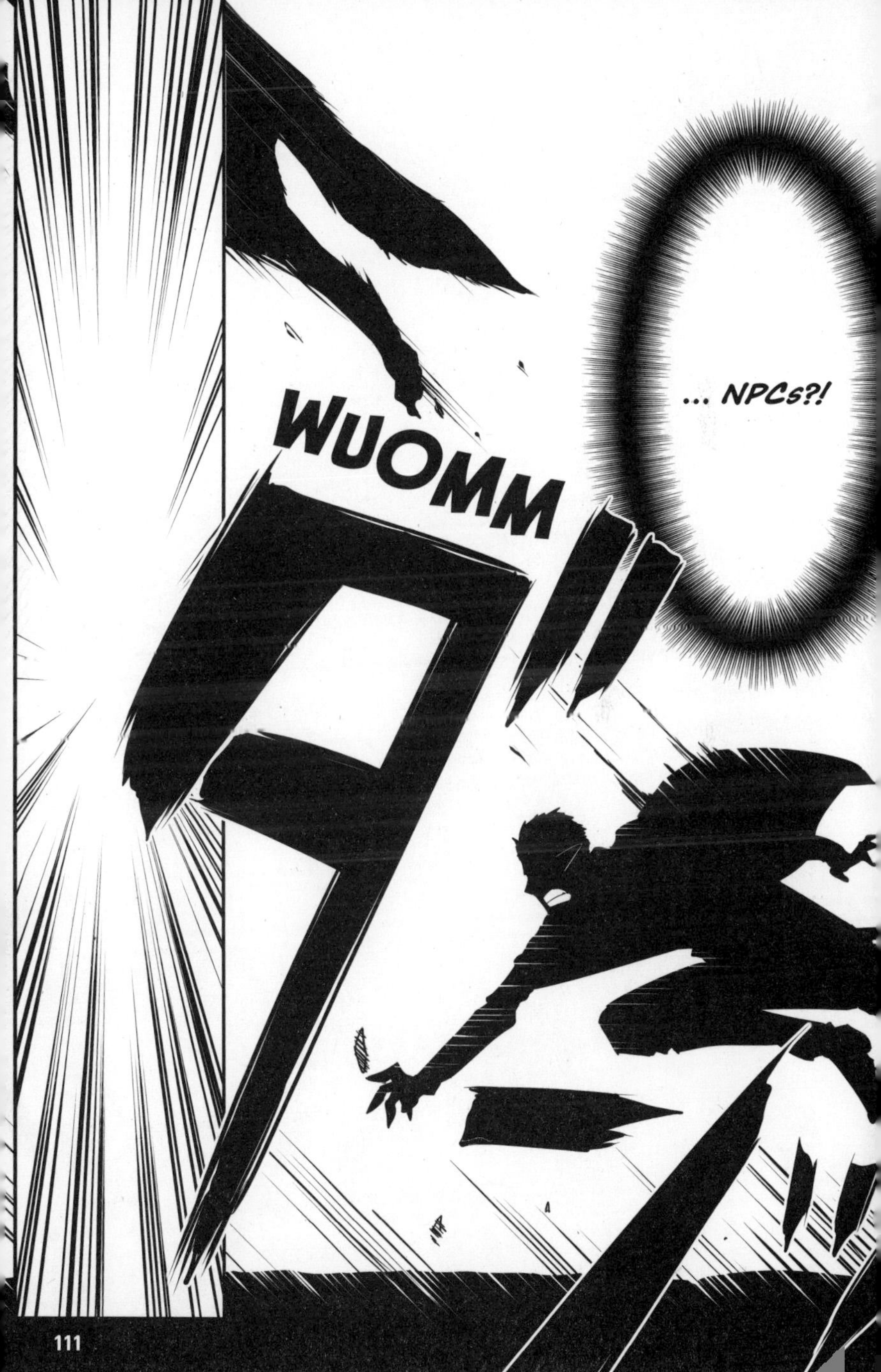
... NPCs?!
WUOMM

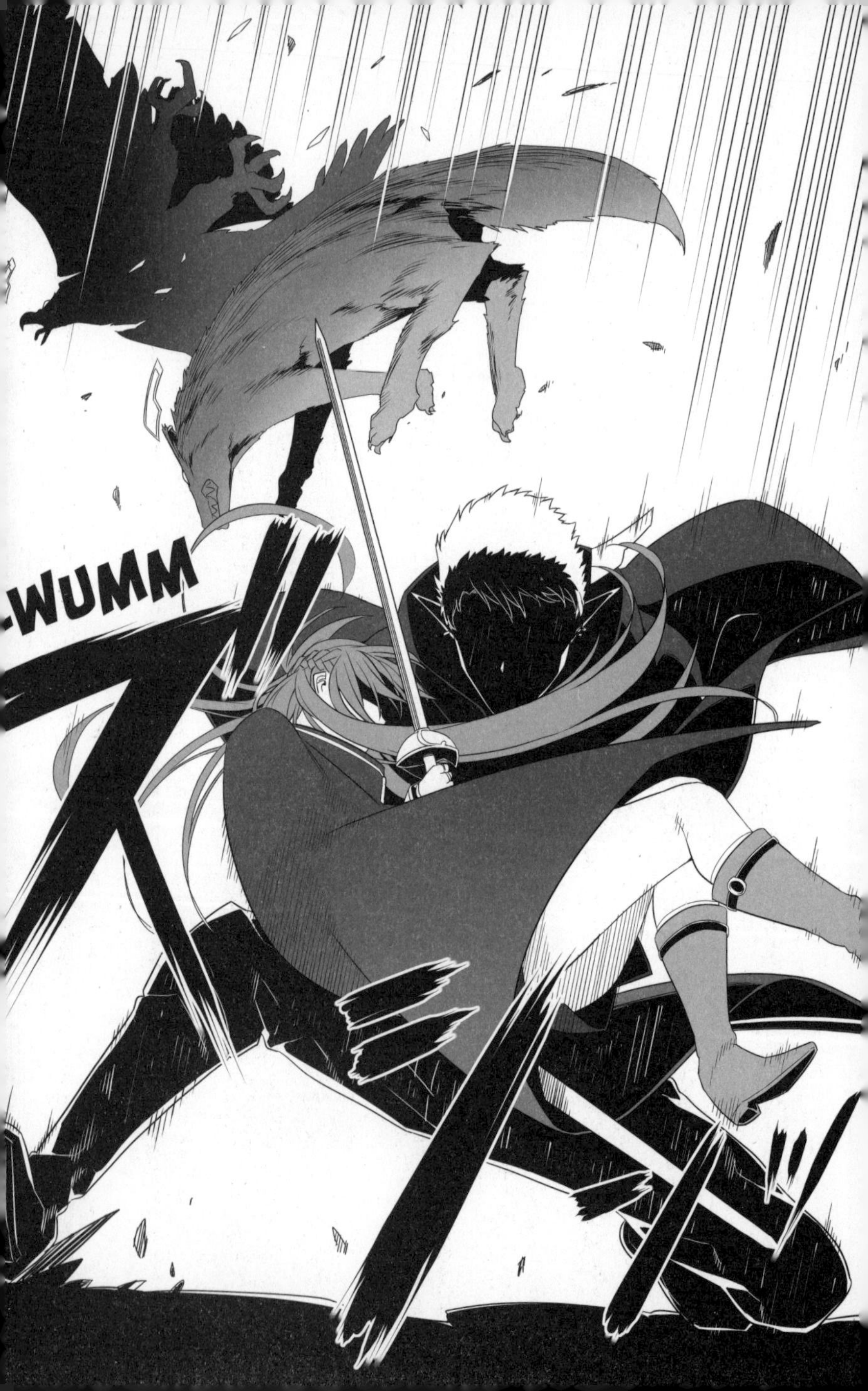

-WUMM

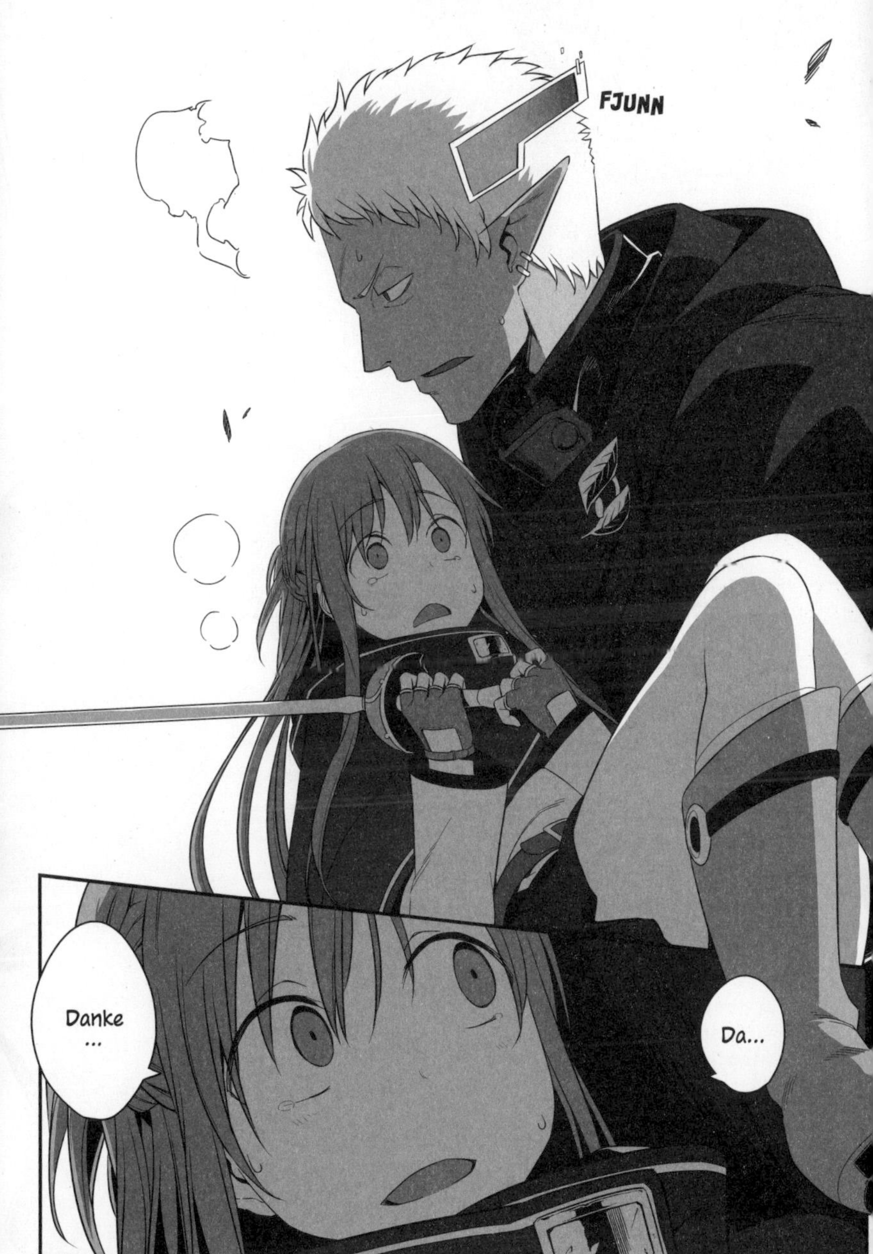
FJUNN
Da...
Danke
...

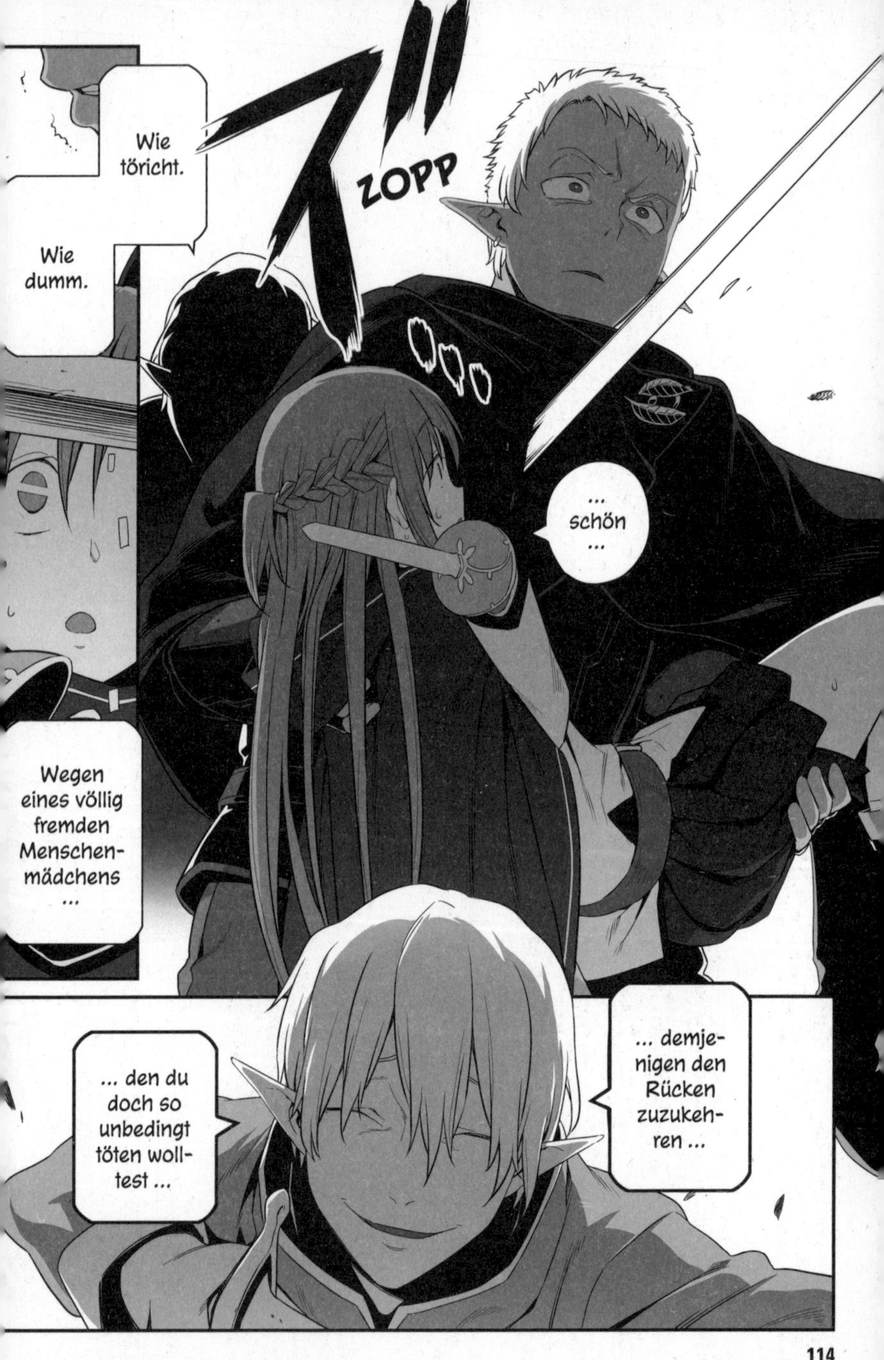
Wie töricht.
Wie dumm.
ZOPP
... schön ...
Wegen eines völlig fremden Menschenmädchens ...
... demjenigen den Rücken zuzukehren ...
... den du doch so unbedingt töten wolltest ...

#027 - Verlust II

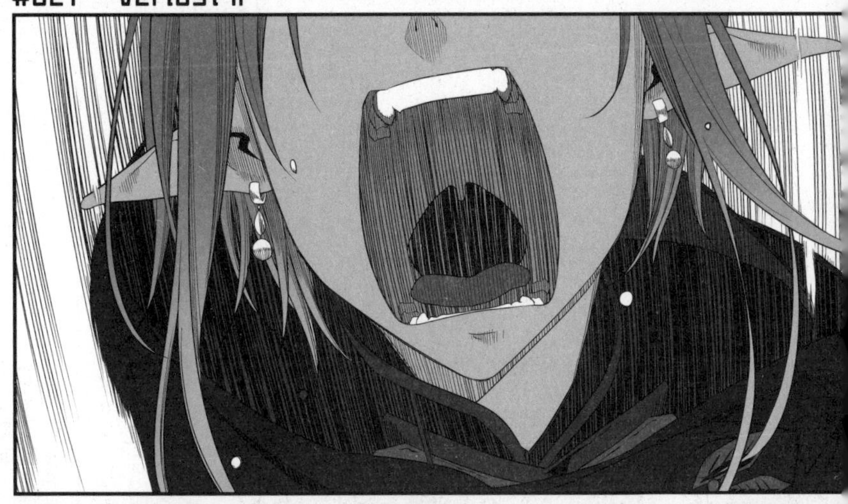

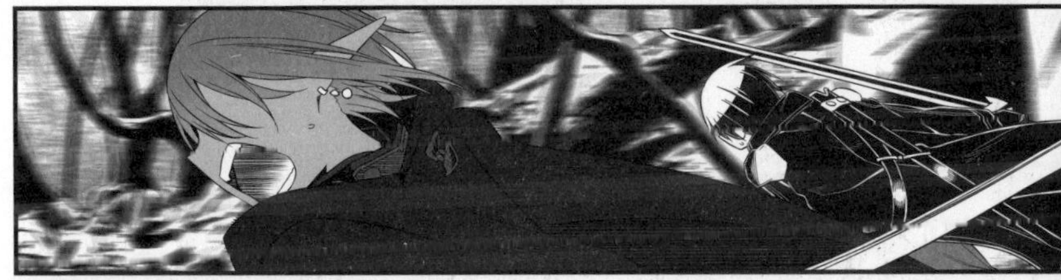

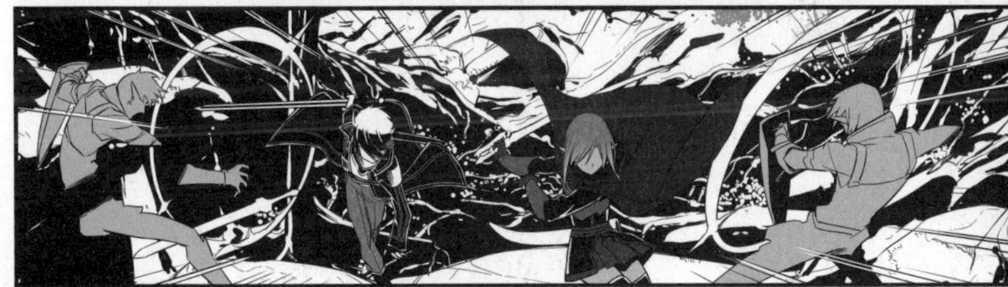

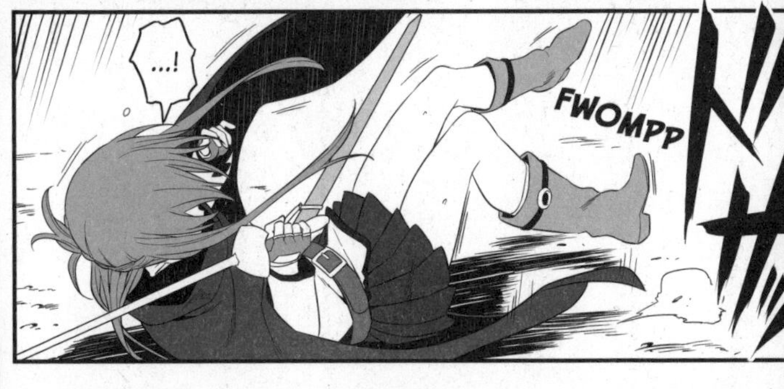

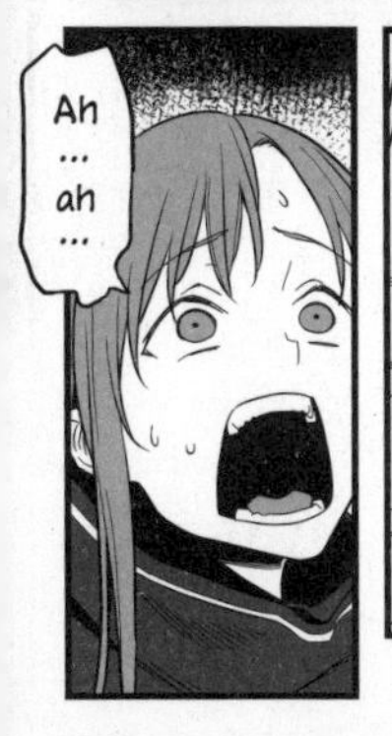

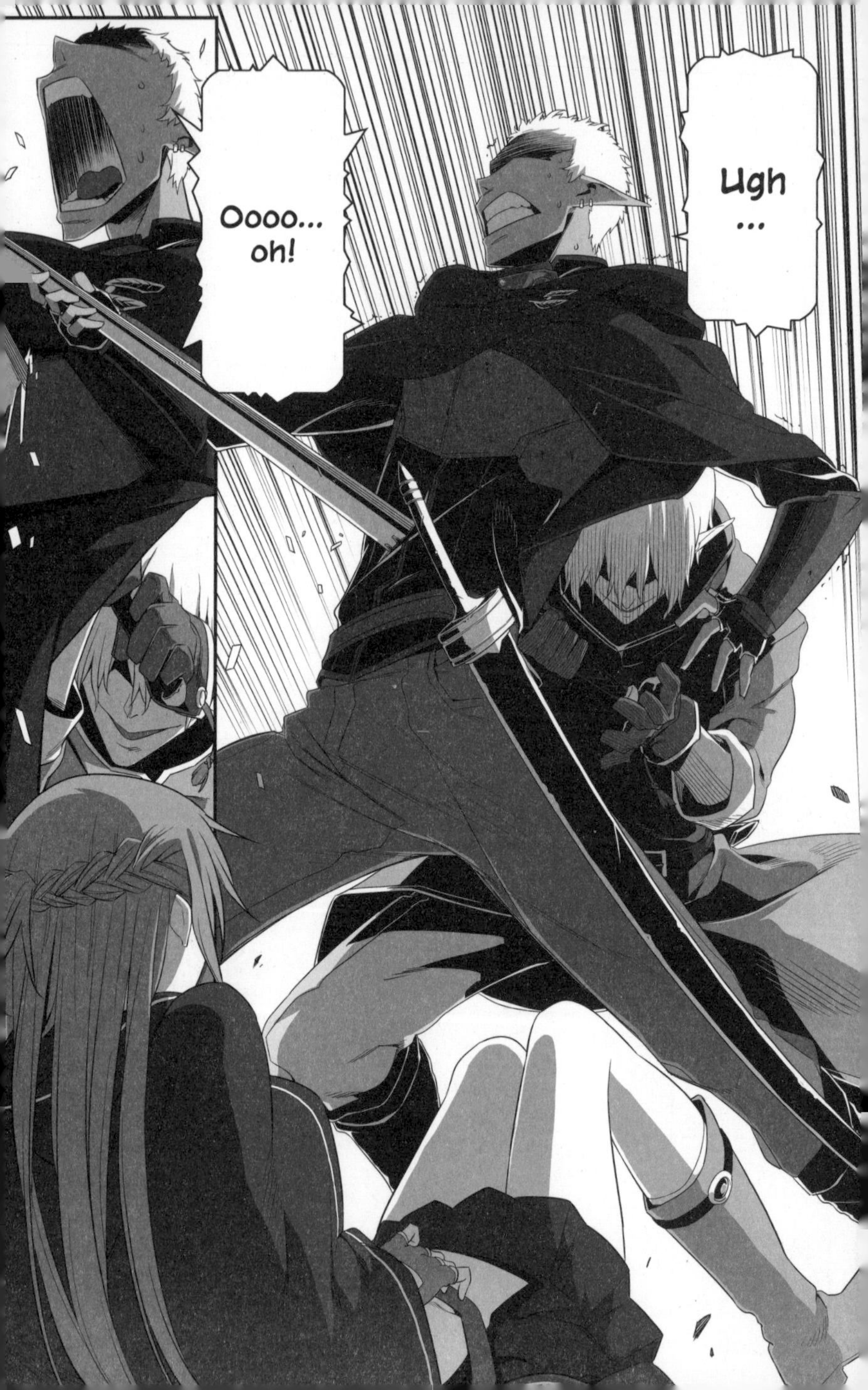
Ugh ...
Oooo... oh!

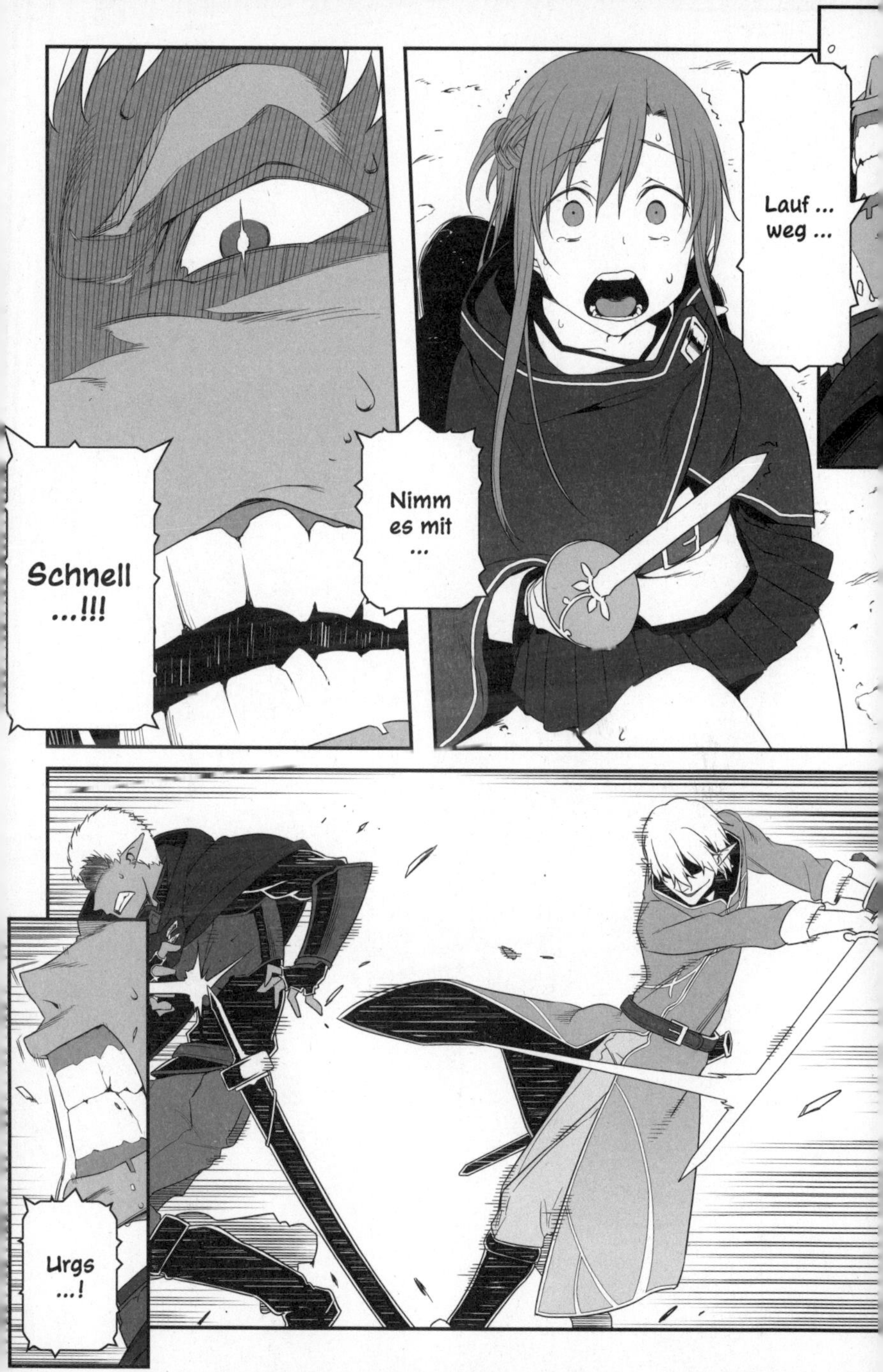

Lauf ... weg ...

Nimm es mit ...

Schnell ...!!!

Urgs ...!

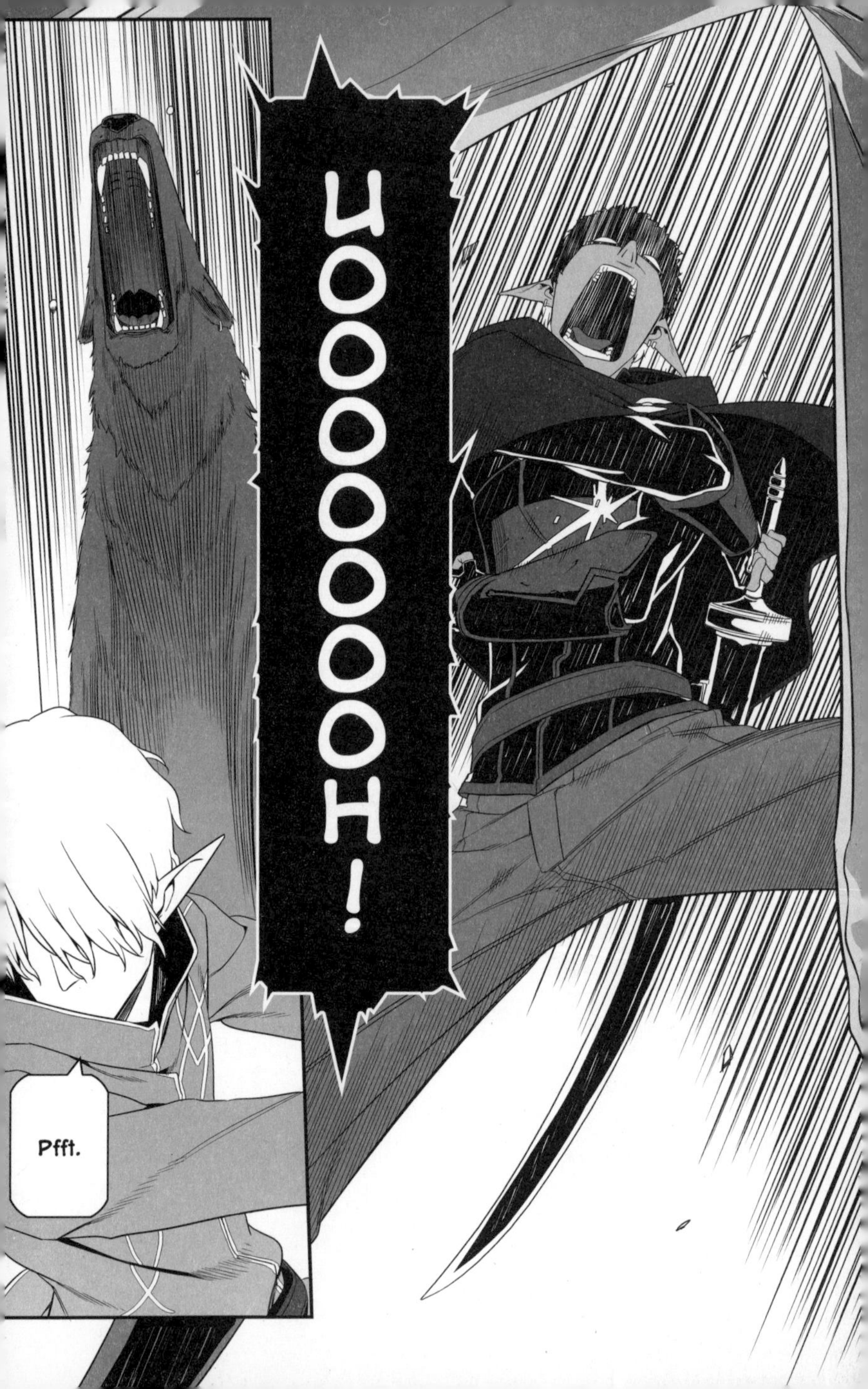
UOOOOOOOOH!
Pfft.

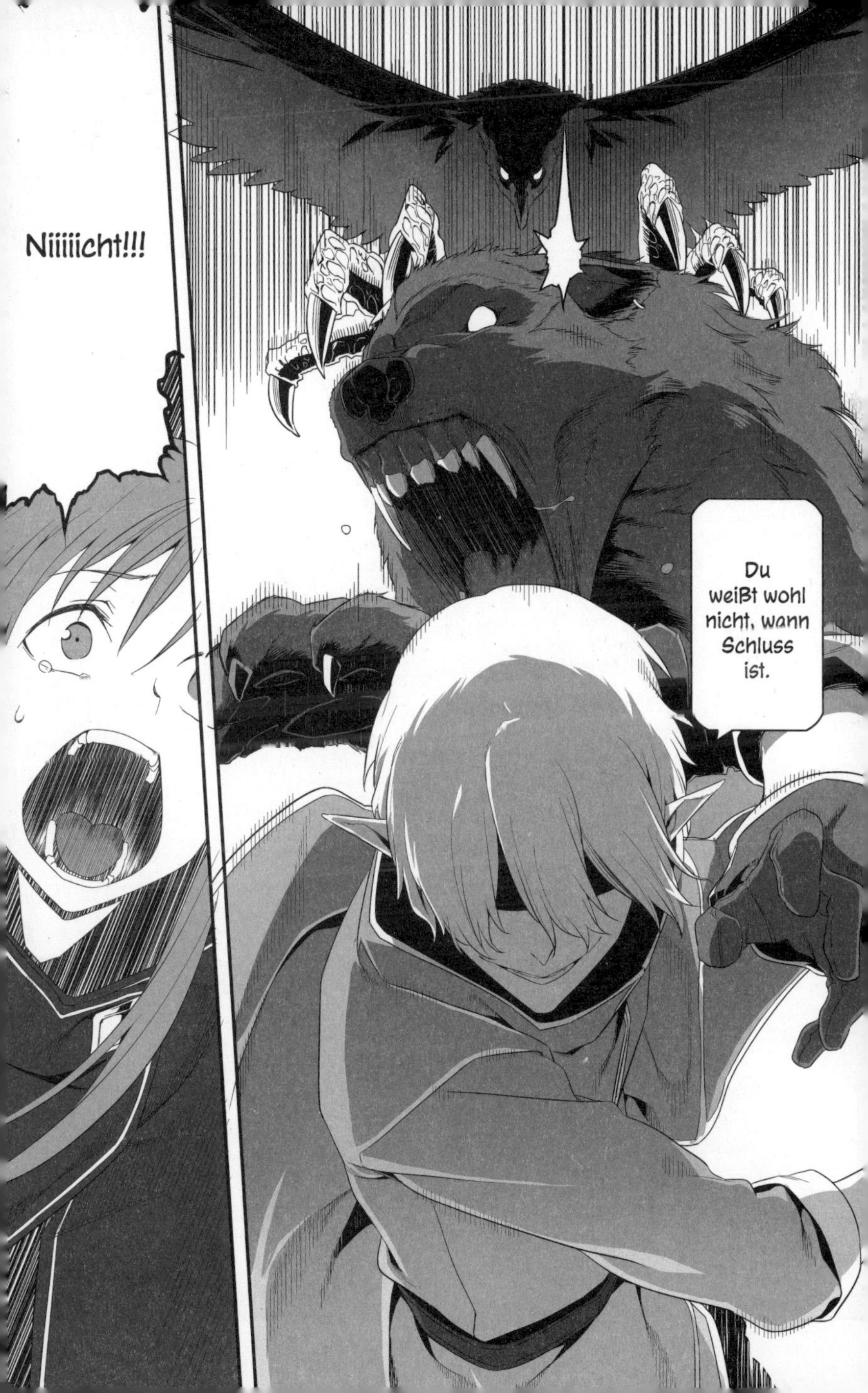
Du weißt wohl nicht, wann Schluss ist.
Niiiiicht!!!

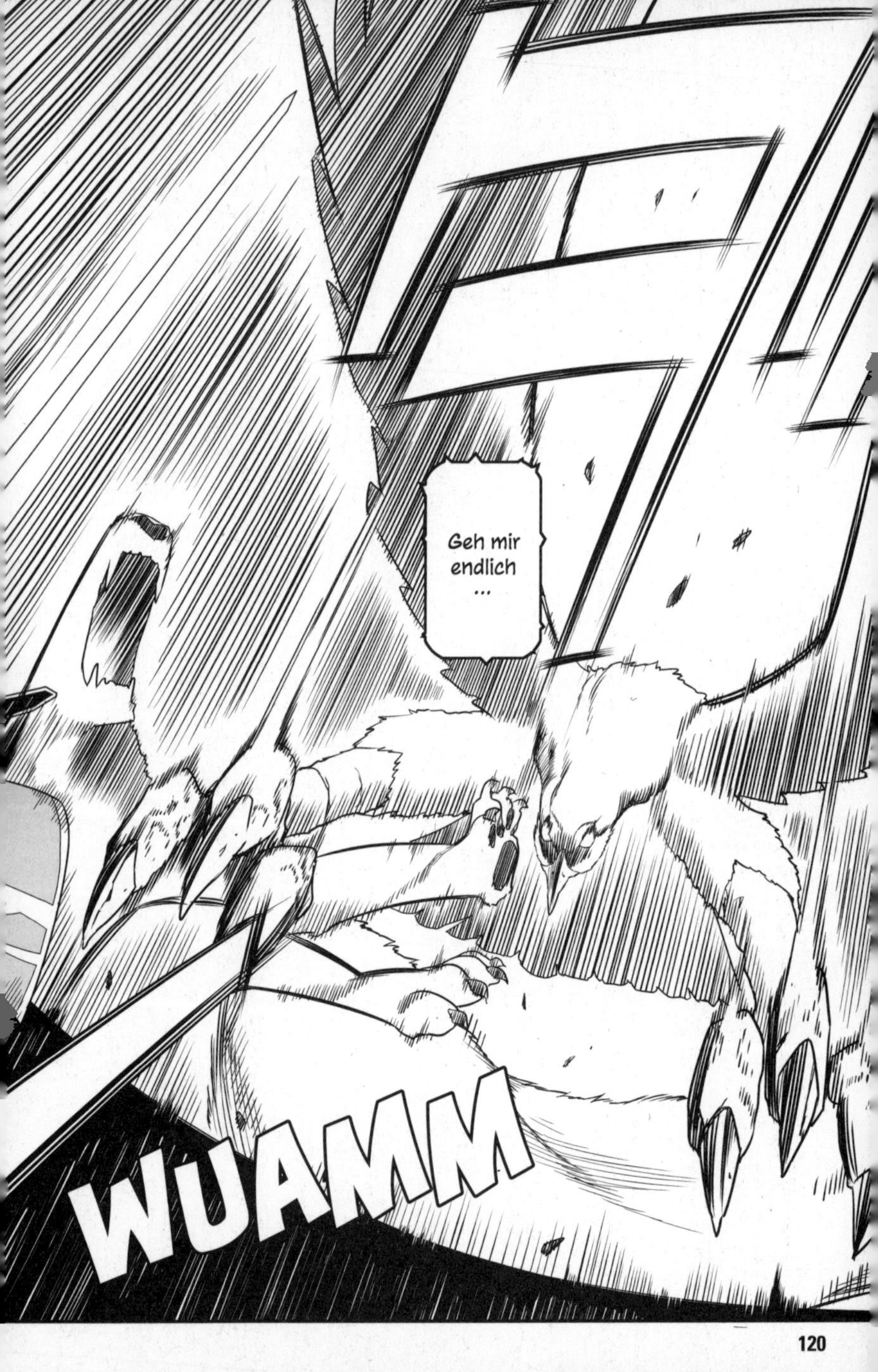
Geh mir endlich ...
WUAMM

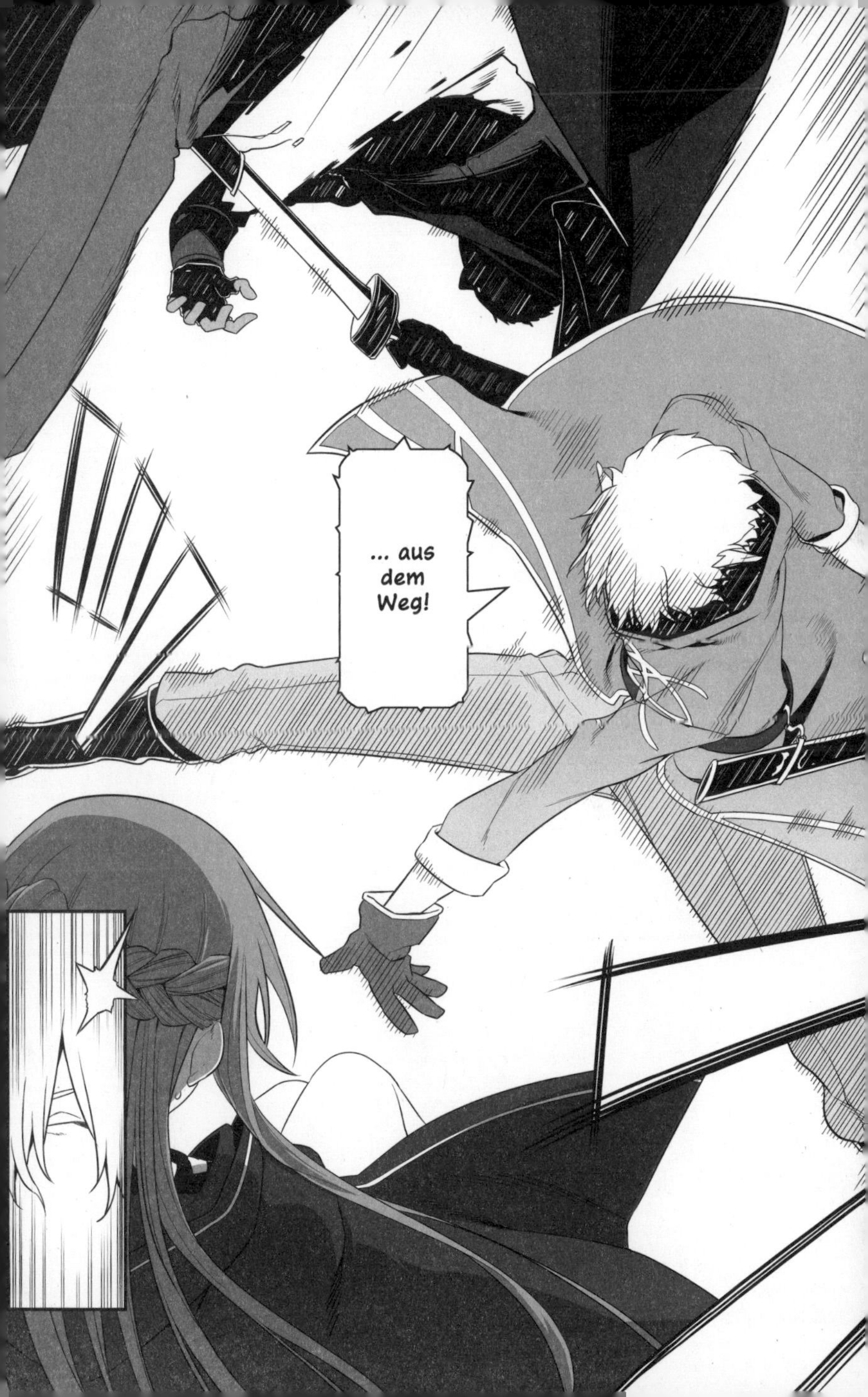
... aus
dem
Weg!

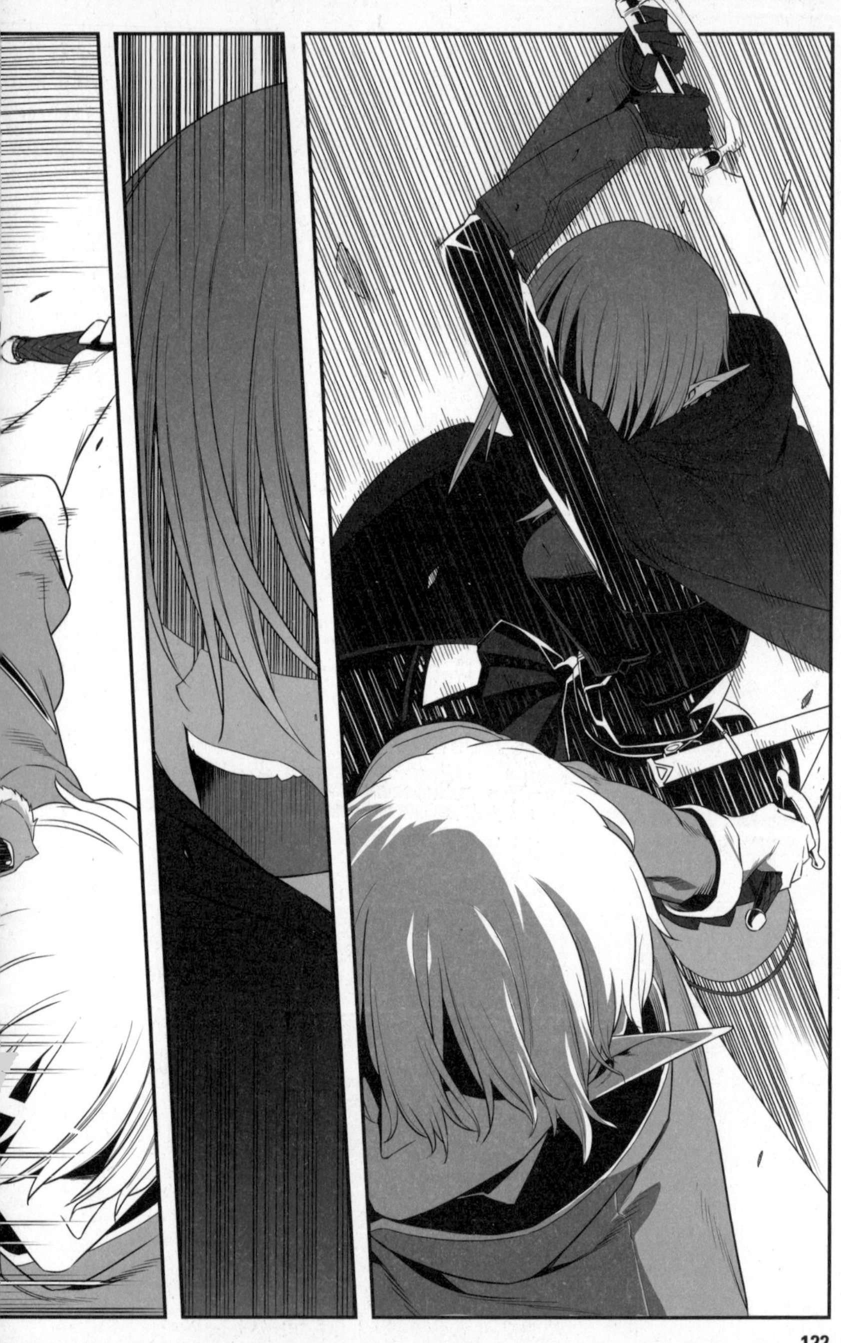

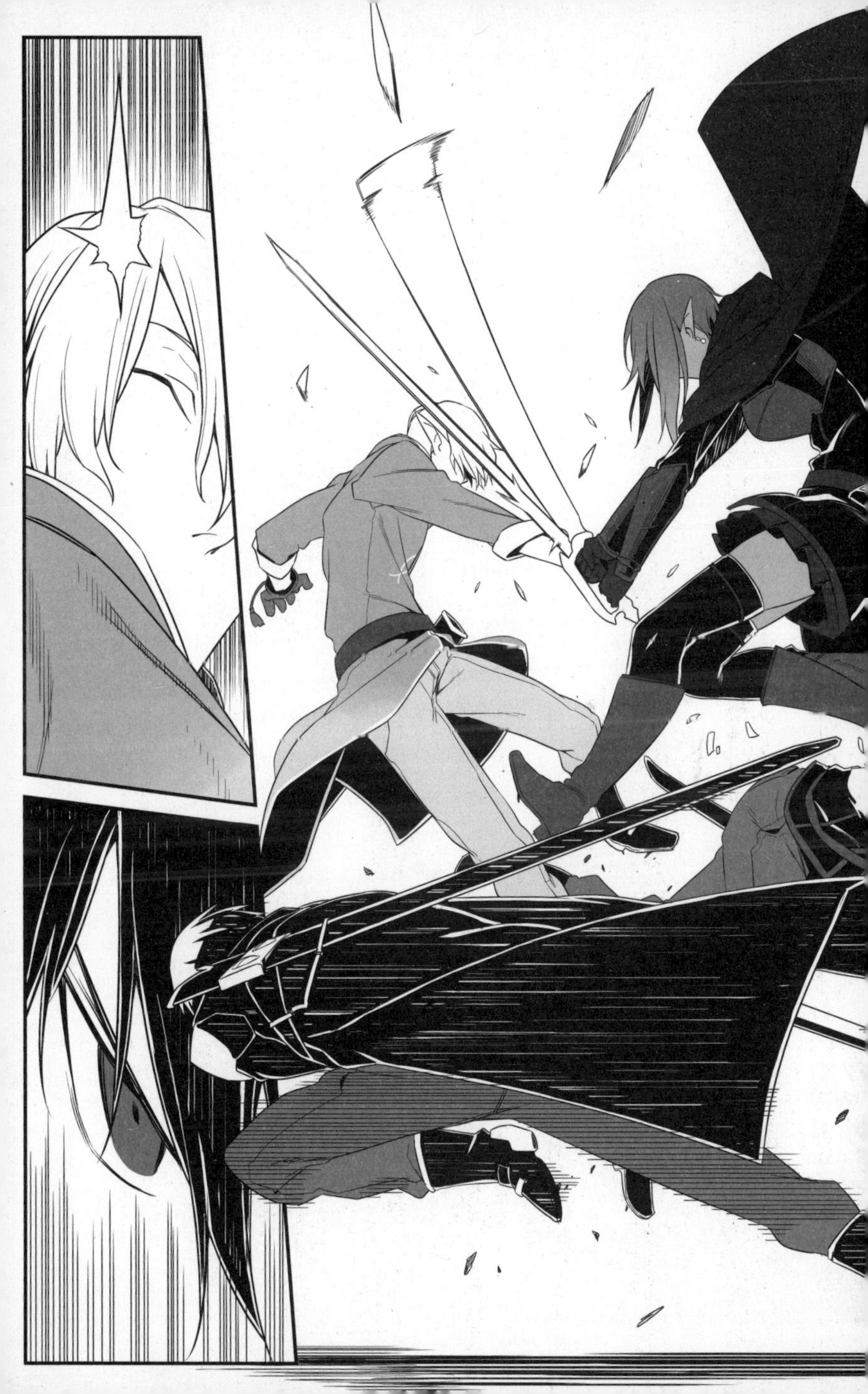

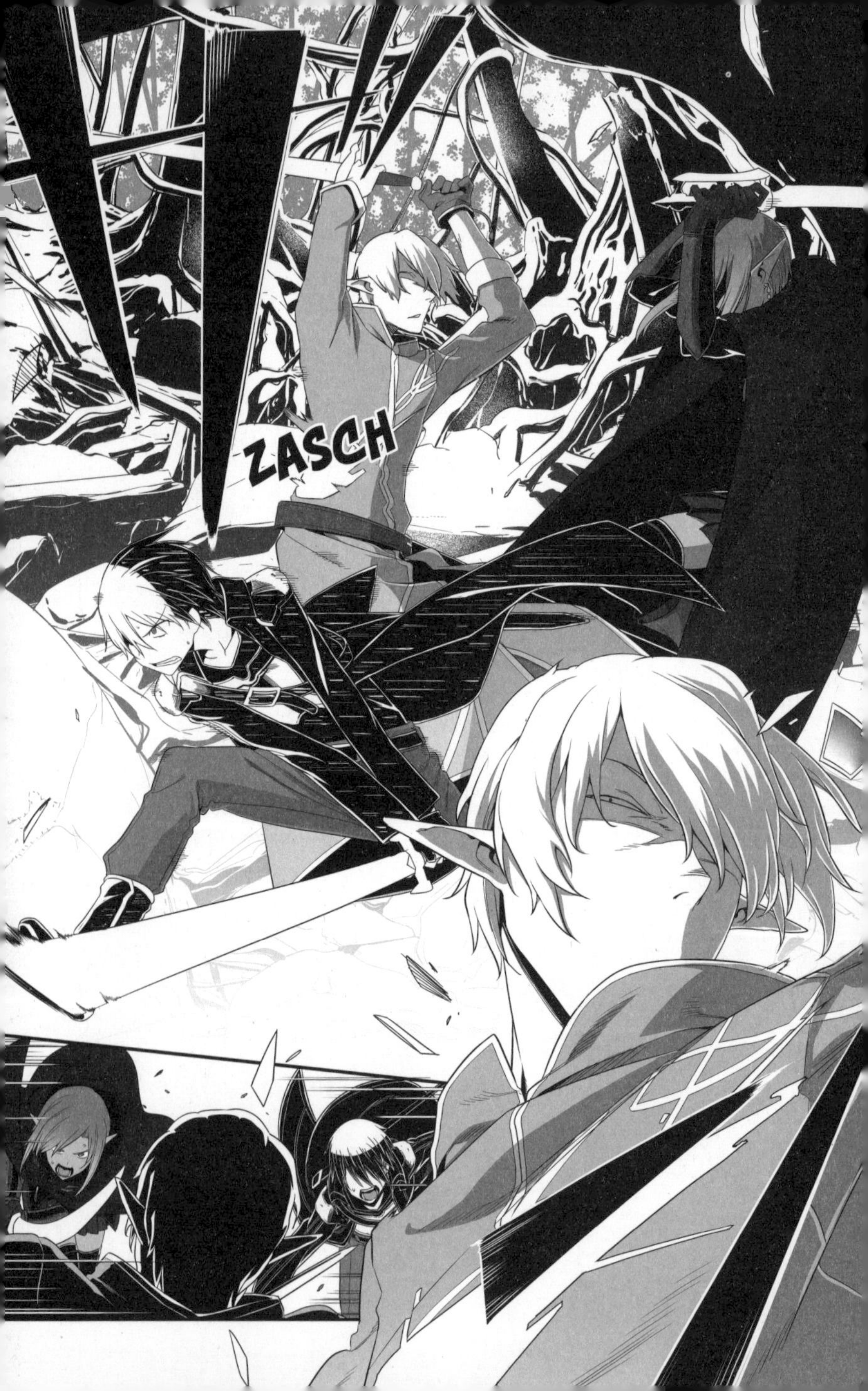
ZASCH

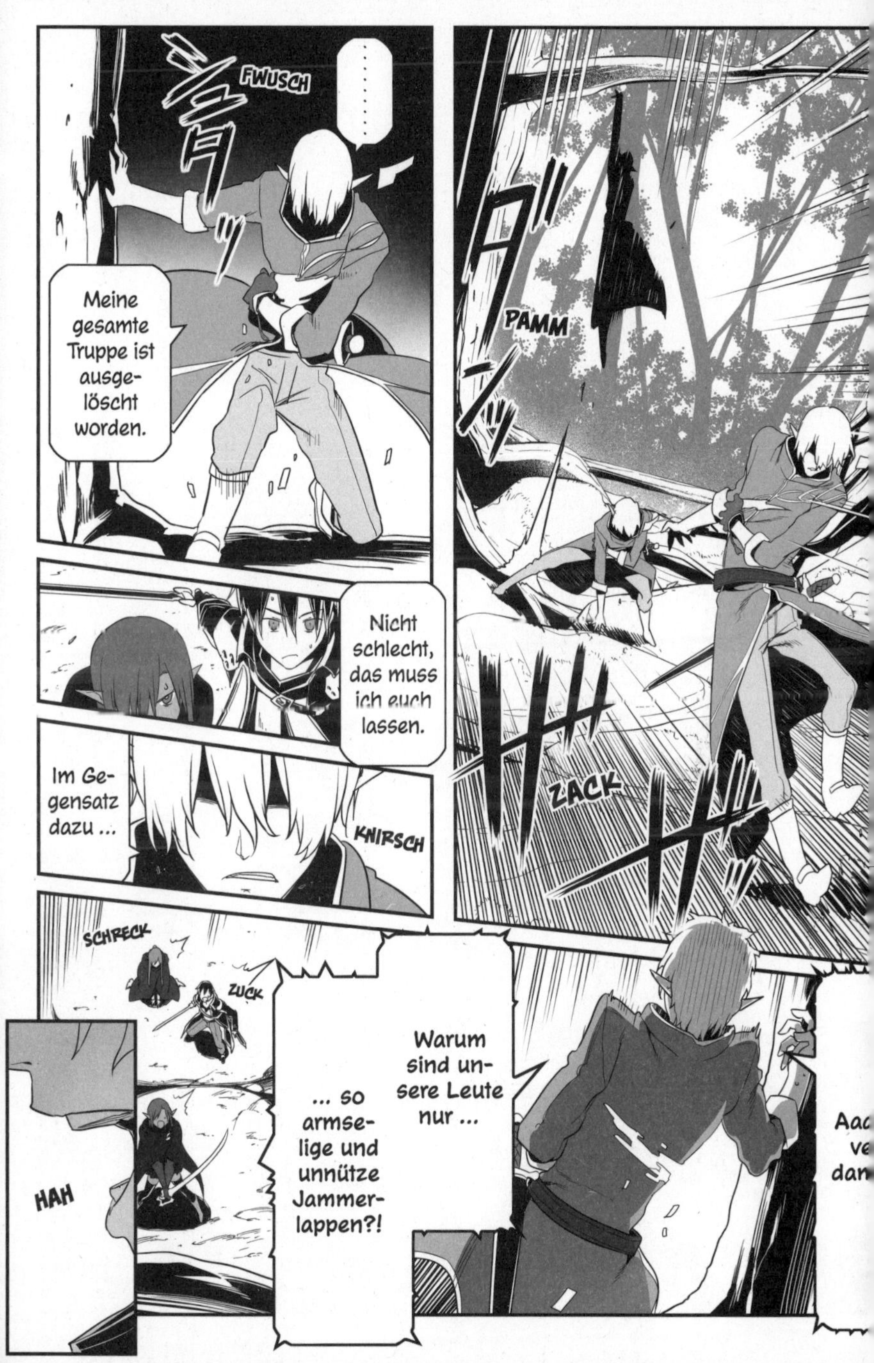
PAMM
ZACK
FWUSCH
...
Meine gesamte Truppe ist ausgelöscht worden.
Nicht schlecht, das muss ich euch lassen.
Im Gegensatz dazu ...
KNIRSCH
Warum sind unsere Leute nur ...
... so armselige und unnütze Jammerlappen?!
SCHRECK
ZUCK
HAH

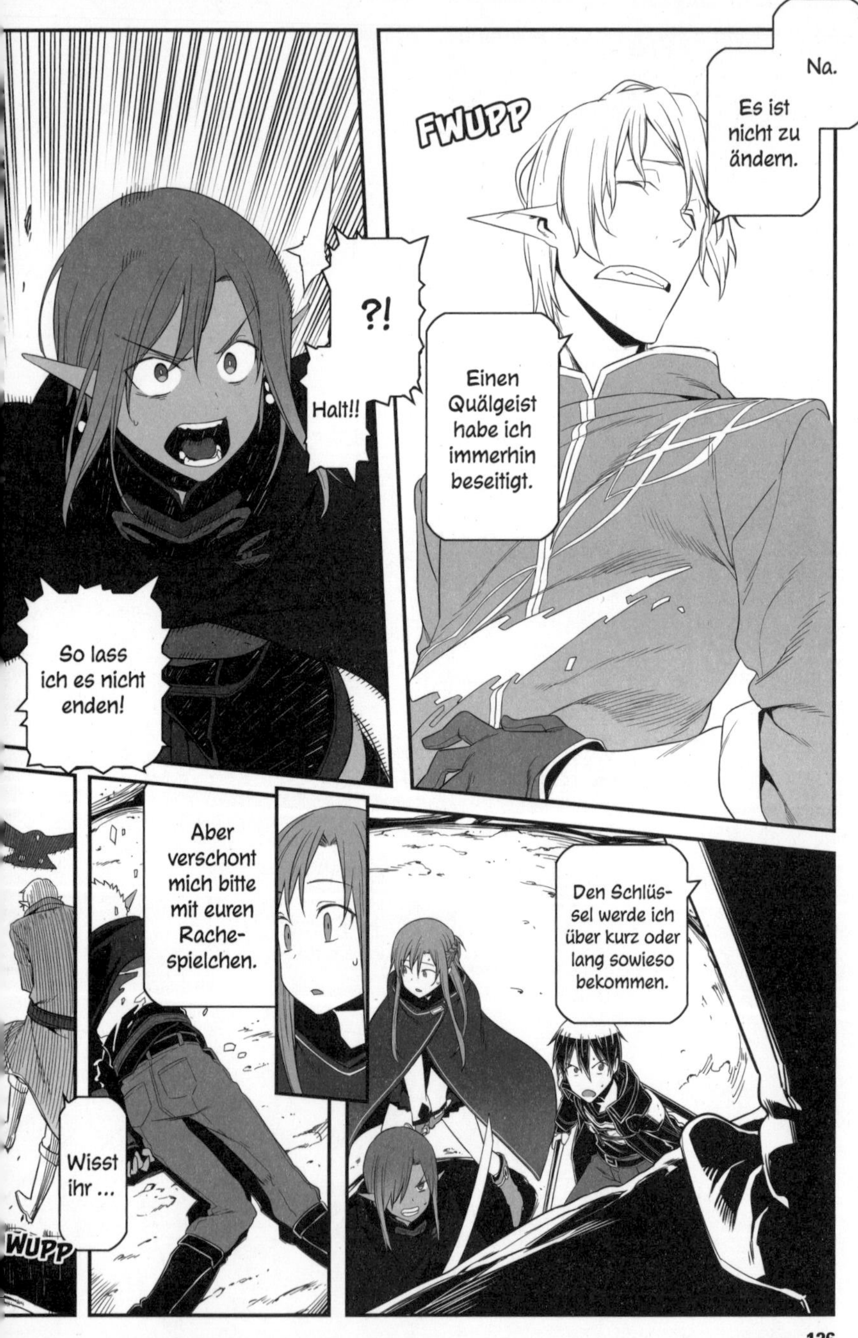
Na.
Es ist nicht zu ändern.
FWUPP
Einen Quälgeist habe ich immerhin beseitigt.
?!
Halt!!
So lass ich es nicht enden!
Den Schlüs-sel werde ich über kurz oder lang sowieso bekommen.
Aber verschont mich bitte mit euren Rache-spielchen.
Wisst ihr …
WUPP

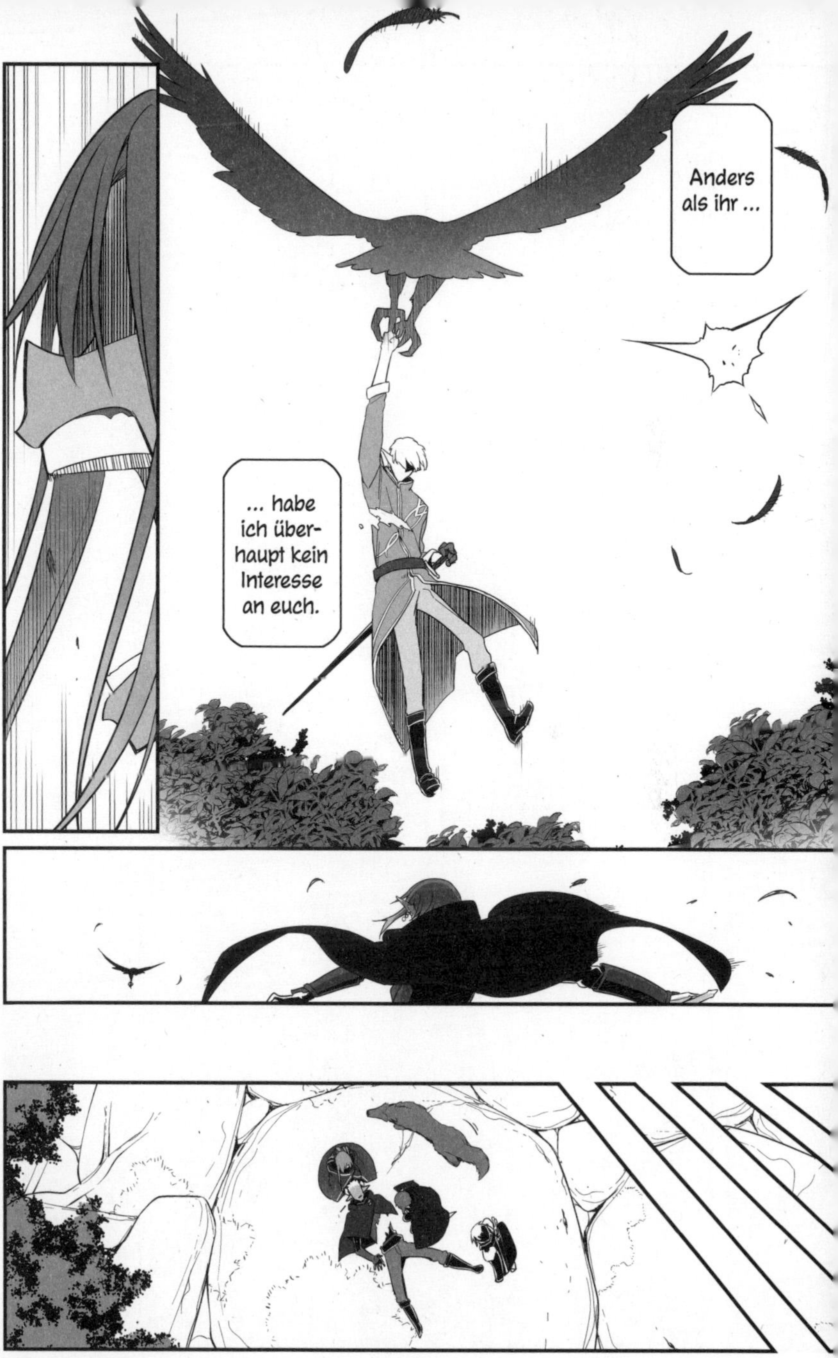

Anders als ihr ...

... habe ich über-
haupt kein
Interesse
an euch.

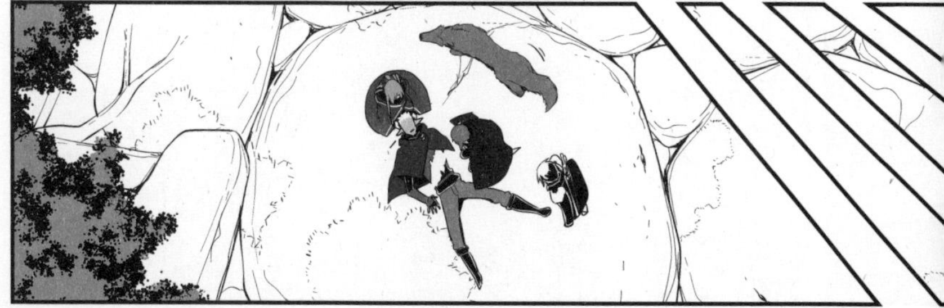

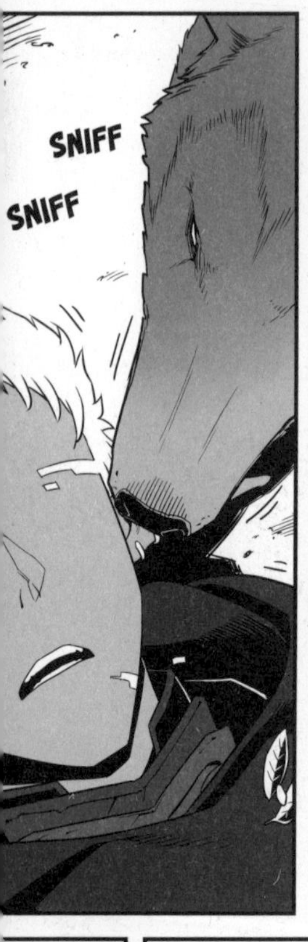
SNIFF
SNIFF
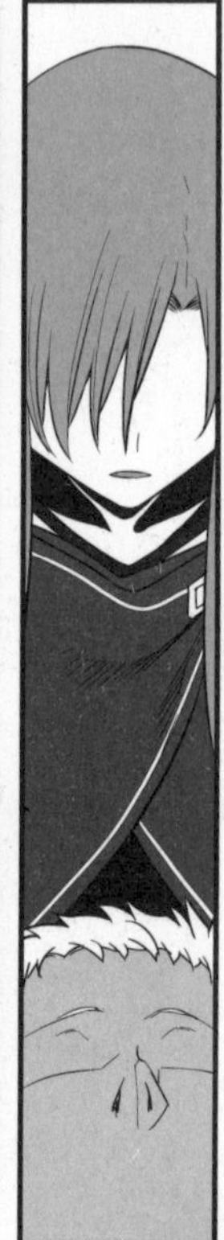
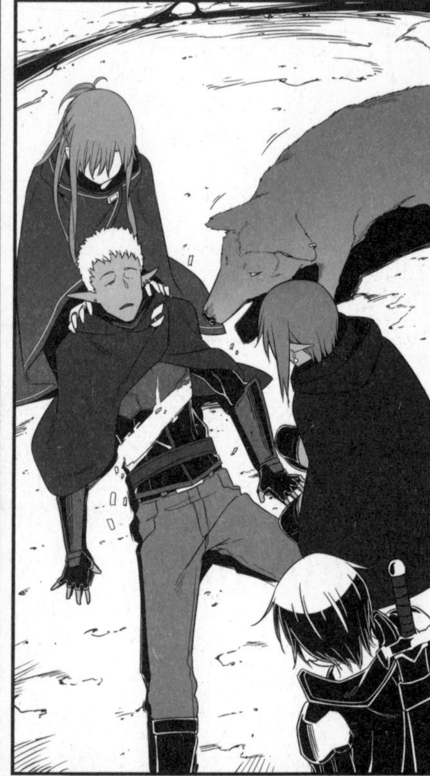
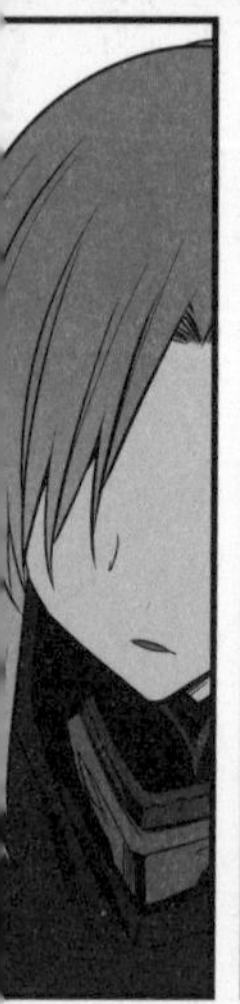
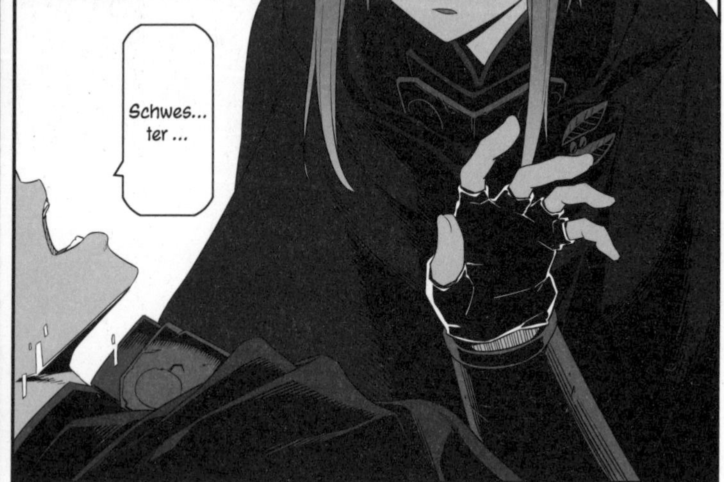
Schwes...
ter ...

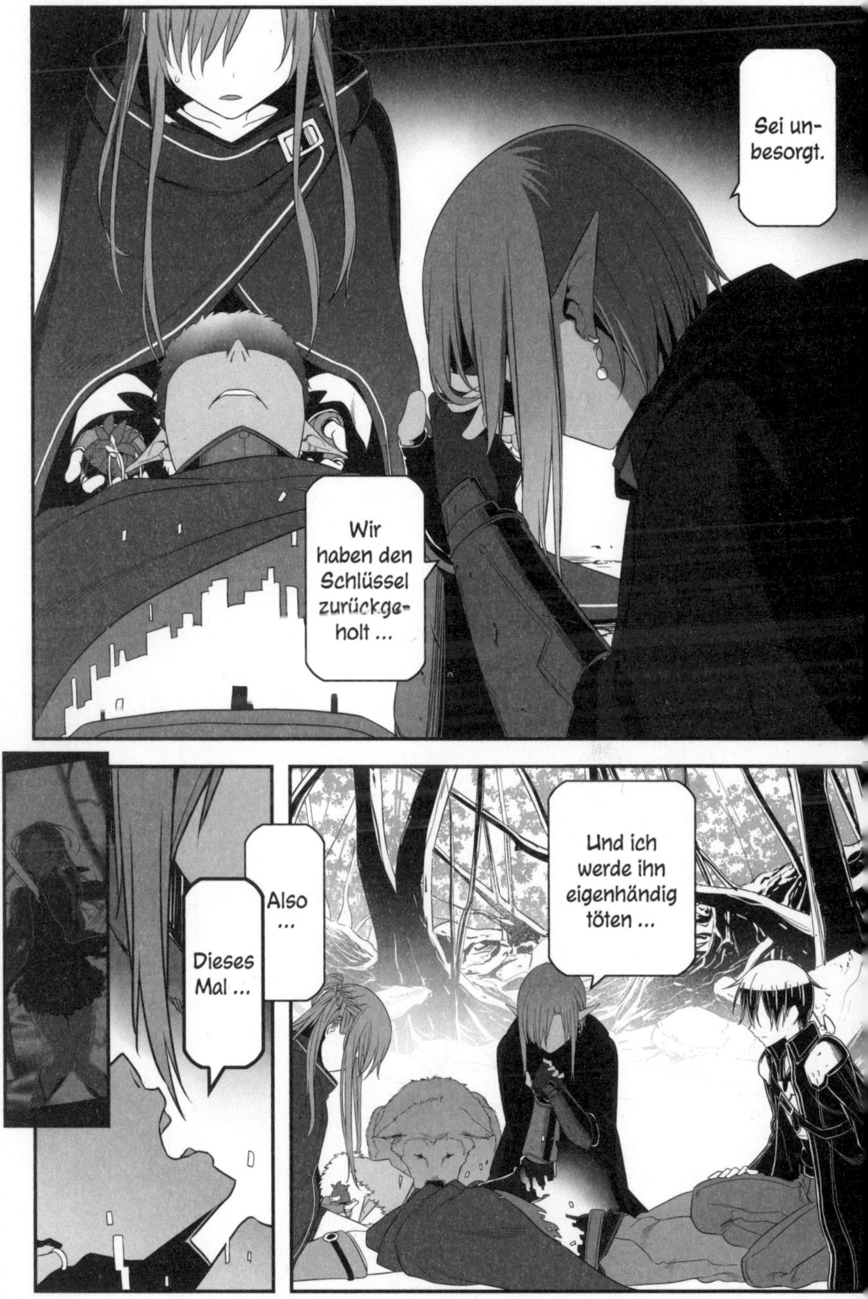

Sei unbesorgt.

Wir haben den Schlüssel zurückgeholt ...

Und ich werde ihn eigenhändig töten ...

Also ...

Dieses Mal ...

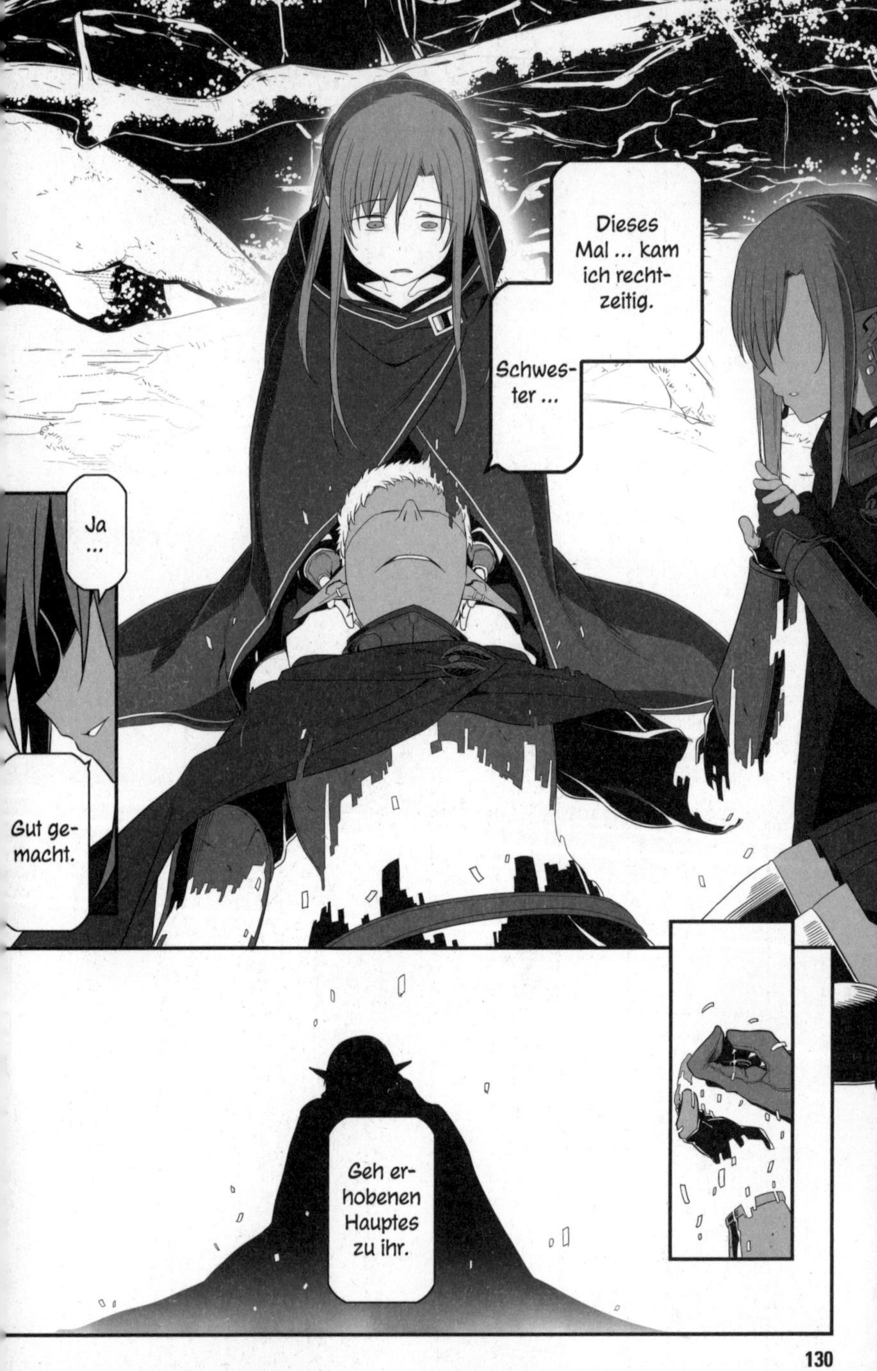
Dieses Mal ... kam ich recht-zeitig.
Schwes-ter ...
Ja ...
Gut ge-macht.
Geh er-hobenen Hauptes zu ihr.

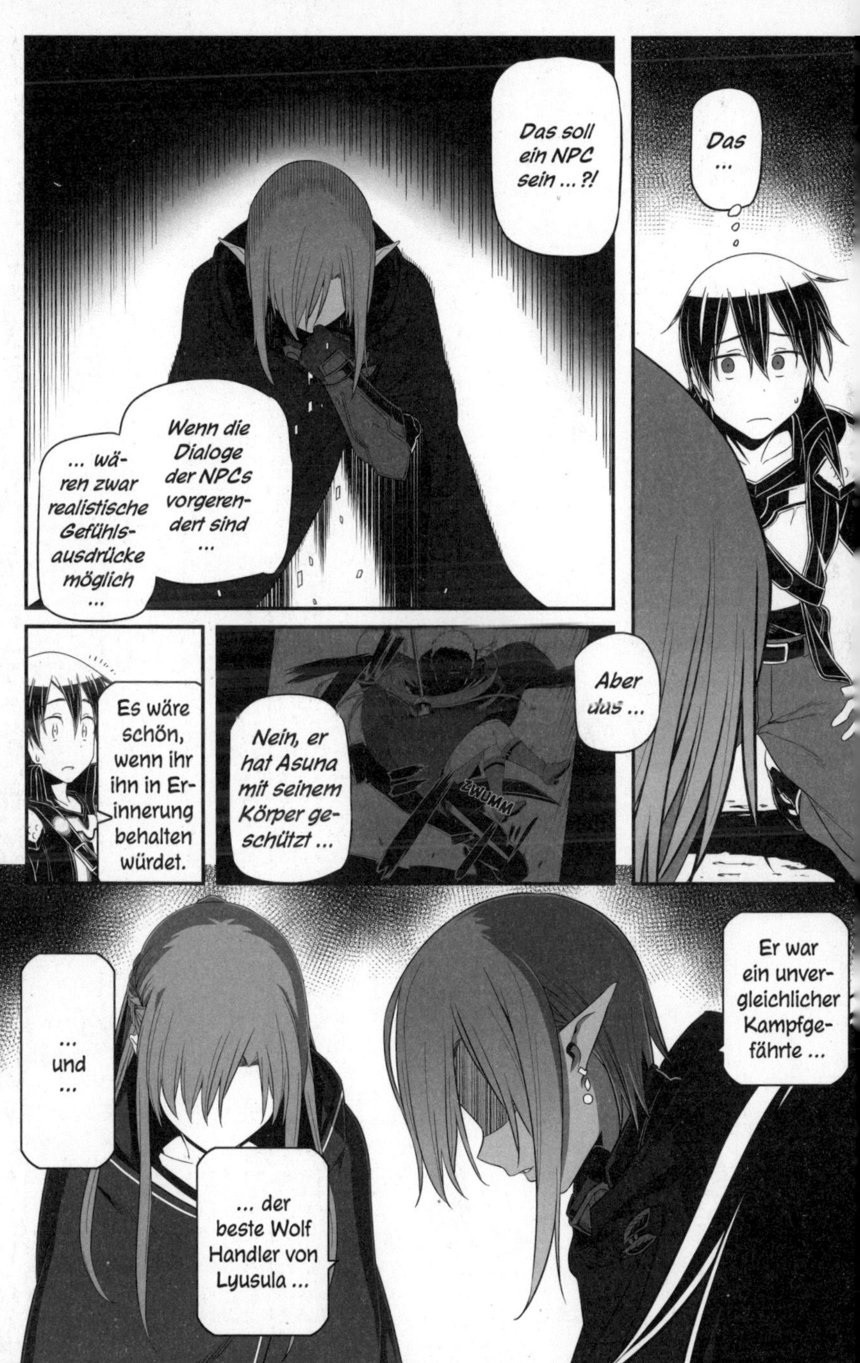
Das ...
Das soll ein NPC sein ...?!
Wenn die Dialoge der NPCs vorgerendert sind ...
... wären zwar realistische Gefühlsausdrücke möglich ...
Aber das ...
Nein, er hat Asuna mit seinem Körper geschützt ...
ZWUMM
Es wäre schön, wenn ihr ihn in Erinnerung behalten würdet.
Er war ein unvergleichlicher Kampfgefährte ...
... und ...
... der beste Wolf Handler von Lyusula ...

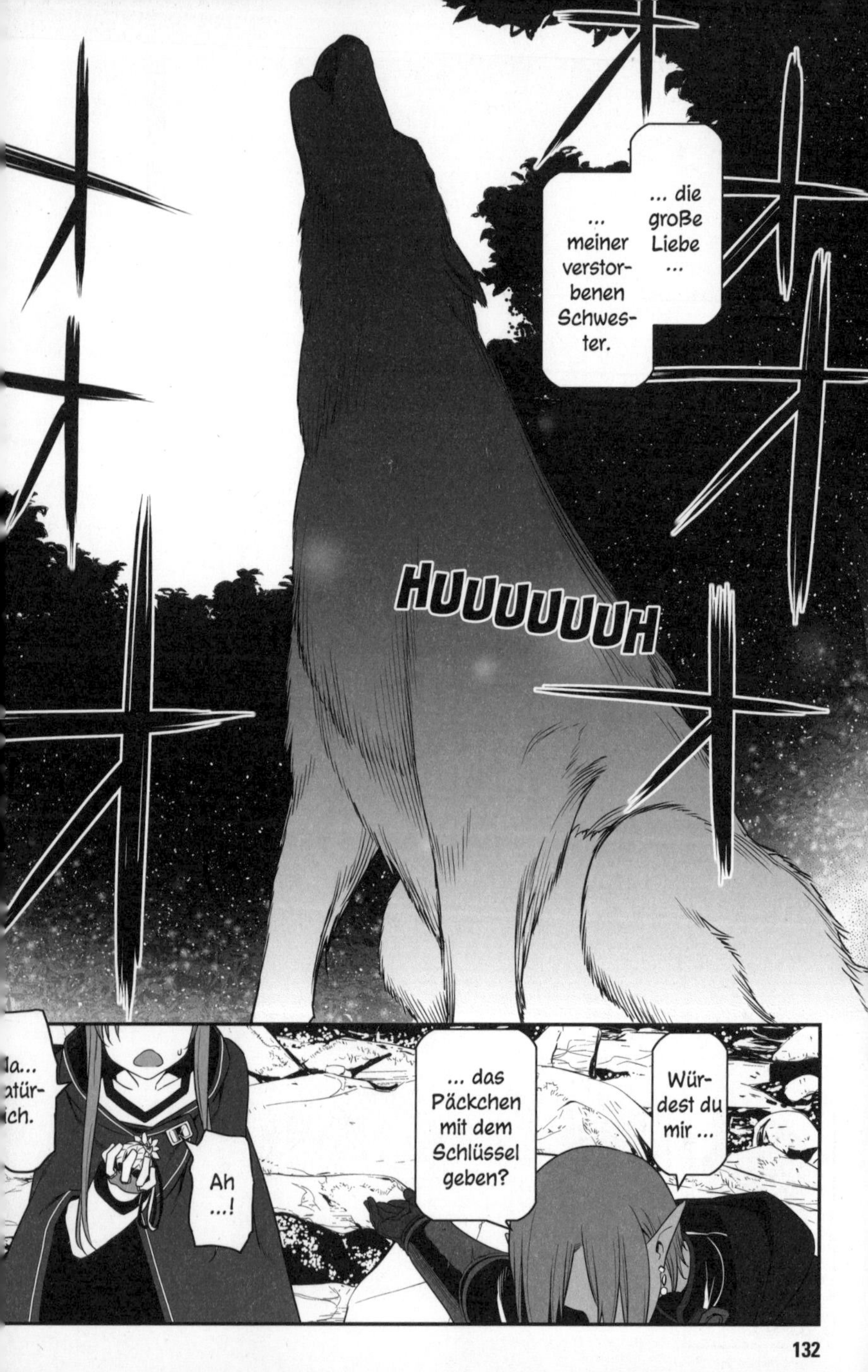

... die große Liebe ...
... meiner verstorbenen Schwester.
HUUUUUUUH
Würdest du mir ...
... das Päckchen mit dem Schlüssel geben?
Ah ...!

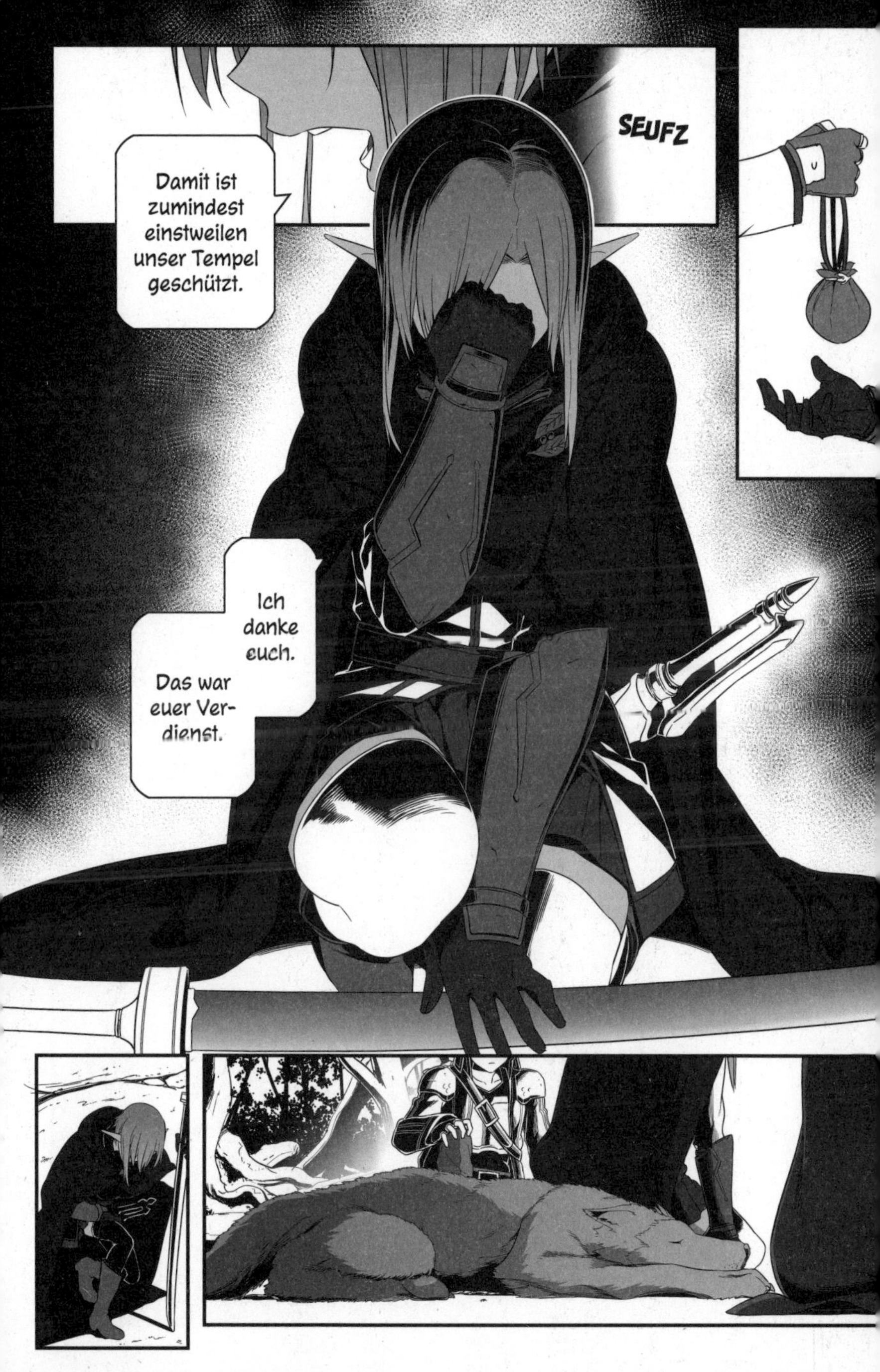

SEUFZ
Damit ist zumindest einstweilen unser Tempel geschützt.
Ich danke euch.
Das war euer Verdienst.

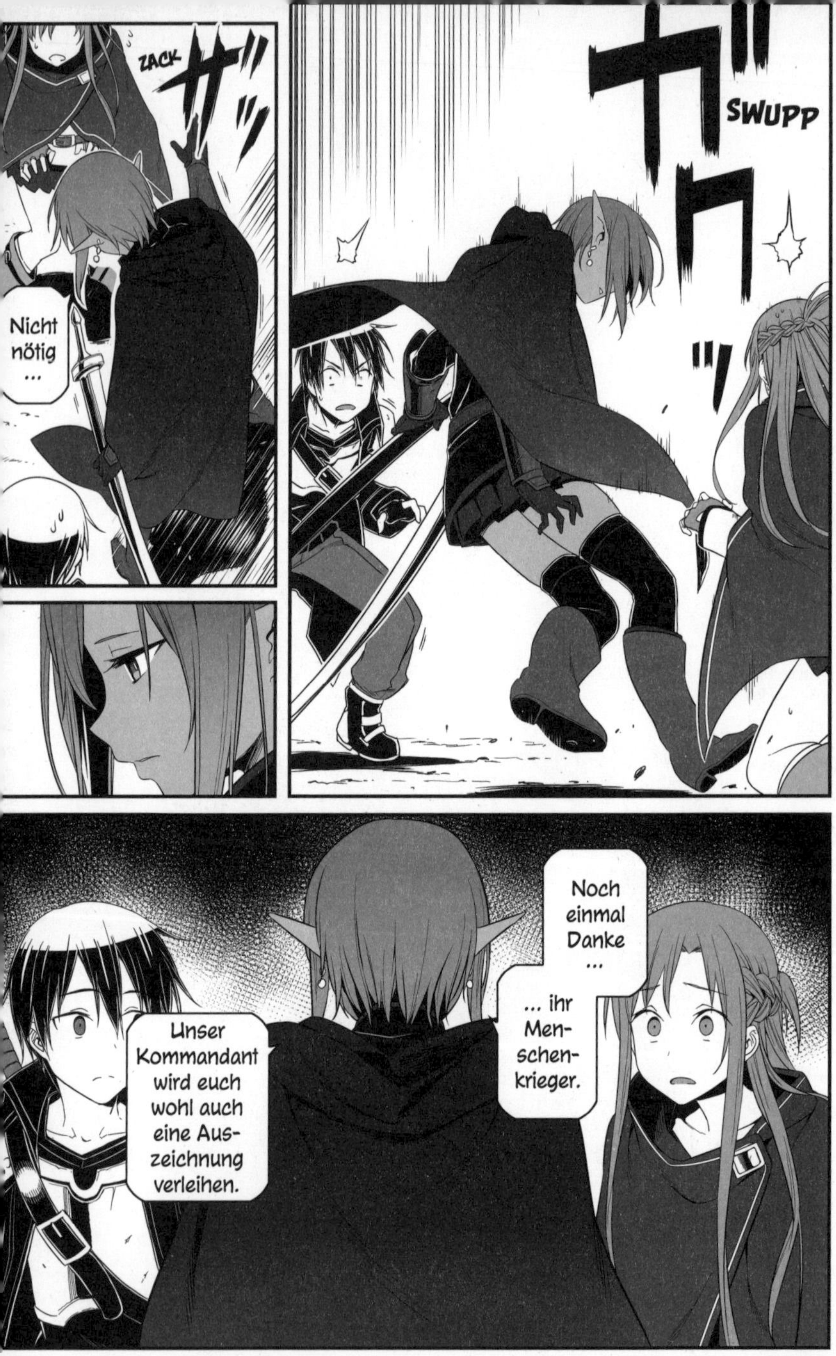

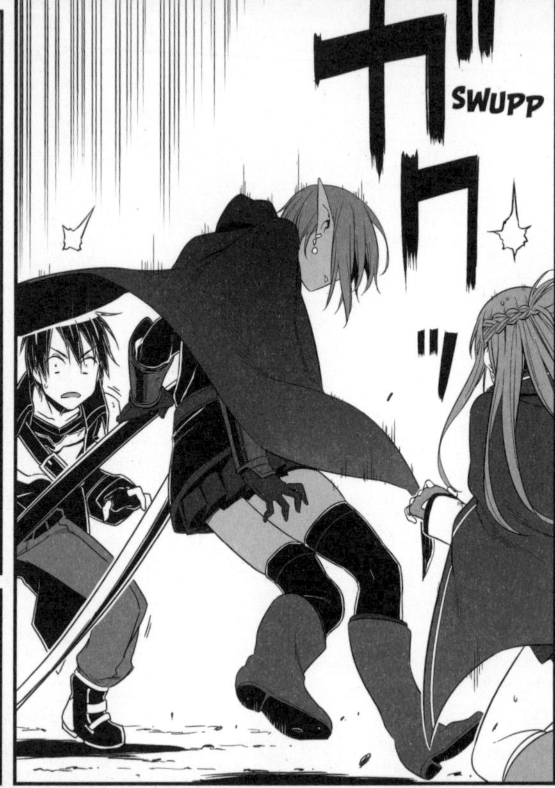

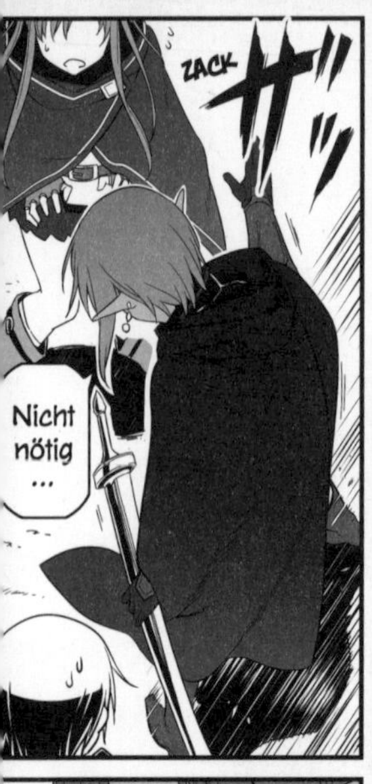

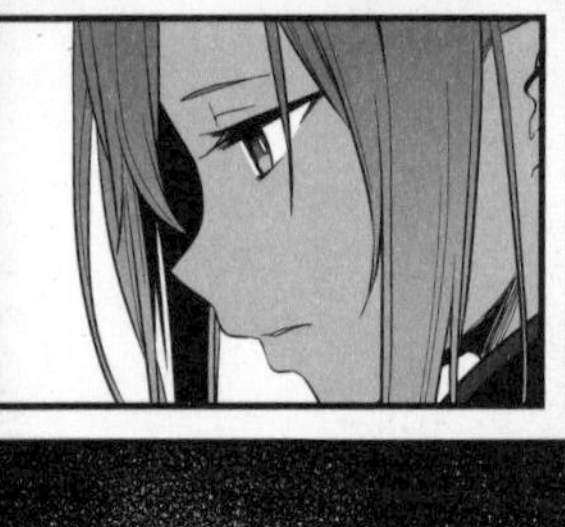

Noch einmal Danke ...

... ihr Menschenkrieger.

Unser Kommandant wird euch wohl auch eine Auszeichnung verleihen.

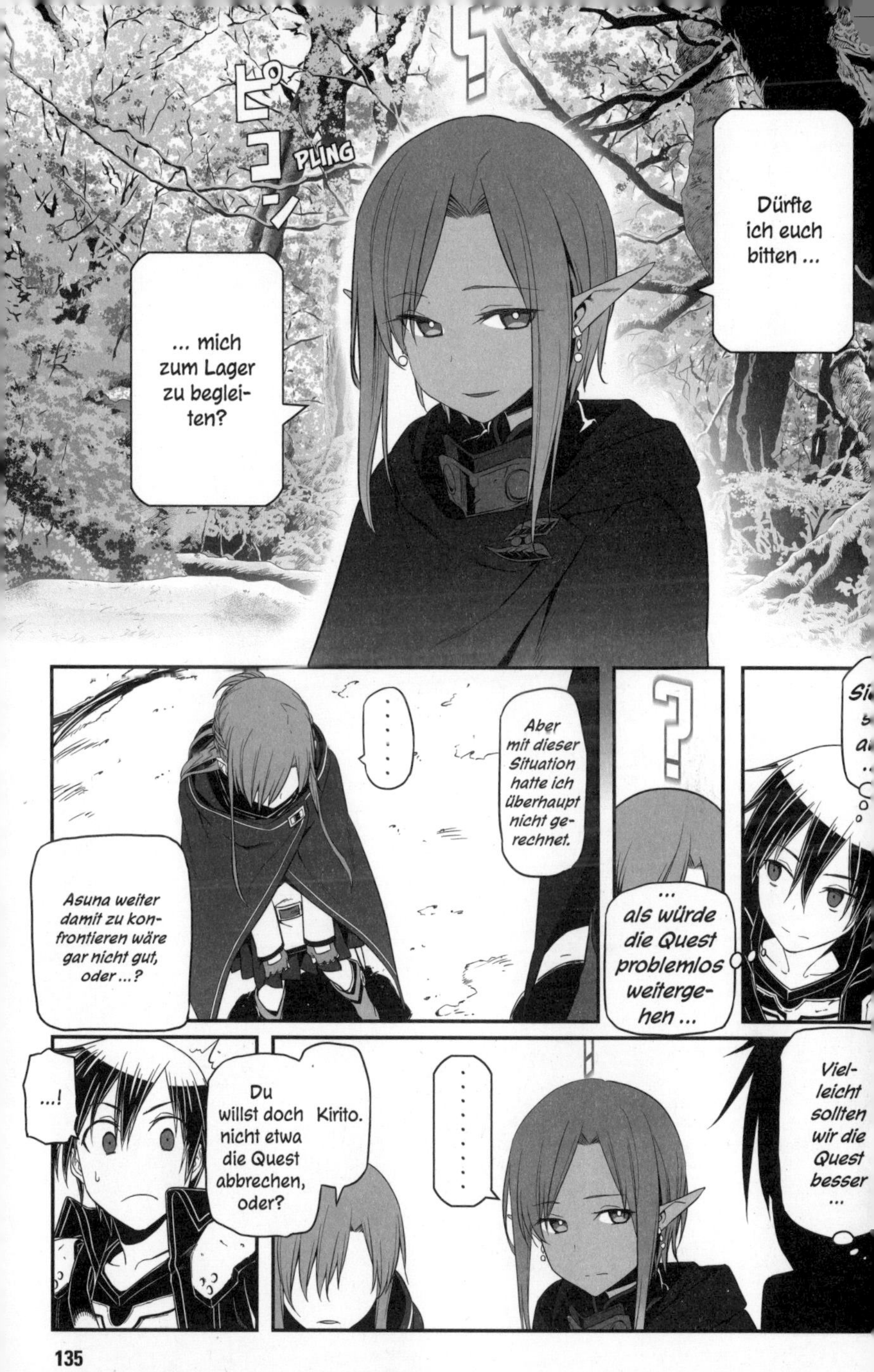
PLING
Dürfte ich euch bitten ...
... mich zum Lager zu begleiten?
... als würde die Quest problemlos weitergehen ...
?
Aber mit dieser Situation hatte ich überhaupt nicht gerechnet.
......
Asuna weiter damit zu konfrontieren wäre gar nicht gut, oder ...?
Vielleicht sollten wir die Quest besser ...
......
Kirito.
Du willst doch nicht etwa die Quest abbrechen, oder?
...!

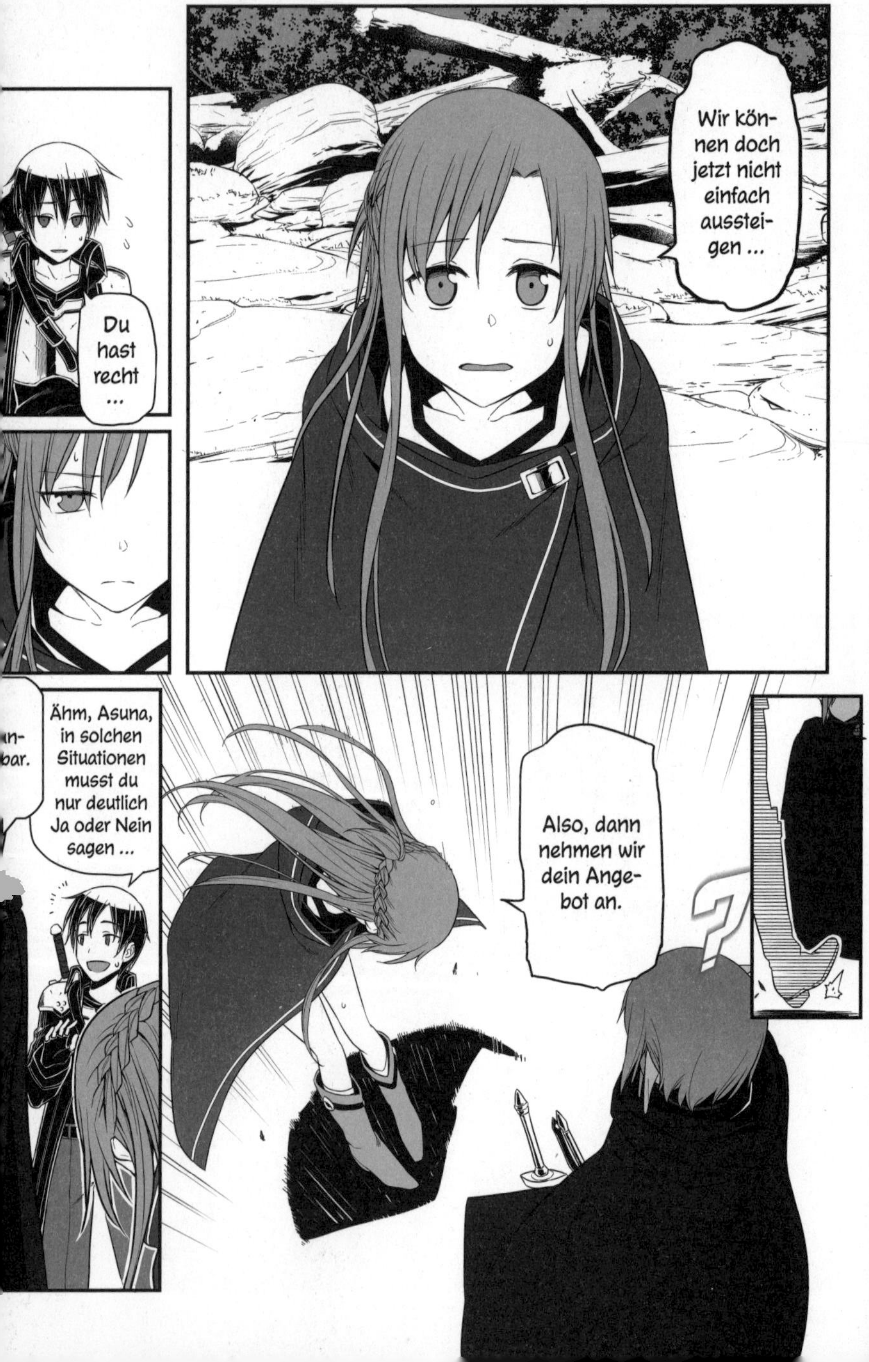

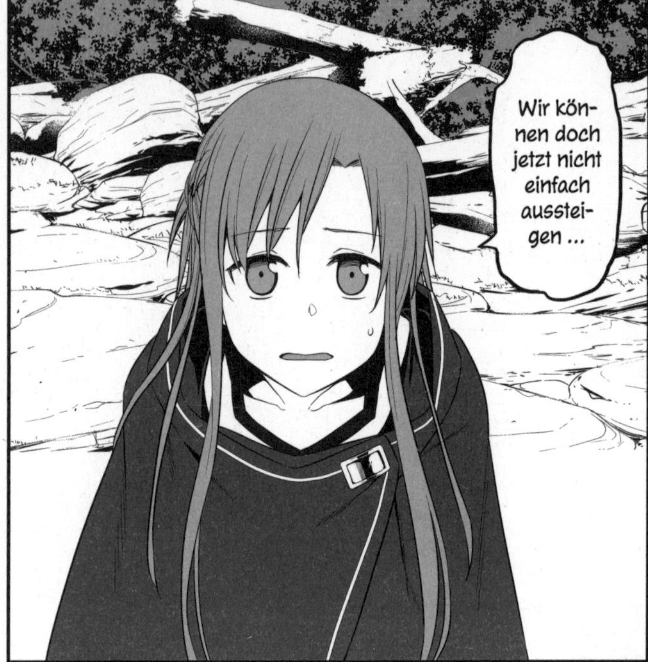

Wir kön-
nen doch
jetzt nicht
einfach
aussteigen ...

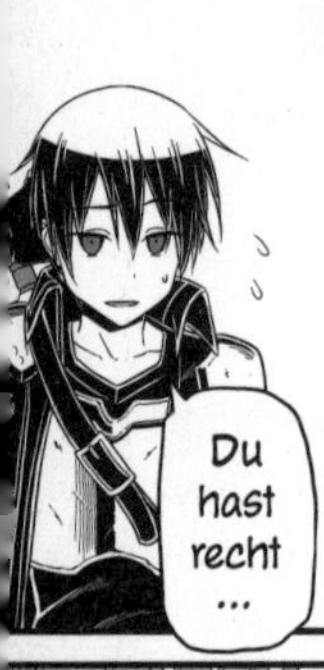

Du hast recht ...

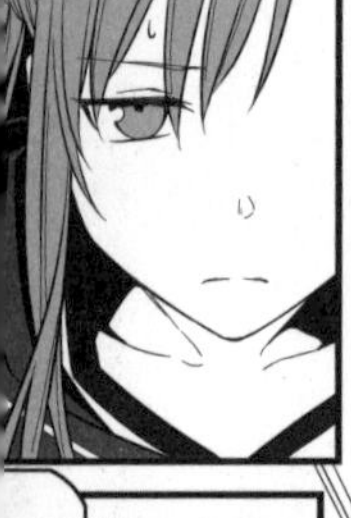

Also, dann nehmen wir dein Angebot an.
?

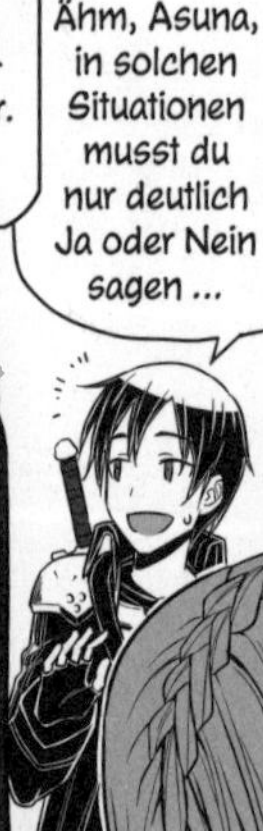

Ähm, Asuna, in solchen Situationen musst du nur deutlich Ja oder Nein sagen ...
an-
bar.

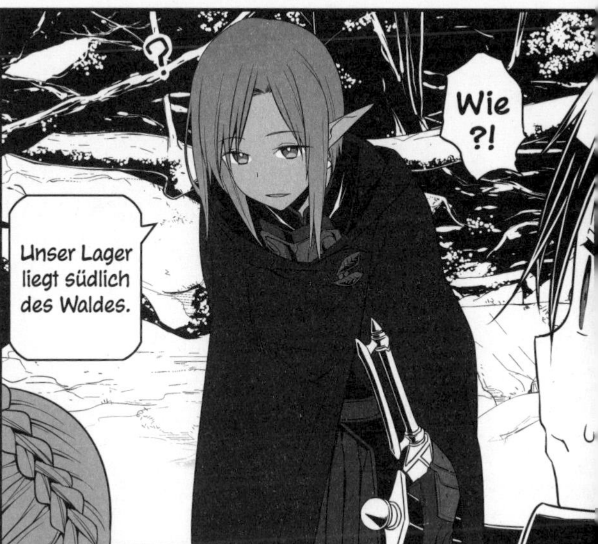
Wie ?!
Unser Lager liegt südlich des Waldes.

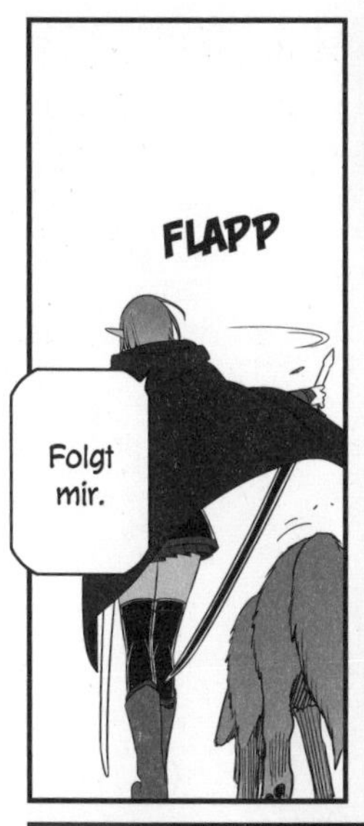
FLAPP
Folgt mir.

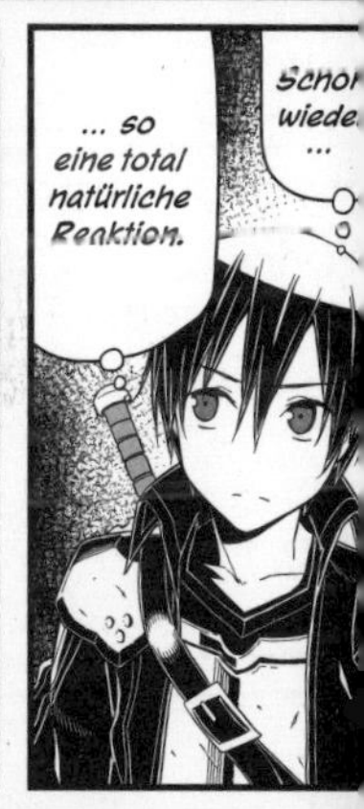
Schon wiede ...
... so eine total natürliche Reaktion.

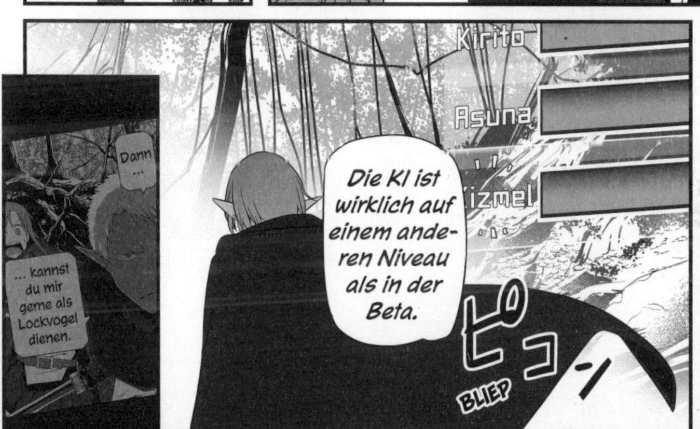
Kirito
Asuna
Kizmel
Die KI ist wirklich auf einem anderen Niveau als in der Beta.
BLIEP
Dann ...
... kannst du mir gerne als Lockvogel dienen.

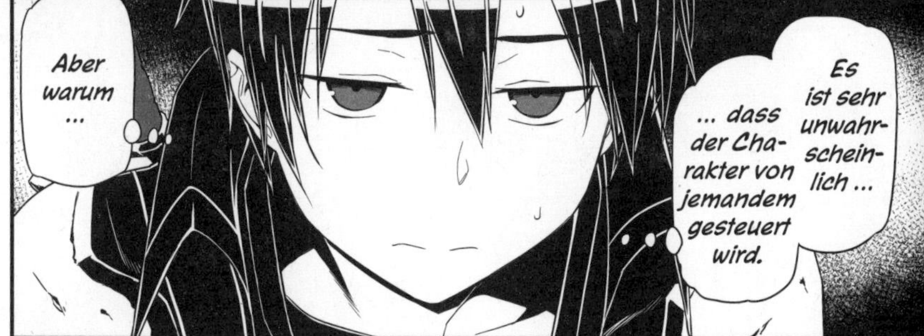
Es ist sehr unwahrscheinlich ...
... dass der Charakter von jemandem gesteuert wird.
Aber warum ...

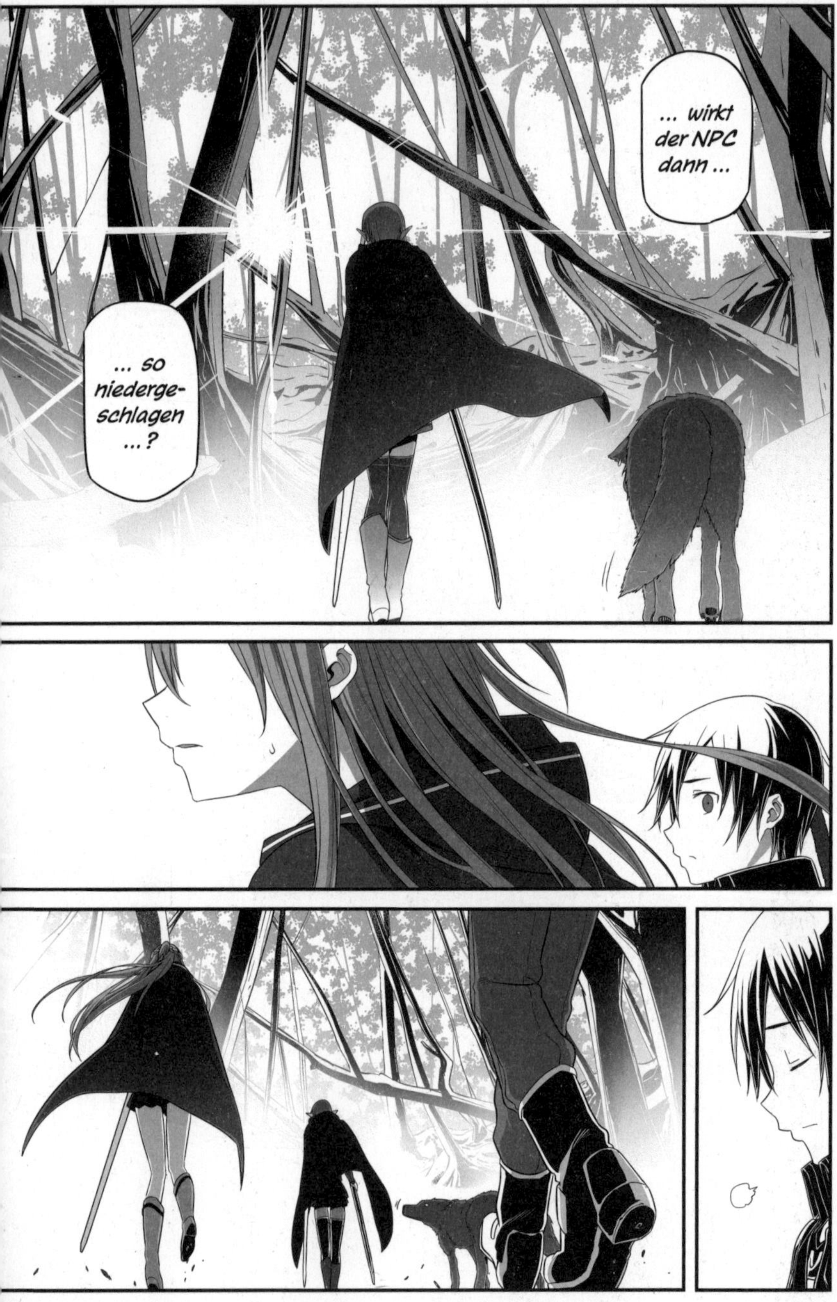

... wirkt der NPC dann ...

... so niederge-schlagen ...?

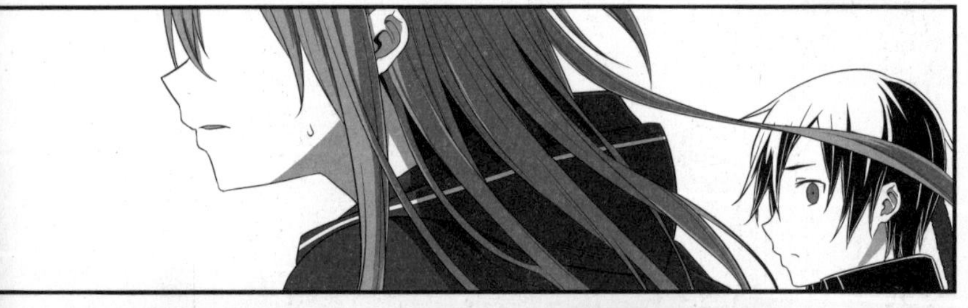

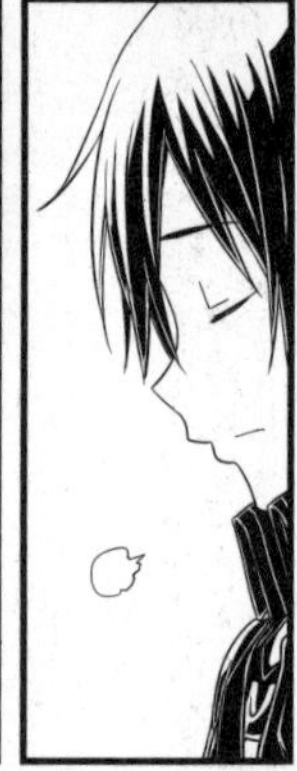

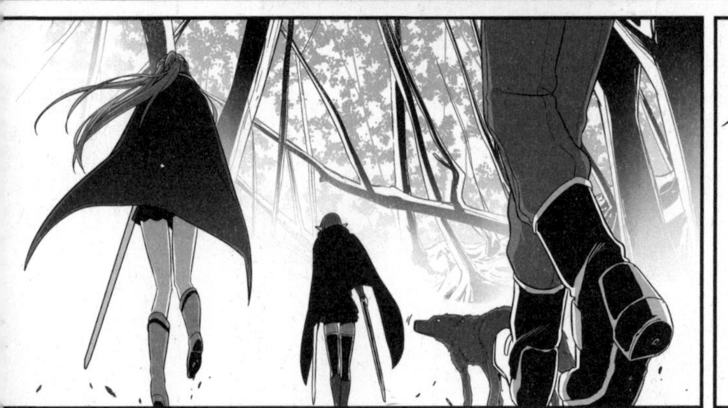

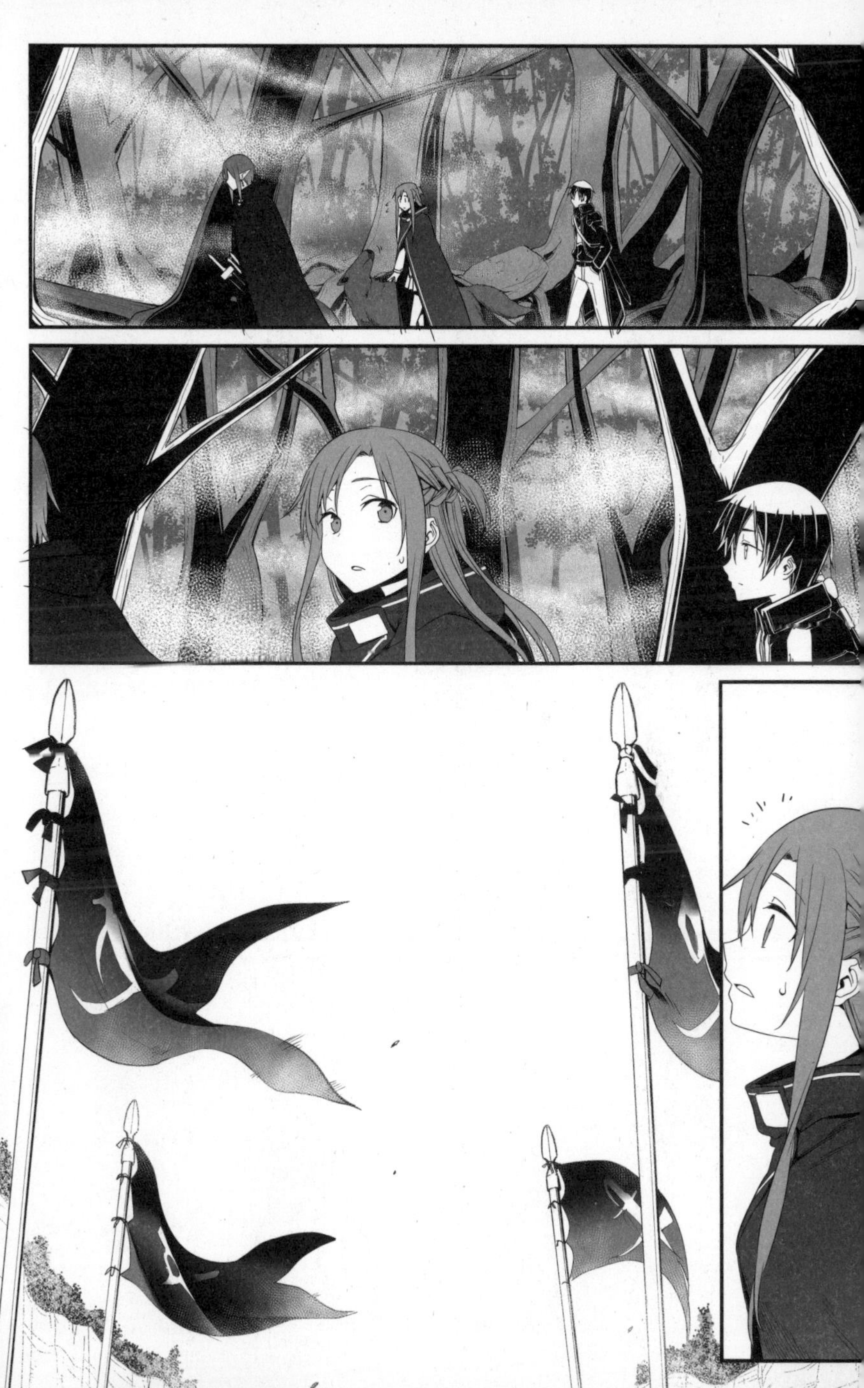

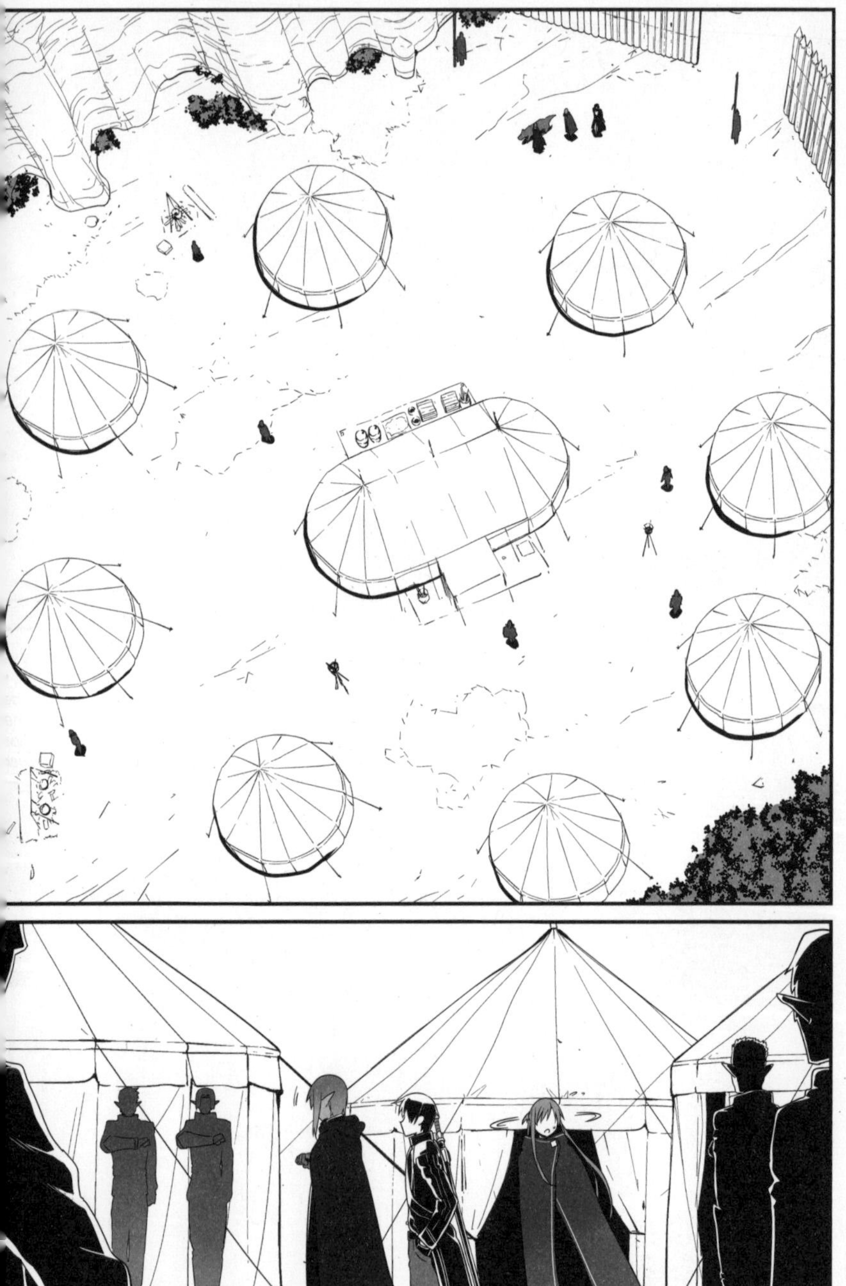

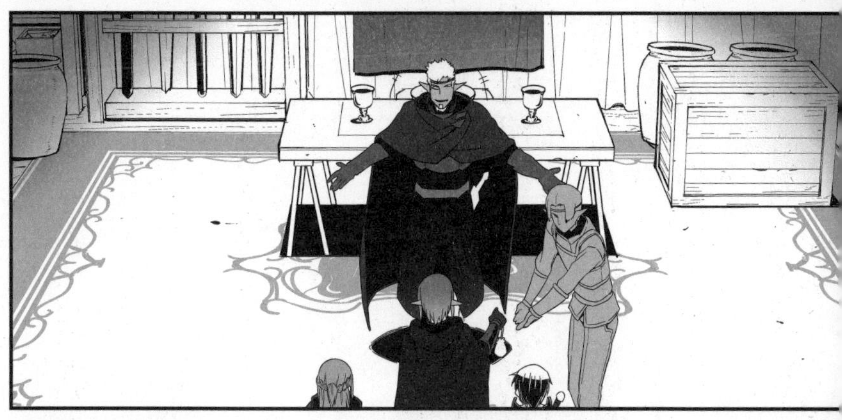

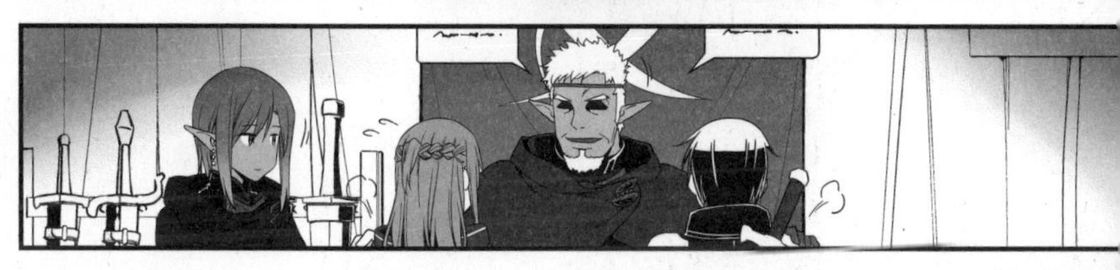

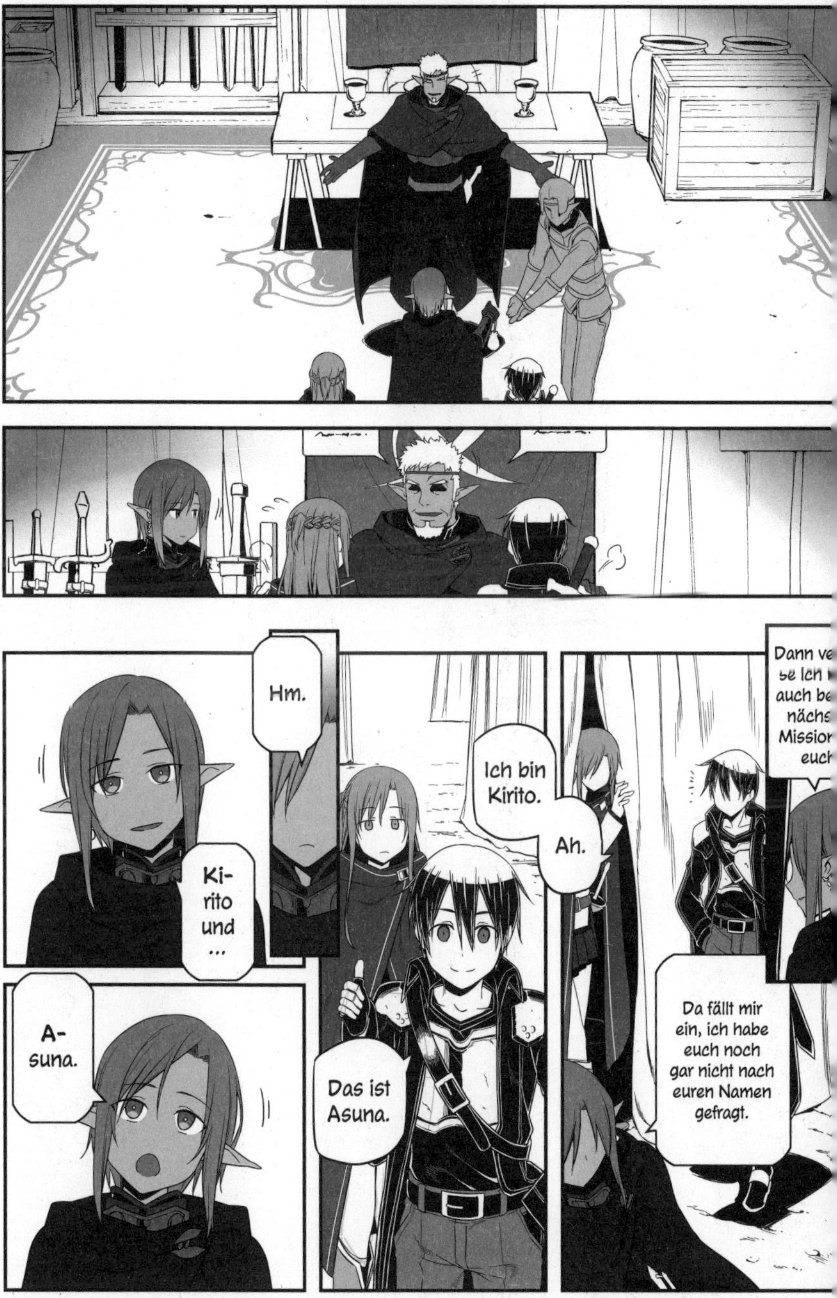

Dann ve
se ich
auch be
nächs
Missior
euch
Da fällt mir ein, ich habe euch noch gar nicht nach euren Namen gefragt.
Ich bin Kirito.
Ah.
Das ist Asuna.
Hm.
Ki- rito und ...
A- suna.

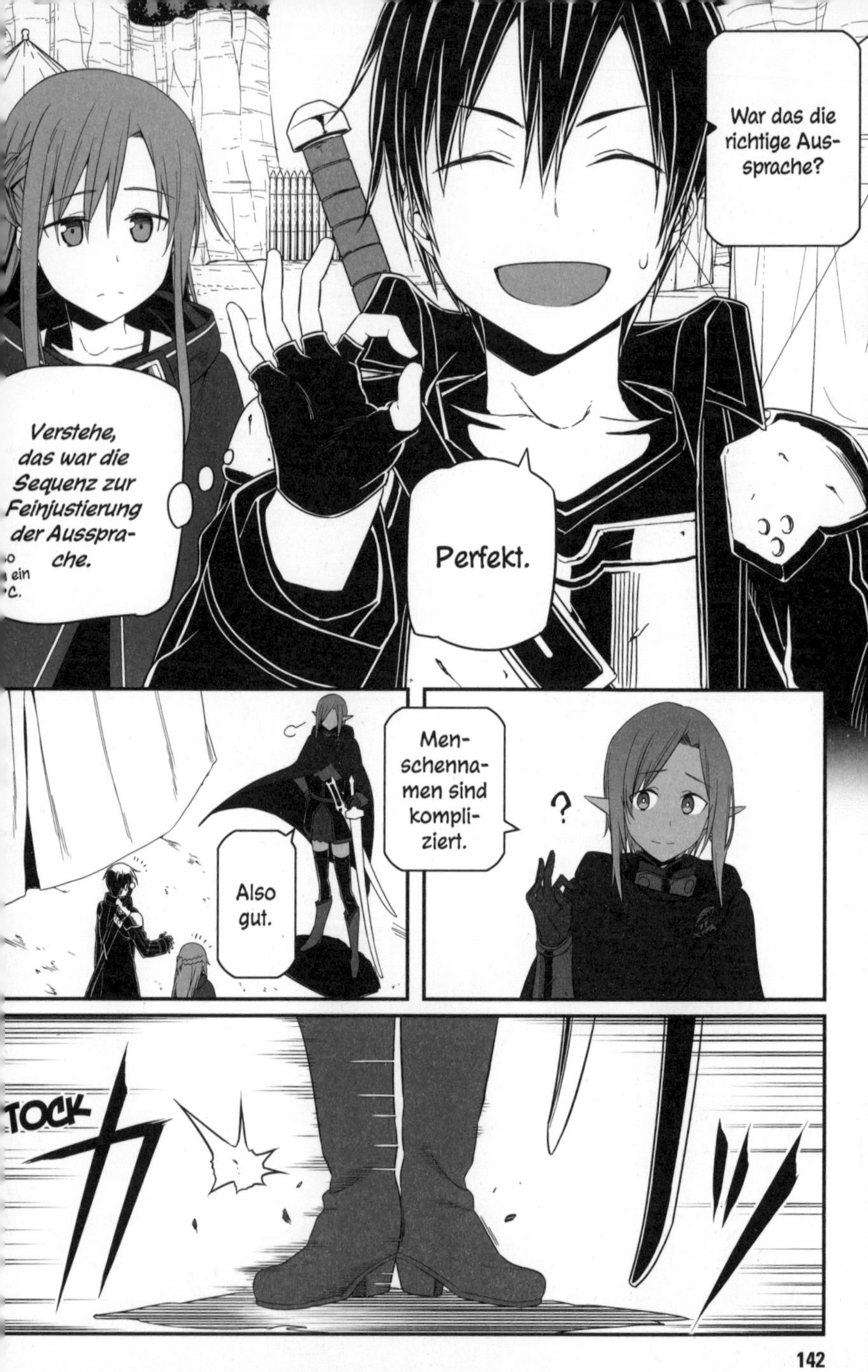

War das die richtige Aussprache?
Perfekt.
Verstehe, das war die Sequenz zur Feinjustierung der Aussprache.
Menschennamen sind kompliziert.
Also gut.
TOCK

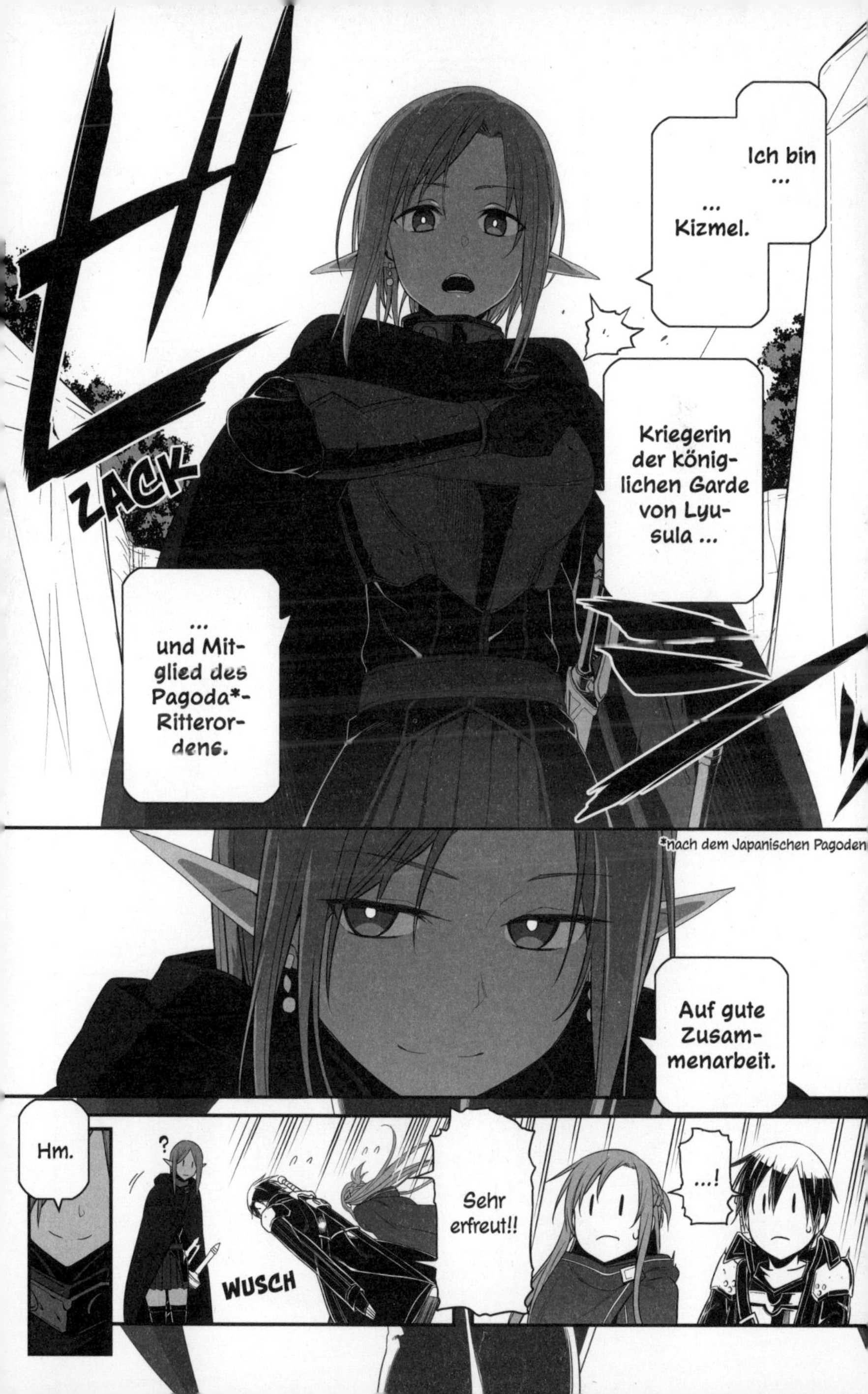
Ich bin ... ... Kizmel.
Kriegerin der königlichen Garde von Lyusula ...
... und Mitglied des Pagoda*-Ritterordens.
ZACK
*nach dem Japanischen Pagoden
Auf gute Zusammenarbeit.
...!
Sehr erfreut!!
WUSCH
?
Hm.

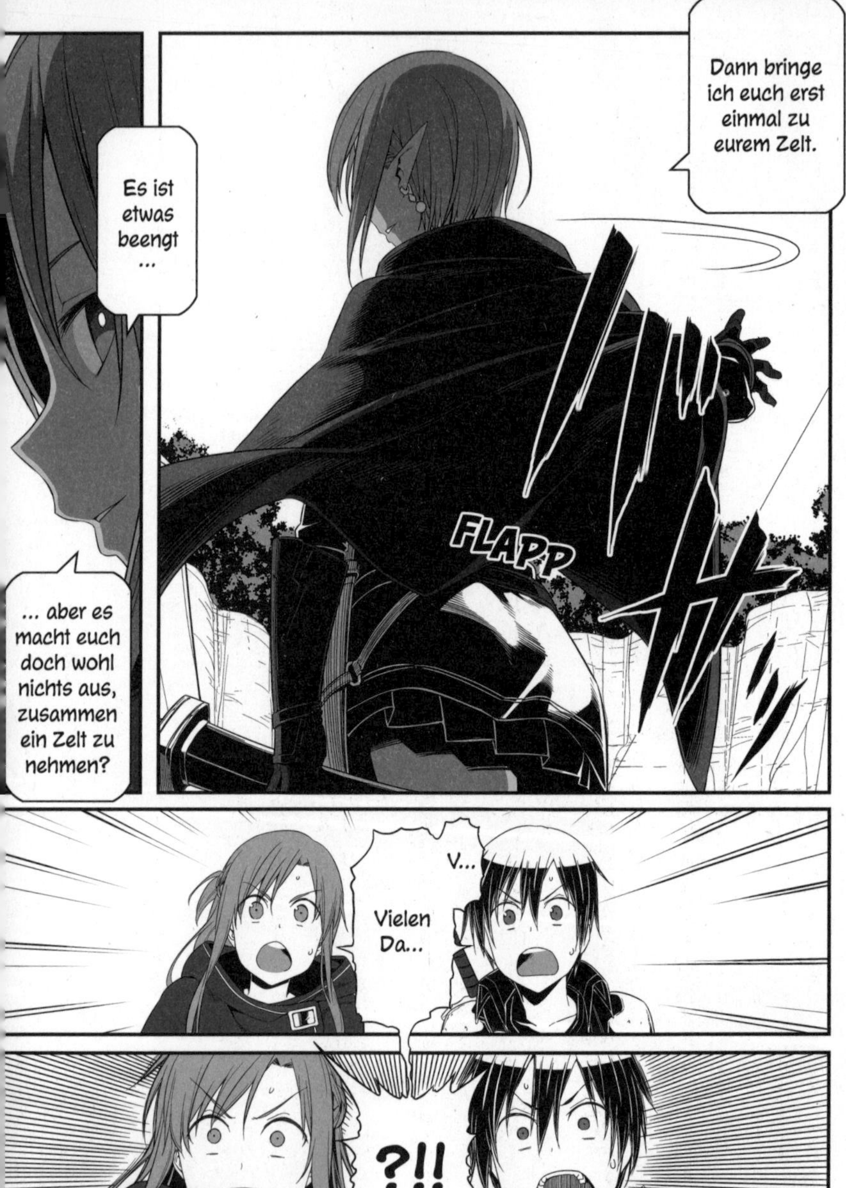
Dann bringe ich euch erst einmal zu eurem Zelt.
Es ist etwas beengt ...
... aber es macht euch doch wohl nichts aus, zusammen ein Zelt zu nehmen?
FLAPP
V...
Vielen Da...
?!!

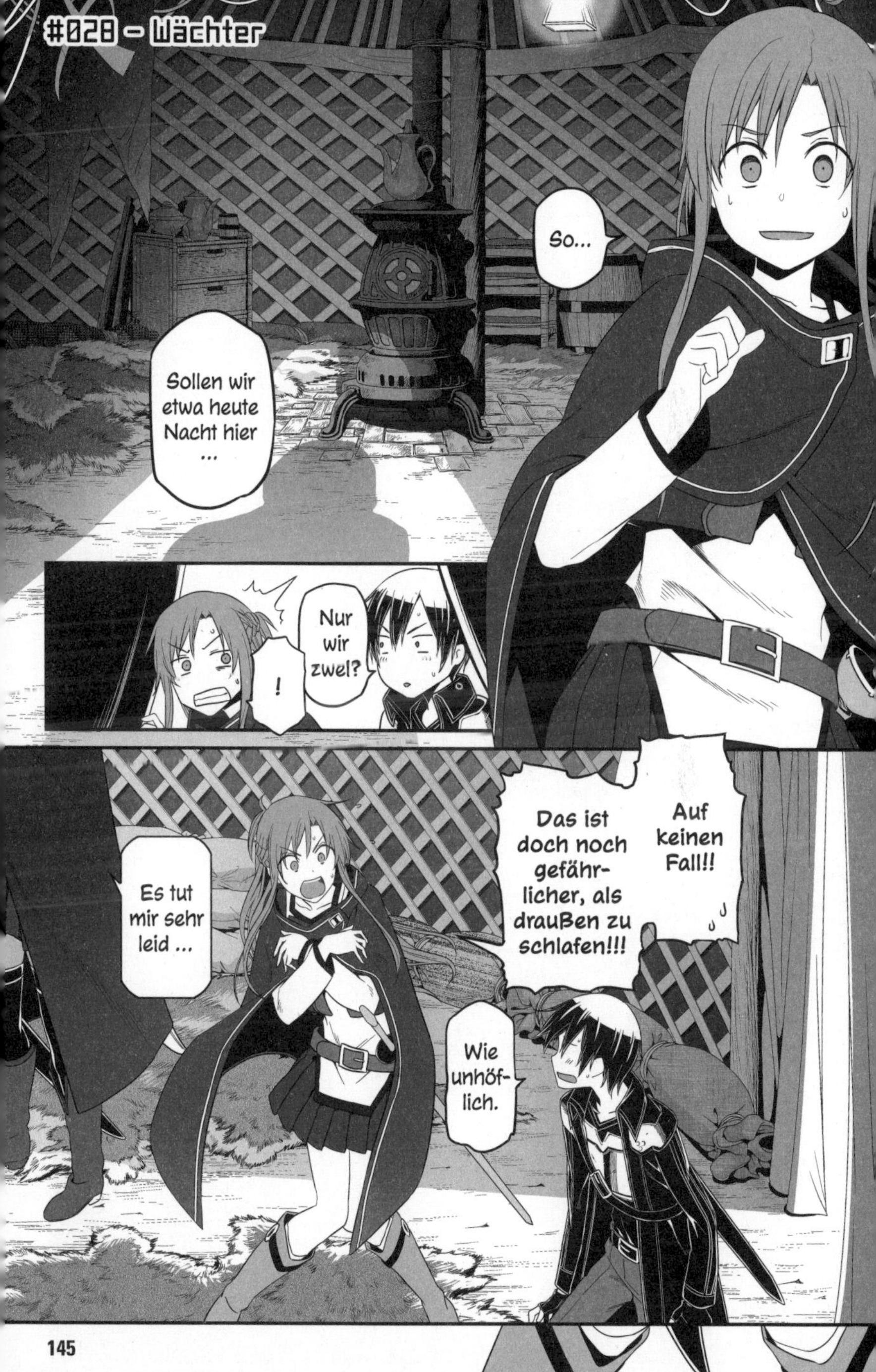
#028 – Wächter
So...
Sollen wir etwa heute Nacht hier ...
Nur wir zwei?
!
Auf keinen Fall!!
Das ist doch noch gefährlicher, als draußen zu schlafen!!!
Wie unhöflich.
Es tut mir sehr leid ...

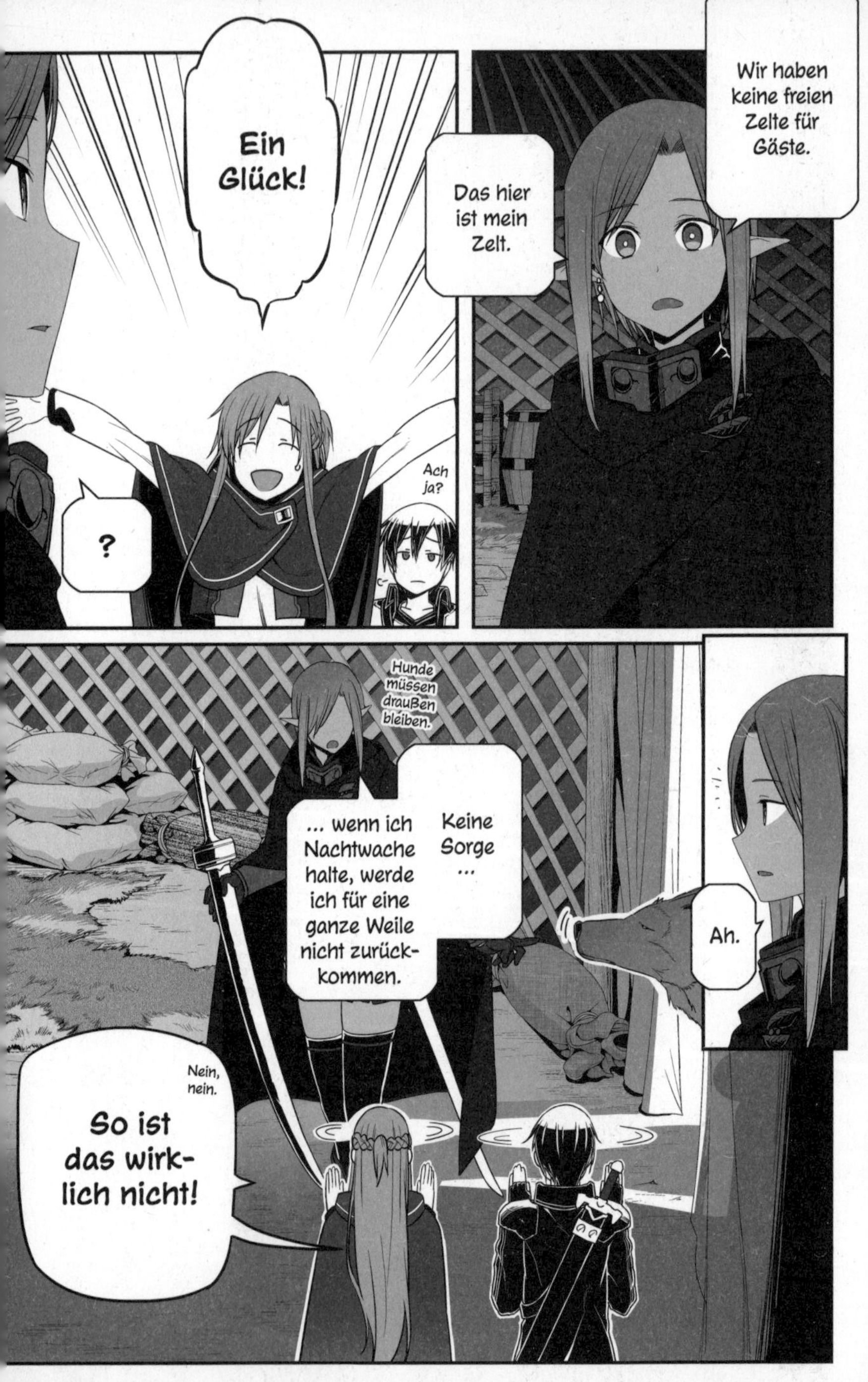
Wir haben keine freien Zelte für Gäste.
Das hier ist mein Zelt.
Ein Glück!
Ach ja?
?
Ah.
Hunde müssen draußen bleiben.
Keine Sorge ...
... wenn ich Nachtwache halte, werde ich für eine ganze Weile nicht zurückkommen.
Nein, nein.
So ist das wirklich nicht!

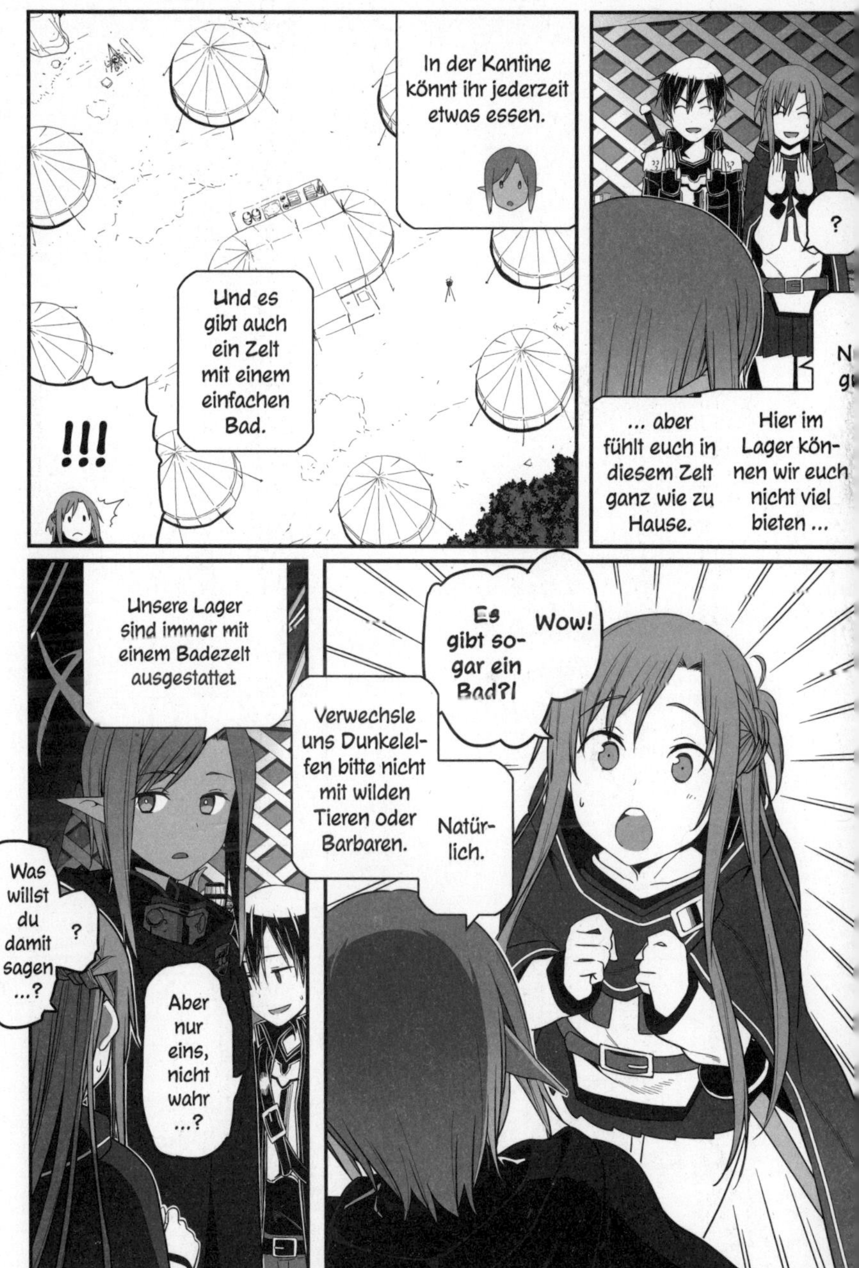
Hier im Lager können wir euch nicht viel bieten ...
... aber fühlt euch in diesem Zelt ganz wie zu Hause.
?
In der Kantine könnt ihr jederzeit etwas essen.
Und es gibt auch ein Zelt mit einem einfachen Bad.
!!!
Wow!
Es gibt sogar ein Bad?!
Natürlich.
Verwechsle uns Dunkelelfen bitte nicht mit wilden Tieren oder Barbaren.
Unsere Lager sind immer mit einem Badezelt ausgestattet
Aber nur eins, nicht wahr ...?
Was willst du damit sagen ...?
?

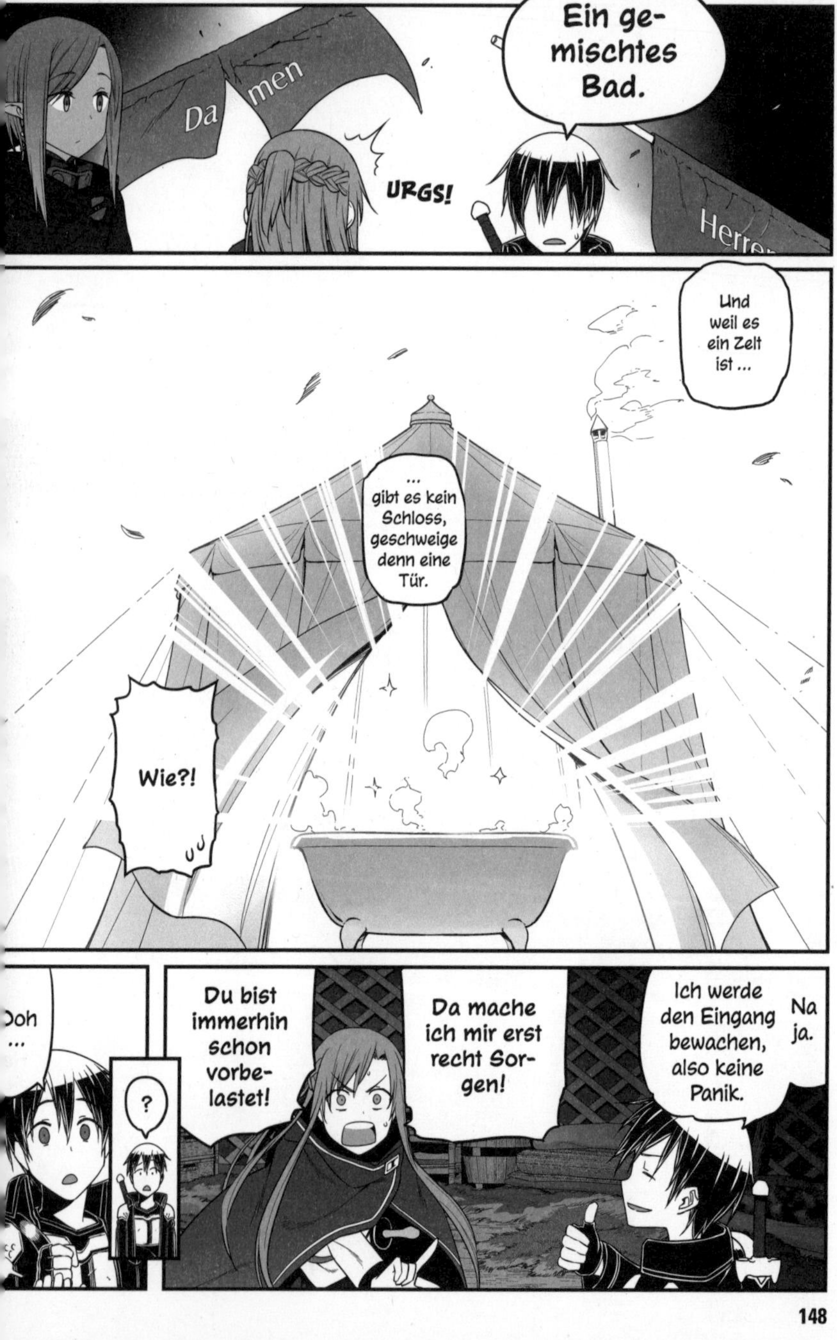

Ein gemischtes Bad.
URGS!
Damen
Herren
Und weil es ein Zelt ist ...
... gibt es kein Schloss, geschweige denn eine Tür.
Wie?!

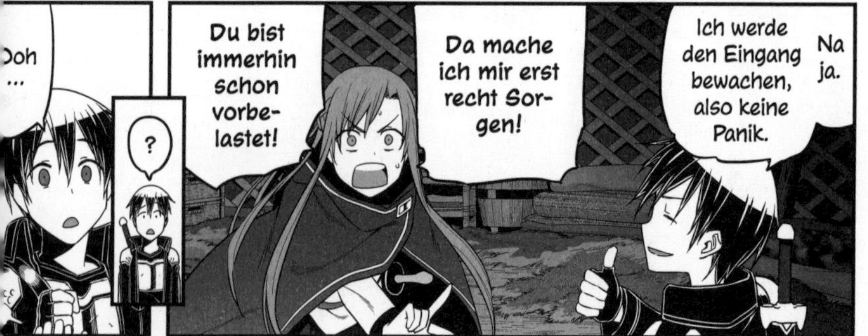

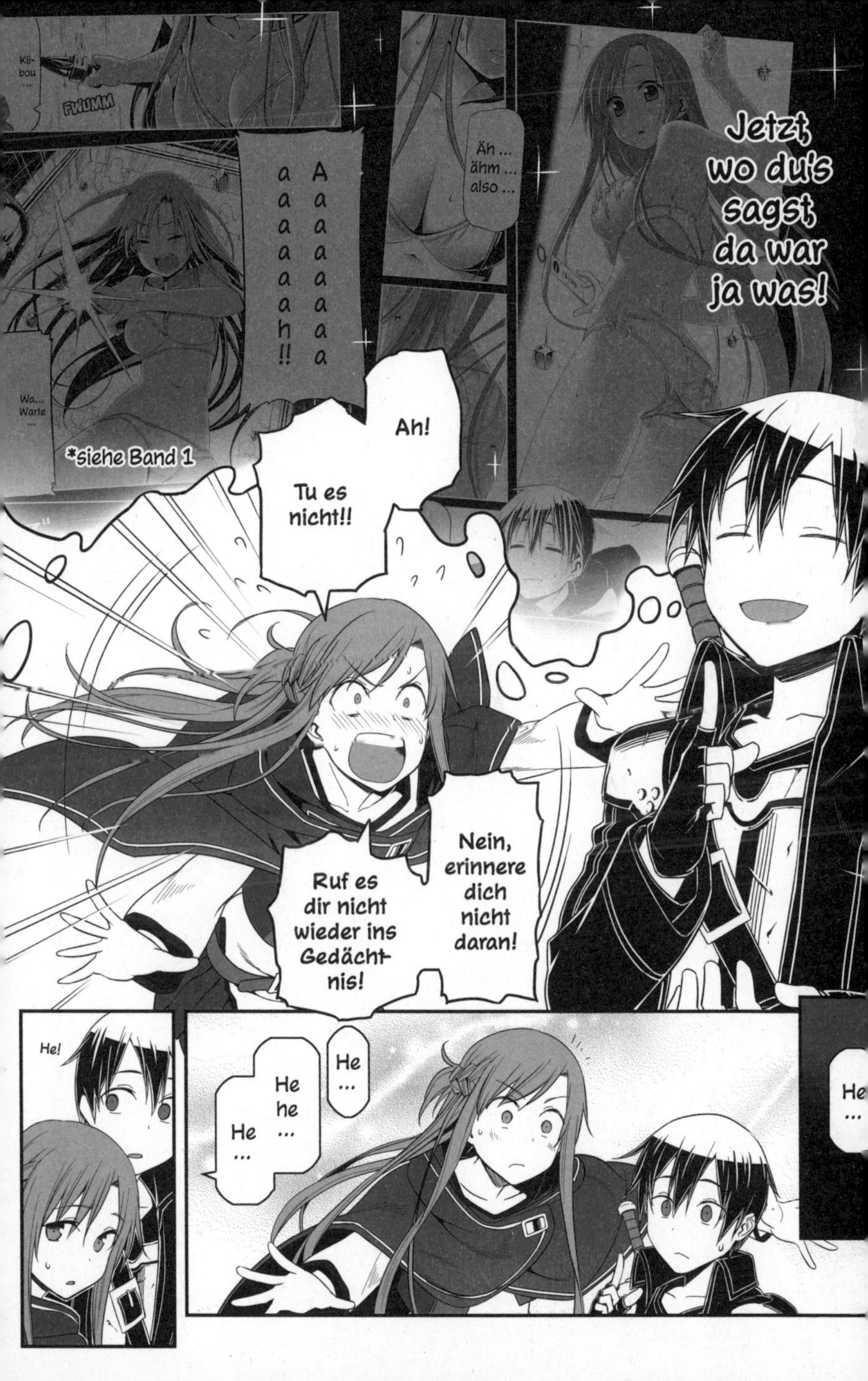

Jetzt, wo du's sagst, da war ja was!
Äh ... ähm ... also ...
Aaaaaaaaa aaaaaah!!
Kii-bou ...
FWUMM
Wa... Warte ...
*siehe Band 1
Ah!
Tu es nicht!!
Nein, erinnere dich nicht daran!
Ruf es dir nicht wieder ins Gedächtnis!
He ...
He ...
He he ...
He ...
He!

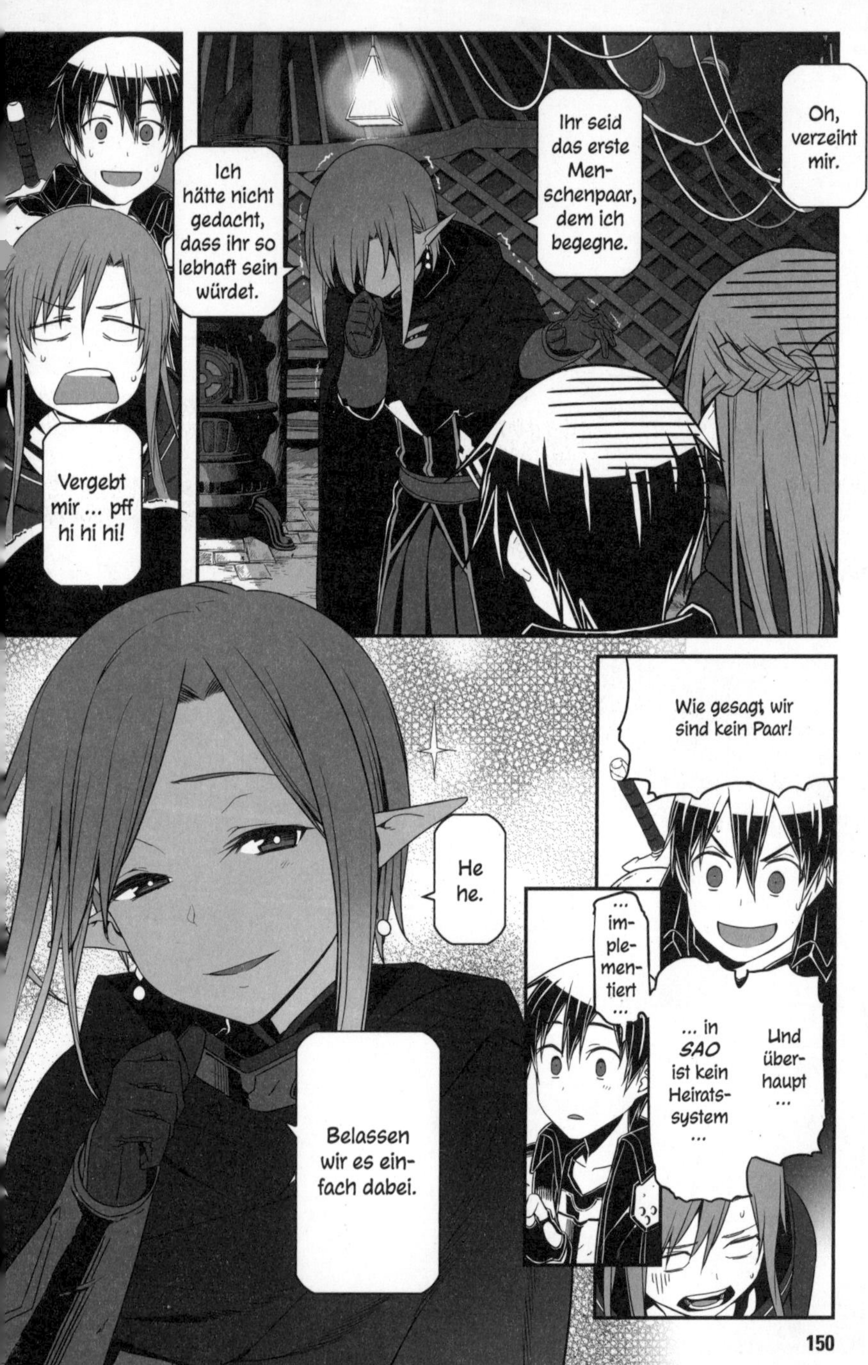
Oh, verzeiht mir.
Ihr seid das erste Menschenpaar, dem ich begegne.
Ich hätte nicht gedacht, dass ihr so lebhaft sein würdet.
Vergebt mir ... pff hi hi hi!
Wie gesagt, wir sind kein Paar!
Und überhaupt ...
... in *SAO* ist kein Heiratssystem ...
... implementiert ...
He he.
Belassen wir es einfach dabei.

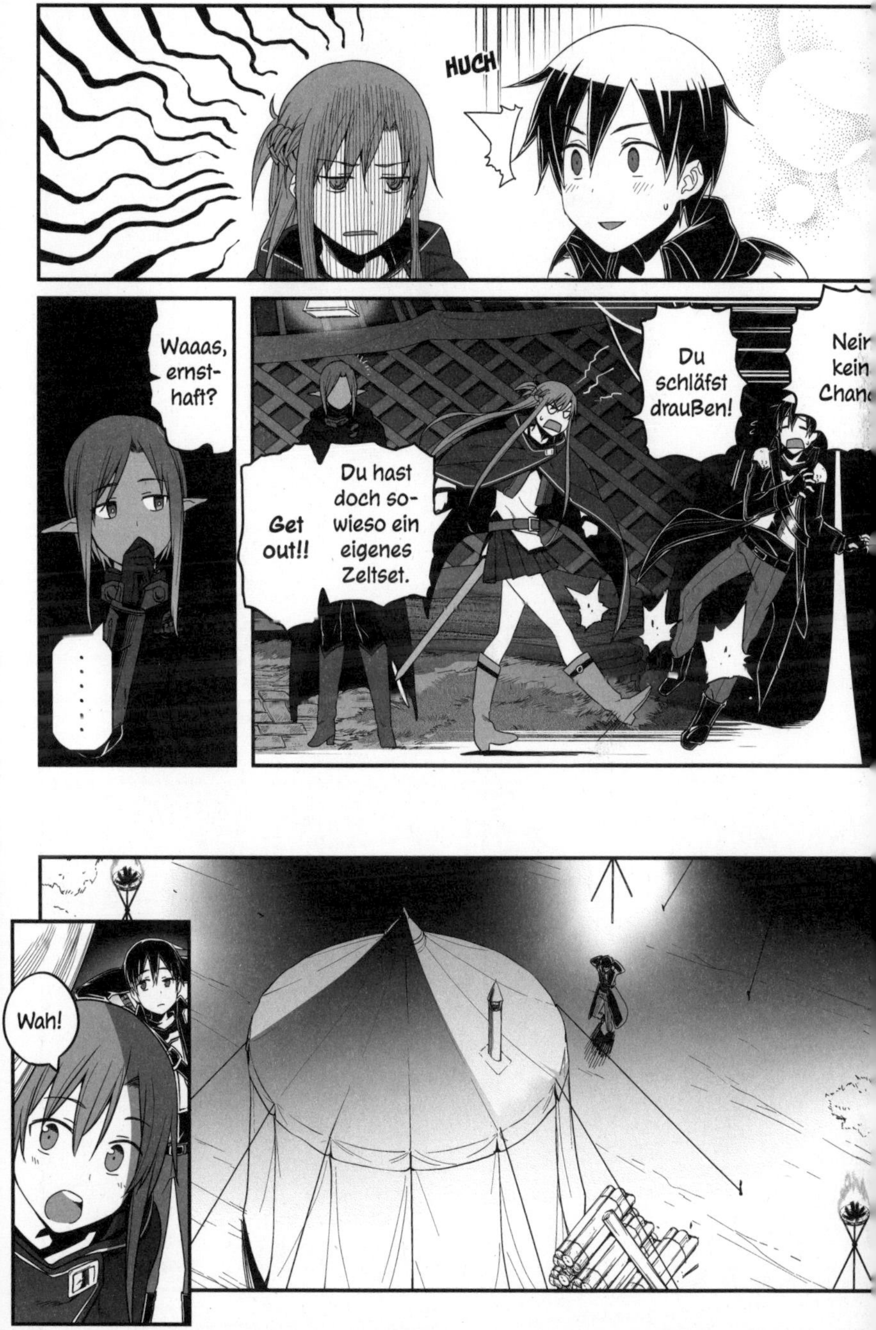

HUCH

Nei kein Chan

Du schläfst draußen!

Du hast doch sowieso ein eigenes Zeltset.

Get out!!

Waaas, ernsthaft?

……

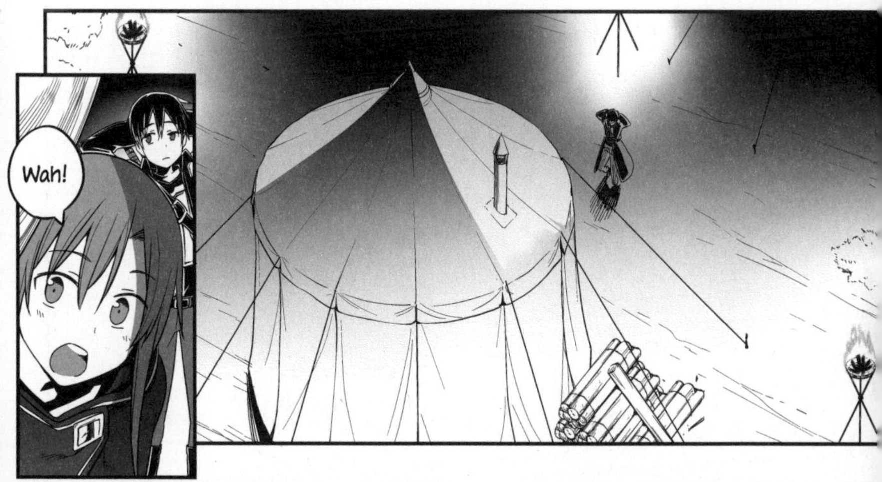

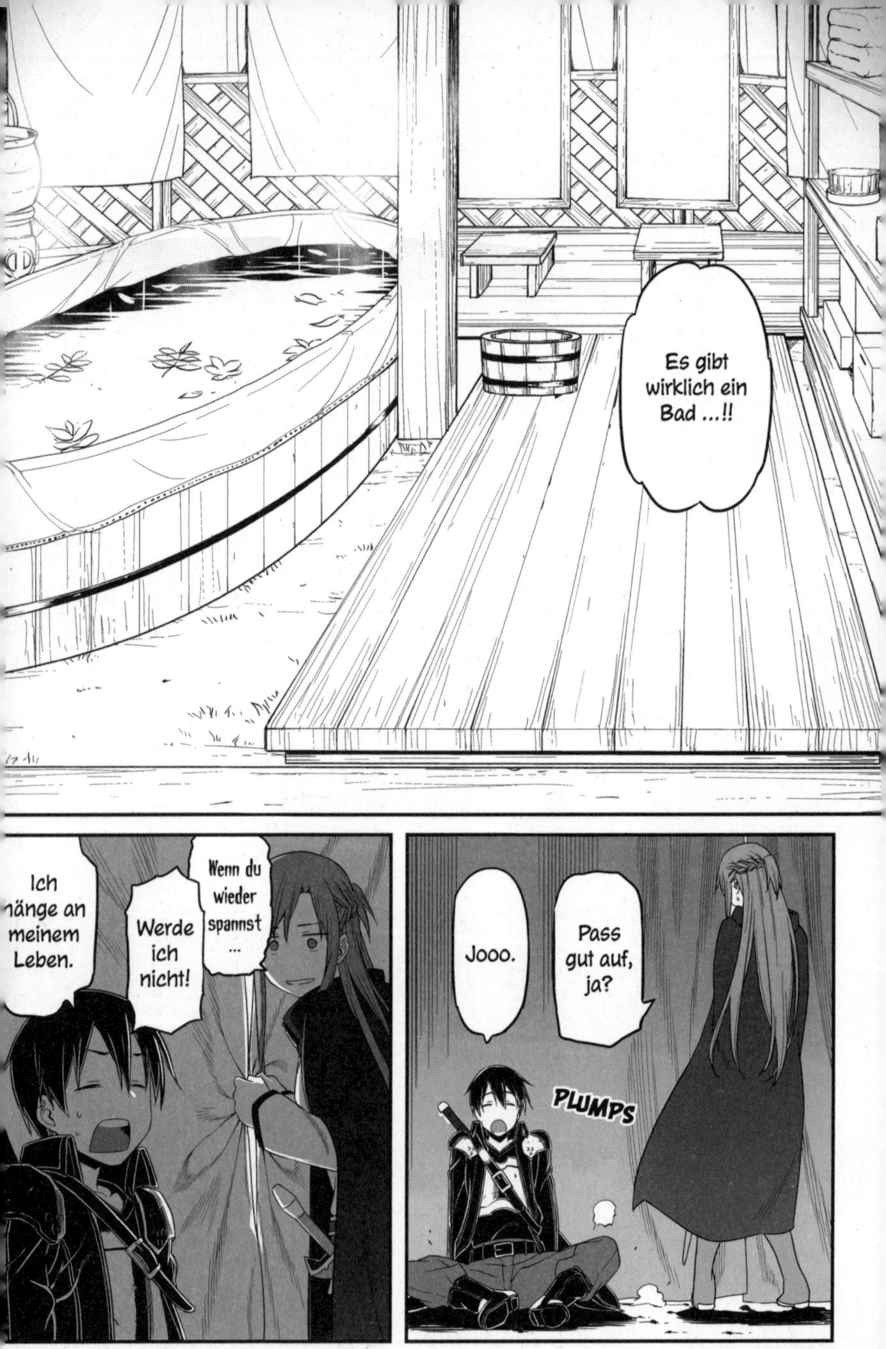

Es gibt wirklich ein Bad ...!!

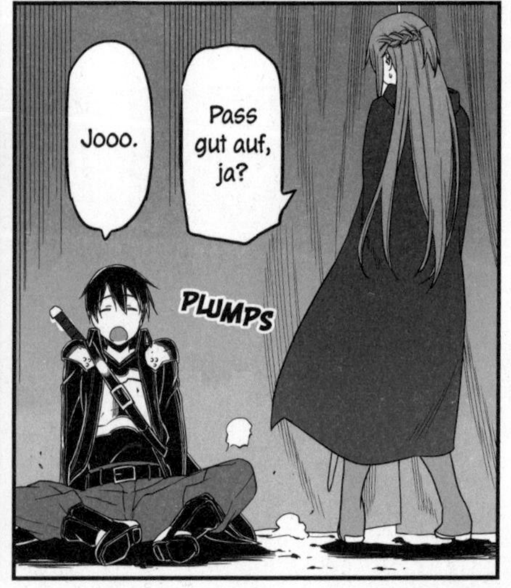

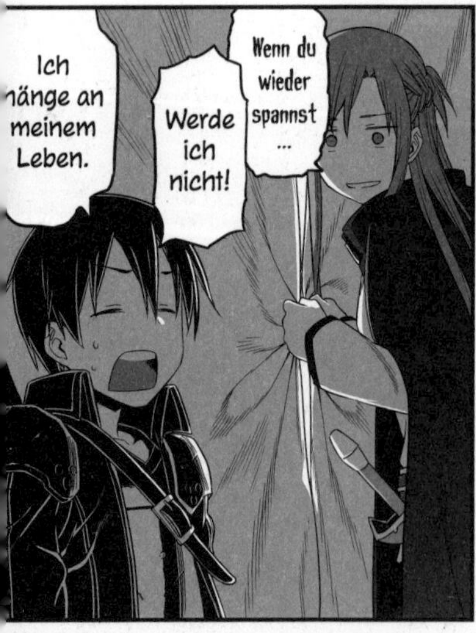

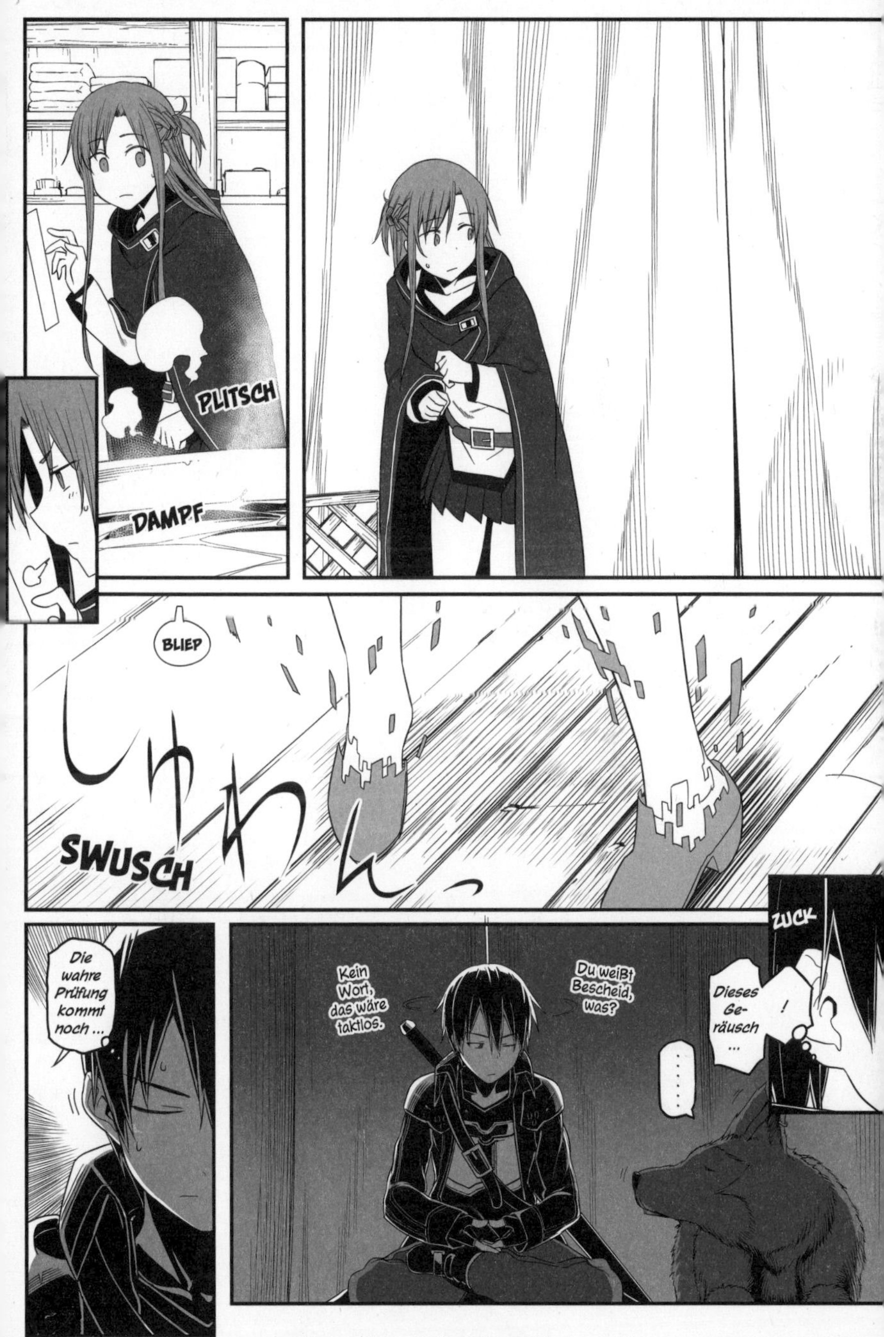

PLITSCH
DAMPF
BLIEP
SWUSCH
ZUCK
Dieses Geräusch ...
!
Du weißt Bescheid, was?
Kein Wort, das wäre taktlos.
......
Die wahre Prüfung kommt noch ...

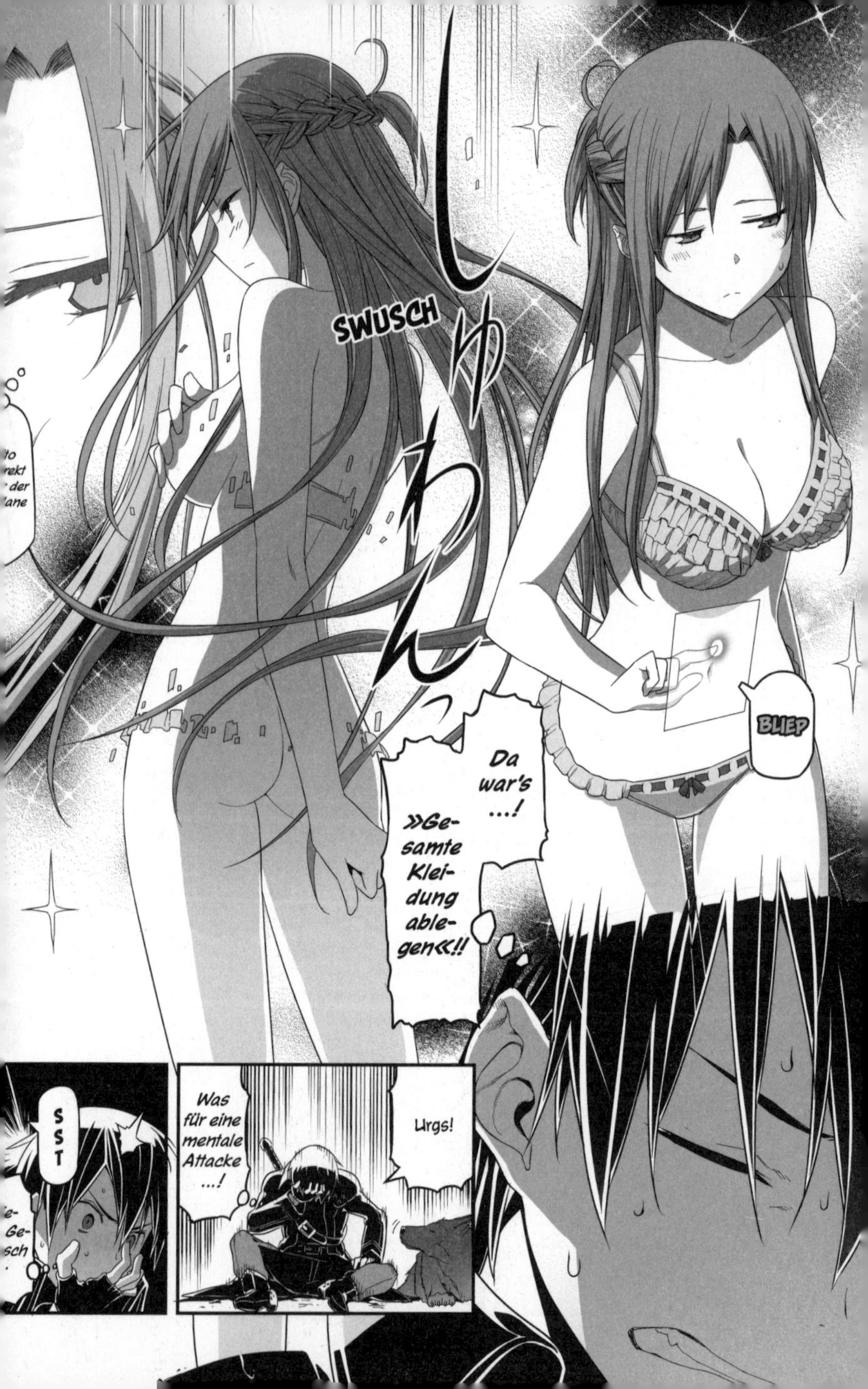

SWUSCH
しゅわん
BLIEP
Da war's ...!
»Gesamte Kleidung ablegen«!!
Urgs!
Was für eine mentale Attacke ...!
SST

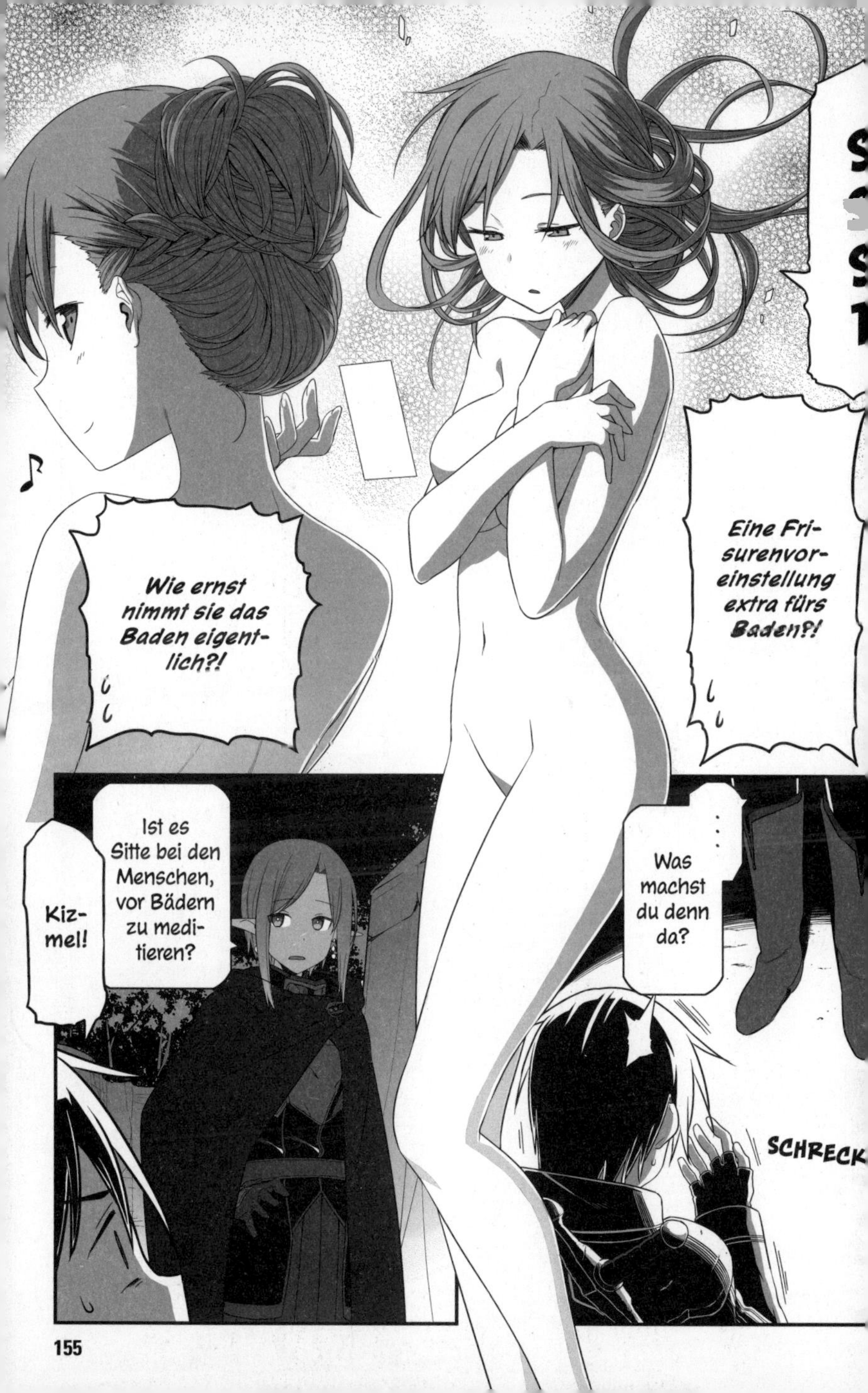
Eine Frisurenvoreinstellung extra fürs Baden?!
Wie ernst nimmt sie das Baden eigentlich?!
... Was machst du denn da?
SCHRECK
Ist es Sitte bei den Menschen, vor Bädern zu meditieren?
Kizmel!

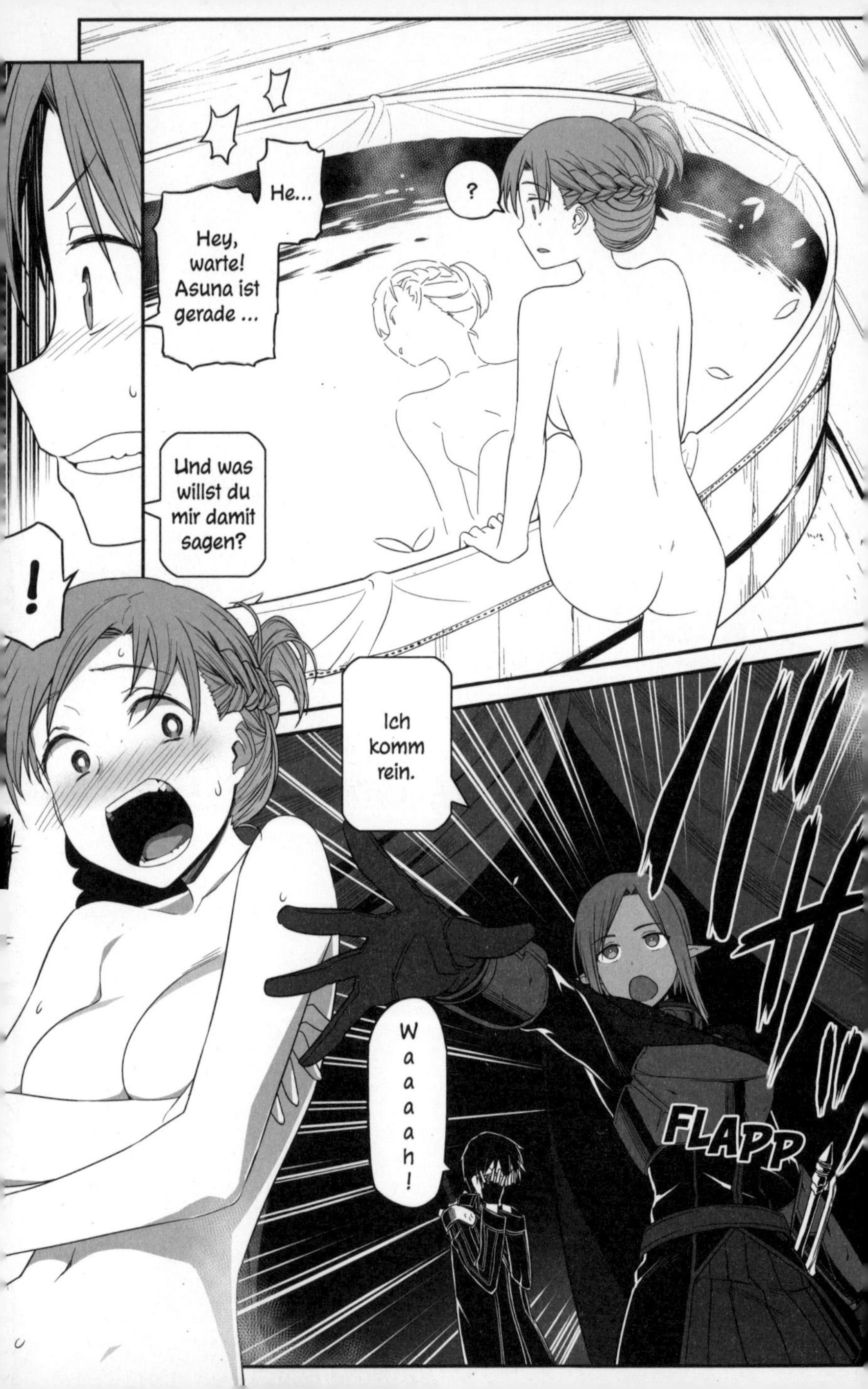

?
He...
Hey, warte! Asuna ist gerade ...
Und was willst du mir damit sagen?
!
Ich komm rein.
FLAPP
Waaaaah!

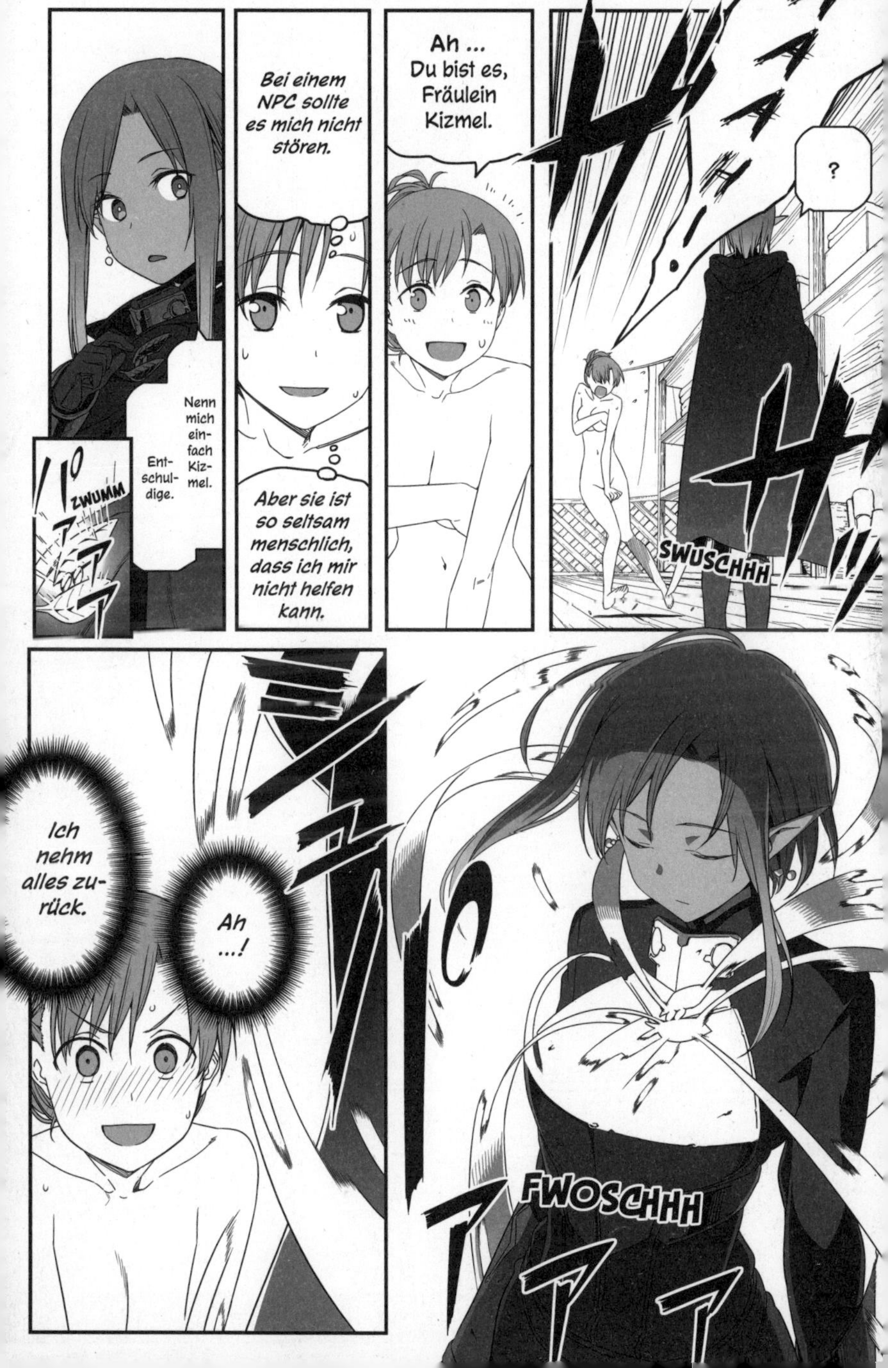

?

SWUSCHHH

Ah ... Du bist es, Fräulein Kizmel.

Bei einem NPC sollte es mich nicht stören.

Aber sie ist so seltsam menschlich, dass ich mir nicht helfen kann.

Nenn mich ein-fach Kiz-mel.

Ent-schul-dige.

ZWUMM

FWOSCHHH

Ah ...!

Ich nehm alles zu-rück.

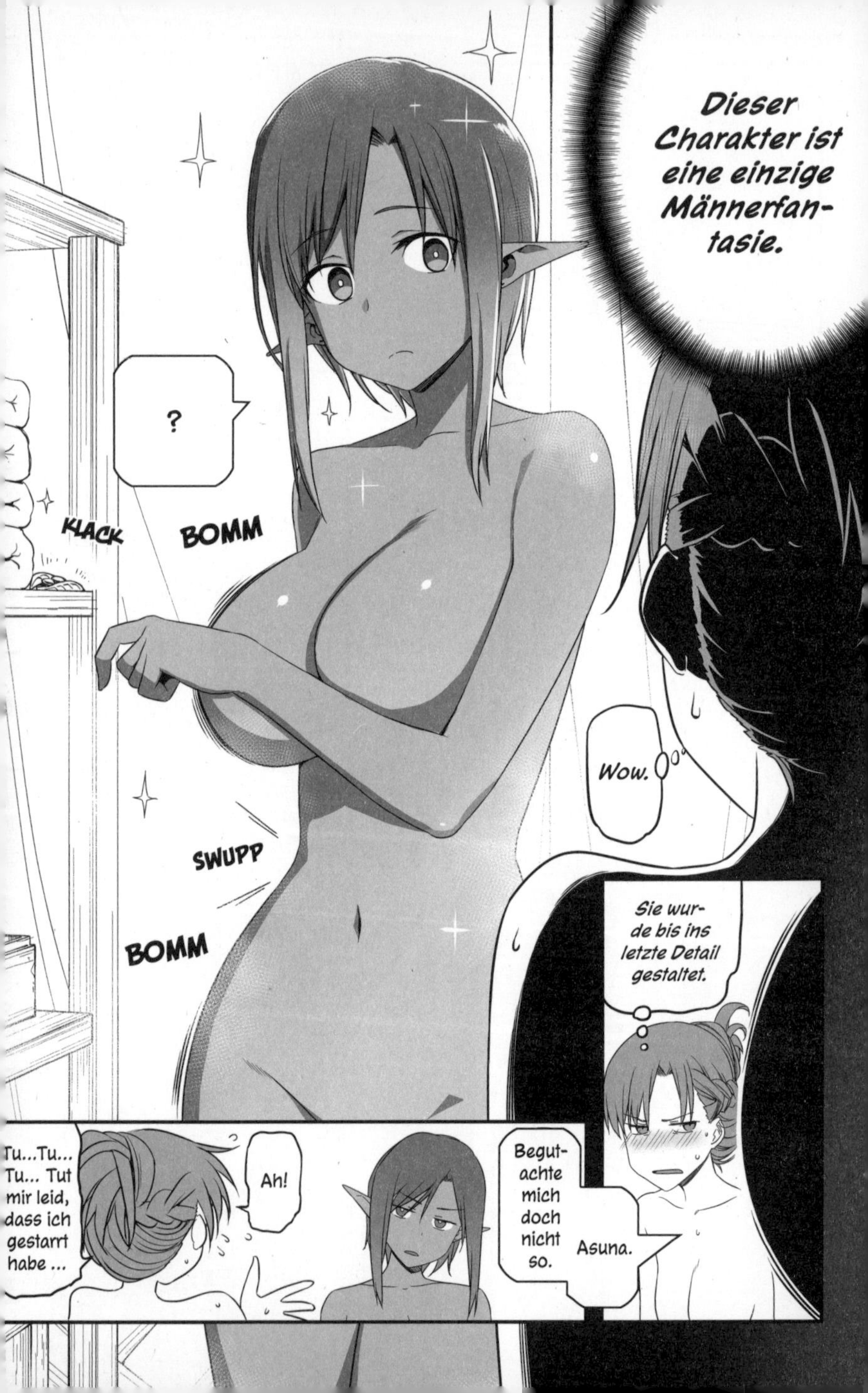

Dieser Charakter ist eine einzige Männerfantasie.
Wow.
?
KLACK
BOMM
SWUPP
BOMM
Sie wurde bis ins letzte Detail gestaltet.
Begutachte mich doch nicht so.
Asuna.
Ah!
Tu...Tu... Tu... Tut mir leid, dass ich gestarrt habe ...

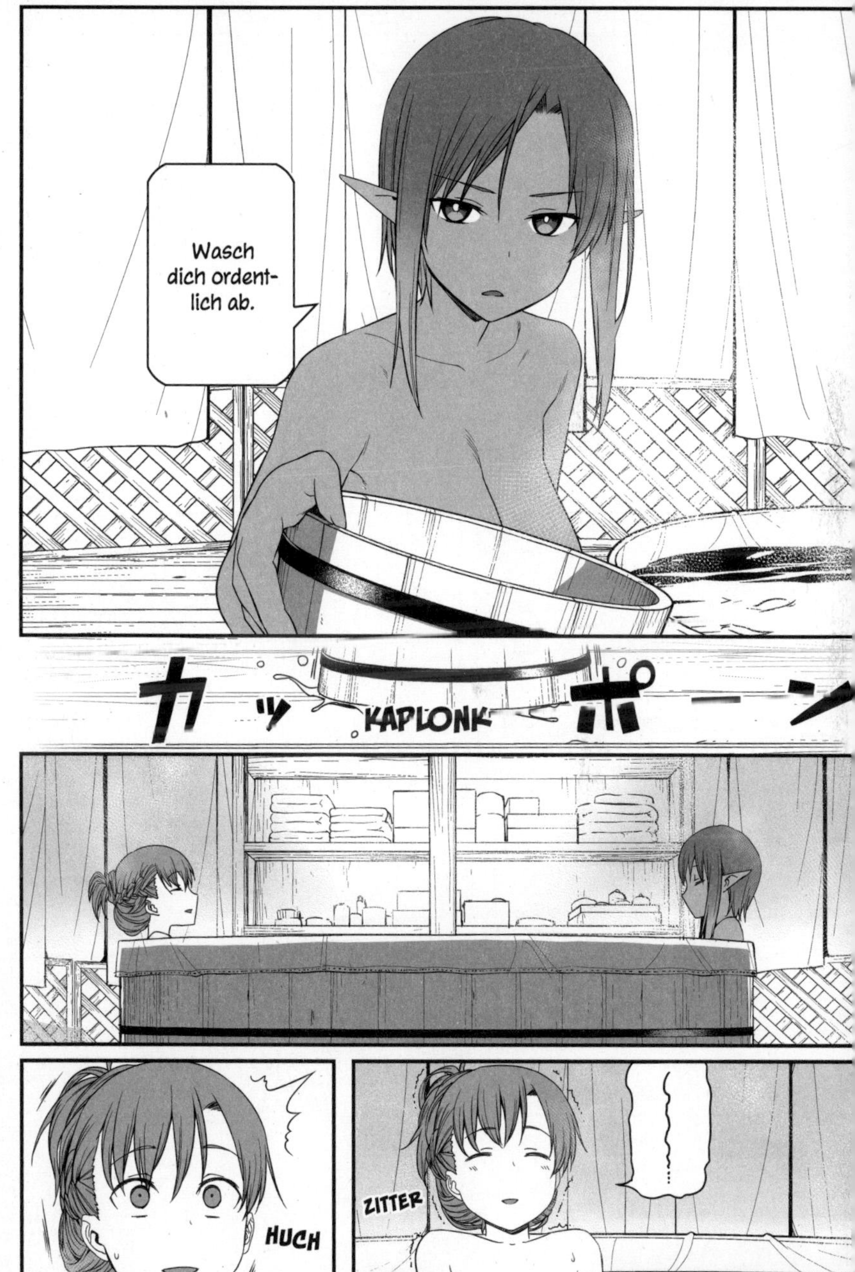
Wasch dich ordentlich ab.
カッ
KAPLONK
ポーン
HUCH
ZITTER
......

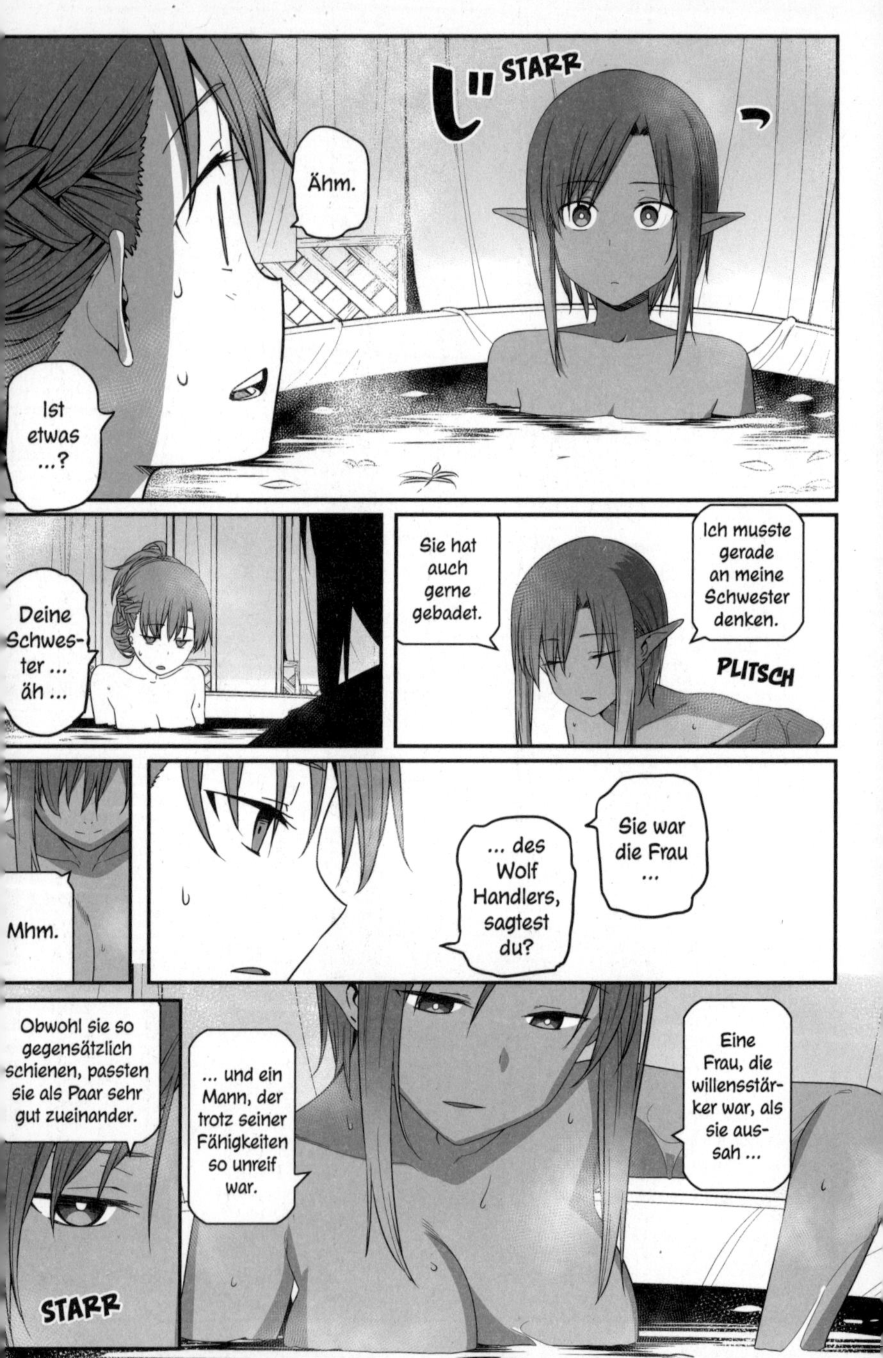

STARR
Ähm.
Ist etwas ...?
Ich musste gerade an meine Schwester denken.
Sie hat auch gerne gebadet.
PLITSCH
Deine Schwester ... äh ...
Sie war die Frau ...
... des Wolf Handlers, sagtest du?
Mhm.
Eine Frau, die willensstärker war, als sie aussah ...
... und ein Mann, der trotz seiner Fähigkeiten so unreif war.
Obwohl sie so gegensätzlich schienen, passten sie als Paar sehr gut zueinander.
STARR

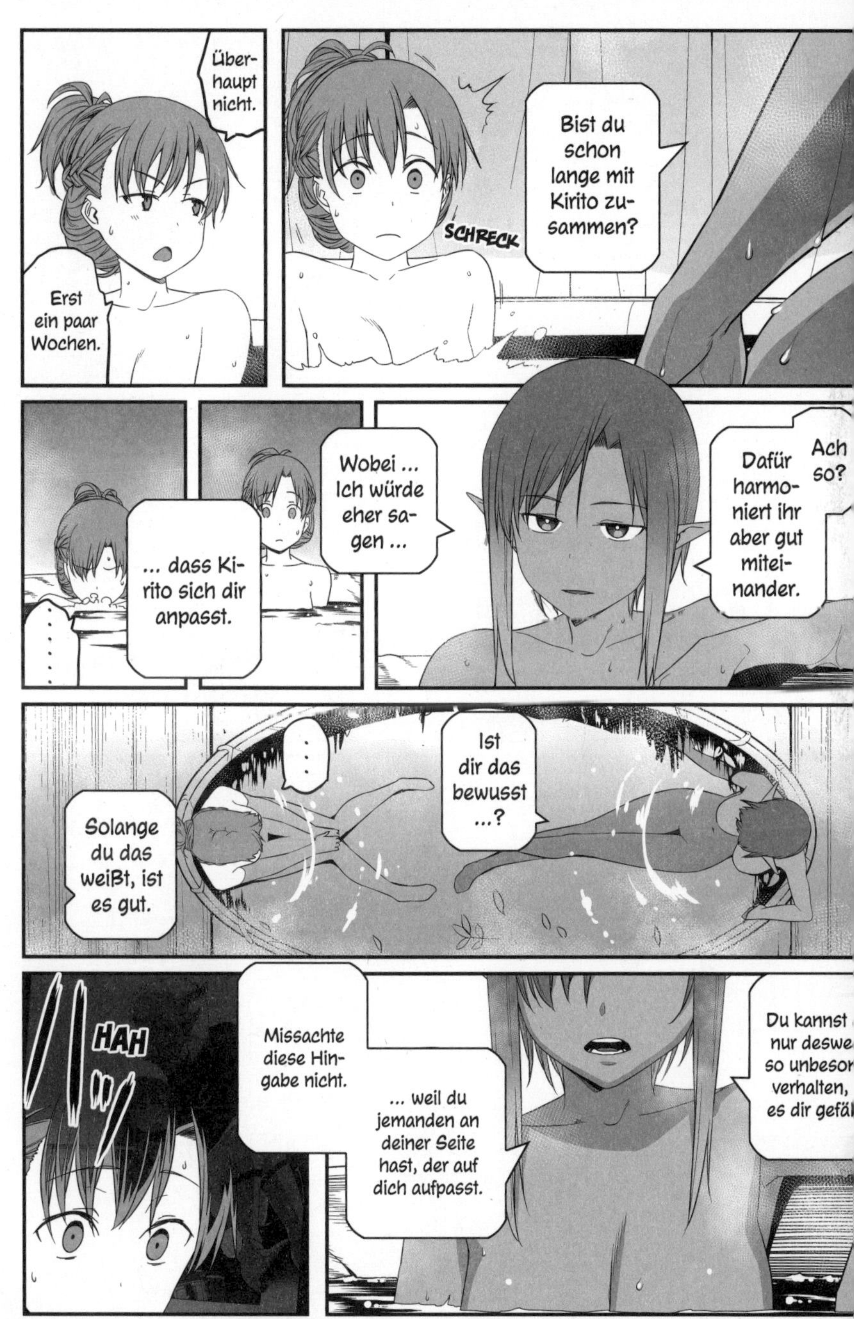
Bist du schon lange mit Kirito zusammen?
SCHRECK
Überhaupt nicht.
Erst ein paar Wochen.
Ach so?
Dafür harmoniert ihr aber gut miteinander.
Wobei ... Ich würde eher sagen ...
... dass Kirito sich dir anpasst.
......
Ist dir das bewusst ...?
...
Solange du das weißt, ist es gut.
Du kannst nur deswe so unbesor verhalten, es dir gefä
... weil du jemanden an deiner Seite hast, der auf dich aufpasst.
Missachte diese Hingabe nicht.
HAH !!

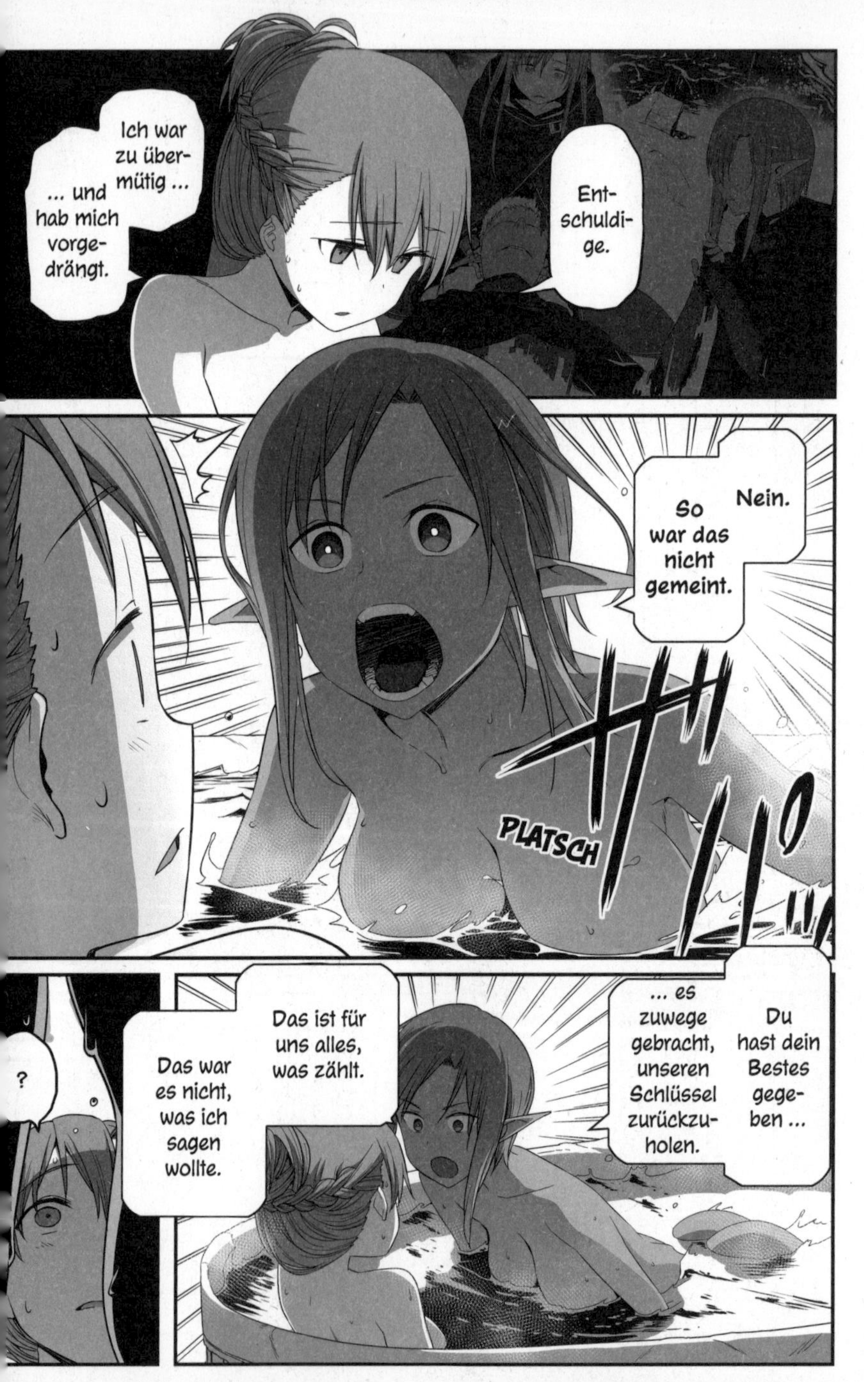
Ent-schuldi-ge.
Ich war zu über-mütig ...
... und hab mich vorge-drängt.
Nein.
So war das nicht gemeint.
PLATSCH
Du hast dein Bestes gege-ben ...
... es zuwege gebracht, unseren Schlüssel zurückzu-holen.
Das ist für uns alles, was zählt.
Das war es nicht, was ich sagen wollte.
?

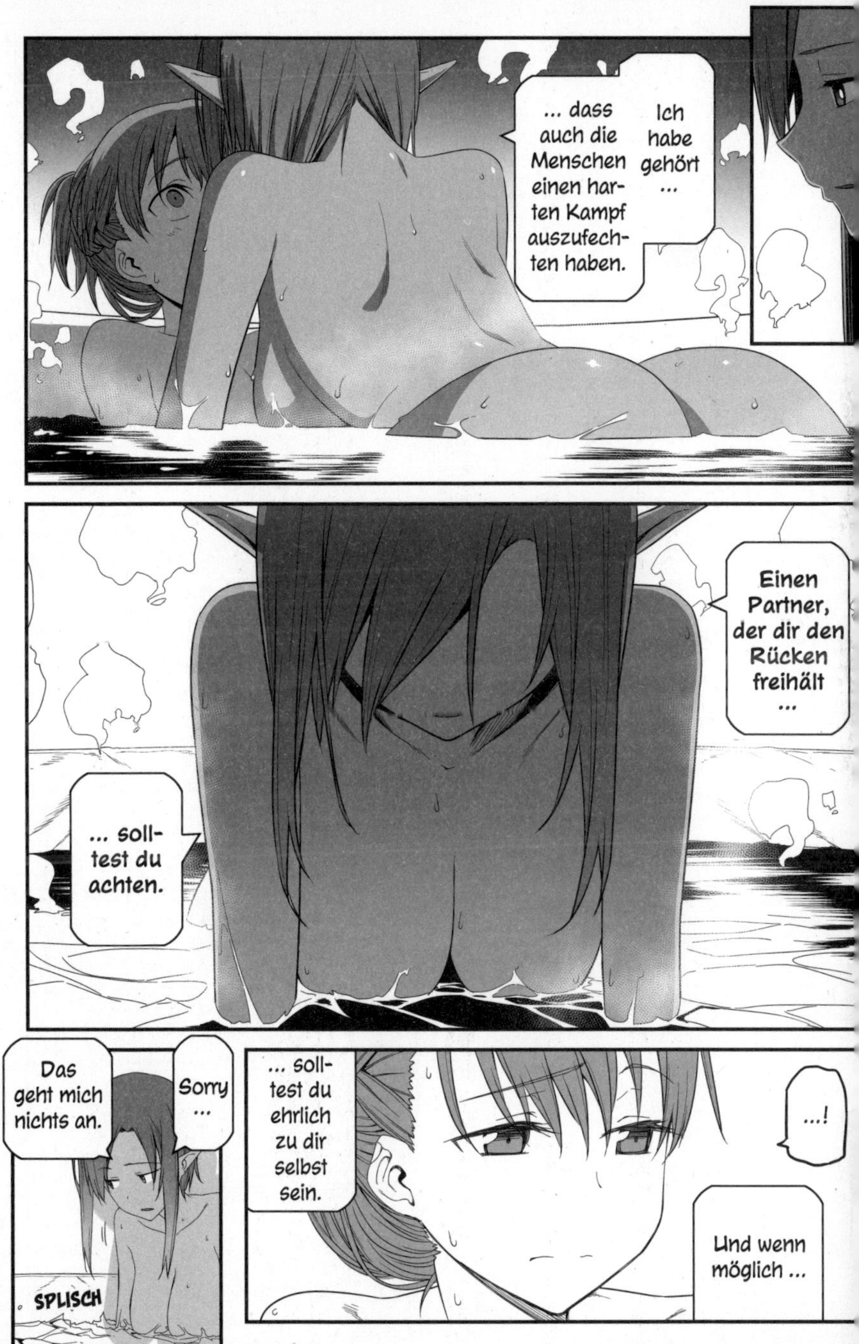

Ich habe gehört ...

... dass auch die Menschen einen harten Kampf auszufechten haben.

Einen Partner, der dir den Rücken freihält ...

... solltest du achten.

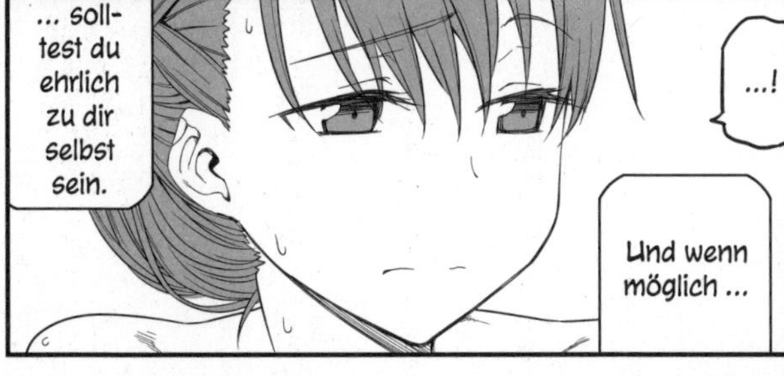

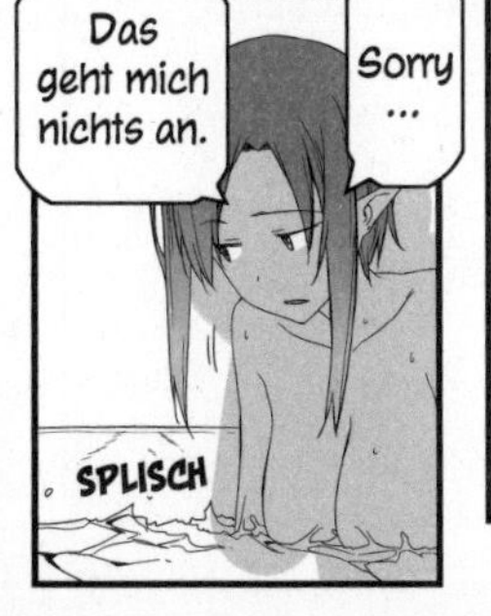

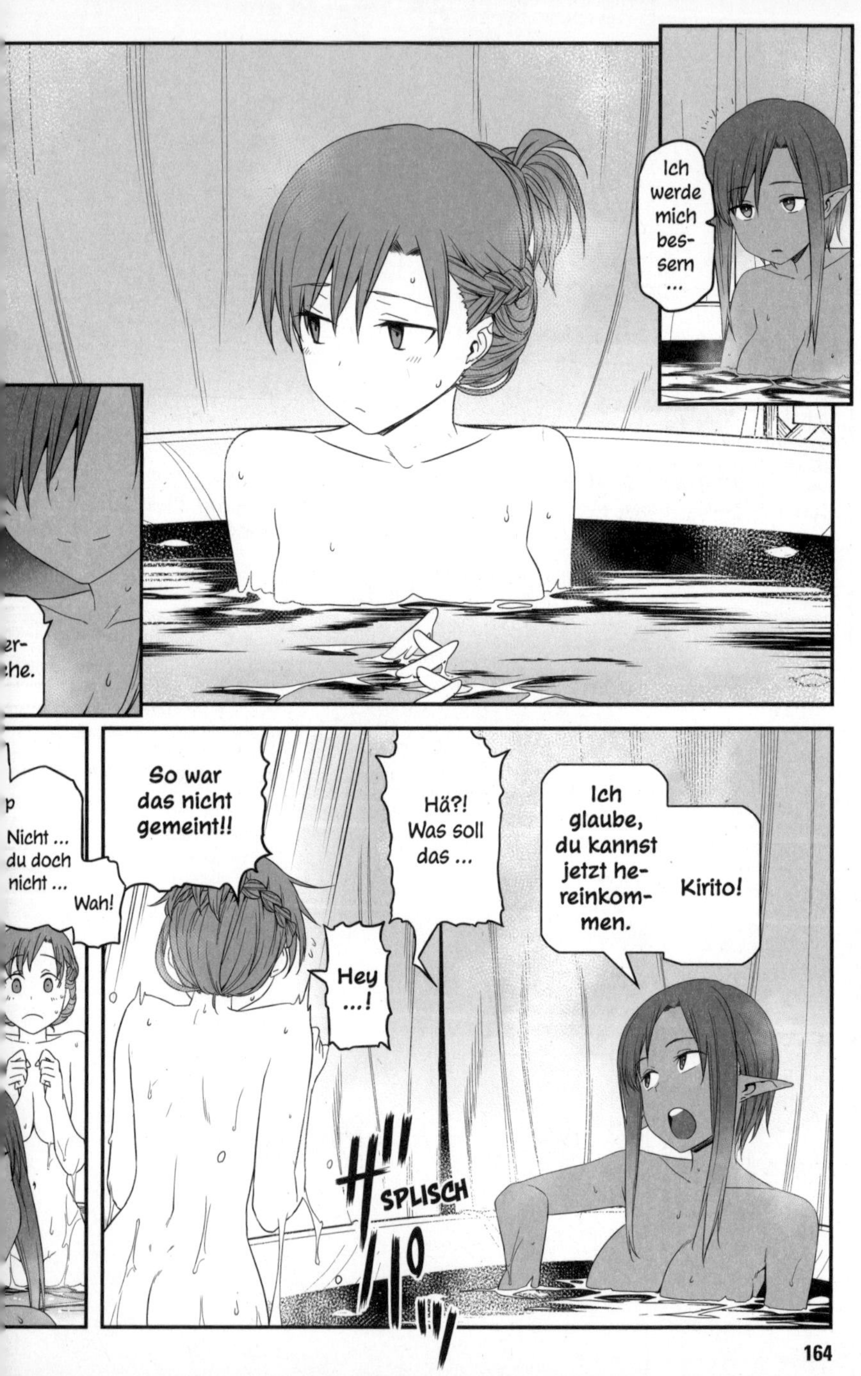
Ich werde mich bessern ...
Ich glaube, du kannst jetzt hereinkommen.
Kirito!
Hä?! Was soll das ...
Hey ...!
So war das nicht gemeint!!
SPLISCH
Wah!
Nicht ... du doch nicht ...

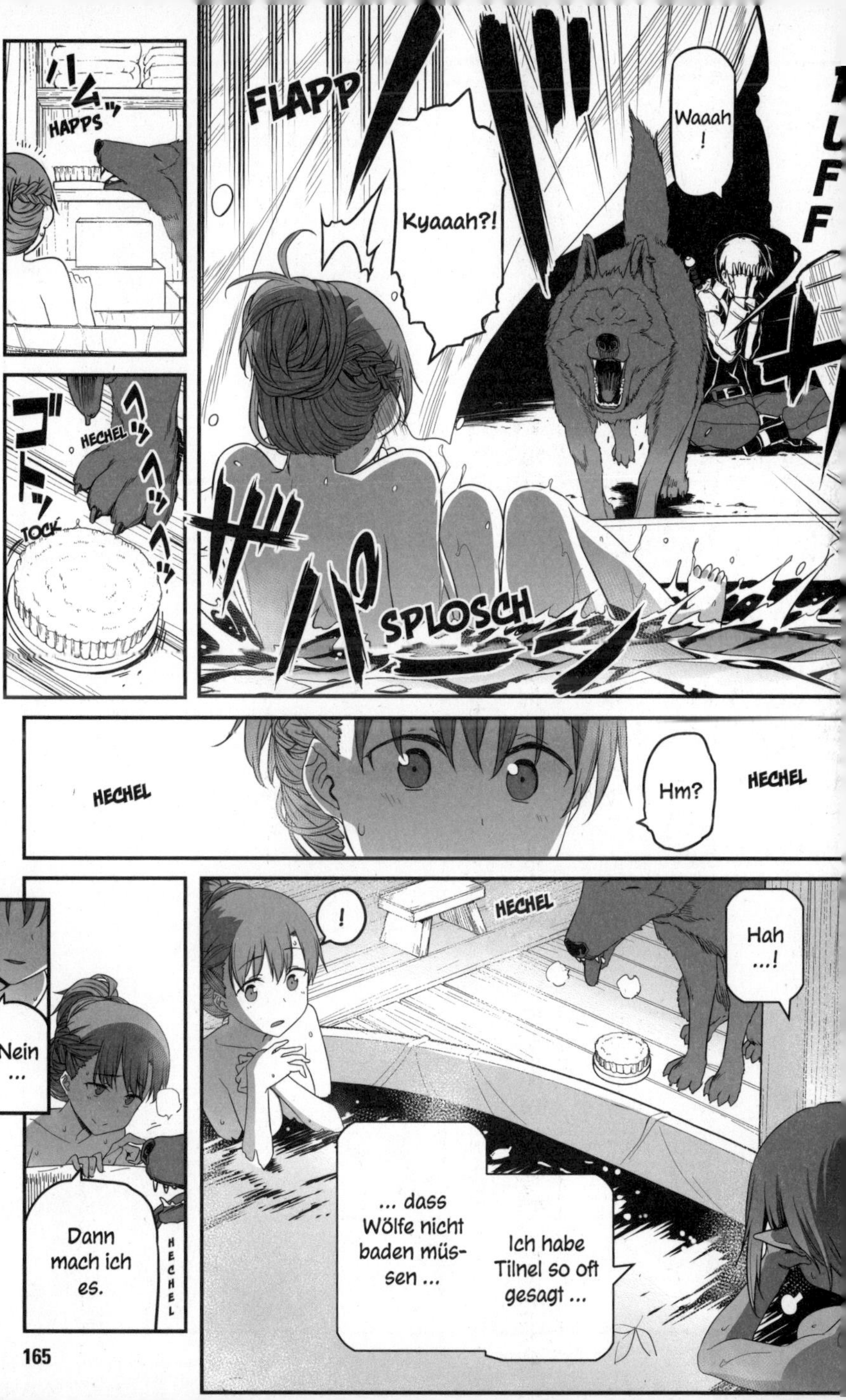

Waaah !
PUFF
FLAPP
Kyaaah?!
SPLOSCH

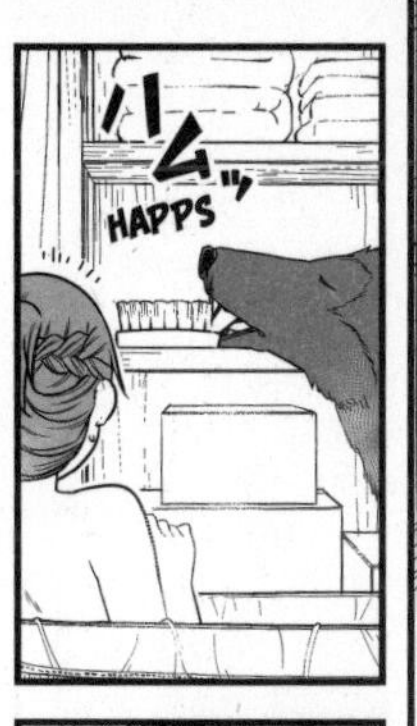

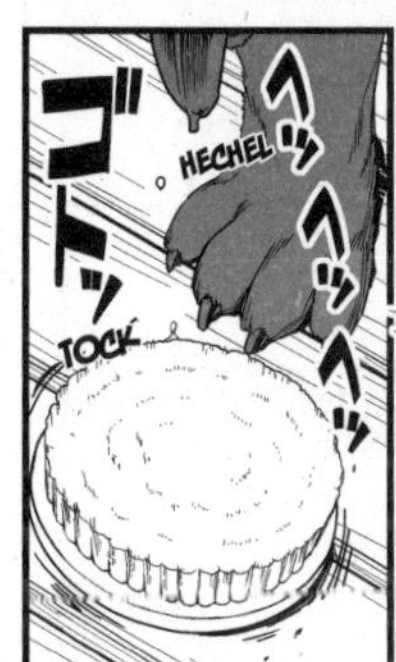

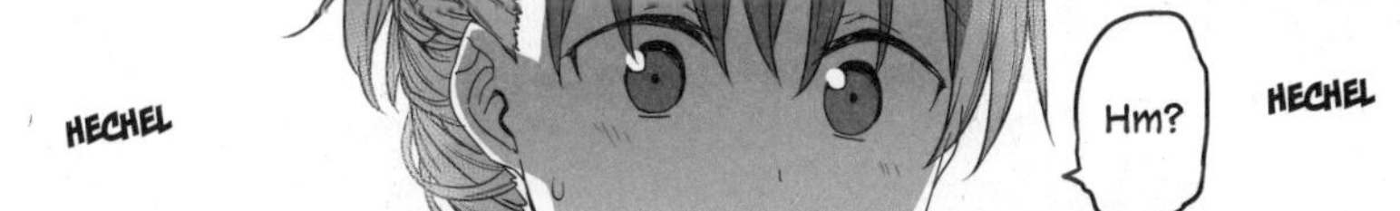

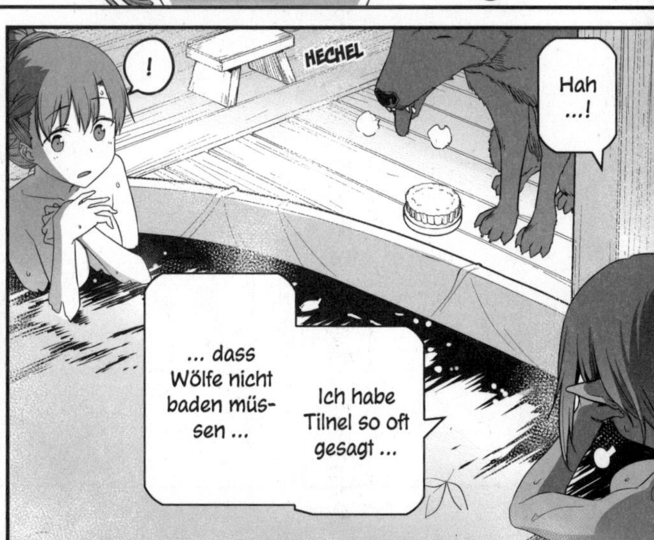

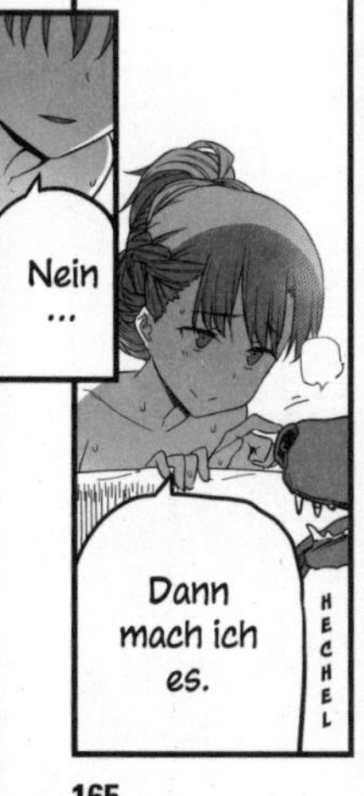

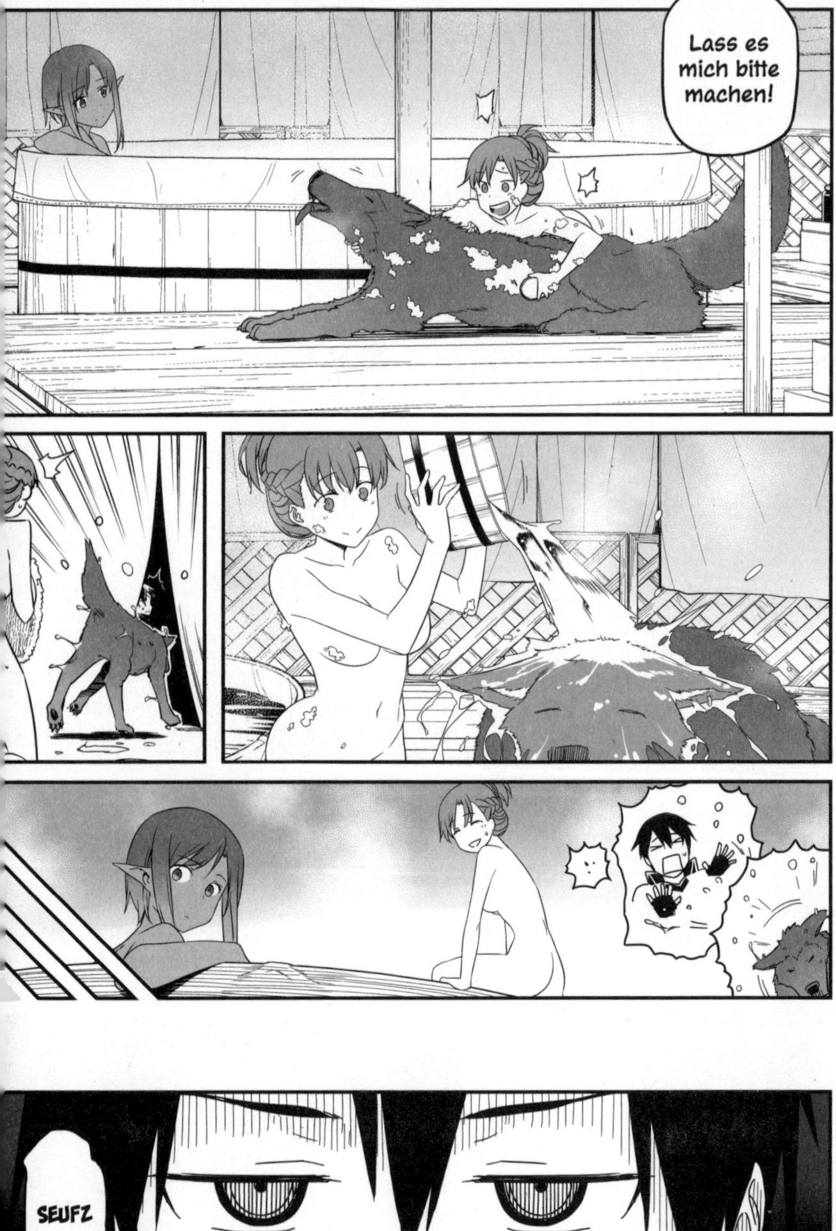

Lass es mich bitte machen!

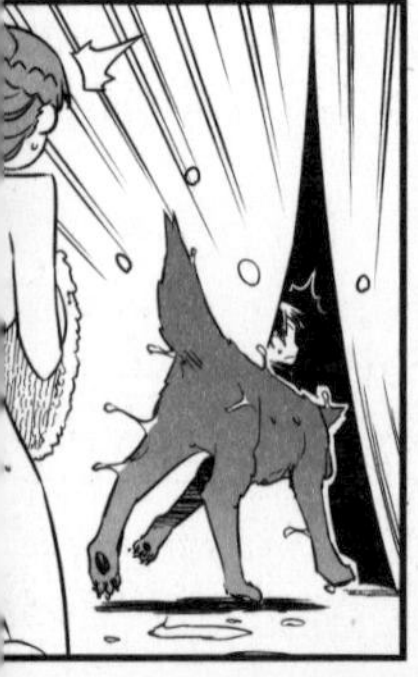

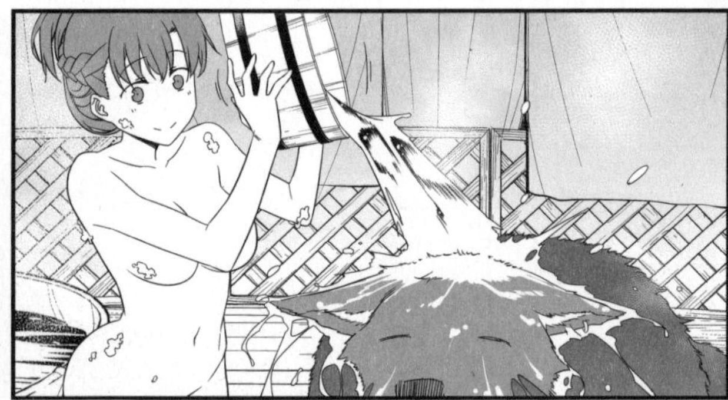

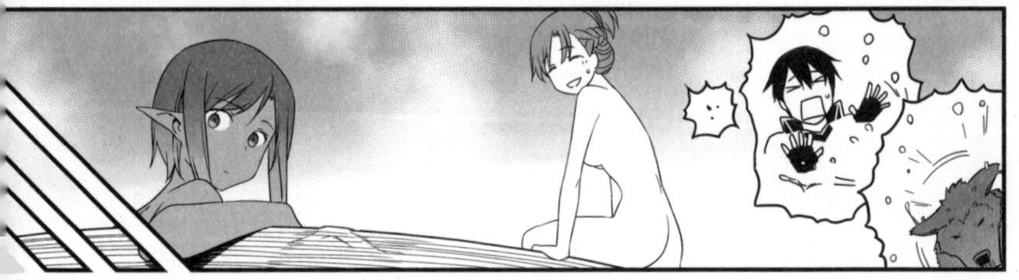

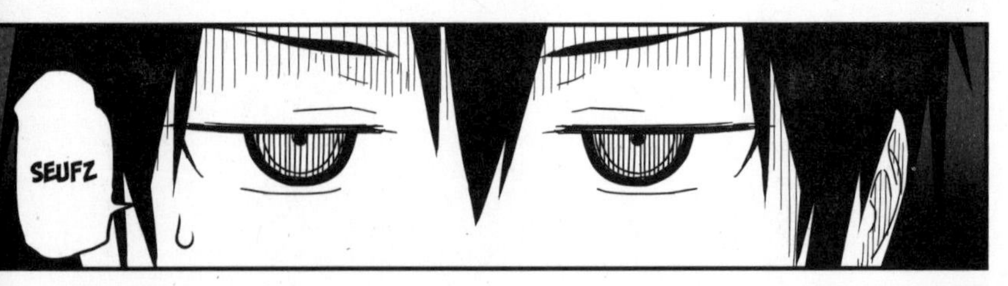

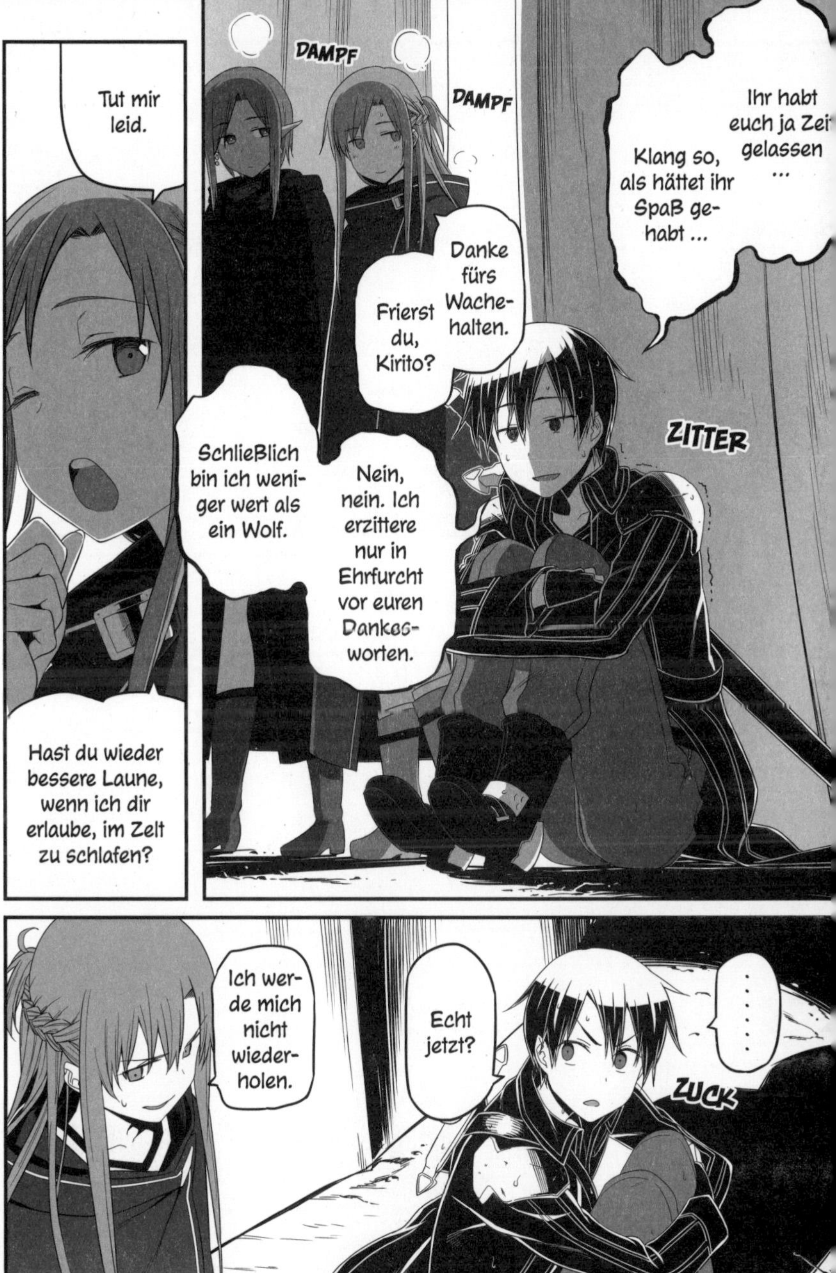

DAMPF
DAMPF
Ihr habt euch ja Zei gelassen ...
Klang so, als hättet ihr Spaß gehabt ...
Danke fürs Wachehalten.
Frierst du, Kirito?
ZITTER
Nein, nein. Ich erzittere nur in Ehrfurcht vor euren Dankesworten.
Schließlich bin ich weniger wert als ein Wolf.
Tut mir leid.
Hast du wieder bessere Laune, wenn ich dir erlaube, im Zelt zu schlafen?

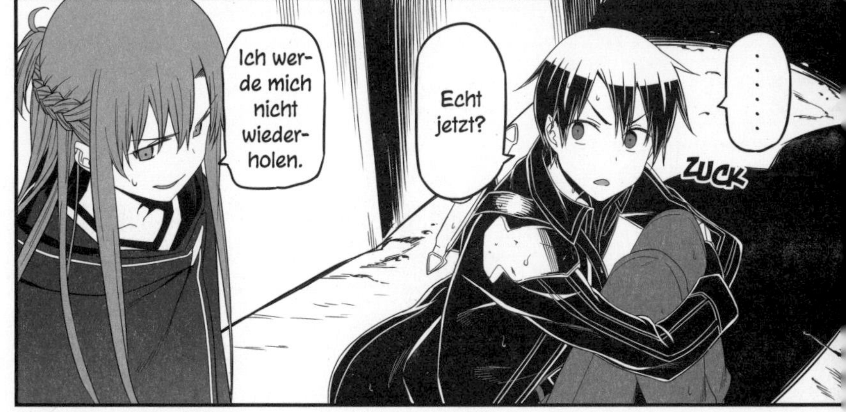

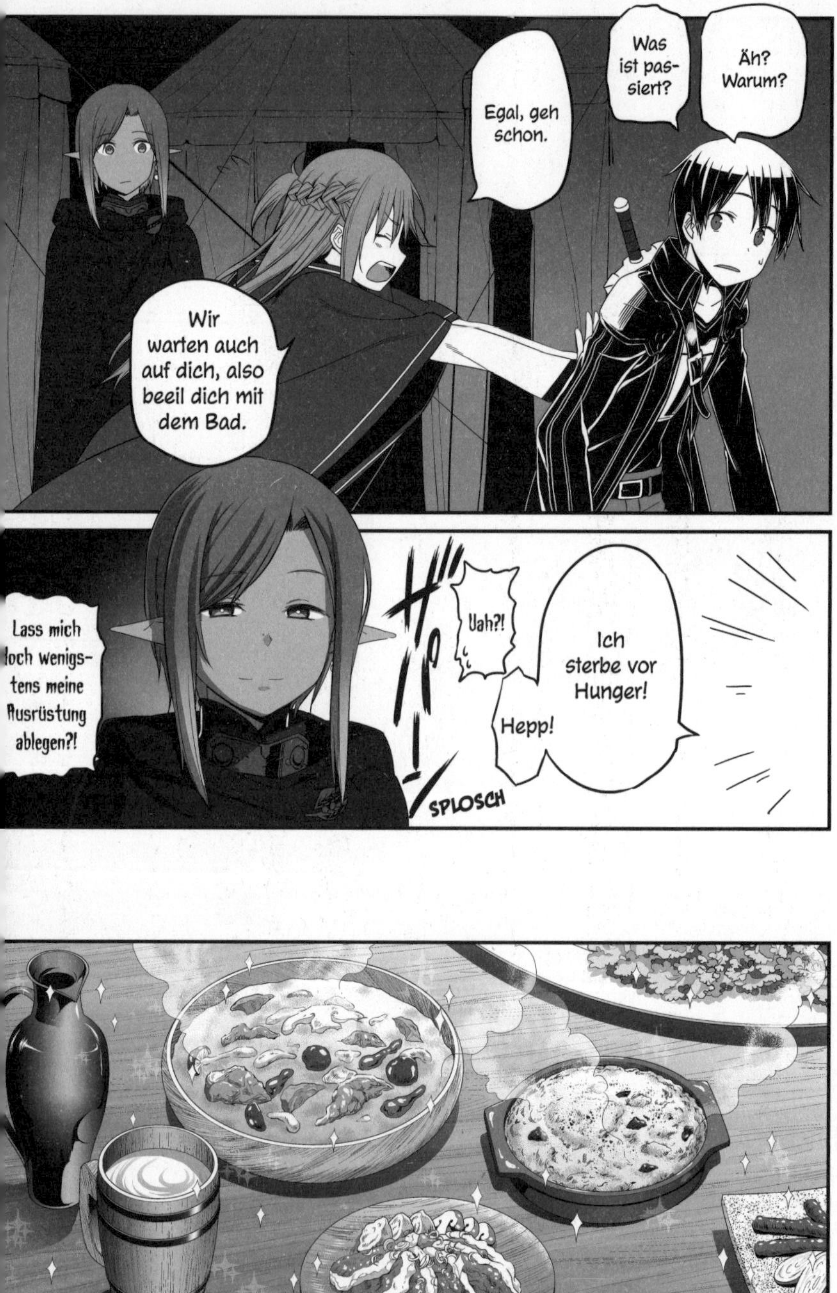

Äh? Warum?

Was ist passiert?

Egal, geh schon.

Wir warten auch auf dich, also beeil dich mit dem Bad.

Ich sterbe vor Hunger!

Hepp!

Uah?!

SPLOSCH

Lass mich doch wenigstens meine Ausrüstung ablegen?!

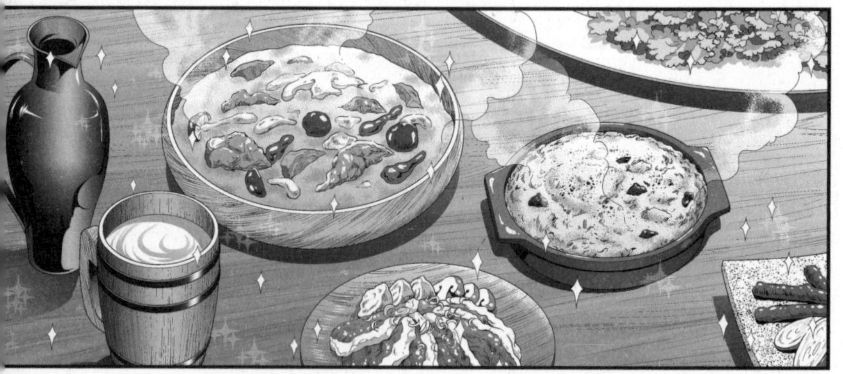

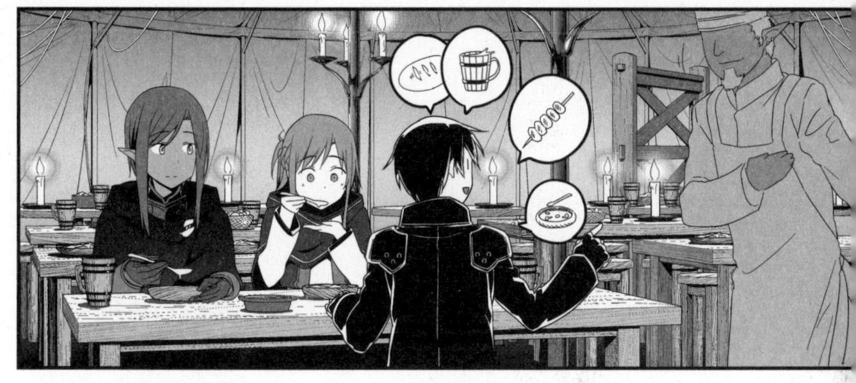

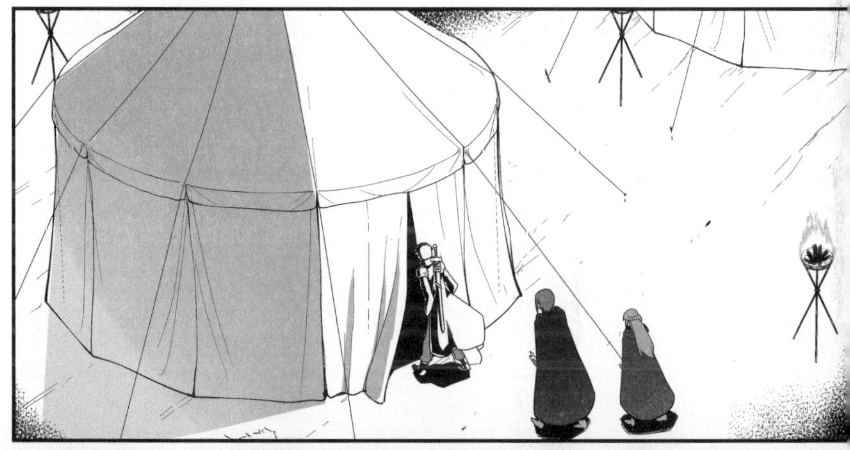

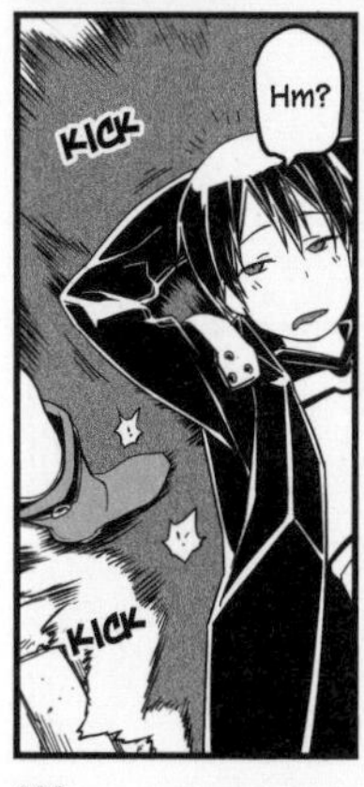
Hm?
KICK
KICK

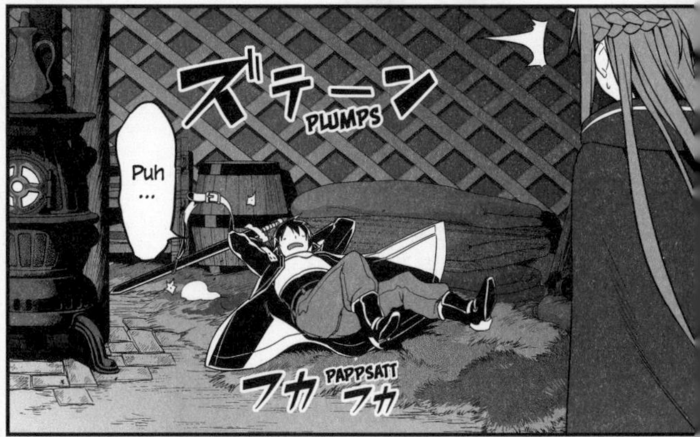
ズテーン
PLUMPS
Puh ...
フカ
PAPPSATT
フカ

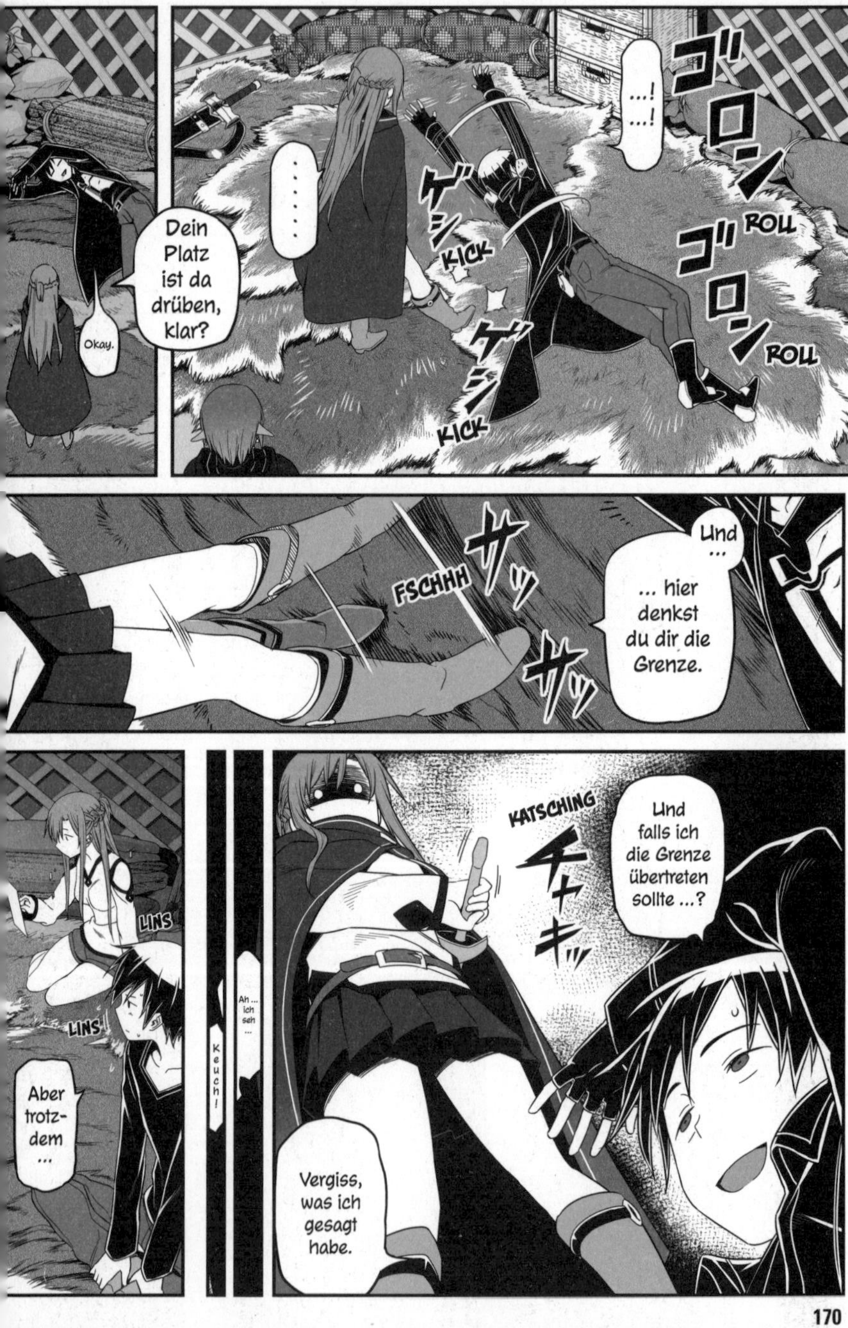

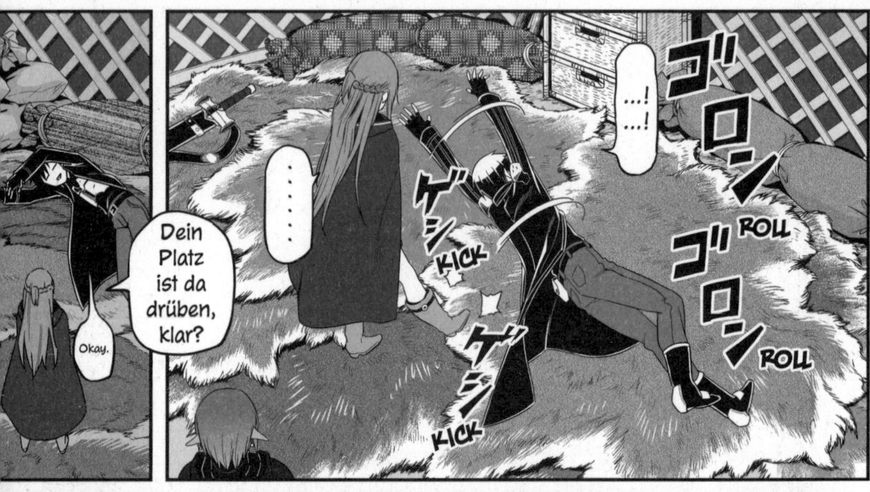

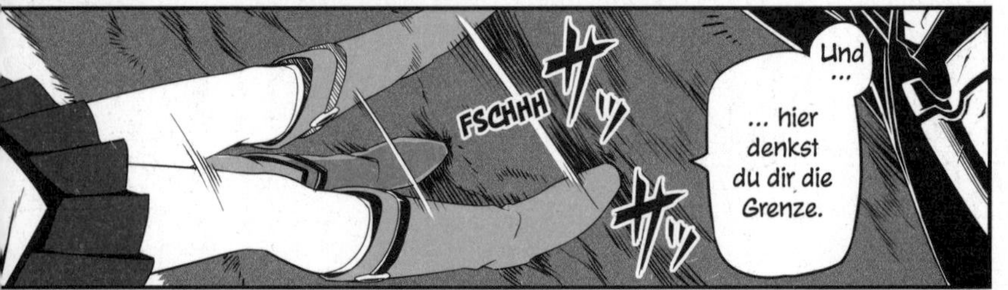

Und falls ich die Grenze übertreten sollte ...?
KATSCHING
チャキッ
Vergiss, was ich gesagt habe.
Ah ... ich seh ...
Keuch!
LINS
LINS
Aber trotz-dem ...

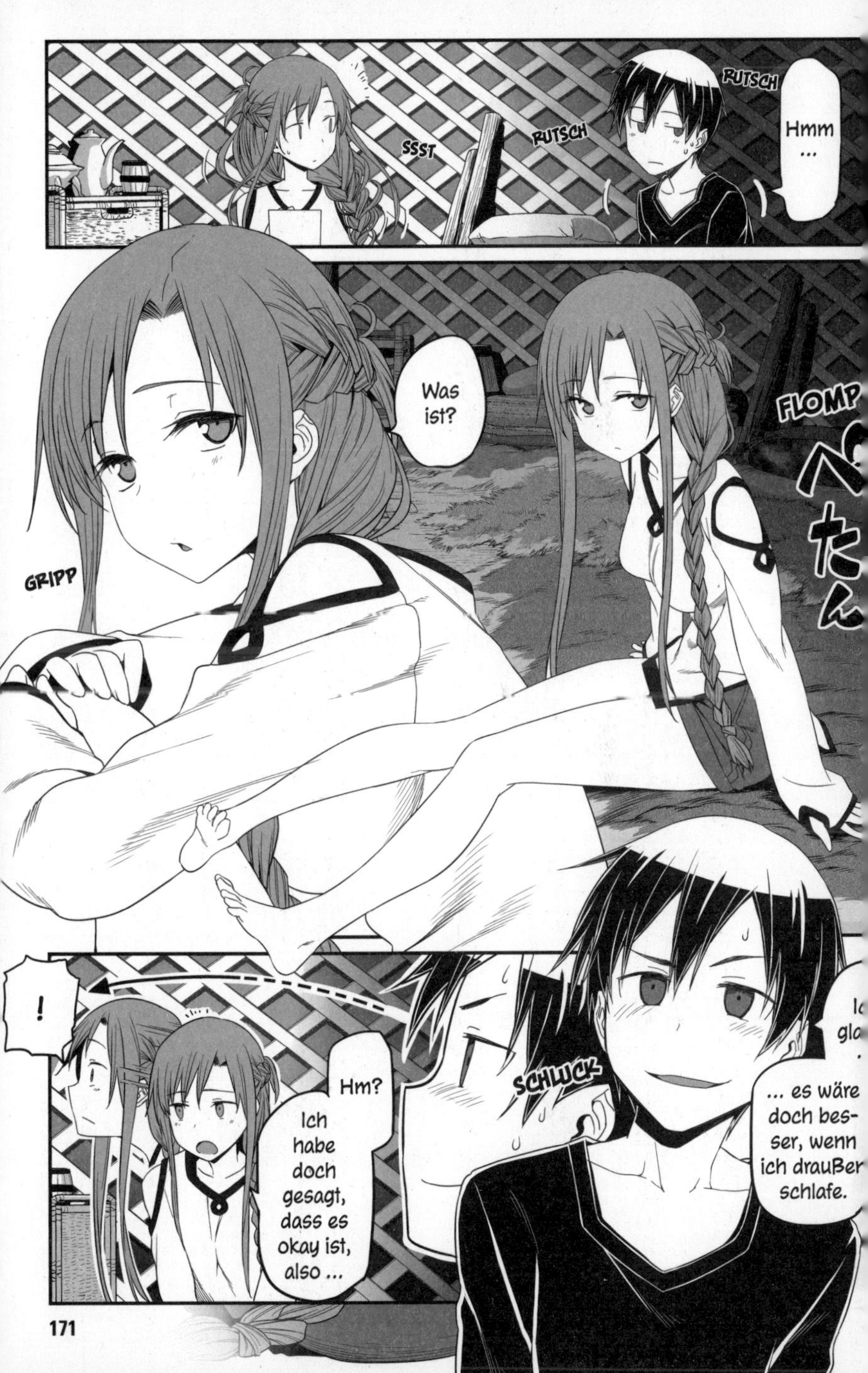
Hmm ...
RUTSCH
RUTSCH
SSST
FLOMP
ぺたん
Was ist?
GRIPP
... es wäre doch besser, wenn ich draußen schlafe.
SCHLUCK
Hm?
Ich habe doch gesagt, dass es okay ist, also ...
!

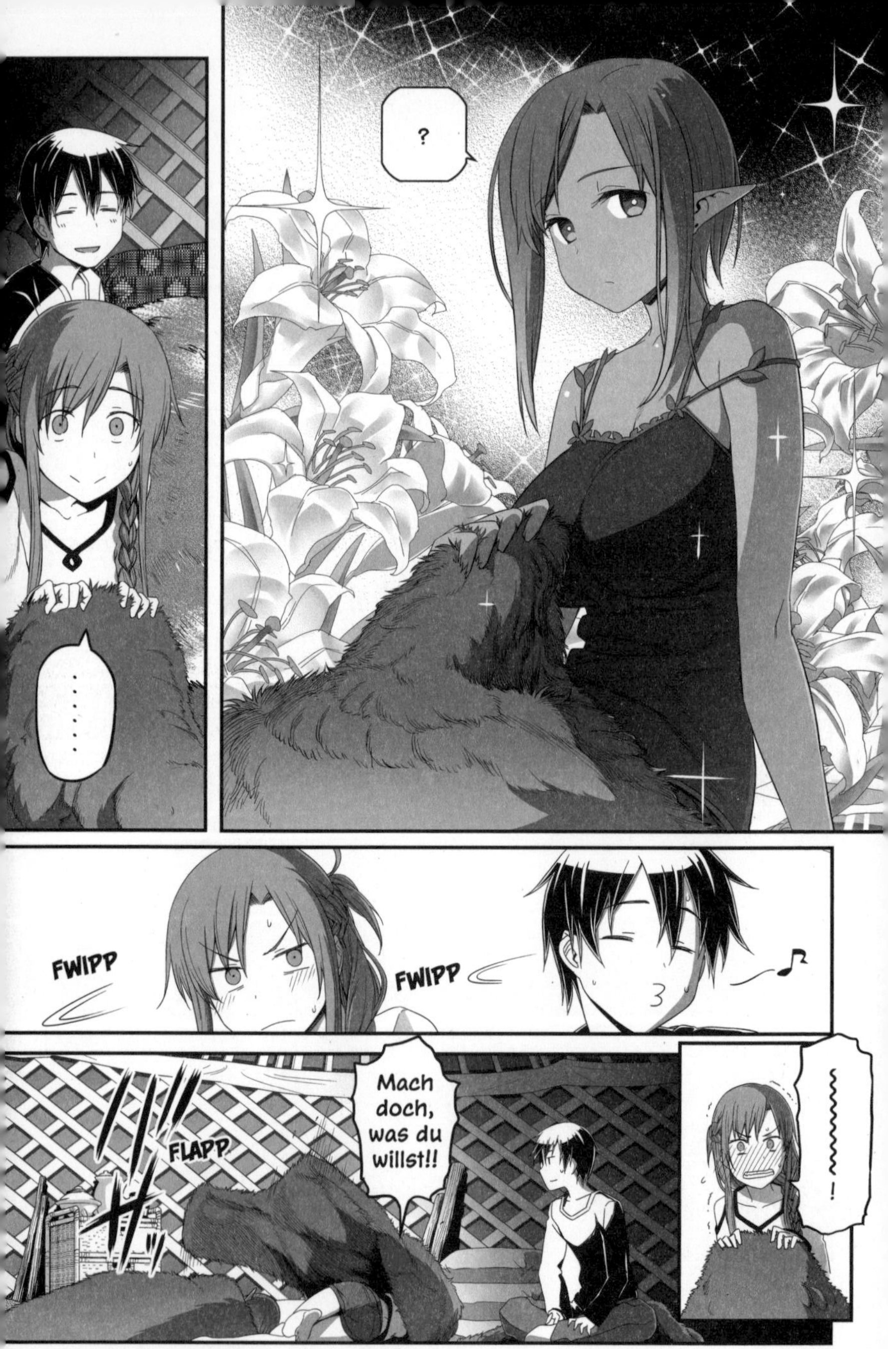

?

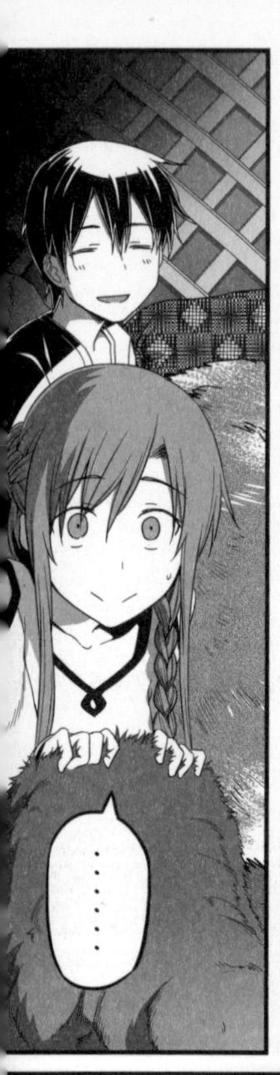
……

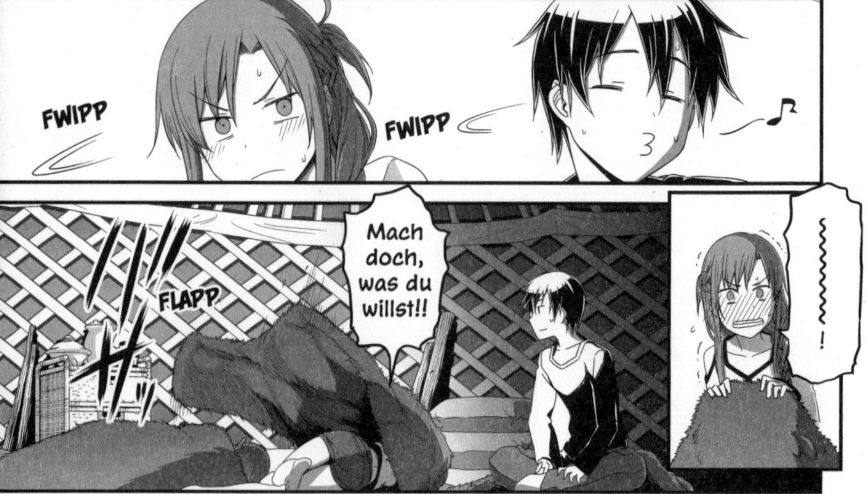
FWIPP
FWIPP
Mach doch, was du willst!!
FLAPP

#029 – Geschichte

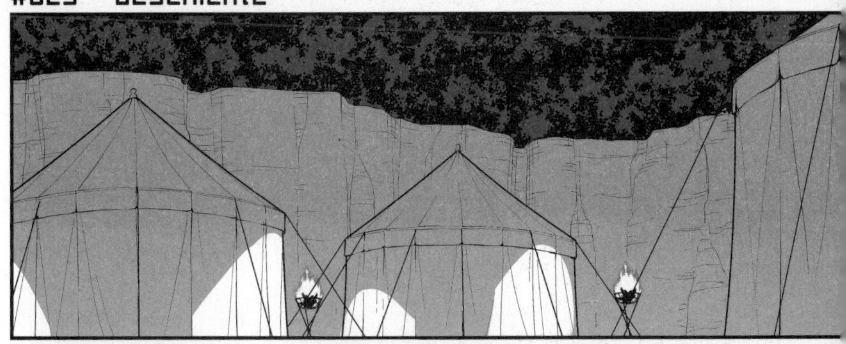

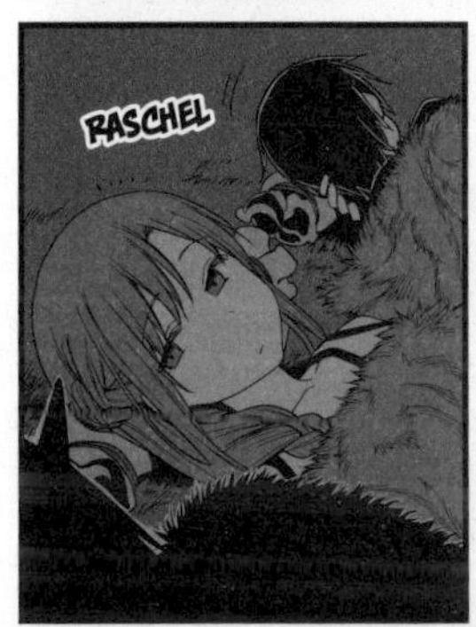

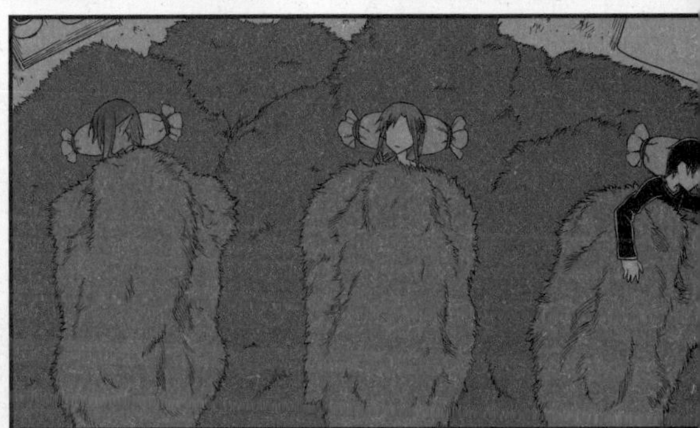

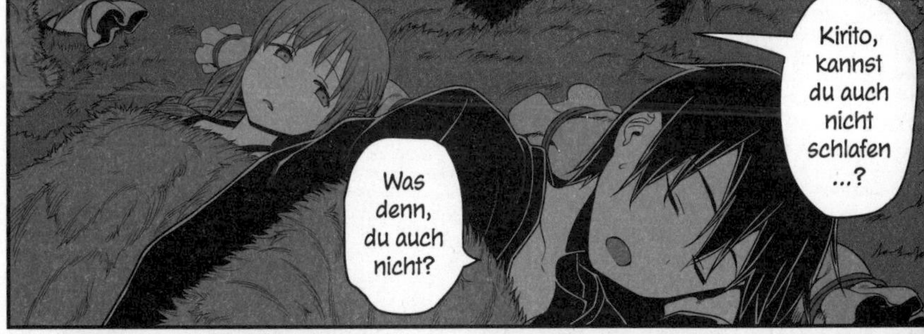

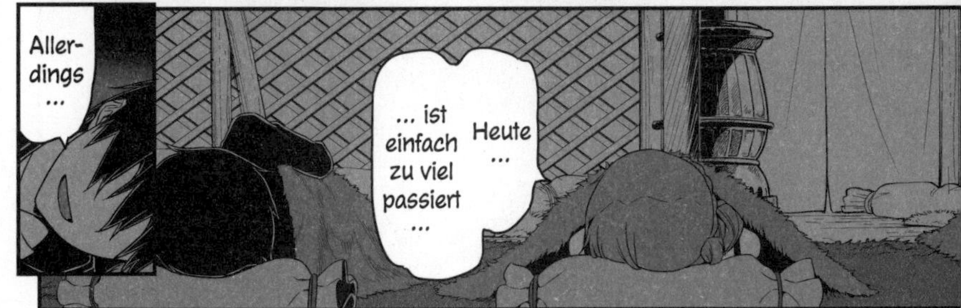

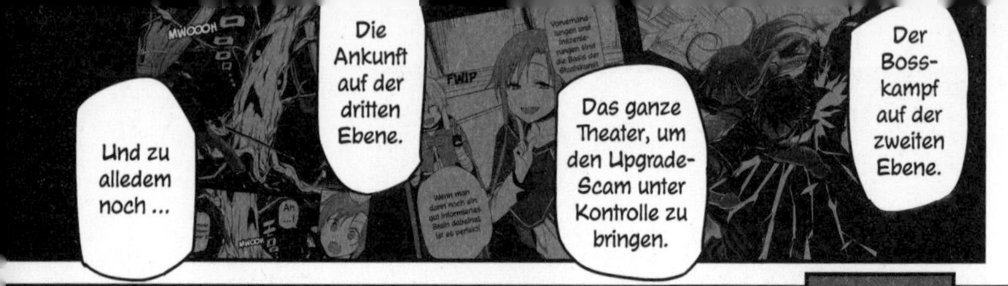

Der Boss-kampf auf der zweiten Ebene.
Das ganze Theater, um den Upgrade-Scam unter Kontrolle zu bringen.
FWIP
Die Ankunft auf der dritten Ebene.
MWOOOH
Und zu alledem noch ...

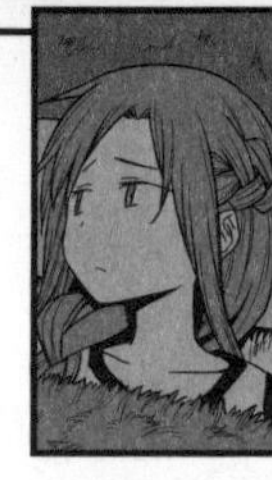

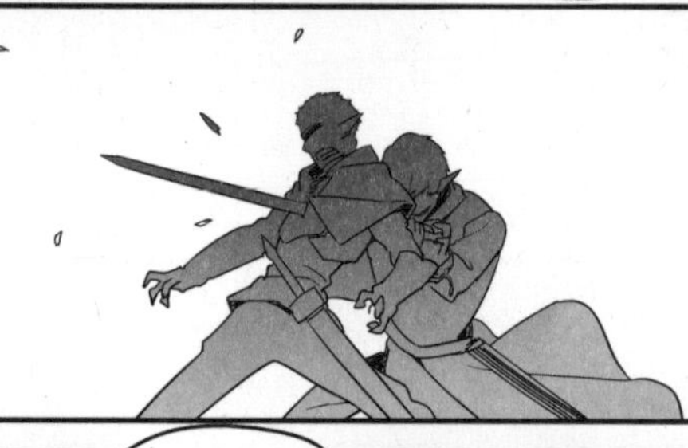

Ehrlich gesagt habe ich mir seit der Beta Gedanken darüber gemacht.

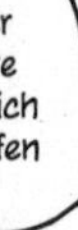

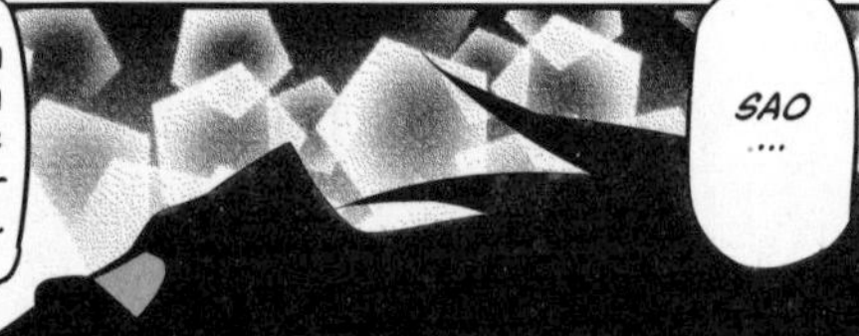

SAO ...
... hat verglichen mit den üblichen MMORPGs eine viel zu oberflächliche Geschichte.

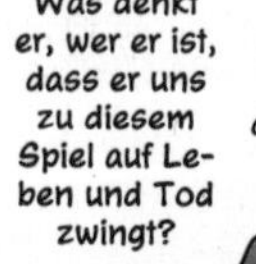

Aber heute habe ich begriffen ...
. was der ame Mas-er Kayaba ahrschein-ch sagen will.

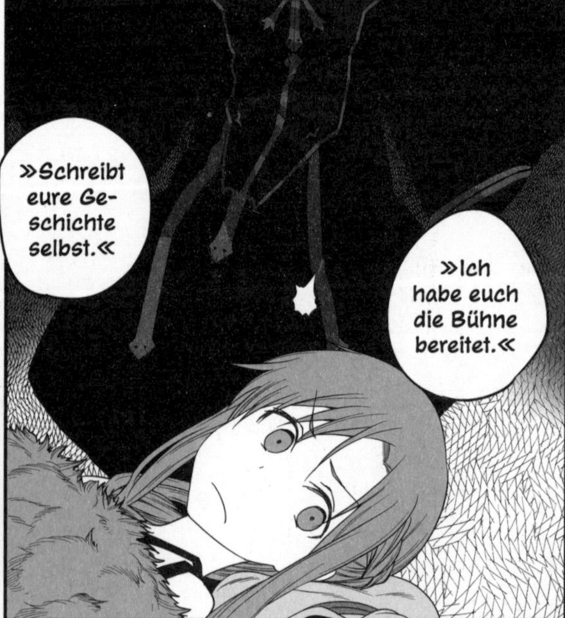

»Ich habe euch die Bühne bereitet.«
»Schreibt eure Ge-schichte selbst.«

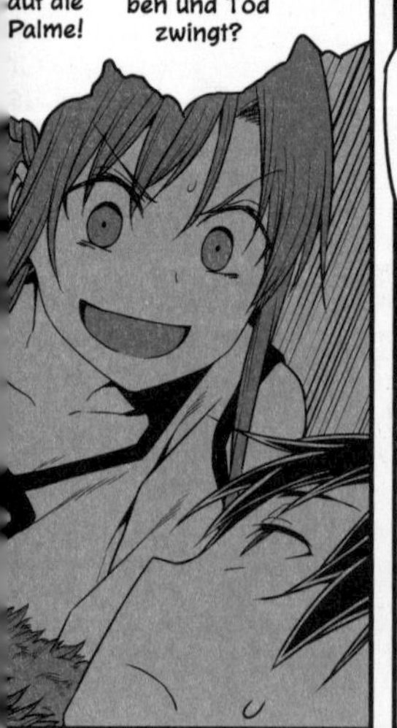

Was soll das?!
Was denkt er, wer er ist, dass er uns zu diesem Spiel auf Le-ben und Tod zwingt?
Das bringt mich echt auf die Palme!

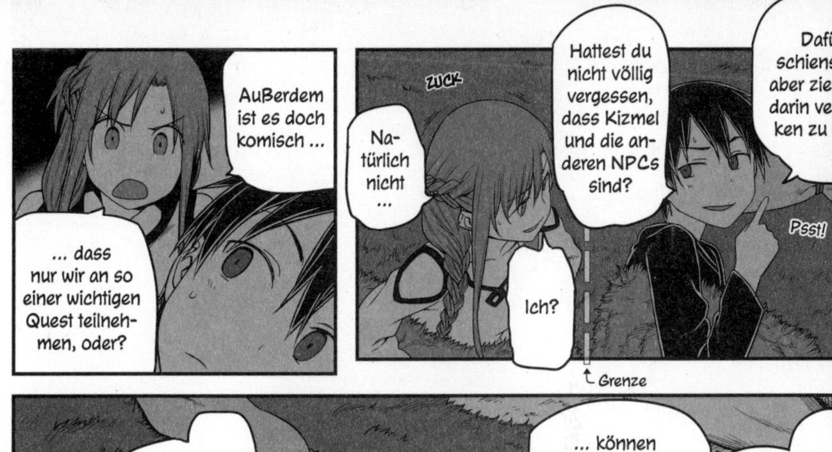

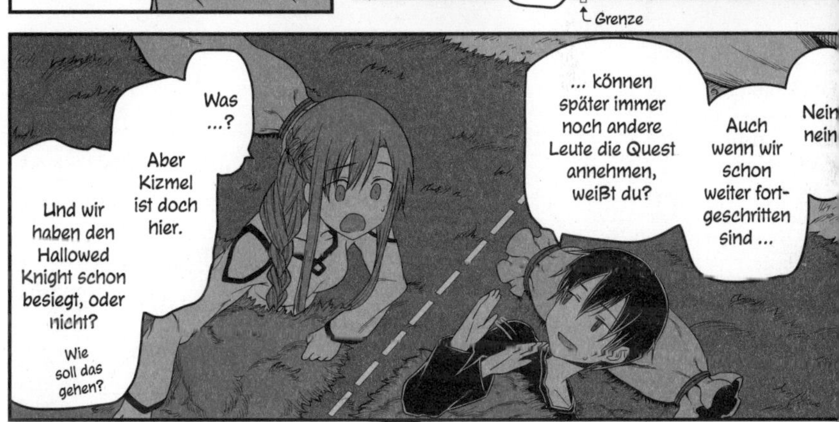

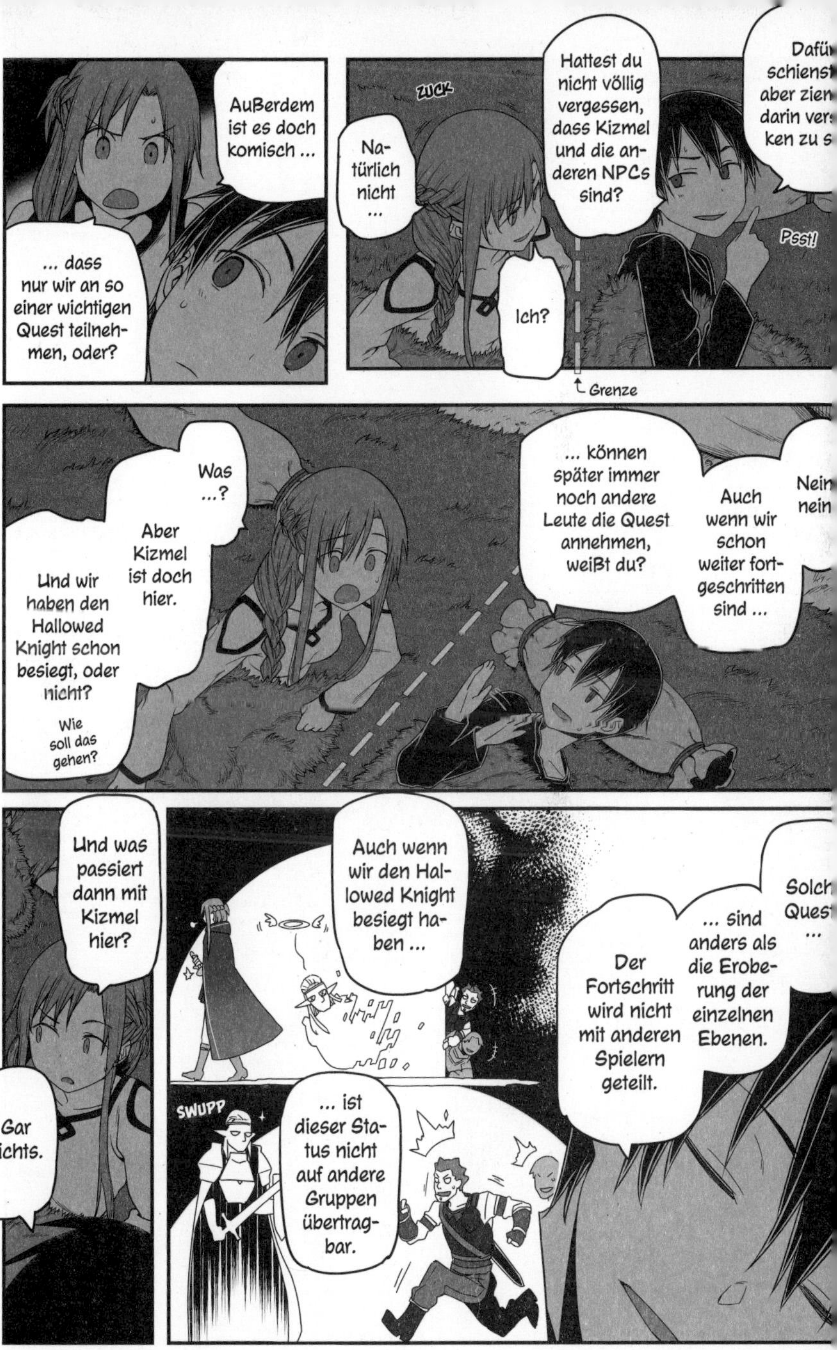

Solch
Quest
...
... sind anders als die Eroberung der einzelnen Ebenen.
Der Fortschritt wird nicht mit anderen Spielern geteilt.
Auch wenn wir den Hallowed Knight besiegt haben ...
... ist dieser Status nicht auf andere Gruppen übertragbar.
SWUPP
Und was passiert dann mit Kizmel hier?
Gar nichts.

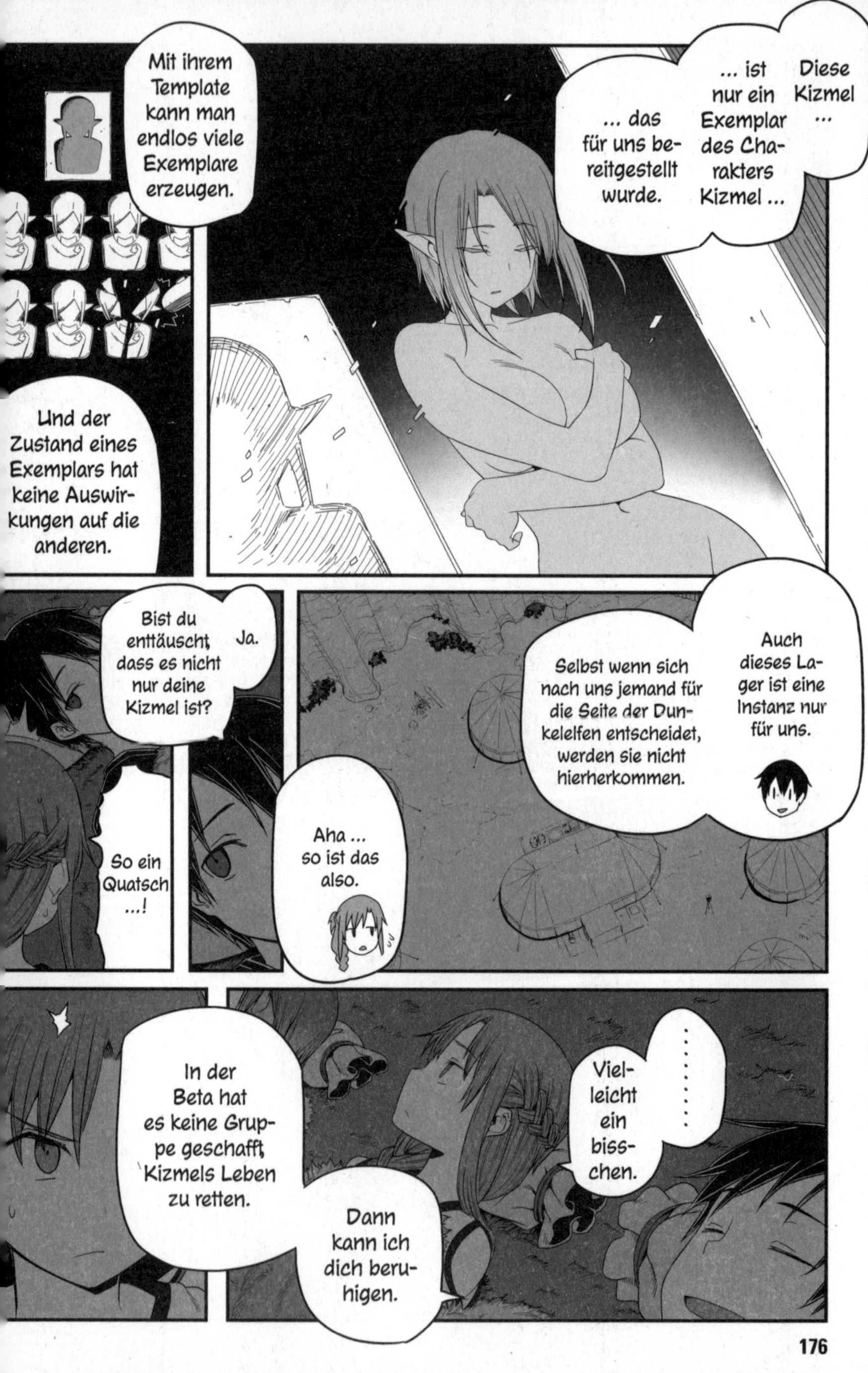
Diese Kizmel ...
... ist nur ein Exemplar des Charakters Kizmel ...
... das für uns bereitgestellt wurde.
Mit ihrem Template kann man endlos viele Exemplare erzeugen.
Und der Zustand eines Exemplars hat keine Auswirkungen auf die anderen.
Auch dieses Lager ist eine Instanz nur für uns.
Selbst wenn sich nach uns jemand für die Seite der Dunkelelfen entscheidet, werden sie nicht hierherkommen.
Aha ... so ist das also.
Bist du enttäuscht, dass es nicht nur deine Kizmel ist?
Ja.
So ein Quatsch ...!
......
Viel-leicht ein biss-chen.
In der Beta hat es keine Gruppe geschafft, Kizmels Leben zu retten.
Dann kann ich dich beruhigen.

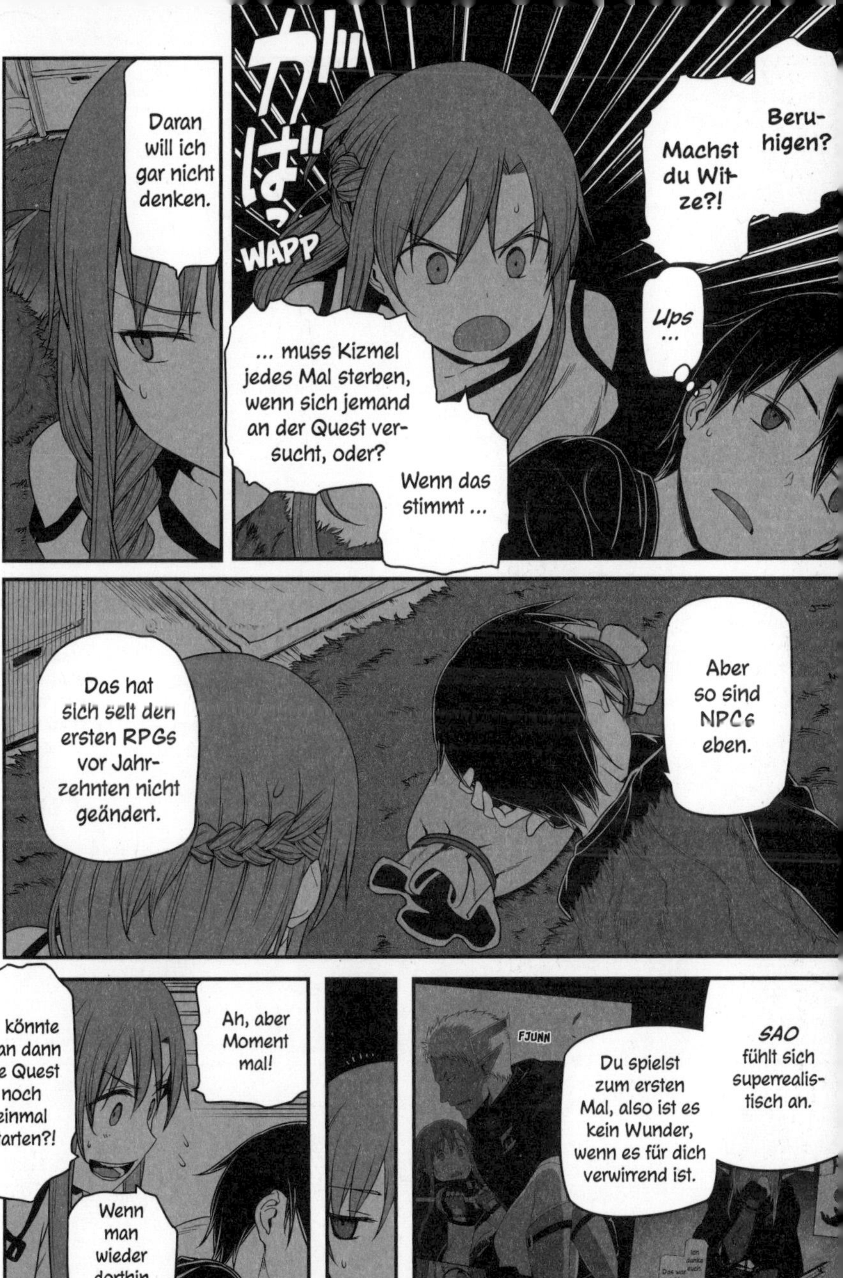

かばっ
WAPP
Beru-
higen?
Machst du Wit-
ze?!
Ups ...
Wenn das stimmt ...
... muss Kizmel jedes Mal sterben, wenn sich jemand an der Quest ver-
sucht, oder?
Daran will ich gar nicht denken.

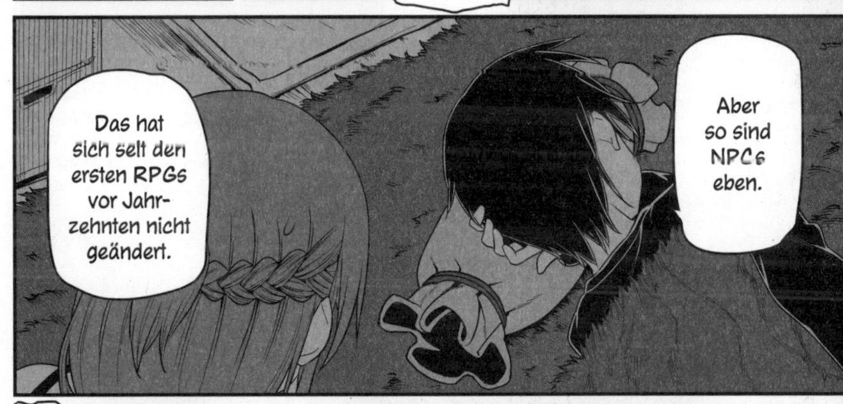

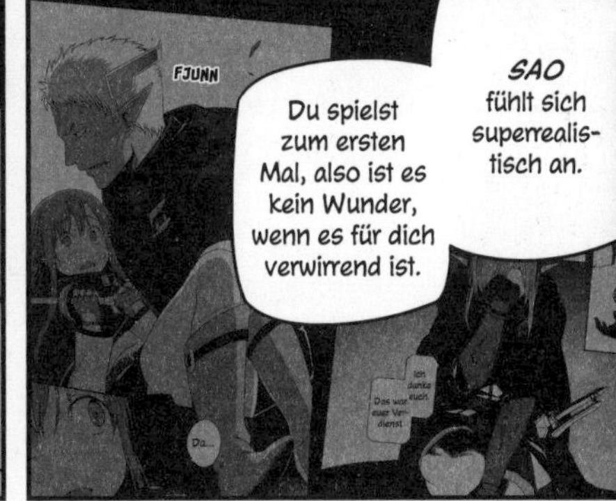

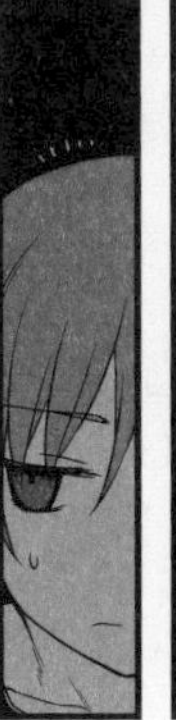

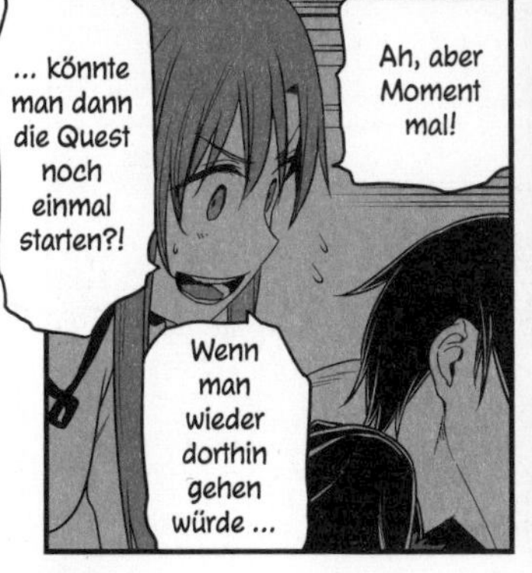

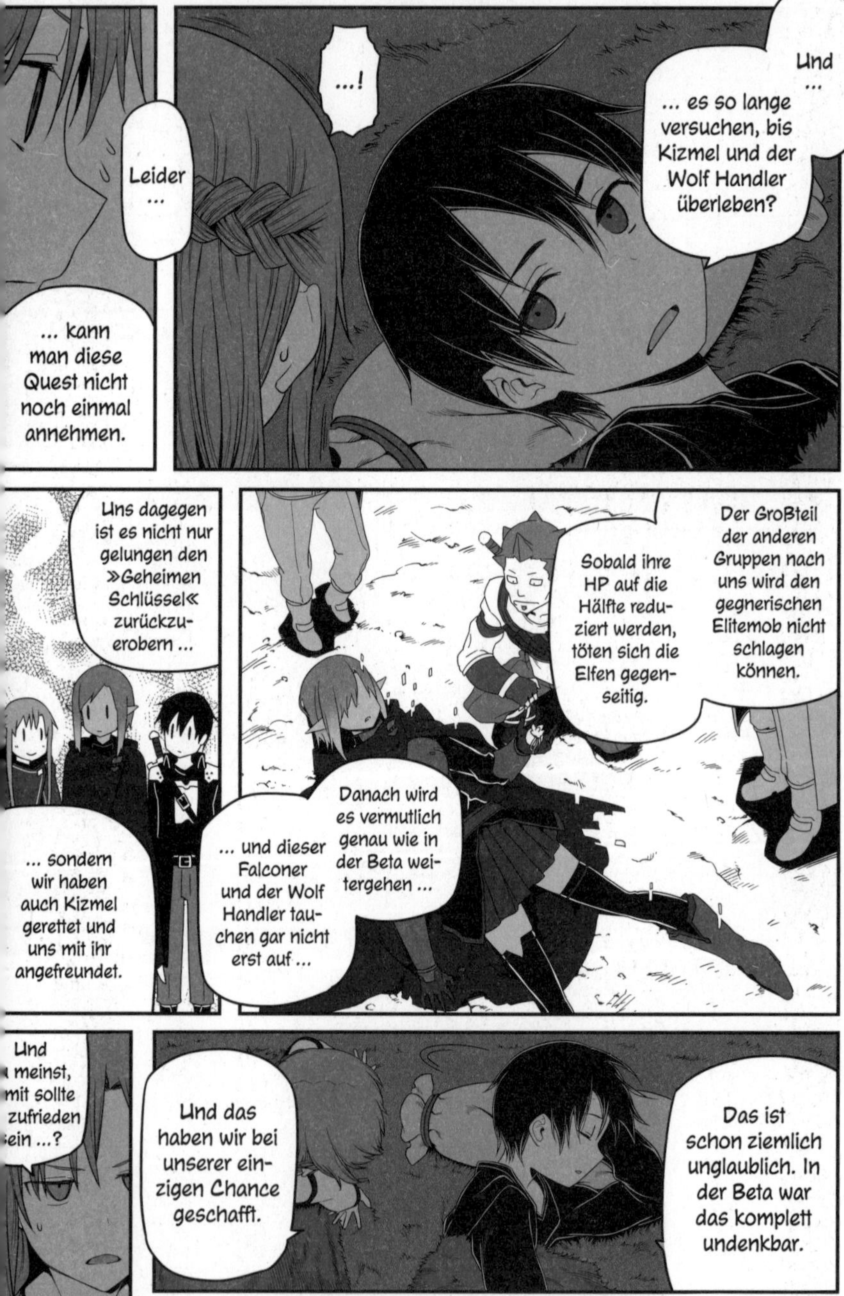

Und ... es so lange versuchen, bis Kizmel und der Wolf Handler überleben?

...!

Leider ... kann man diese Quest nicht noch einmal annehmen.

Der Großteil der anderen Gruppen nach uns wird den gegnerischen Elitemob nicht schlagen können.

Sobald ihre HP auf die Hälfte reduziert werden, töten sich die Elfen gegenseitig.

Danach wird es vermutlich genau wie in der Beta weitergehen ...

... und dieser Falconer und der Wolf Handler tauchen gar nicht erst auf ...

Uns dagegen ist es nicht nur gelungen den »Geheimen Schlüssel« zurückzuerobern ...

... sondern wir haben auch Kizmel gerettet und uns mit ihr angefreundet.

Das ist schon ziemlich unglaublich. In der Beta war das komplett undenkbar.

Und das haben wir bei unserer einzigen Chance geschafft.

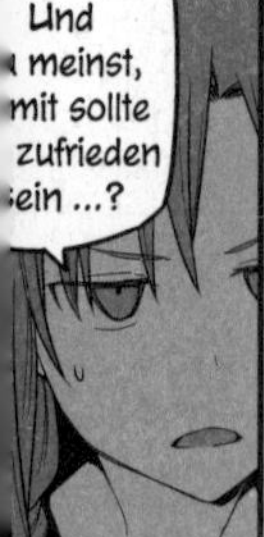

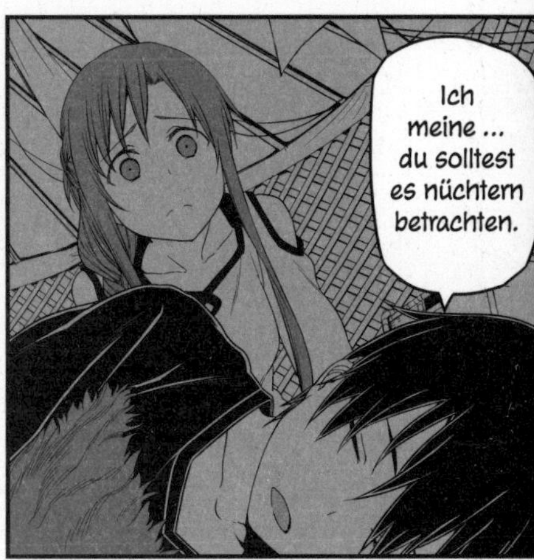
Ich meine ... du solltest es nüchtern betrachten.

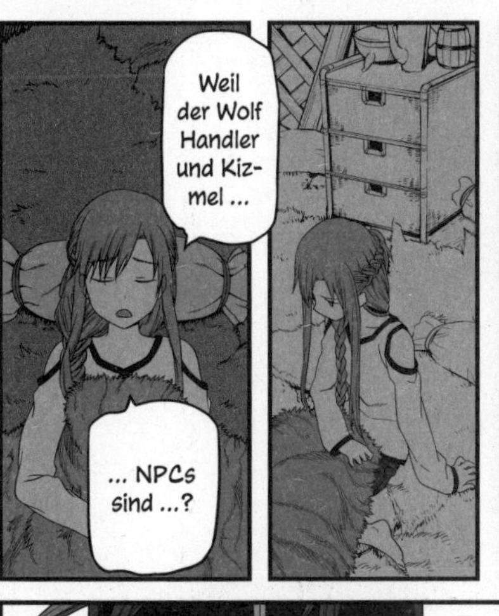
Weil der Wolf Handler und Kizmel ...
... NPCs sind ...?

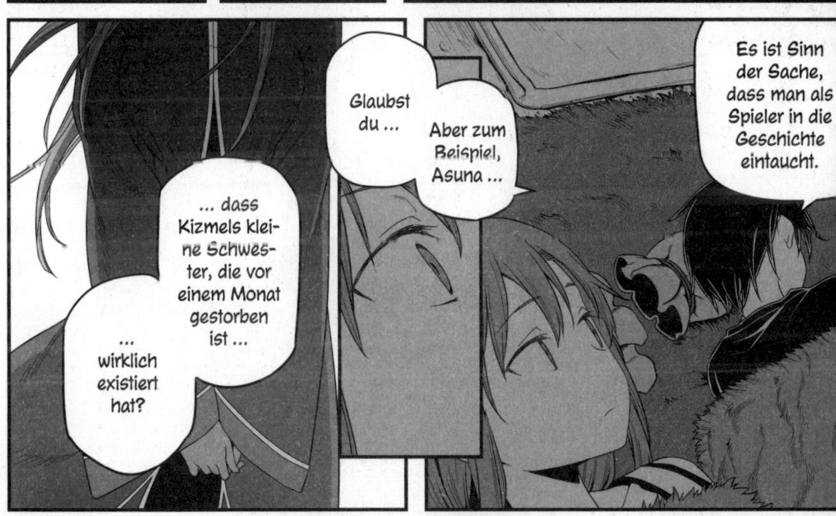
Es ist Sinn der Sache, dass man als Spieler in die Geschichte eintaucht.
Aber zum Beispiel, Asuna ...
Glaubst du ...
... dass Kizmels kleine Schwester, die vor einem Monat gestorben ist ...
... wirklich existiert hat?

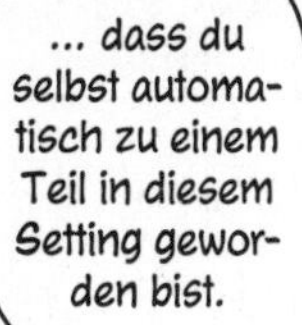
Als vor einem Mona SAO offizie gestartet ist ...
... hatte natürlich noch kein Mensch die dritte Ebene erreicht.
Da es keiner gesehen hat, reicht für das Spiel allein das entsprechende Setting.
Es ist auch möglich ...
... dass du selbst automatisch zu einem Teil in diesem Setting geworden bist.

Und ...

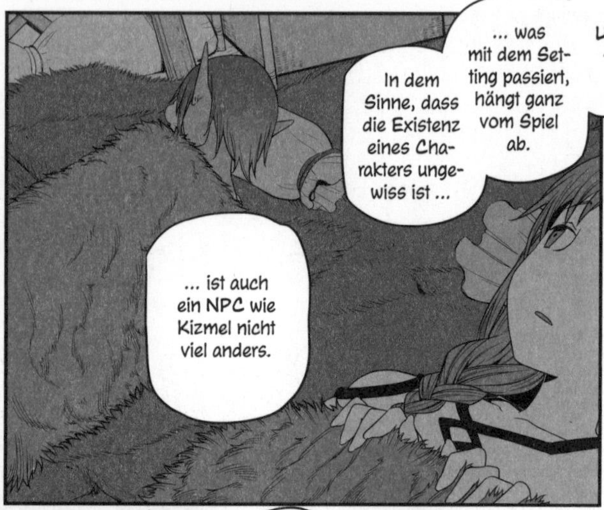
... was mit dem Setting passiert, hängt ganz vom Spiel ab.
In dem Sinne, dass die Existenz eines Charakters ungewiss ist ...
... ist auch ein NPC wie Kizmel nicht viel anders.

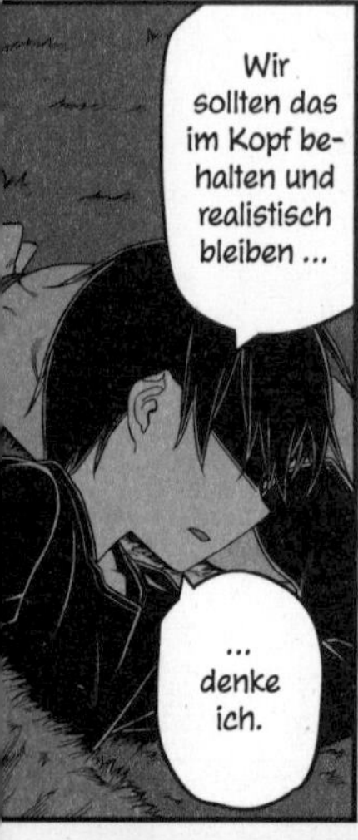
Wir sollten das im Kopf behalten und realistisch bleiben ...
... denke ich.

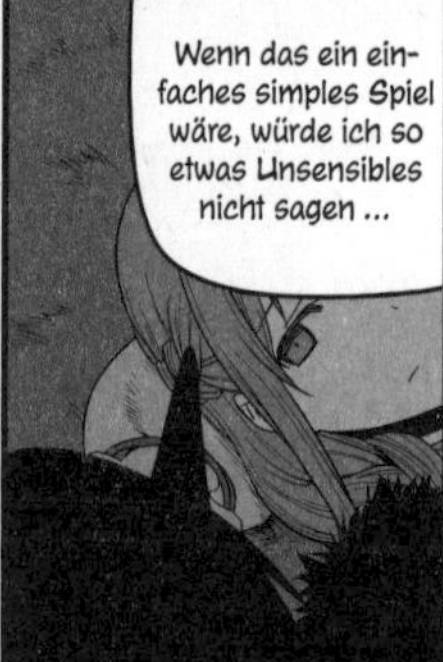
Wenn das ein einfaches simples Spiel wäre, würde ich so etwas Unsensibles nicht sagen ...

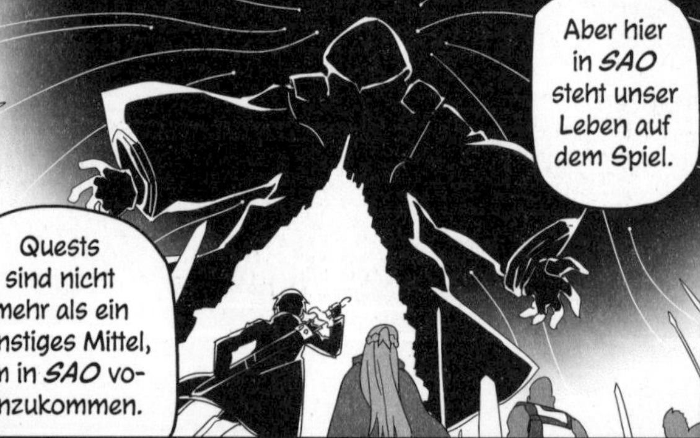
Aber hier in *SAO* steht unser Leben auf dem Spiel.
Quests sind nicht mehr als ein ünstiges Mittel, um in *SAO* vo- ranzukommen.

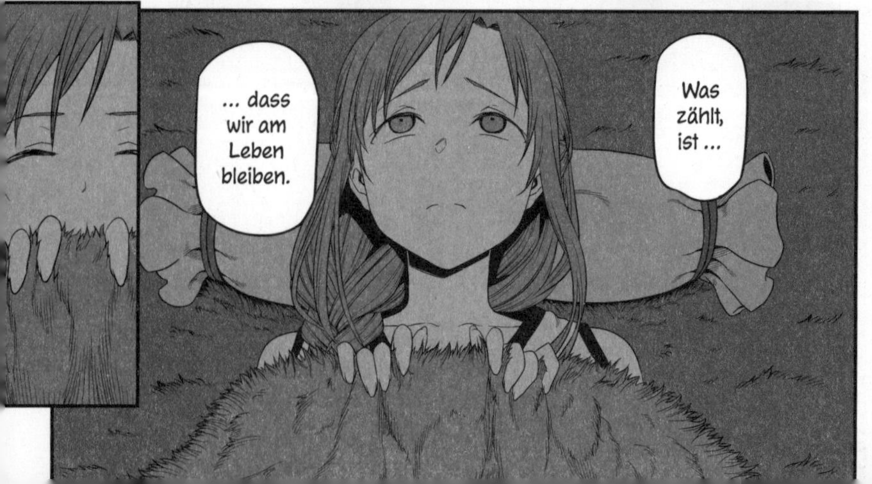
Was zählt, ist ...
... dass wir am Leben bleiben.

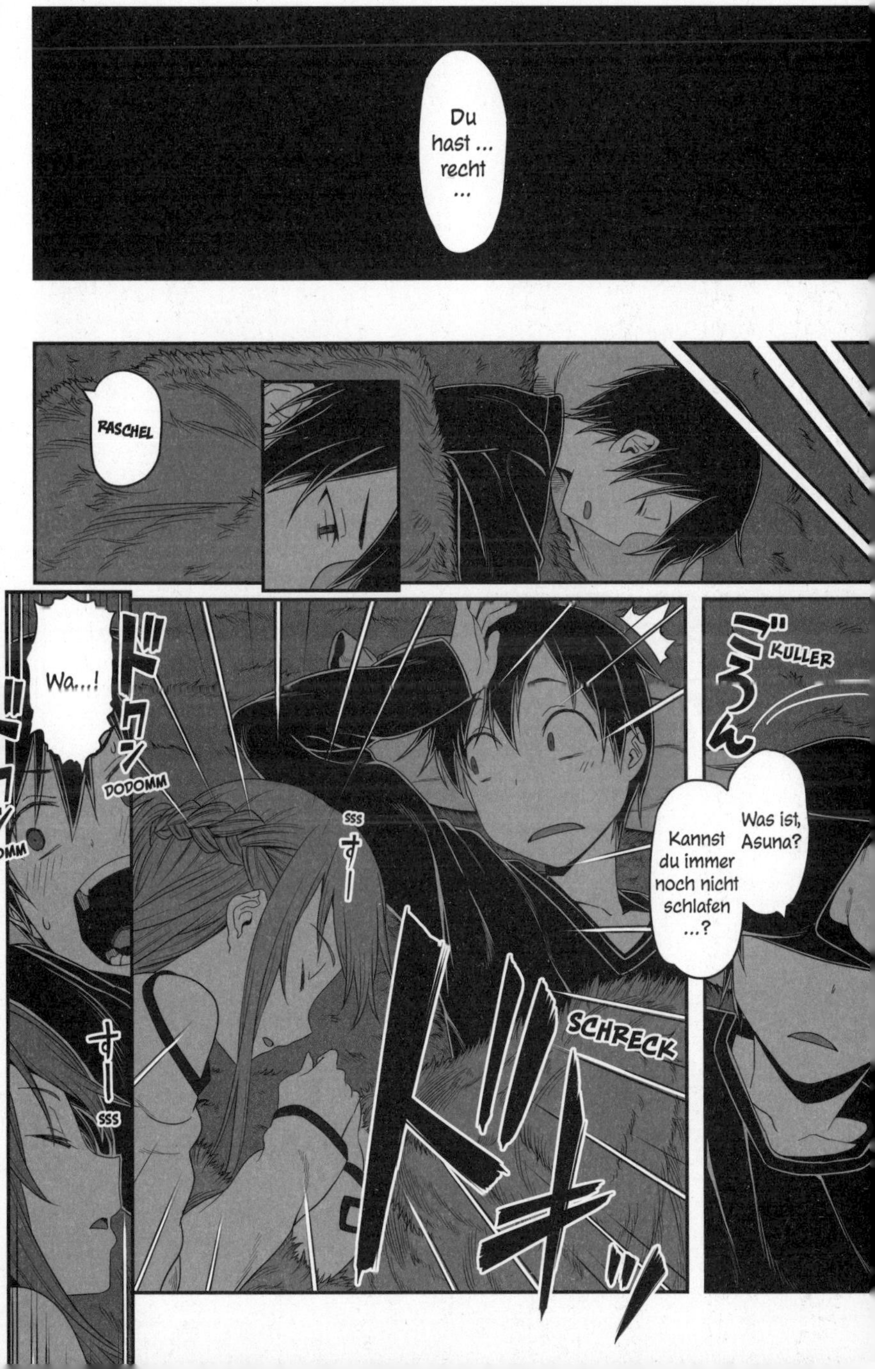

Du hast ... recht ...
RASCHEL
KULLER
Was ist, Asuna? Kannst du immer noch nicht schlafen ...?
SCHRECK
SSS
Wa...!
DODOMM
DOMM
SSS

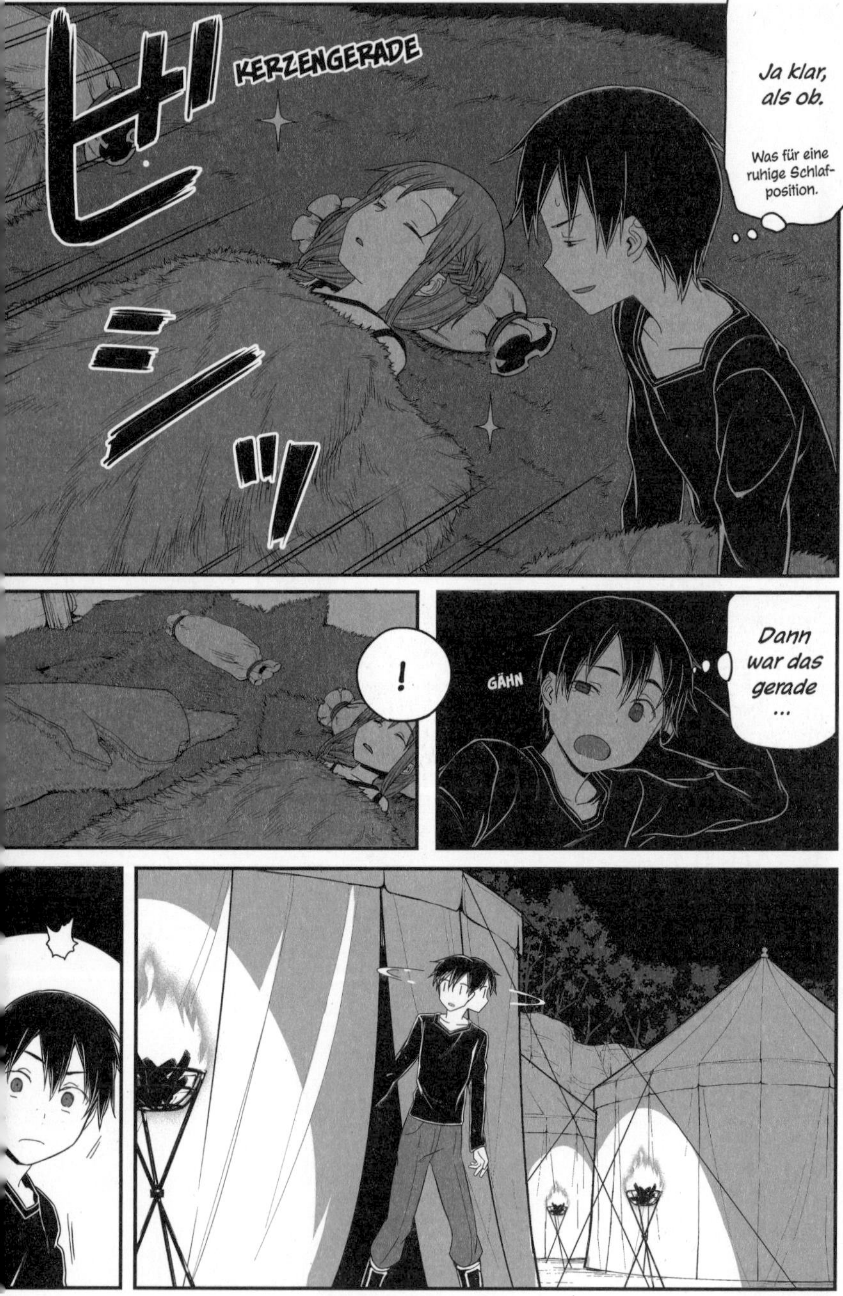

Ja klar, als ob.

Was für eine ruhige Schlafposition.

KERZENGERADE

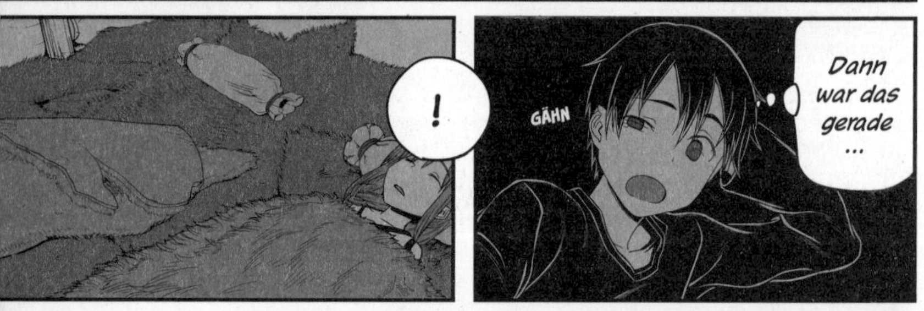

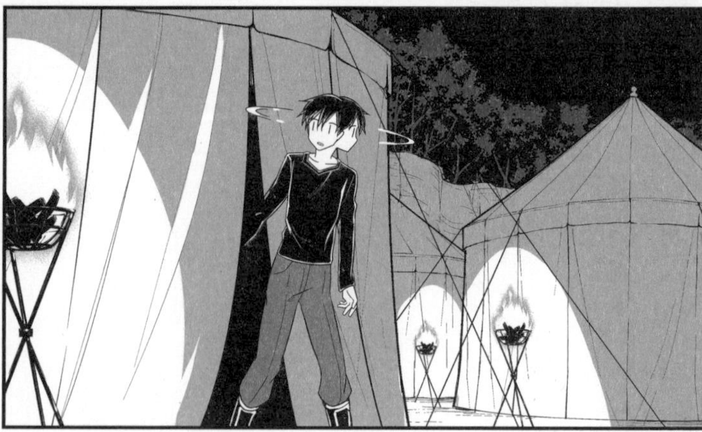

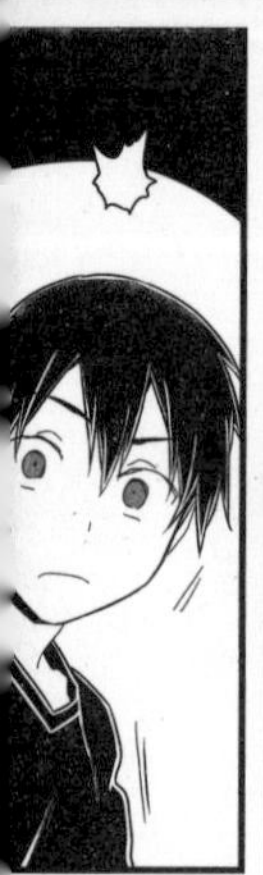

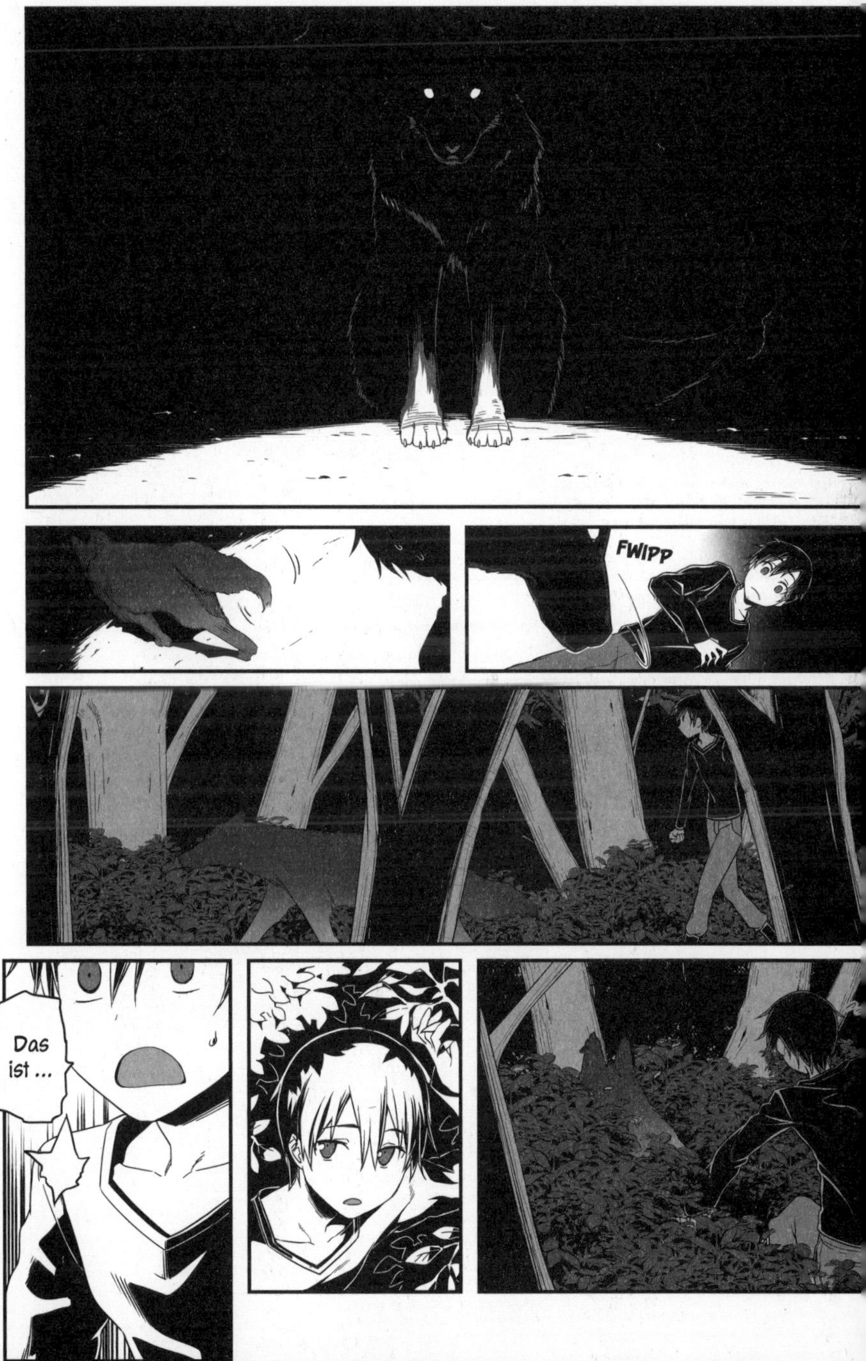

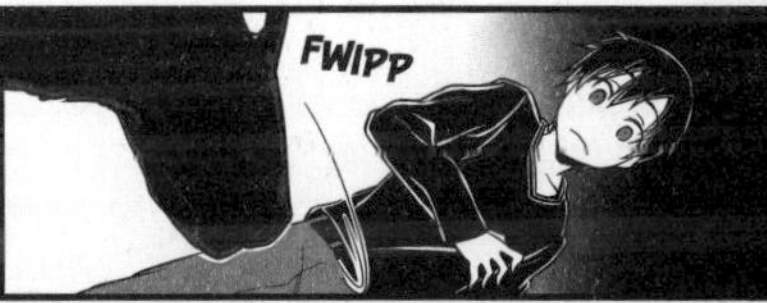
FWIPP

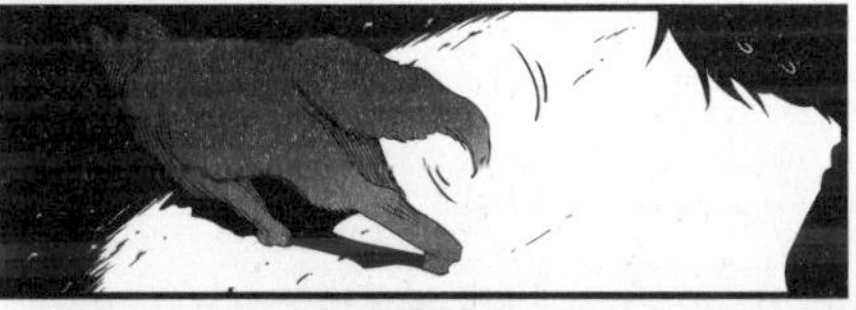

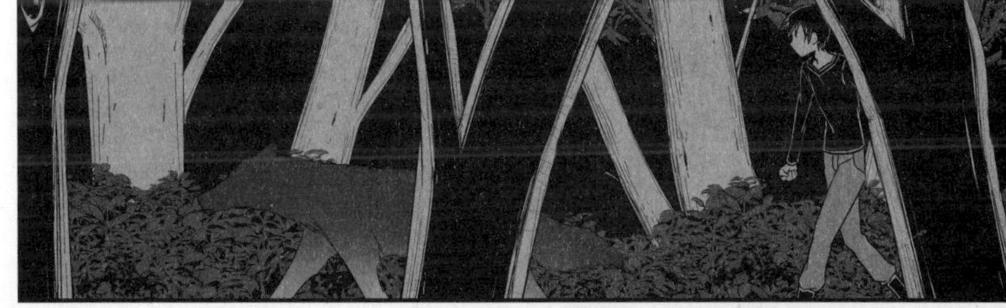

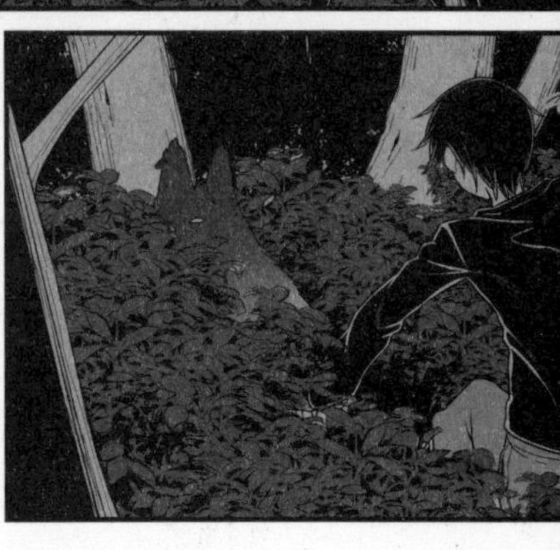

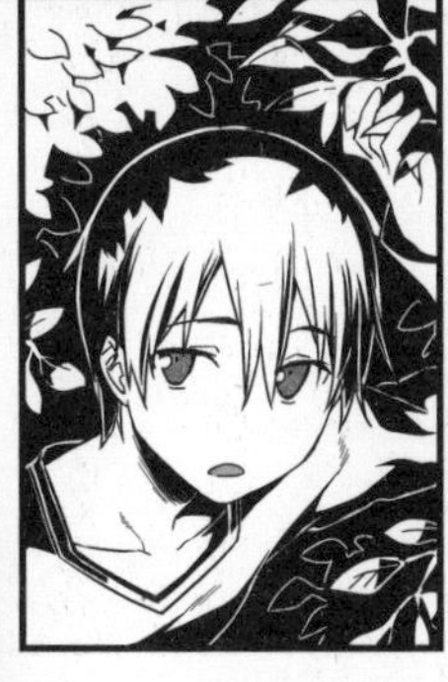

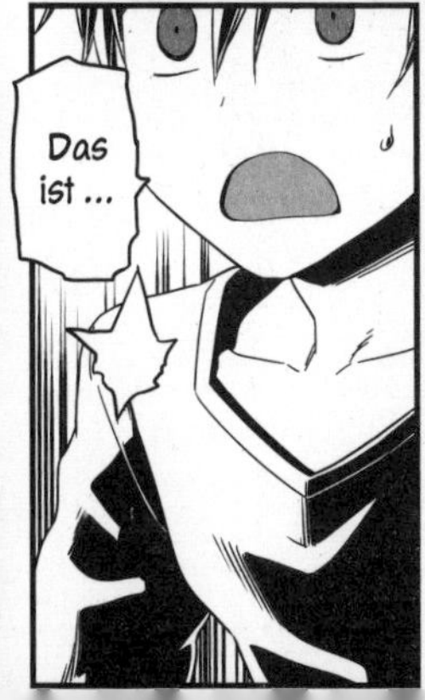
Das ist ...

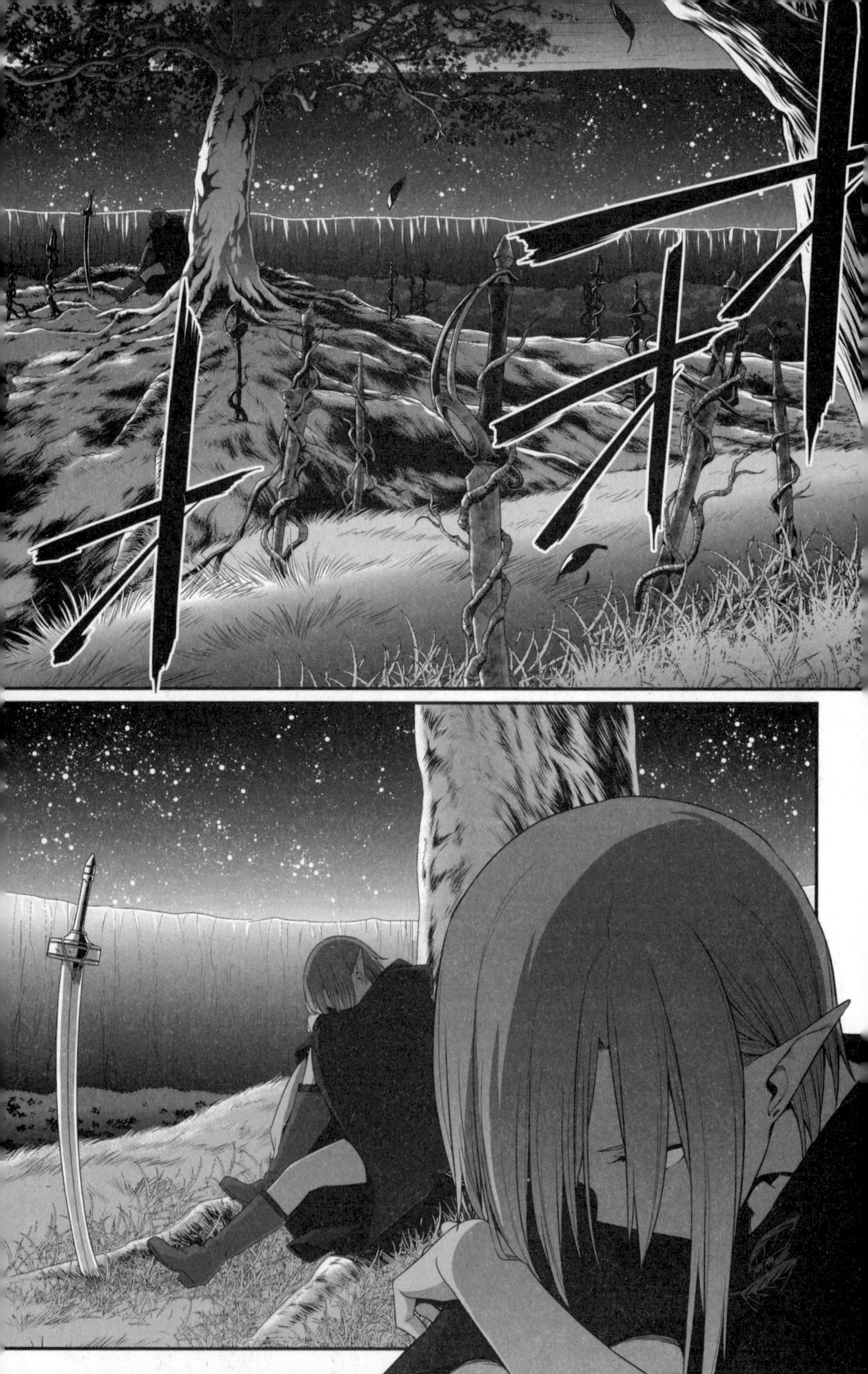

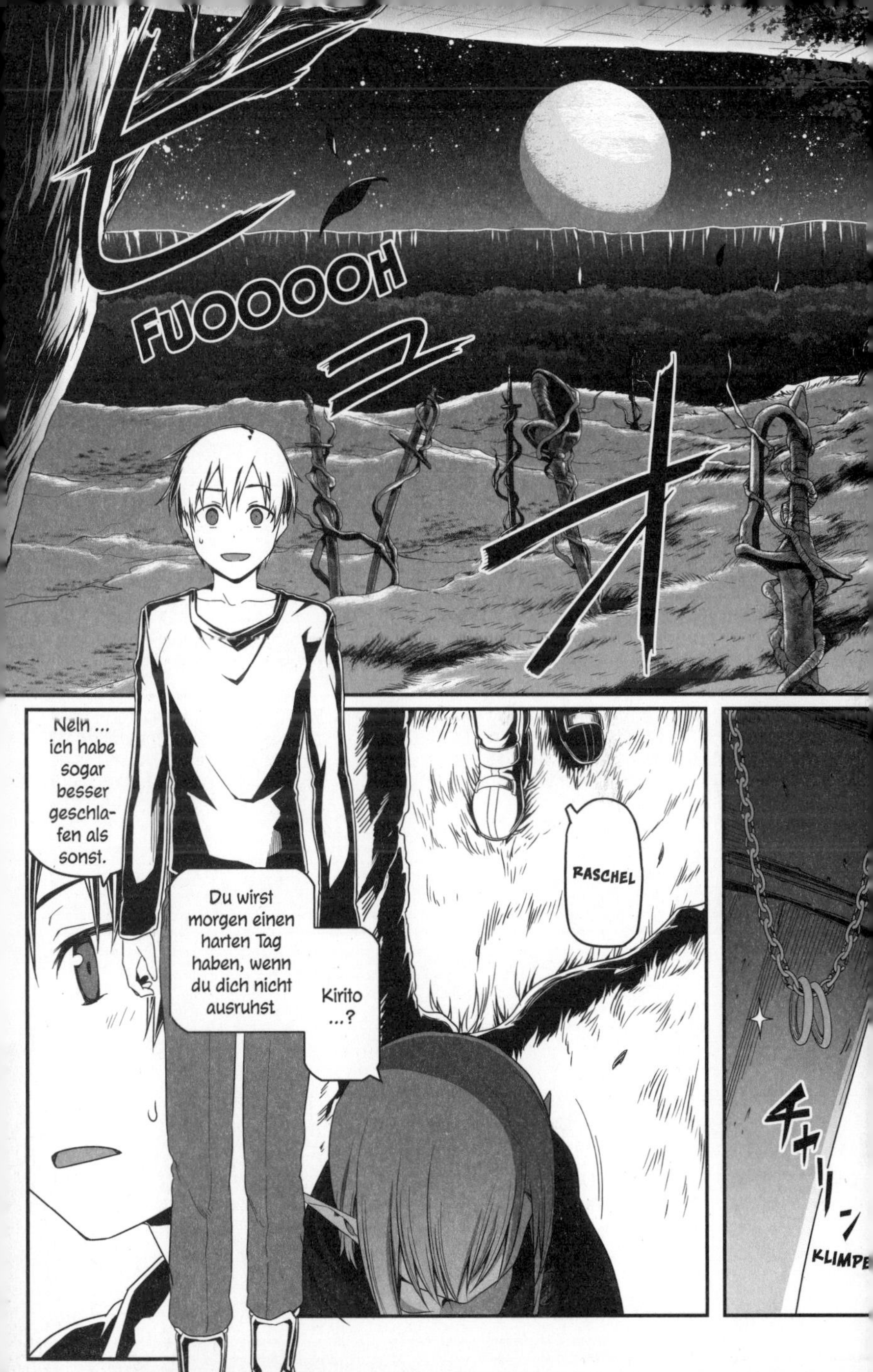
FUOOOOH
Nein ...
ich habe
sogar
besser
geschla-
fen als
sonst.
Du wirst
morgen einen
harten Tag
haben, wenn
du dich nicht
ausruhst
Kirito
...?
RASCHEL
KLIMPE

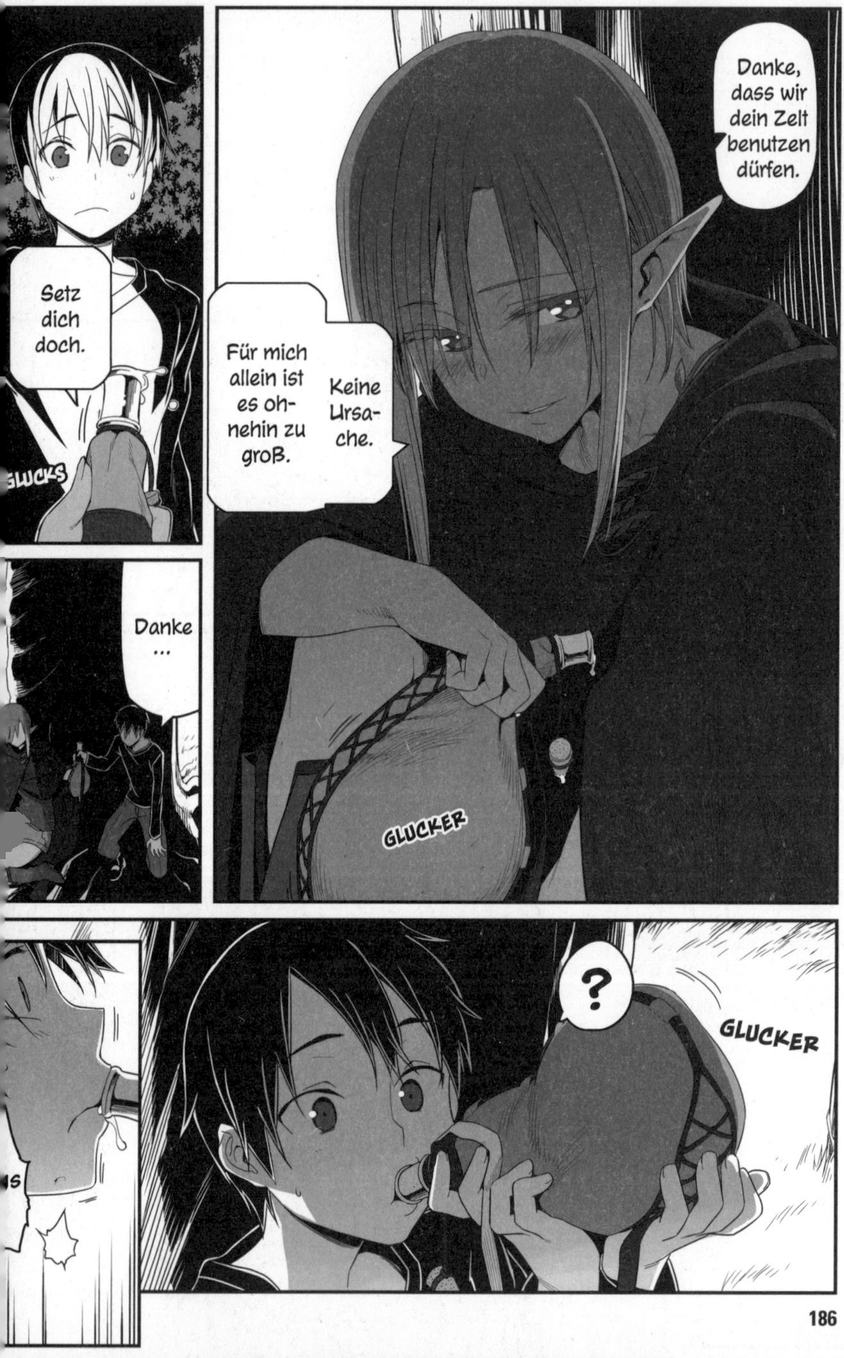

Danke, dass wir dein Zelt benutzen dürfen.

Keine Ursache.

Für mich allein ist es ohnehin zu groß.

GLUCKER

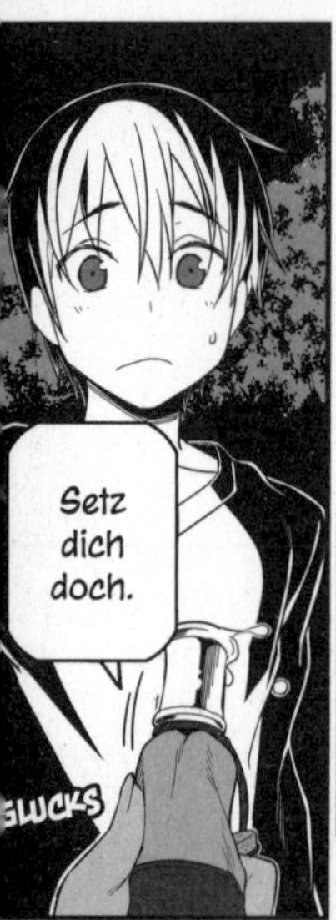

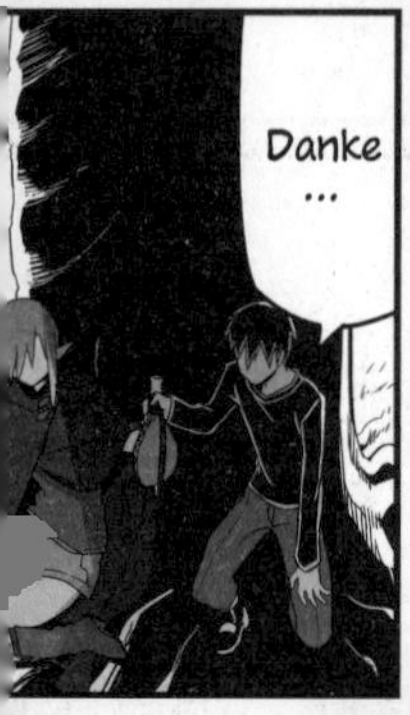

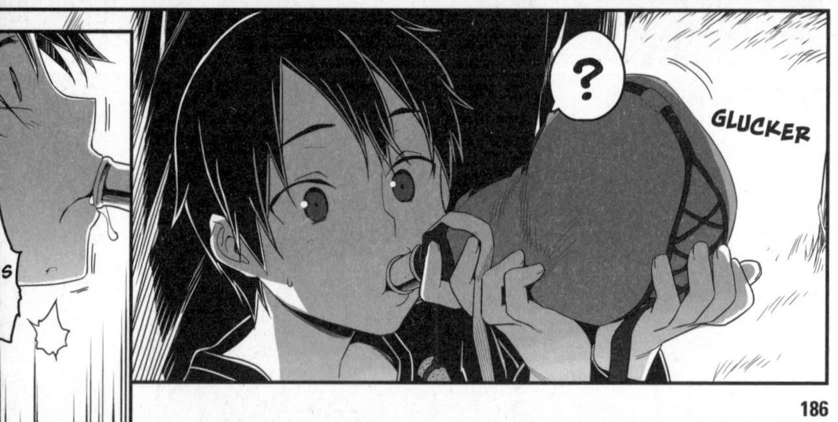

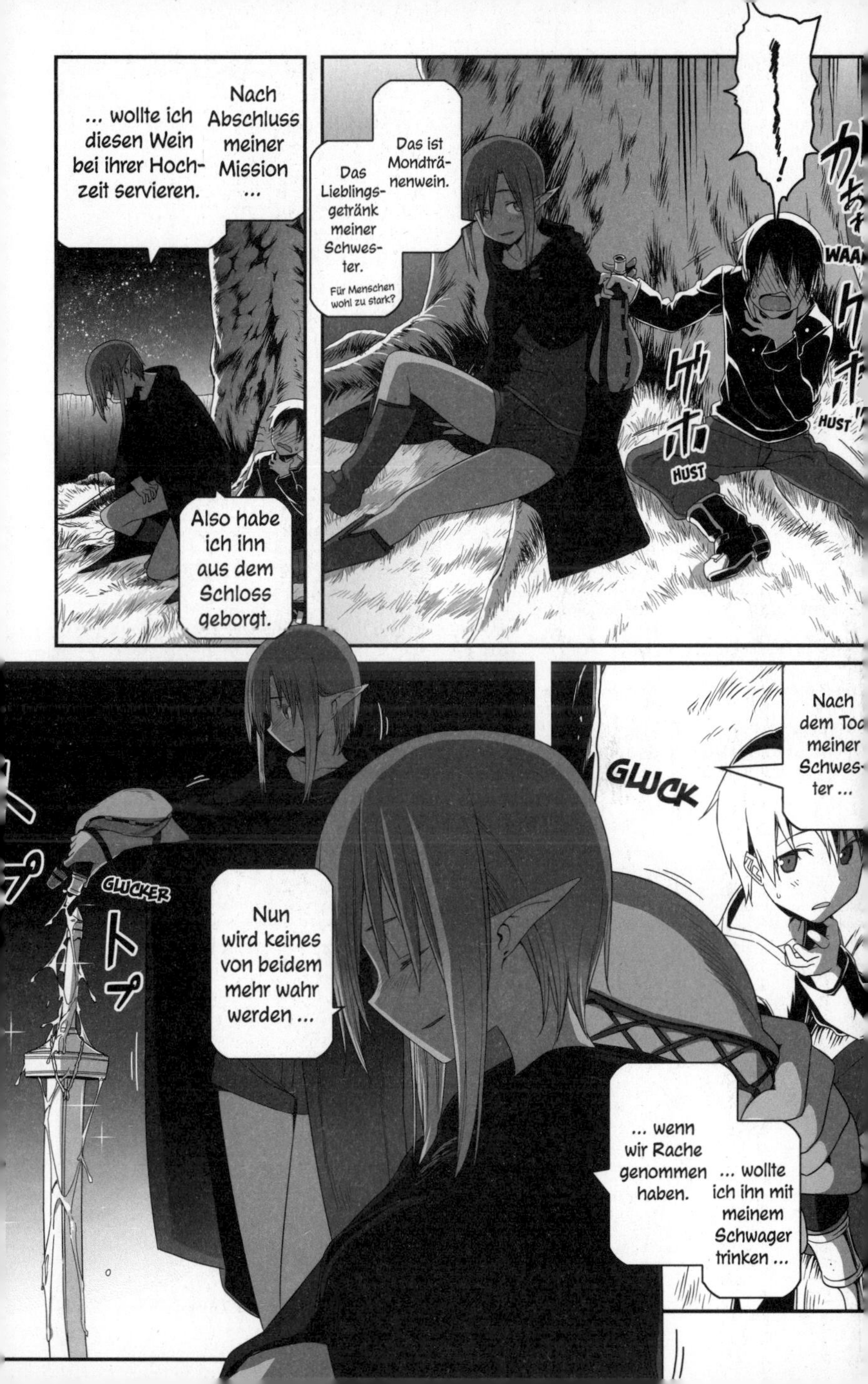

!

WAAAH

HUST

HUST

Das ist Mondtränenwein.

Das Lieblingsgetränk meiner Schwester.

Für Menschen wohl zu stark?

Nach Abschluss meiner Mission ...

... wollte ich diesen Wein bei ihrer Hochzeit servieren.

Also habe ich ihn aus dem Schloss geborgt.

Nach dem Tod meiner Schwester ...

GLUCK

... wollte ich ihn mit meinem Schwager trinken ...

... wenn wir Rache genommen haben.

Nun wird keines von beidem mehr wahr werden ...

GLUCKER

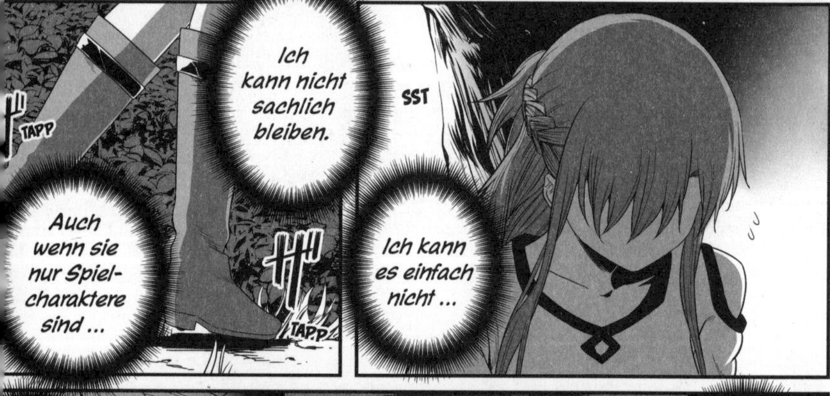
SST
Ich kann nicht sachlich bleiben.
Ich kann es einfach nicht ...
TAPP
Auch wenn sie nur Spielcharaktere sind ...
TAPP

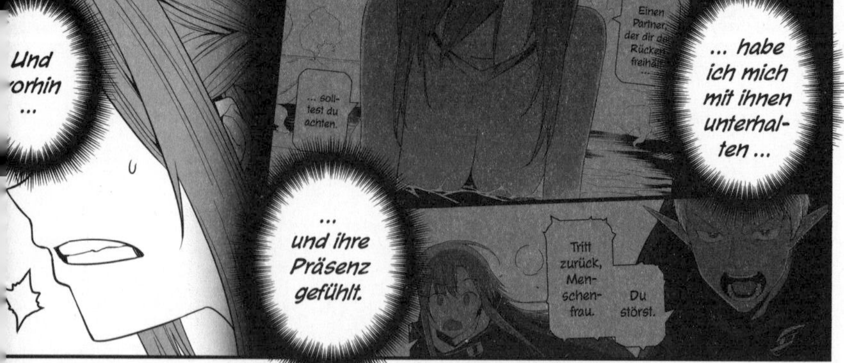
... habe ich mich mit ihnen unterhalten ...
Einen Partner, der dir den Rücken freihält ...
... solltest du achten.
Tritt zurück, Menschenfrau.
Du störst.
... und ihre Präsenz gefühlt.
Und orhin ...

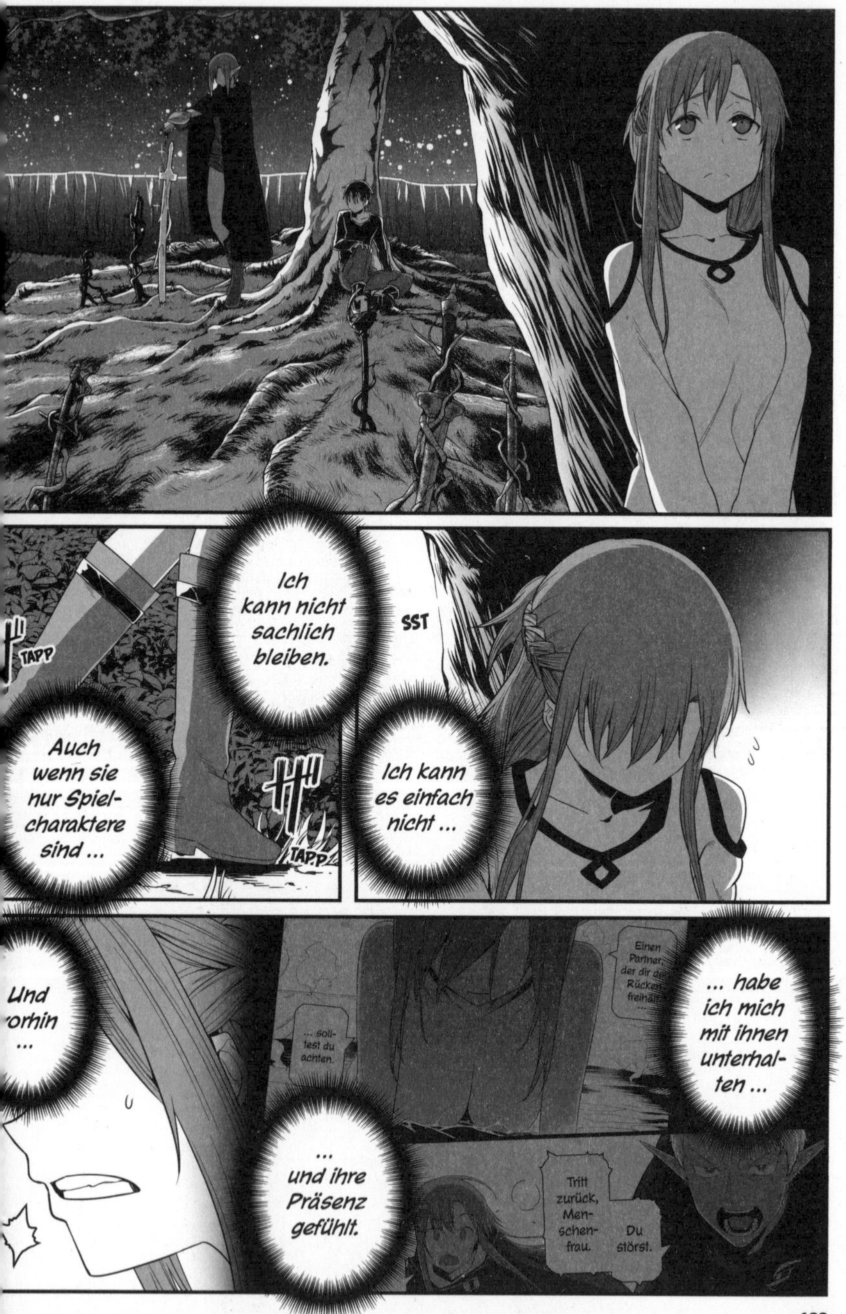

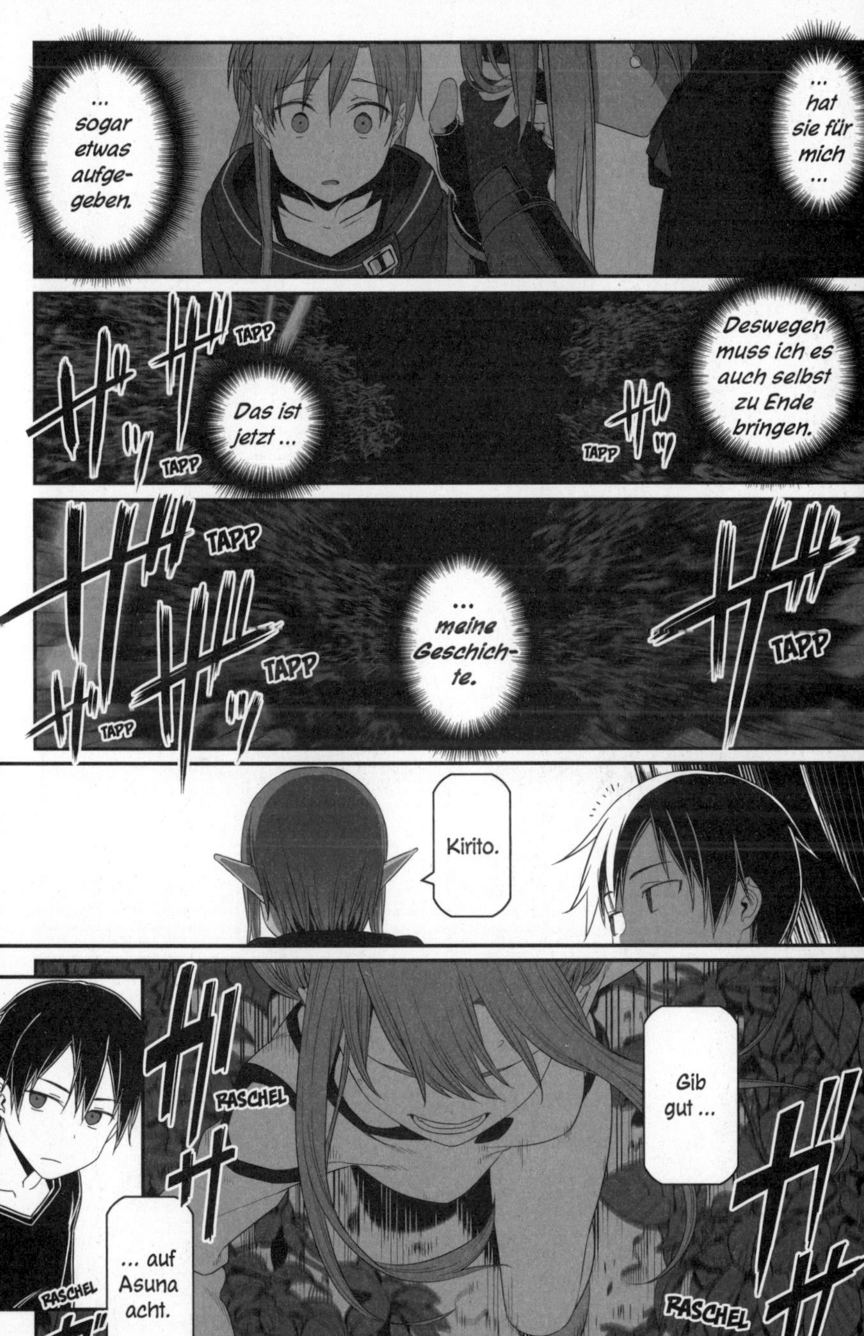
... hat sie für mich ...
... sogar etwas aufgegeben.
Deswegen muss ich es auch selbst zu Ende bringen.
TAPP
TAPP
Das ist jetzt ...
TAPP
TAPP
TAPP
... meine Geschichte.
TAPP
TAPP
TAPP
Kirito.
Gib gut ...
RASCHEL
RASCHEL
... auf Asuna acht.
RASCHEL

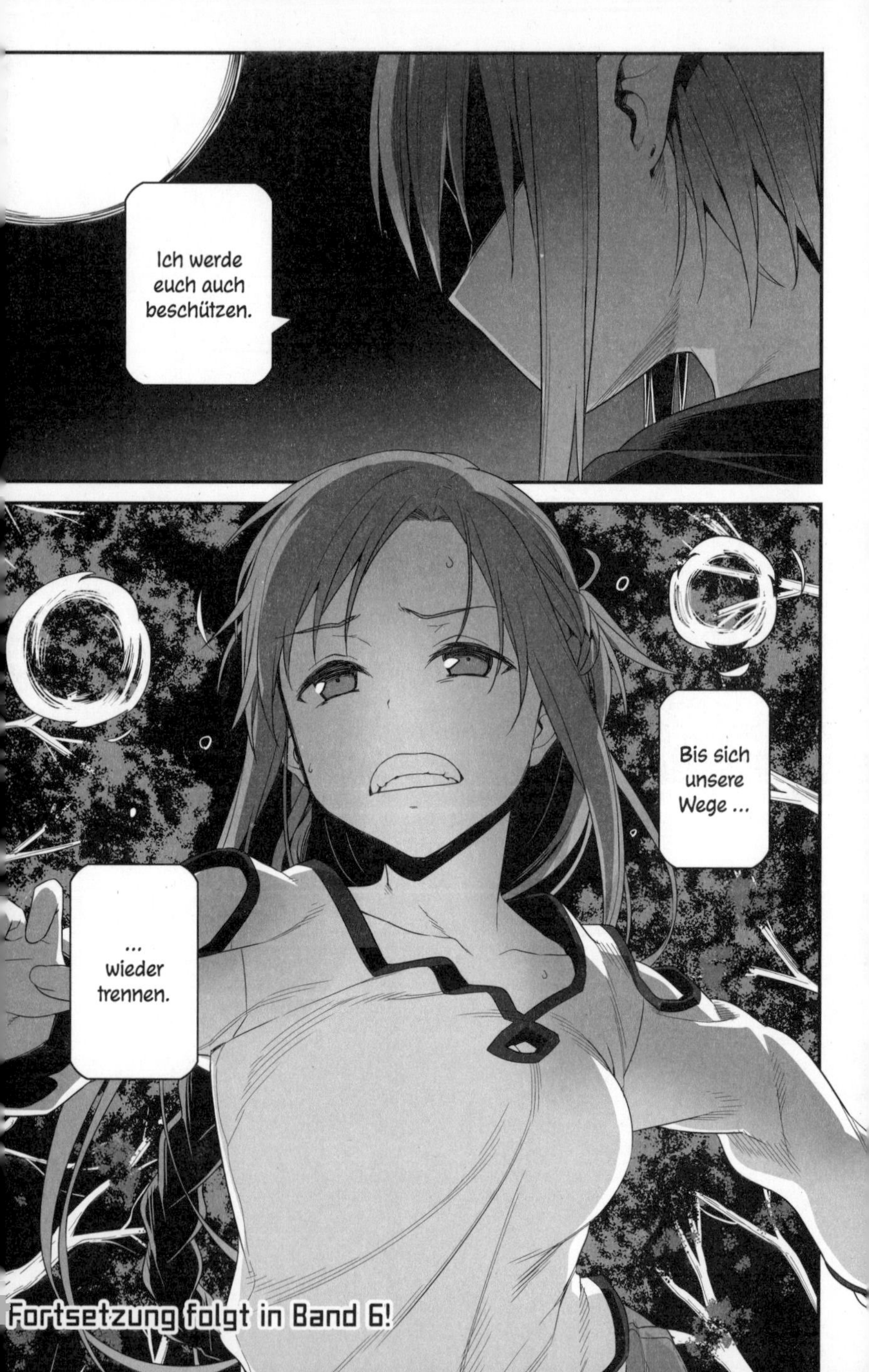
Ich werde euch auch beschützen.
Bis sich unsere Wege ...
... wieder trennen.
Fortsetzung folgt in Band 6!

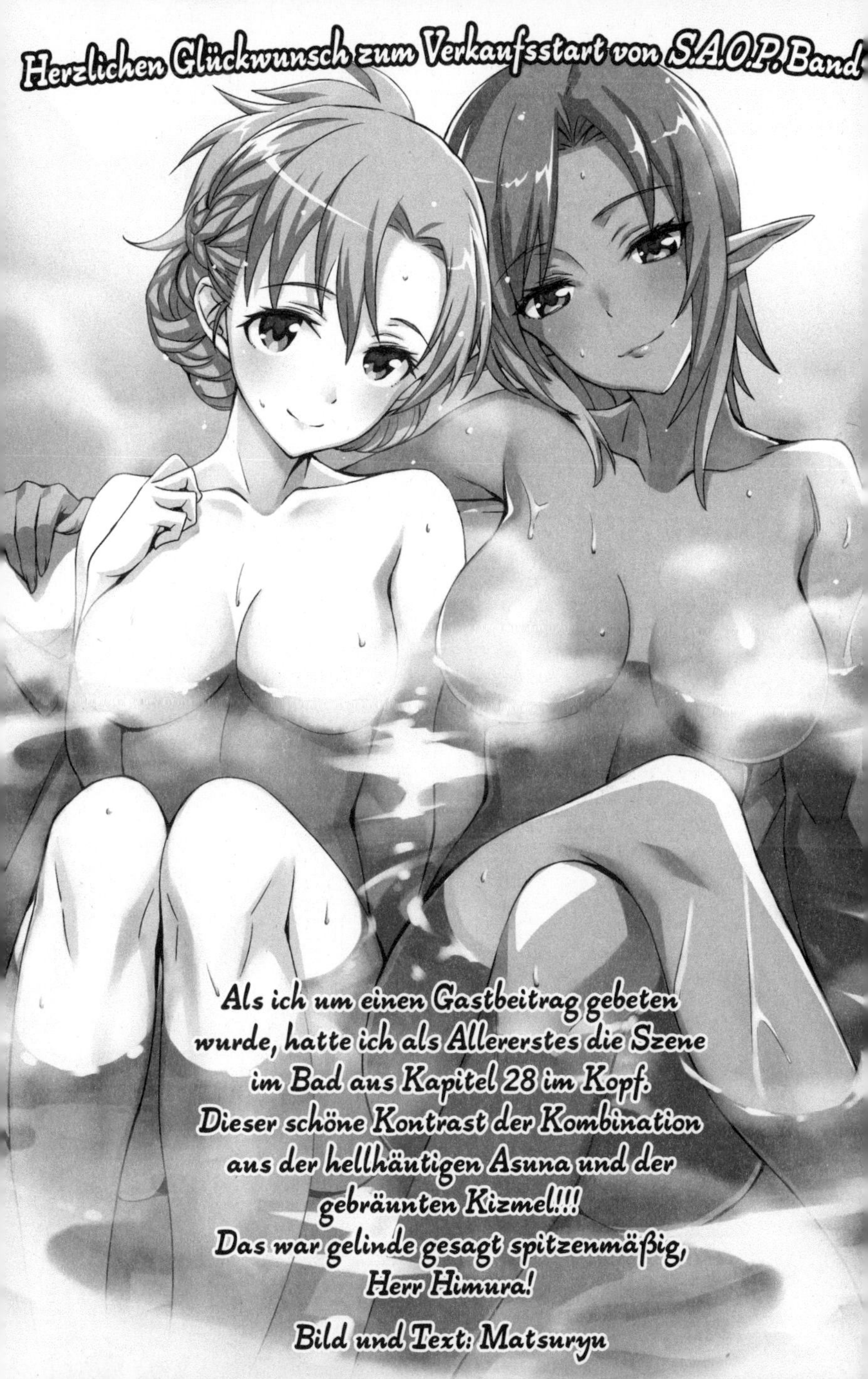
Herzlichen Glückwunsch zum Verkaufsstart von S.A.O.P. Band
Als ich um einen Gastbeitrag gebeten wurde, hatte ich als Allerersten die Szene im Bad aus Kapitel 28 im Kopf.
Dieser schöne Kontrast der Kombination aus der hellhäutigen Asuna und der gebräunten Kizmel!!!
Das war gelinde gesagt spitzenmäßig, Herr Himura!
Bild und Text: Matsuryu

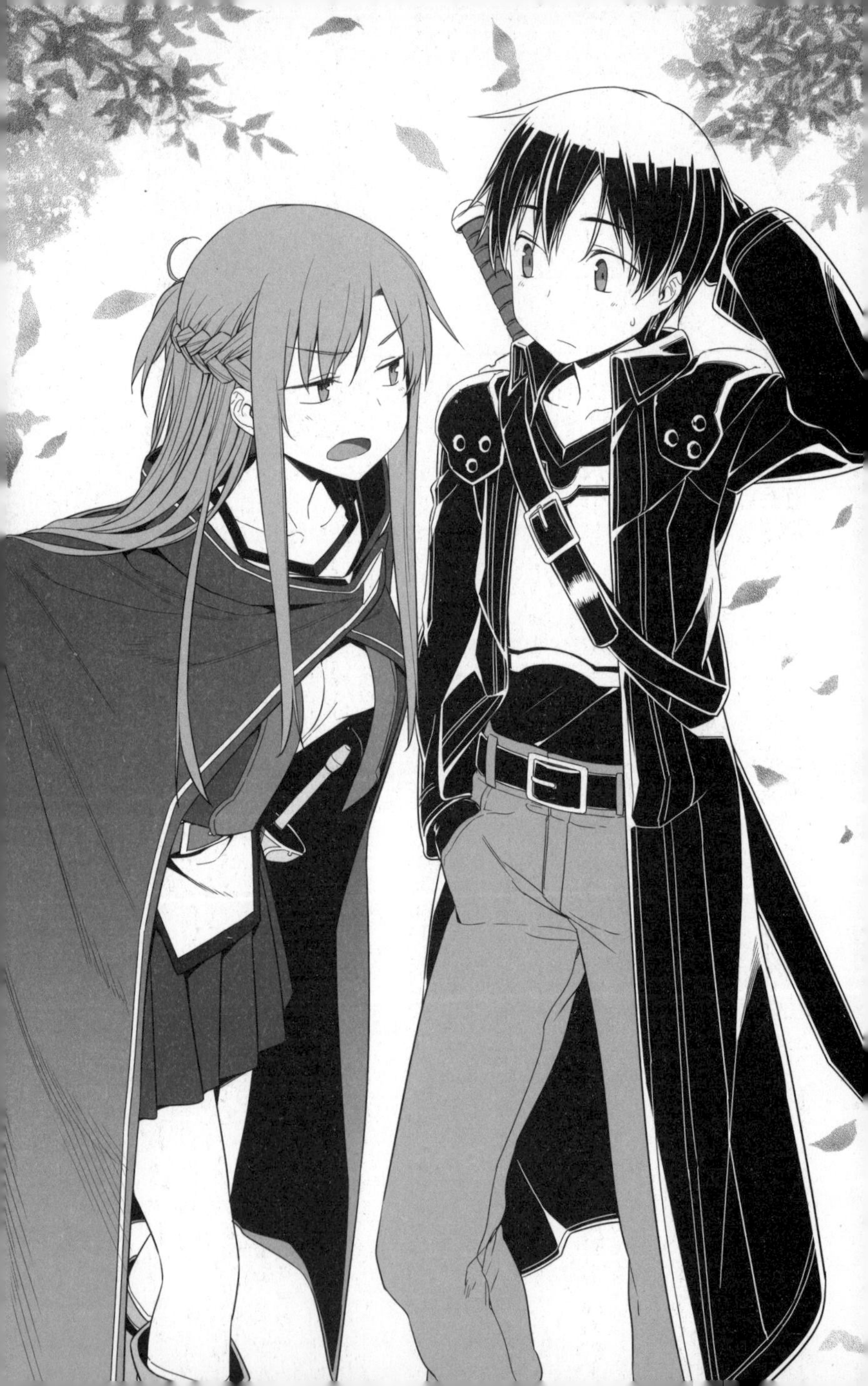

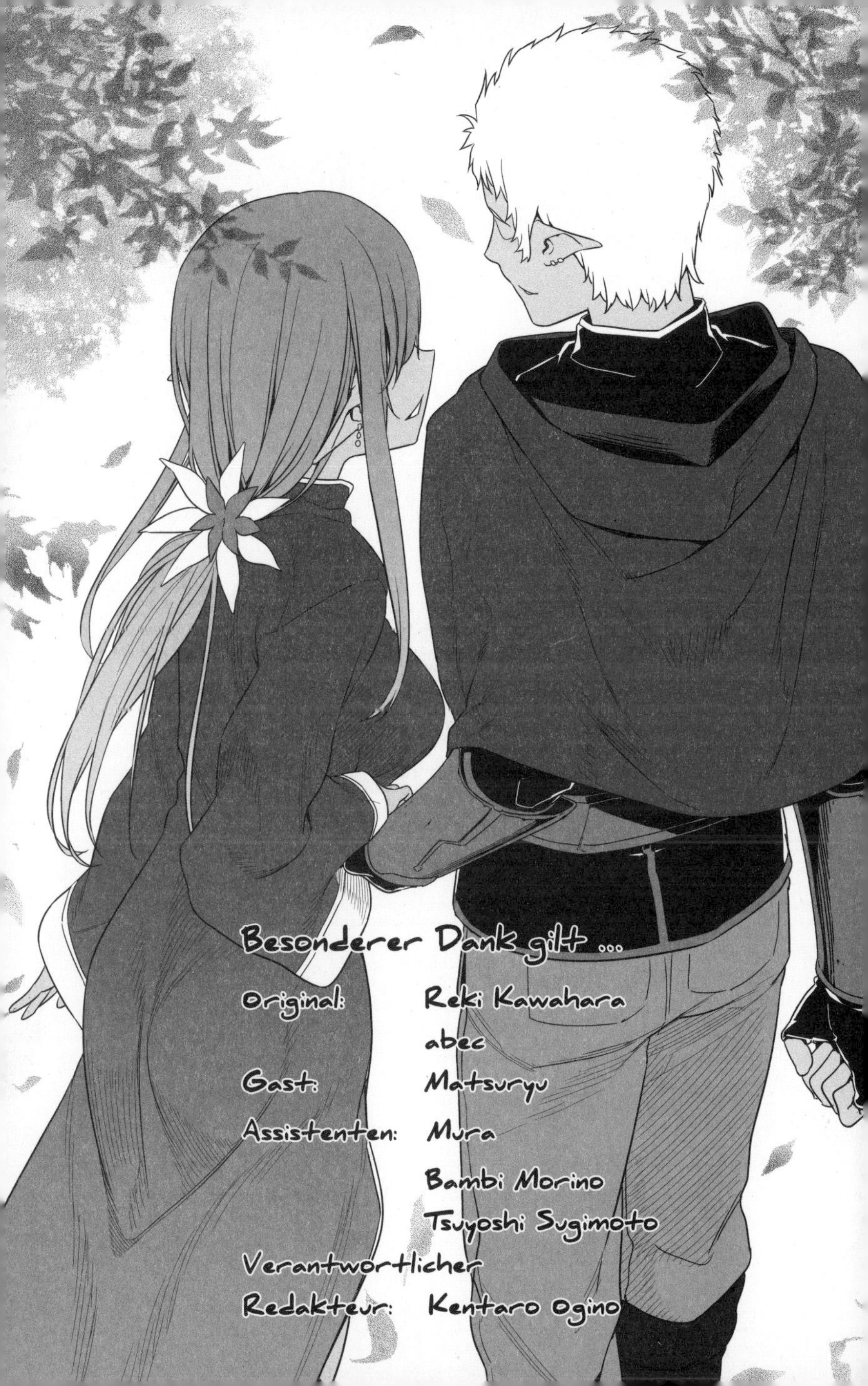
Besonderer Dank gilt ...
Original: Reki Kawahara
abec
Gast: Matsuryu
Assistenten: Mura
Bambi Morino
Tsuyoshi Sugimoto
Verantwortlicher
Redakteur: Kentaro Ogino

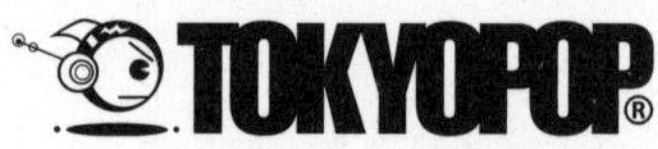

TOKYOPOP GmbH
Hamburg

TOKYOPOP
2. Auflage, 2023
Deutsche Ausgabe/German Edition

Aus dem Japanischen von Miryll Ihrens

SWORD ART ONLINE PROGRESSIVE 5

First published in Japan in 2016 by
KADOKAWA CORPORATION, Tokyo.
German translation rights arranged with
KADOKAWA CORPORATION, Tokyo.

Redaktion: Sabine Scholz
Lettering: Vibrant Publishing Studio
Herstellung: Annika Meyer-Wülfing
Druck und buchbinderische Verarbeitung:
CPI–Clausen & Bosse GmbH, Leck
Printed in Germany

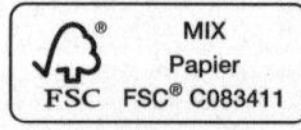

Wir achten auf die Umwelt.
Dieses Produkt besteht aus FSC®-zertifizierten und anderen kontrollierten Materialien.

ISBN 978-3-8420-4405-0

www.tokyopop.de

STOPP!

Dies ist die letzte Seite des Buches!
Du willst dir doch nicht den Spaß verderben und das Ende zuerst lesen, oder?

Um die Geschichte unverfälscht und originalgetreu mitverfolgen zu können, musst du es wie die Japaner machen und von rechts nach links lesen. Deshalb schnell das Buch umdrehen und loslegen!

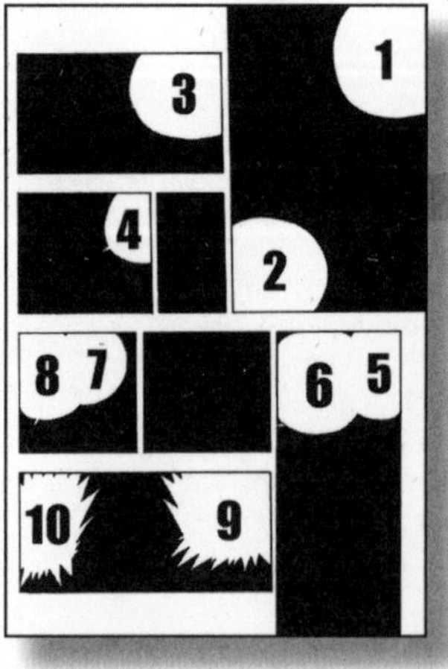

So geht's:

Wenn dies das erste Mal sein sollte, dass du einen Manga in den Händen hältst, kann dir die Grafik helfen, dich zurechtzufinden: Fang einfach oben rechts an zu lesen und arbeite dich nach unten links vor. Viel Spaß dabei wünscht dir TOKYOPOP®!